うかる！

2024 – 2025 年版

Financial Planner Level 2 and AFP Highroad Workbook

フィナンシャル バンク インスティチュート 編

FP

王道問　　　　　　　　　FP

級

日本経済新聞出版

はじめに

　ファイナンシャル・プランニング（FP）技能士はお客様のライフプランの設計・実行・見直しなどをアドバイスするための専門資格です。近年、年金や生命保険、金融資産運用、税金、不動産、贈与、相続といった幅広い知識を持つFP技能士の活躍の場は増えており、多くの方々が受検しています。

　2級FP技能士・AFPの試験は、3級に比べて出題範囲が広く、深い理解が求められます。試験は、一般社団法人金融財政事情研究会（以下、金財）と特定非営利活動法人日本ファイナンシャル・プランナーズ協会（以下、FP協会）の2団体で実施され、金財の実技試験は科目選択制です。本書は金財の**「個人資産相談業務」**、**「生保顧客資産相談業務」**、FP協会の**「資産設計提案業務」**に対応しています。

　本書は、金融機関などで試験対策の研修を数多く行ってきた弊社の経験を最大限に活かした問題集です。独学でも効率よく学べるよう、以下のような工夫をしています。

- 出題傾向を徹底分析し作成した、本試験と同レベルのオリジナル問題
- すべての問題、選択肢に詳しい解説付き
- 実技試験問題の出題傾向をアイコンで表示
- 各問題に同時発売の『王道テキスト』の参照ページ（リンク）を明記
- 模擬試験は学科を2回分、実技を2パターン収録

　また、本書と連動した『うかる！ FP2級・AFP 王道テキスト 2024-2025年版』を併用することで、より効果的な学習が可能になります。

　読者の皆様が、本書を使って合格を勝ち取られることを心から祈念しております。

2024年4月

フィナンシャル バンク インスティチュート株式会社

CEO　山田　明

目　次

第1部　学　科

第2部　実　技

第3部　模擬試験

学科

実技

資格の概要

●ファイナンシャル・プランニング（FP）技能士とは？

FP技能士は国家資格で、FP技能検定試験に合格すると名乗ることができます。

顧客（個人や中小企業など）に対する資産管理などのアドバイスといったFPの業務は、FP技能士資格を持たなくても行えますが、FPを称する人は技能士資格を有している場合が一般的です（資格を持たずに「FP技能士」を称することはできません）。

● FP 技能検定試験

FP技能士の検定試験は1級～3級に区分され、それぞれ学科試験と実技試験があります。3級は初めてFP技能検定を受検する人や、実務経験のない人が受けられる試験です。2級FP技能検定を受検するには、以下のいずれかに該当することが必要です。

1．日本FP協会が認定するAFP認定研修を修了した人
2．3級の技能検定に合格した人
3．2年以上の実務経験を有する人

試験は、金財とFP協会が実施しています。学科試験の内容は共通、実技試験は日本FP協会では1科目、金財では4科目から1つを選択して受検します。

● AFP 資格・CFP® 資格

FP協会が認定するFP資格に、「AFP（アフィリエイテッド ファイナンシャル プランナー）資格（普通資格）」と、「CFP®（サーティファイド ファイナンシャル プランナー®）資格（上級資格）」があります。AFPは、2級FP技能検定に合格した後、資格認定会員として入会するなど一定の条件を満たすことで登録できます（2年ごとの資格更新の際に所定の継続教育の受講が必要）。国際ライセンスとして認知度の高いCFP®資格は、FP協会が実施するCFP®資格審査試験に合格したうえで、いくつかの条件を満たすと取得できます。また、CFP®合格者は、1級FP技能検定の学科試験が免除されます。

実施機関		金財 （一般社団法人金融財政事情研究会）	FP協会 （特定非営利活動法人日本ファイナンシャル・プランナーズ協会）
ホームページ		http://www.kinzai.or.jp/	https://www.jafp.or.jp/
住　　所		〒160-8529 東京都新宿区荒木町2-3 TEL：03-3358-0771	〒105-0001 東京都港区虎ノ門4-1-28 虎ノ門タワーズオフィス5F TEL：03-5403-9890
実施試験名	1級	1級FP技能士（国家資格）	1級FP技能士（国家資格） CFP®認定者（民間資格）
	2級	2級FP技能士（国家資格）	2級FP技能士（国家資格） AFP認定者（2級FP技能試験合格後、 AFP認定者研修を修了）（民間資格）
	3級	3級FP技能士（国家資格）	3級FP技能士（国家資格）

本書の特長と使い方

　本書は、金財の「個人資産相談業務」「生保顧客資産相談業務」、FP協会の「資産設計提案業務」の内容・出題傾向に沿って作成しています。

　なお、実技試験分野のアイコン　金財・個人　金財・生保　FP協会　はそれぞれの試験で出題されやすいパターンであることを示しています。

1　厳選されたオリジナル問題

学習者が独学で、短時間で合格を勝ち取れるよう、問題を厳選しました。何度も復習し、本書の問題は確実に解けるようにしましょう。

　債　券

□□□ **6** 債券の仕組みと特徴に関する次の記述のうち、最も不適切なものは〔　〕れか。

1　一般的に市場金利が上昇すると債券価格は下落し、市場金利が下落すると〔　〕券価格は上昇する。
2　債券の取引は、金融商品取引所で売買する取引所取引と、証券会社等が〔　〕の相手方となって相対で売買価格を決めて行う店頭取引があり、債券取引〔　〕大半が店頭取引で行われている。
3　固定利付債において、価格が上昇すると利回りは低下し、価格が下落する〔　〕利回りは上昇する。
4　アンダーパーで発行された債券の応募者利回りは、表面利率より低くなる〔　〕

2　✓で効果的に反復学習

知識を確実に身につけるためには、問題を何度も解くことが大切です。各問に□欄を３つ設けていますので、３回正解するまで繰り返し学習しましょう。

□□□ **7** 債券の仕組みと特徴に関する次の記述のうち、最も不適切なものは〔　〕れか。

1　一般的に格付けがBB（ダブルB）以下の債券のことを、投資不適格債（ハ〔　〕イールド・ボンド）という。
2　表面利率（クーポンレート）など他の条件が同じであれば、長期債は短期〔　〕に比べて、金利変動に対する価格変動幅が小さい。
3　償還までの期間など他の条件が同じであれば、表面利率が低い（低クーポ〔　〕債券は、表面利率が高い（高クーポン）債券よりも、金利変動に対する価〔　〕変動幅が大きい。
4　表面利率（クーポンレート）や償還期限など他の条件が同じであれば、格〔　〕けの高い債券は、格付けの低い債券に比べて、利回りが低い。

【法令基準日についての注意】

2024年9月の試験は2024年4月1日現在、2025年1月の試験は2024年10月1日現在の法令に基づいて出題されます。本書は2024年4月1日現在の法令に基づいて作成しています。刊行後の法改正情報は弊社ホームページに掲載します。2025年1月以降に受検する方は、法改正情報にも注意して学習してください。

3 **不安なところはテキストですぐ確認**

同時発売の『うかる！ FP２級・AFP 王道テキスト』の参照ページを明記しました。理解が不十分な部分や不安な箇所は、テキストに戻って確認しましょう。

解答・解説

2級テキスト P201〜210　　　　　　　　　　**解答** 4

一般的に市場金利の動きと債券価格は逆の動きになるので、市場金利が上昇すると債券価格は下落し（利回りは上昇）、市場金利が下落すると債券価格は上昇する（利回りは低下）。　　　　　　　　　　　　　　　【適切】

債券の取引は大半が店頭取引で行われている。　　　　　　　　　　【適切】

固定利付債は、原則、償還時には100円で償還となるので、価格が上昇すると利回りは低下し、価格が下落すると利回りは上昇する。　　　　【適切】

アンダーパー（100円未満）で発行された債券は、発行価格と償還価格（100円）との差額が償還差益となるので、その分、応募者利回りは表面利率（クーポンレート）より高くなる。　　　　　　　　　　　　　【不適切】

2級テキスト P209〜210　　　　　　　　　　**解答** 2

格付けがBB以下の債券は投機的とみなされ、これを投資不適格債という（ハイ・イールド・ボンドまたはジャンク債ともいう）。なお、格付けBBB（トリプルB）以上の債券を、投資適格債という。なお、イールドとは利回りのことで、ハイ・イールド・ボンドとは利回りが高い債券のこと。【適切】

表面利率（クーポンレート）など他の条件が同じであれば、長期債は短期債に比べて、金利変動に対する価格変動幅が大きくなる。　　　【不適切】

低クーポンの債券は、高クーポンの債券よりも、金利変動に対する価格変動幅が大きくなる。　　　　　　　　　　　　　　　　　　　　【適切】

格付けの高い債券は信用度が高く、通常価格が高くなるので、表面利率（クーポンレート）など他の条件が同じであれば、格付けの低い債券（価格が安い）に比べて、利回りは低くなる。　　　　　　　　　　　　【適切】

3 章

金融資産運用■学科

■ *89*

4 **全選択肢にわかりやすい解説**

学習者のつまずきポイントや理解しづらい点を的確に解説します。多くの学習者に対面で教えてきた著者だからこそできるわかりやすさです。

5 **赤シートを使って参考書としても**

解答や重要ポイントは赤文字で表記しています。なぜその解答になるのかを考えながら学習しましょう。赤シートを使って隠せるので、直前期の確認にも便利です。

6 **本番レベルの模擬試験付き**

巻末に学科２回分＋実技２種類の模擬試験を収録。時間を計りながら、本番と同じように解いてみましょう。解答用紙はホームページからダウンロードできます。

試験の概要

1. 試験の種類と内容

2級には学科試験と実技試験があり（同日実施）、合否判定はそれぞれ行われます。学科試験あるいは実技試験のみの合格者には一部合格証書が発行され、学科試験と実技試験の両方に合格すると、合格証書が発行されます。

	学科試験	実技試験	
		金財	FP協会
科目	共通	「個人資産相談業務」 「中小事業主資産相談業務」 「生保顧客資産相談業務」 「損保顧客資産相談業務」 の中から選択	「資産設計提案業務」
出題形式	マークシート方式	記述式	
合格基準	60点満点で36点以上	50点満点で30点以上	100点満点で60点以上

2. 試験日程等（予定）

試験日		2024年9月8日（日）	2025年1月26日（日）
法令基準日		2024年4月1日	2024年10月1日
試験時間	学科	10:00～12:00（120分）	
	実技	13:30～15:00（90分）	
受検申請受付期間		2024年7月2日（火） ～7月23日（火）	2024年11月13日（水） ～12月3日（火）
合格発表日		2024年10月21日（月）	2025年3月7日（金）

2025年4月1日（火）の試験より、2級FP技能検定は全国で随時受検ができるCBT（Computer Based Testing）試験へ完全移行することになりました。

CBT試験とは、テストセンター（受検会場）に設置されているコンピューターを使って実施する試験のことです。テストセンターは全国にあり、受検者は希望する会場・日時を事前に予約して受検することができます。このことにより、試験の通年受験が可能となります（休止期間を除く）。これに伴い2級FP技能検定の一斉方式のペーパー試験は2025年1月試験をもって終了する予定です。

※各日程等は変更されることがあります。詳細は、必ず実施機関のホームページ等を参照してください。

3. 試験の免除制度

一部合格者には試験免除制度があり、学科試験あるいは実技試験の一部合格者はそれぞれの試験が免除されます。試験免除期限は、合格した試験実施日の翌々年度末までとなっています。

第 1 部

学 科

1章
ライフプランニングと資金計画

2章
リスク管理

3章
金融資産運用

4章
タックスプランニング

5章
不動産

6章
相続・事業承継

1章 ライフプランニングと資金計画

 ## FPの業務と関連法規

□□□ **1** ファイナンシャル・プランナー（以下「FP」という）の業務と関連法規に関する次の記述のうち、最も不適切なものはどれか。

1 社会保険労務士の資格を有していないFPが顧客からの依頼で、老齢基礎年金の一般的な請求方法について無償で説明を行った。
2 FPが顧客の住宅取得プランの作成にあたり無償で助言を行い、あわせて住宅借入金等特別控除等をふまえて、顧客の確定申告書を作成した。
3 FPが官公庁から発行されている資料を無断で引用し、資産運用セミナーで使用した。
4 弁護士資格等のないFPが遺言書の書き方などについて、一般的な説明を行った。

□□□ **2** FPの業務と関連法規に関する次の記述のうち、最も適切なものはどれか。

1 司法書士等の資格のないFPであっても、無償であれば、不動産登記にかかる書類の作成や申請を代理して行うことができる。
2 生命保険募集人の登録を受けていないFPは、顧客のライフ・プランニングの作成・提案に伴って、保険契約の募集を行うことはできない。
3 弁護士資格を有しないFPが、顧客から依頼を受け、遺産分割に関する法律事務を一部アドバイスする行為は弁護士法に抵触しない。
4 金融商品取引業者の登録を受けていないFPが、顧客と有償の投資顧問契約を結び、その契約に基づき、顧客に株式の個別銘柄に関する投資情報を提供した。

> 医療保険や雇用保険等の社会保険関連、国民年金や厚生年金および企業年金に関する出題が多くなっており、この課目の中心となっています。それ以外には、FPの職業倫理や関連法規、住宅ローンや教育ローン、中小法人の資金計画に関する問題がかなりの頻度で出題されています。特に、FP業務の基本を問う問題は難易度が高くないので、点数の取りどころです。必ず正解できるようにしておきましょう。

解答・解説

1 2級テキスト P13-14　解答 2

1 社会保険労務士資格を有していなくても、年金の請求方法や年金の仕組みなどの一般的な説明は可能。ただし、有償・無償を問わず、年金の請求書の作成や請求手続きの代行はできない。　適切

2 税理士資格を有していない者は、有償・無償を問わず、個別の具体的な「税務相談」「税務代理行為」「税務書類の作成」を行ってはならない。なお、現行の税法や税制改正等の一般的な解説、仮定の事例に基づく税金の概算額の計算は「税務相談」に含まれず、税理士法には抵触しない。　不適切

3 国や地方公共団体および官公庁などから発行されている資料や報告書は承諾がなくても引用や転用が可能。　適切

4 弁護士や司法書士資格のないFPであっても、一般的な遺言書の書き方等について説明を行うことはできる。なお、FPが遺言書の作成を代理して行うことはできない。また、FPは相続の利害関係者でなければ、公正証書遺言等の証人になることはできる。　適切

2 2級テキスト P13-14　解答 2

1 不動産登記にかかる書類の作成や申請は、司法書士等の業務であり、無償であってもFPが行うことはできない。　不適切

2 保険募集人の登録を受けていない者が保険契約の募集や代理、媒介（仲介行為）等を行うことはできない。一般的なライフプランを立案・作成し、具体的に必要な保障額の計算や保険商品の説明を行うことは可能。　適切

3 遺産分割に関する具体的な法律事務行為は有償・無償を問わず、FPは行うことはできない。　不適切

4 金融商品取引法では、金融商品取引業者として登録を受けずに「投資助言・代理業」「投資運用業」を行うことは禁じられている。FPは、経済情勢や企業の業績等の投資に関する判断材料となる一般的な情報の提供は可能。そのほか、FPは成年後見制度における任意後見人（任意後見受任者）になることは可能（任意後見人になるための資格は不要）。　不適切

ライフプランニングの考え方

□□□ **3** 個人のライフプランニングやローンに関する次の記述のうち、最も不適切なものはどれか。

1 ライフプランニングを行う場合の顧客の情報には、定量的情報と定性的情報の2つがある。

2 キャッシュフロー表とは、「現在の収支状況」や「今後のライフプラン」をもとに、将来の収支状況や貯蓄残高を把握し、一覧表にしたものである。

3 個人のバランスシートとは、一定の時点での家計の資産と負債（借金）の状況を表したもので、資産、負債とも購入時の取得価格で記載する必要がある。

4 貸金業法において、個人が消費者金融などで借入れできる金額は、原則、年収の3分の1までとなっている。

□□□ **4** 会社員である甲さんの2023年の給与収入等は＜資料＞のとおりである。甲さんの可処分所得の金額として、正しいものはどれか。なお、＜資料＞に記載のない金額については一切考慮しないものとする。

＜資料＞

・給与収入　：600万円	・給与所得控除額：174万円
・給与所得　：426万円	・所得税・住民税：　45万円
・社会保険料：　80万円	・配偶者控除　　：　38万円
・基礎控除　：　38万円	・個人年金保険料：　25万円

1 225万円

2 301万円

3 475万円

4 555万円

解答・解説

3 2級テキスト P15–21、30　　　　　　　　　　　　　　　　　**解答** 3

1　収集すべき顧客情報には、定量的情報と定性的情報の2種類がある。
　　・定量的情報とは、収入金額や支出金額など、数値化できる情報のこと
　　・定性的情報とは、顧客の投資に対する考え方など、数値化できない情報
　　　のこと　　　　　　　　　　　　　　　　　　　　　　　　　　　　　適切

2　キャッシュフロー表とは、家族全員の「現在の収支状況」や「今後のライフプラン」をもとに、将来の収支状況や貯蓄残高を把握し、一覧表にしたもの。なお、キャッシュフロー表の額は将来価値で表記する。　　　　　　　適切

3　個人のバランスシートの資産、負債の額は、作成時点での価格（時価評価額）で把握する必要がある。なお、保険は契約した保険金の額ではなく、解約返戻金（解約したときに払い戻される金額）の額を記載する。　　　　　　不適切

4　貸金業法において、個人が消費者金融などで、無担保で借入れできる金額は、原則、年収の3分の1までとなっている。なお、銀行のカードローン、住宅ローンや自動車ローンおよび個人事業主の事業用資金の借入れは対象に含まれない。　　　　　　　　　　　　　　　　　　　　　　　　　　　　適切

---

4 2級テキスト P16　　　　　　　　　　　　　　　　　　　　　**解答** 3

可処分所得の金額は、年収（給与収入）から所得税、住民税、社会保険料の合計を差し引いて求める。
　※可処分所得を算出するときは、生命保険料や個人年金保険料および地震保険料などは控除しない。

●可処分所得＝年収 −（所得税＋住民税＋社会保険料）

　　　　　　＝600万円 −（45万円＋80万円）＝475万円

□□□ **5** ライフプランニングにおける資金計算に使用される係数に関する次の記述のうち、最も不適切なものはどれか。

1 一定期間後に目標額を受け取るために現在いくら必要かを計算する場合には、現価係数を使用する。

2 毎年一定金額を複利運用しながら、一定期間積み立てた場合、将来総額がいくらになるかを計算するときには、年金現価係数を使用する。

3 住宅購入資金の準備において、目標とする額を得るために、毎年一定金額を複利運用しながら積み立てる場合、毎年いくら積み立てればよいかを求めるときには、減債基金係数を使用する。

4 一定金利で貸し付けた資金を一定期間で回収する場合、毎年いくら回収すればよいかを計算するときは、資本回収係数を使用する。

 社会保険制度

□□□ **6** 公的医療保険に関する次の記述のうち、最も不適切なものはどれか。

1 全国健康保険協会管掌健康保険（協会けんぽ）の保険料率は、都道府県ごとに設定されている。

2 健康保険の適用事業所に常時使用される75歳未満の者は、原則として全国健康保険協会管掌健康保険（協会けんぽ）または組合管掌健康保険（組合健保）の被保険者となる。

3 会社員である息子が加入している健康保険の被扶養者である74歳の甲さんは、75歳になったときに、自ら後期高齢者医療制度に加入することになる。

4 健康保険の被保険者が死亡した場合、健康保険から埋葬料として10万円が支給される。

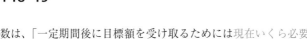

5 2級テキスト P18-19　　　解答 2

1　現価係数は、「一定期間後に目標額を受け取るためには現在いくら必要か」
を計算する場合に使用する。
現在の必要額＝将来の目標額×現価係数　　　　　適切

2　毎年一定金額を複利運用しながら、一定期間積み立てた場合、将来総額が
いくらになるかを計算するときには、年金終価係数を使用する。
将来の目標額＝毎年の積立額×年金終価係数
なお、年金現価係数は、一定期間一定利率で複利運用しながら毎年希望す
る金額を受け取るために、現在必要な元金の額を求めるときに使用する。　不適切

3　減債基金係数は、将来目標とする額を得るために、毎年一定金額を複利運
用しながら積み立てる場合、毎年、いくら積み立てればよいかを求めると
きに使用する。
毎年の積立額＝将来の目標額×減債基金係数　　　　　適切

4　資本回収係数は、元本を複利運用しながら一定金額を一定期間受け取る場
合、毎年いくら受け取れるかを計算するときや、一定金利で貸し付けた資
金を一定期間で回収する場合、毎年いくら回収すればよいかを計算すると
きに適用できる。
毎年の受取額（回収金額）＝現在の手持額（貸付け金額）×資本回収係数　　　適切

解答・解説

6 2級テキスト P33-41　　　解答 4

1　協会けんぽの保険料率は、都道府県ごとに設定されている。組合健保の場
合は、各組合の規約で決められている。健康保険の保険料は標準報酬月額
と標準賞与額に保険料率を乗じた額であり、原則、労使折半で負担する。
なお、健康保険の標準報酬月額は第1等級（5万8,000円）から第50等級（139
万円）に区分されている。　　　　　適切

2　健康保険の適用事業所に常時使用される75歳未満の者は、全国健康保険協
会管掌健康保険（協会けんぽ）または組合管掌健康保険（組合健保）の被
保険者となる。なお、自営業者は国民健康保険に加入する。　　　　　適切

3　75歳以上の者または65歳～74歳で一定の障害状態にある者は、原則として
それまで加入していた健康保険やその被扶養者および国民健康保険から脱
退して、自ら後期高齢者医療制度に加入することになる。　　　　　適切

4　健康保険から埋葬料として一律5万円が支給される。　　　不適切

□□□ **7** 次の退職者および高齢者の公的医療保険制度に関する次の記述のうち、最も不適切なものはどれか。

1 健康保険の任意継続被保険者となるための要件として、健康保険の被保険者期間が継続して6か月以上必要となる。

2 健康保険の被保険者が75歳になり、後期高齢者医療制度に加入すると、その者に扶養されている75歳未満の者は、原則として自ら国民健康保険に加入することになる。

3 健康保険の被保険者資格を喪失した者は、健康保険の被保険者期間等の条件を満たしていれば、退職日の翌日から20日以内に申請した場合、健康保険の任意継続被保険者に最長2年間なることができる。

4 任意継続被保険者となった者に要件を満たす配偶者や子がいる場合、手続きをすればそれらの者を健康保険の被扶養者とすることができる。

□□□ **8** 健康保険および国民健康保険に関する次の記述のうち、誤っているものはどれか。

1 医療費の自己負担割合は、健康保険・国民健康保険を問わず、一律3割負担である。

2 国民健康保険の保険料は、所得割・均等割等で計算されるが、保険料率は各市区町村で異なる。

3 国民健康保険は、対象者となった日から原則として14日以内に被保険者が届出を行うものとされている。

4 パート等の非正規雇用であっても、1週間の所定労働時間と1か月間の所定労働日数が、一般社員の4分の3以上あれば、自ら健康保険に加入することになる。

7 2級テキスト P41-42　　　　　　　　　　　　解答 1

1 任意継続被保険者となるためには、健康保険の被保険者期間が継続して2か月以上あることが要件。なお、任意継続被保険者となると、保険料は全額自己負担になり、傷病手当金や出産手当金の給付はなくなる。　**不適切**

2 後期高齢者医療制度に加入した者に扶養されている配偶者など75歳未満の者は、原則として自ら国民健康保険に加入することになる。その他に健康保険に加入している子などの被扶養者になることもできる。　**適切**

3 健康保険の被保険者資格を喪失した者は、退職日の翌日（資格喪失日）から20日以内に申請すれば、健康保険の任意継続被保険者になることができる。加入期間は最長2年間。なお、定年退職だけでなく、自己都合退職のときでも任意継続被保険者になることができる。　**適切**

4 任意継続被保険者となった場合でも、配偶者や子が年収等の要件を満たしていれば、追加保険料等なしに健康保険の被扶養者とすることができる。　**適切**

---

8 2級テキスト P34-42　　　　　　　　　　　　解答 1

1 医療費の自己負担割合は、健康保険も国民健康保険も原則3割負担であるが、一律3割負担ではない。小学校入学前の者および70歳から74歳の者は2割負担（ただし、現役並み所得者は3割負担）。　**誤り**

2 国民健康保険の保険料は、所得割・均等割等で計算されるが、保険料率は条例により市区町村で異なる（したがって、保険料の上限は市区町村で異なる）。　**正しい**

3 国民健康保険の届出は原則として、対象者となった日から14日以内である。　**正しい**

4 派遣社員やパート等の非正規雇用であっても、1週間の所定労働時間と1か月間の所定労働日数が、一般社員の4分の3以上あれば、自ら健康保険や厚生年金に加入することになる。なお、下記の5つの条件のすべてを満たしている者も自ら健康保険や厚生年金に加入する。
①月収が8万8,000円以上ある②2か月以上雇用の見込みがある③週の労働時間が20時間以上ある④従業員数が101人以上の企業で働いている（2024年10月以後は従業員数が51人以上の企業で働いている）⑤学生でない　**正しい**

□□□ **9** 健康保険の給付について述べた次の記述のうち、最も不適切なものはどれか。

1 健康保険の被保険者である甲さんの被扶養配偶者である乙さんが産科医療補償制度加入の病院で出産し、その費用が60万円であった場合、窓口で本人が負担すべき金額は、家族出産育児一時金の50万円との差額である10万円である。

2 健康保険の被保険者である会社員の丙さんが仕事で海外出張中に傷病で入院した場合、健康保険の給付を受けることができる。

3 健康保険の被保険者である丁さんが出産で休業した場合は、休業１日につき標準報酬日額の３分の２相当額が、原則として出産日以前42日間、出産日の翌日以後56日間、出産手当金として給付される。

4 健康保険の傷病手当金は、仕事を連続して３日以上休み、給与が支払われなくなった場合に、休業４日目から標準報酬日額の３分の２が支給される。

- -

□□□ **10** 後期高齢者医療制度（以下「本制度」という）に関する次の記述のうち、最も適切なものはどれか。

1 後期高齢者医療広域連合の区域内に住所を有する70歳以上のすべての者（65歳以上の障害認定者を含む）は、本制度の被保険者となる。

2 本制度の被保険者の配偶者で年間収入が180万円未満の者は、本制度の被扶養者となることができる。

3 本制度の保険料は、原則、口座振替によって納付することとされており、公的年金からの徴収は行われていない。

4 本制度の被保険者が医療機関等の窓口で支払う一部負担金（自己負担額）の割合は、原則、１割。当該被保険者が現役並み所得者である場合は３割、複数世帯（後期高齢者が２人以上いる世帯）などで、年収合計が一定額以上ある場合は２割負担となっている。

9 2級テキスト P35-37　　　　　　　　**解答** 2

1　家族出産育児一時金（現在、産科医療補償制度加入の医療機関で出産した場合は50万円、双子の場合は倍額）は、通常、健康保険より病院に直接支払われる「直接支払制度」のため、窓口での自己負担額は、費用の60万円と50万円の差額である10万円となる。なお、産科医療補償制度に未加入の医療機関で出産した場合、家族出産育児一時金の額は48万8,000円。　**適切**

2　海外出張中の業務上の病気やけがについては、健康保険の給付対象ではなく、労働者災害補償保険（労災保険）の対象となる。なお、自営業者などが加入する国民健康保険では、業務上の病気やけがに対しても給付が行われる。　**不適切**

3　出産で休業した場合は、原則として出産日以前42日間、出産日の翌日以後56日間、出産手当金が健康保険より給付される。なお、多胎妊娠（双子など）の場合は、出産日以前98日間、出産日以後56日間（出産が遅れた場合はその日数分も含む）給付される。　**適切**

4　傷病手当金は、仕事を連続して3日以上休み、給与が支払われないときに、休業4日目から標準報酬日額の3分の2が支払われる。なお、支給期間は最長で支給開始日から通算して1年6か月（支給開始日から1年6か月以内に職場復帰し、傷病手当金が不支給となった期間があり、1年6か月経過後に再度同じ傷病で休んだ場合、支給開始から通算して1年6か月分を限度に支給される）。　**適切**

---

10 2級テキスト P42　　　　　　　　**解答** 4

1　後期高齢者医療広域連合の区域内に住所がある75歳以上のすべての者（65歳以上の障害認定者を含む）は、後期高齢者制度の被保険者となる。　**不適切**

2　後期高齢者医療制度には、被扶養者という制度がないので、それまで被保険者に扶養されていた75歳未満の者は自ら国民健康保険等に加入することになる。　**不適切**

3　後期高齢者医療制度の保険料は特別徴収と普通徴収のどちらかで納める。公的年金の年額が18万円以上ある者は、原則年金から天引き（特別徴収）され、年金年額が18万円未満の者は口座振替（普通徴収）で納める。　**不適切**

4　後期高齢者医療制度の自己負担の割合は、原則1割負担、ただし、現役並み所得者は3割負担。単身世帯では年収が200万円以上ある場合、複数世帯（75歳以上の者が2人以上いる世帯）では年収合計が320万円以上ある場合については、2割負担。　**適切**

□□□**11** 公的介護保険に関する次の記述のうち、最も適切なものはどれか。

1 公的介護保険の第1号被保険者で年金額が年18万円以上の場合には、原則として介護保険料は年金から天引きされる特別徴収となっている。

2 被保険者は年齢によって区分され、60歳以上の者が第1号被保険者、40歳以上60歳未満の公的医療保険加入者が第2号被保険者となる。

3 介護サービスを受けるためにケアマネジャーに依頼するケアプラン作成費は全額自己負担となっている。

4 公的介護保険の第2号被保険者は、事故により寝たきり等の要介護認定を受けた場合、介護保険の給付を受けることができる。

□□□**12** 介護保険制度に関する次の記述のうち、最も不適切なものはどれか。

1 介護サービスを利用した場合、利用限度額までの自己負担割合は原則、3割である。

2 介護サービスの利用者負担額が同じ月で上限額を超えた場合、原則として、超えた額が高額介護サービス費として支給される。

3 介護保険の適用を受けるためには、あらかじめ要支援状態または要介護状態であることについて市町村または特別区の認定を受ける必要がある。

4 要介護認定を受けた者が生活するのに必要な手すりの取付けなどの住宅改修工事を行った場合、20万円を上限に居宅介護住宅改修費が支給される。

11 2級テキスト P43-44　　　　　　解答 1

1　公的介護保険の第1号被保険者で年金の年額が18万円以上の場合には、介護保険料は原則として年金から天引きされる特別徴収となっている。それ以外の者は、口座振替による普通徴収となっている。

適切

2　公的介護保険の被保険者は、65歳以上の者が第1号被保険者、40歳以上65歳未満の公的医療保険加入者が第2号被保険者となる。なお、第2号被保険者の介護保険料は、医療保険料と合わせて徴収される。

不適切

3　介護サービスを受けるためにケアマネジャーに依頼したケアプラン作成費は無料。なお、ケアプランは被保険者本人が作成することもできる。

不適切

4　第2号被保険者は、老化を原因とする特定疾病（脳血管疾患や末期がんなど）により要介護および要支援認定を受けた場合のみ、介護保険より給付を受けることができる。事故により要介護認定を受けた場合は、介護保険の給付を受けることができない。なお、第1号被保険者は、原因を問わず、要介護、要支援の認定を受けられ、給付を受けることができる。

不適切

---

12 2級テキスト P43-44　　　　　　解答 1

1　介護サービスを利用した場合、原則として、利用限度額までの自己負担割合は1割。例外として、第1号被保険者で年間の年金収入等が単身で280万円以上ある者は2割負担、340万円以上ある者は3割負担、第2号被保険者の場合、所得に関係なく1割負担。なお、介護施設を利用する場合は、介護施設での住居費や食費等は全額自己負担となる。

不適切

2　同一月の自己負担額が上限額を超えた場合、申請することで超えた額が高額介護サービス費として支給される。

適切

3　介護保険の適用を受けるためには、あらかじめ要支援状態（1～2段階）または要介護状態（1～5段階）であることについて市町村または特別区の認定を受ける必要がある。なお、特別養護老人ホームへの入居は、要介護3以上の認定が必要。

適切

4　要介護認定を受けた被保険者が生活しやすいように住宅の改修工事を行った場合、居宅介護住宅改修費が20万円を上限に支給される。ただし、被保険者に応じて、工事費用の1～3割は自己負担となる。

適切

□□□**13** 労働者災害補償保険（以下「労災保険」という）の保険料に関する次の記述のうち、最も不適切なものはどれか。

1 労災保険は労働者の業務上または通勤途中の疾病や傷害、死亡等を対象に給付を行う。
2 労災保険の保険料を計算する際に用いる労災保険料率は、事業の種類により異なる。
3 労災保険の保険料は、事業主と被保険者の両方が負担（労使折半）する。
4 労災保険の休業補償給付は、労働者が業務上のけが等で働けず、賃金を受け取れなくなった日の4日目から支給される。

□□□**14** 雇用保険に関する次の文章のうち、最も不適切なものはどれか。

1 高年齢雇用継続基本給付金は、雇用保険の被保険者期間が5年以上ある者で、60歳以後の賃金月額が60歳時点の賃金月額に比べて75%未満となった場合に支給される。
2 被保険者が自己都合により離職した場合の基本手当の給付日数は原則として最大で150日間であり、正社員やパートタイマーに関係なく同一である。
3 育児休業給付は、原則として満1歳未満の子どもを養育するために育児休業をとった場合に支給対象となり、男女を問わず支給される。
4 高年齢雇用継続給付の1つである高年齢再就職給付金は、雇用保険の基本手当を受給せずに再就職した場合に支給される。

13 2級 テキスト P44-46 解答 **3**

1 労災保険は業務災害と通勤災害が給付対象となっており、労働者の業務上または通勤途中の疾病や傷害、死亡等を対象に給付を行う。　**適切**

2 労災保険の保険料率は、業種により異なる（事故の可能性が高い業種ほど高い）。　**適切**

3 労災保険の保険料は全額事業主負担となっている。なお、保険料を算出する際の保険料率は業種により異なる。　**不適切**

4 休業補償給付は原則として、給付基礎日額（平均賃金の日額）の60%が、賃金が支払われなくなった日の4日目（休業4日目）から支給される（別途、特別支給金が20%支給され、合計80%）。　**適切**

- -

14 2級 テキスト P47-54 解答 **4**

1 高年齢雇用継続基本給付金とは、〈1〉5年以上の雇用保険の被保険者期間がある〈2〉60歳以後も継続して働く、という条件を満たす60歳以上65歳未満の者の賃金が、60歳時に比べて75%未満に低下した場合に、60歳以後の賃金×最高15%相当額が支給される制度。15%支給されるのは60歳時点の賃金の61%以下に低下した場合。支給期間は、60歳に達した月から65歳に達する月まで。　**適切**

2 被保険者が一般受給資格者（自己都合や定年退職などにより離職した者）である場合の基本手当の給付日数は、被保険者期間が20年以上あれば、正社員であるかパートタイマーであるかに関係なく、また離職時の年齢に関係なく原則、最大で150日支給される。　**適切**

3 育児休業給付は、原則として満1歳（父母ともに育児休業をとるパパママ育休プラス制度の場合は1歳2か月、保育所等が見つからない場合などは最大2歳）未満の子どもを養育するために育児休業をとった場合に男女を問わず支給される。給付額は、休業前の賃金の50%相当額。ただし、当初の6か月間は休業前の賃金の3分の2（67%）相当額。なお、育児休業期間中は、健康保険料や厚生年金保険料の支払いが被保険者、事業主側ともに免除となる。また、同一月に14日以上育児休業を取得した場合にその月の健康保険料等が免除される。　**適切**

4 高年齢再就職給付金は、雇用保険の基本手当を受給後、100日以上基本手当の受給日数を残して再就職した場合に65歳になるまで支給される。　**不適切**

□□□ **15** 雇用保険および労災保険に関する次の文章のうち、最も適切なものはどれか。

1 雇用保険の介護休業給付は、配偶者の父母などを介護するために休業する場合は、支給の対象とならない。
2 雇用保険の基本手当の受給において、自己都合退職の場合、7日間の待期期間後、さらに1か月間は基本手当は支給されない。
3 労働者が業務上の災害により死亡したときに支払われる労災保険の遺族補償給付の年金額は、死亡した者に扶養されていた者の人数にかかわらず、一定額が支給される。
4 労働者が業務上の負傷等により、労災指定病院で治療を受けたときに労災保険から受ける療養補償給付については、労働者の一部負担は生じない。

□□□ **16** 雇用保険の基本手当および育児休業に関する次の記述のうち、最も適切なものはどれか。

1 基本手当は、一般受給資格者の場合、原則として、離職の日以前2年間に雇用保険の被保険者であった期間が通算して6か月以上あるときに受給することができる。
2 基本手当の所定給付日数は、離職理由や被保険者期間、離職時の年齢等に応じて定められており、45歳以上60歳未満の特定受給資格者等は、被保険者期間が20年以上の場合、最長で360日である。
3 基本手当の受給期間は、原則として、離職の日の翌日から起算して1年である。
4 育児休業期間中の健康保険料は、被保険者分は免除されるが、事業主分は通常通り支払う必要がある。

15 2級テキスト P44-53　　　解答 4

1　雇用保険の介護休業給付は、配偶者や子および父母（配偶者の父母も含む）などを介護するために休業する場合に支給される。支給額は、休業前の賃金の67％相当額が通算で93日間支給される。なお、93日までであれば3度まで分割して取得することもできる。休業期間中に休業前の賃金の80％以上が支払われている場合は支給されない。 不適切

2　雇用保険の基本手当の受給において、自己都合退職の場合、7日間の待期期間後、さらに2か月間は基本手当は支給されない。ただし、待期期間が2か月となるのは5年間のうち2回の離職までで、3回目の離職からは3か月間となる。なお、倒産・解雇による離職の場合、待期期間は7日間のみ。 不適切

3　労災保険の遺族補償給付の支給額は、死亡した労働者に扶養されていた親族の人数により異なる。 不適切

4　業務災害や通勤災害による治療を労災指定病院で受けたときの治療費は全額、労災保険から支払われる。 適切

---

16 2級テキスト P47-52　　　解答 3

1　雇用保険の基本手当の受給要件は、一般受給資格者（定年や自己都合退職により離職した者）の場合、原則、離職の日以前2年間に被保険者期間が通算して12か月以上あること。ただし、倒産・解雇および雇止めにより離職した者（特定受給資格者）の場合は、離職の日以前1年間に被保険者期間が通算6か月以上あることが要件。 不適切

2　45歳以上60歳未満で被保険者期間が20年以上ある特定受給資格者（倒産・解雇による離職者）の場合、基本手当の給付日数は330日。 不適切

3　基本手当の受給期間（基本手当を受けることができる期間）は、離職の日の翌日から1年間。なお、病気や育児などで就業できない場合は受給期間は3年延長され最長4年間まで可能。 適切

4　育児休業期間中や産休中の健康保険料や厚生年金保険料は、被保険者分および事業主分の両方が免除される。 不適切

公的年金制度

□□□**17** 日本の公的年金制度に関する次の記述のうち、最も不適切なものはどれか。

1 国民年金は、日本国籍のある20歳以上65歳未満の者を加入対象にしている。
2 厚生年金保険の保険料は、被保険者の標準報酬月額および標準賞与額にそれぞれ保険料率を乗じて算出されるが、標準報酬月額については、第1等級から第32等級に分けられている。
3 経済的に保険料を納めることが難しい第1号被保険者には保険料の免除が適用され、保険料の申請免除には全額免除、4分の3免除、半額免除、4分の1免除がある。
4 厚生年金保険料は、事業主と被保険者である会社員等が折半で負担する。

- -

□□□**18** 日本の公的年金制度に関する次の記述のうち、最も不適切なものはどれか。

1 国民年金の第3号被保険者は、60歳になった日に第3号被保険者としての資格を喪失する。
2 第3号被保険者は、第2号被保険者に扶養されている国内に住所のある20歳以上60歳未満の配偶者で、国民年金保険料は第2号被保険者の支払う保険料の中に含まれており、別途保険料を支払う必要はない。
3 第3号被保険者となる配偶者の条件は、満20歳以上60歳未満で年収103万円未満の者である。
4 国民年金の第1号被保険者が出産する場合、原則、出産予定日の前月から4か月間国民年金保険料が免除される。

17 2級テキスト P55-60 　　　　　　　　　　　　　　解答 1

1 国民年金の加入対象者は、国内に住所のある20歳以上60歳未満の者で、自営業者やその配偶者、学生等が対象となっている。 　　**不適切**

2 厚生年金は、標準報酬月額および標準賞与額に保険料率を掛けた額が、各月・各賞与時の保険料額になる。なお、標準報酬月額は第1等級から第32等級に分かれており、第32等級の報酬月額は上限65万円までとなっている。標準賞与額については、1回あたり150万円までの賞与に対して保険料率を掛けて保険料が算出される。 　　**適切**

3 保険料の免除制度には障害者などが対象の法定免除と申請免除がある。法定免除は保険料が全額免除になる。申請免除は前年の所得に応じて、全額免除、4分の3免除、半額免除、4分の1免除の4種類がある。 　　**適切**

4 厚生年金保険料は、事業主と被保険者である会社員等が折半（労使折半）で負担する。 　　**適切**

- -

18 2級テキスト P55-60 　　　　　　　　　　　　　　解答 3

1 国民年金は20歳以上60歳未満の者が対象なので、60歳になった時点で第3号被保険者の資格はなくなる。 　　**適切**

2 第3号被保険者は、会社員等の第2号被保険者に扶養されている20歳以上60歳未満の、国内に住所のある配偶者。第3号被保険者の国民年金保険料は第2号被保険者の支払う保険料の中に含まれているので、別途保険料を支払う必要はない。 　　**適切**

3 第3号被保険者となる配偶者の条件は、原則として満20歳以上60歳未満、かつ、年収130万円未満の者。原則として、パート収入等が130万円を超えると第2号保険者の扶養から外れ、保険料は自己負担となる。また、配偶者がパートで1週間の労働時間および1か月の労働時間が一般社員の4分の3以上のある場合も、自ら厚生年金に加入する。 　　**不適切**

4 国民年金の第1号被保険者は、出産予定日の前月から4か月間保険料が免除され、その間は保険料納付済みとみなされる。なお、双子などの多胎妊娠の場合、出産予定日または出産日が属する月の3か月前から6か月間免除される。 　　**適切**

□□□ 19 公的年金の被保険者に関する次の記述のうち、不適切なものはどれか。

1 公的年金保険の被保険者である18歳の会社員は、国民年金の第2号被保険者に該当する。
2 親に扶養され国内に居住している20歳の者は、学生であっても国民年金の強制被保険者であり、国民年金に加入義務がある。
3 第1号被保険者の夫に扶養されている50歳の妻は、国民年金の第3号被保険者である。
4 第2号被保険者の被扶養配偶者となっている18歳の専業主婦は、国民年金の第3号被保険者にはあたらない。

□□□ 20 国民年金保険に関する次の記述のうち、誤っているものはどれか。

1 第3号被保険者が第1号被保険者に変更となった場合、14日以内に届け出なければならない。
2 第3号被保険者が第1号被保険者に変更となった場合、変更となった月の翌月末までに国民年金保険料を納付することとなっている。
3 学生納付特例制度では、申請することで保険料の納付が猶予され、猶予された期間は受給資格期間には反映されるが、追納しなければ年金額には反映されない。
4 保険料納付猶予制度は50歳未満で一定の所得要件等を満たす者が対象となる制度であるが、親の所得が一定額以上ある場合は、対象者とならない。

19 2級テキスト P55-57　　　　**解答** 3

1 公的年金(国民年金)の第2号被保険者には原則として、厚生年金の適用事業所で働いている会社員や公務員などで、20歳未満の者や60歳以上65歳未満で働いている者も含む。　**適切**

2 国内に居住している20歳以上60歳未満の者は、学生であっても、原則として第1号被保険者として国民年金に強制加入となっている。なお、学生等の第1号被保険者の保険料については、世帯主やその配偶者は連帯して納付する義務がある。　**適切**

3 国民年金の第1号被保険者に扶養されている配偶者は、第1号被保険者として自ら国民年金に加入することになる。　**不適切**

4 第3号被保険者は、第2号被保険者の被扶養配偶者で、満20歳以上60歳未満で原則、年収130万円未満の者。よって、18歳の専業主婦は第3号被保険者にあたらない。　**適切**

20 2級テキスト P55-59　　　　**解答** 4

1 第3号被保険者や第2号被保険者が第1号被保険者に変更となった場合の届出は、退職日の翌日から14日以内。　**正しい**

2 国民年金保険料は、原則として、国民年金の被保険者となった月の翌月末までに納付する必要がある。　**正しい**

3 学生納付特例制度では、申請することで保険料の納付が猶予され、猶予された期間は受給資格期間には反映されるが、追納しなければ年金額は増えない。　**正しい**

4 保険料納付猶予制度は50歳未満で本人および配偶者の前年の所得が所定額以下である者を対象としている。　**誤り**

保険料の納付を猶予する制度

	要件	受給資格期間への反映	年金額への反映
学生納付特例制度	20歳以上の学生 本人の前年所得が所定額以下の場合	反映される	追納しなければ年金額への反映はなし（追納期間は10年）
保険料納付猶予制度(学生は除く)	50歳未満の者 被保険者および配偶者の前年所得が所定額以下の場合		

国民年金の老齢給付

21 公的年金の給付に関する次の記述のうち、正しいものはどれか。

1 老齢基礎年金を繰上げ受給すると、65歳前に障害者になっても、原則、障害基礎年金を受給することはできない。

2 今年60歳になった者が老齢基礎年金の繰上げを請求した場合、年金額は1か月あたり0.7％の割合で減額される。

3 老齢基礎年金の繰上げ受給をする場合に、付加年金があるときは、付加年金も繰上げとなるが、付加年金は減額にはならない。

4 老齢厚生年金を受給できる者が老齢基礎年金の繰下げ受給をする場合は、原則、老齢厚生年金を同時に繰り下げなければならない。

- -

22 国民年金の付加年金および老齢基礎年金の繰下げ受給に関する次の記述の空欄①〜④にあてはまる数値の組合せとして、最も適切なものはどれか。

国民年金の第1号被保険者が、国民年金保険料に上乗せして月額（　①　）円の付加保険料を納付すると、老齢基礎年金の受給権を得たときに、「（　②　）円×（　③　）」で計算した付加年金が、老齢基礎年金に上乗せして支給される。また、1941年（昭和16年）4月2日以後生まれの者が、老齢基礎年金を65歳から受給せずに66歳以後に繰下げ受給する場合、本来の年金額に「（　④　）％×65歳到達月から繰り下げた月数」を乗じた額が加算された年金額を、一生涯受け取ることができる。

1 ① 200　② 400　③ 付加保険料納付年数　④ 0.5
2 ① 200　② 400　③ 付加保険料納付月数　④ 0.7
3 ① 400　② 200　③ 付加保険料納付月数　④ 0.7
4 ① 400　② 200　③ 付加保険料納付年数　④ 0.5

解答・解説

21　2級テキスト P61-66

1 老齢基礎年金を繰上げ受給すると、65歳前に障害者になっても、原則、障害基礎年金を受給できない。また、一度繰上げ受給をすると、取消しや変更はできない。　正しい

2 1962年4月2日以後に生まれた者が65歳前に老齢基礎年金の繰上げ受給を請求した場合、「繰り上げた月数×1か月あたり0.4％」の割合で年金が減額される。1962年4月1日以前に生まれた者が繰上げ受給した場合、減額割合は従来通り0.5％のまま。　誤り

3 老齢基礎年金の繰上げ受給をする場合に、付加年金があるときは、付加年金も繰上げとなり、同じ割合で減額される。　誤り

4 老齢厚生年金を受給できる者が老齢基礎年金の繰下げ受給をする場合は、原則、老齢厚生年金は受給しながら、老齢基礎年金のみ繰り下げることができる。なお、老齢厚生年金を繰上げ受給する場合、老齢基礎年金についても同時に繰上げ受給の請求をしなければならない。　誤り

22　2級テキスト P65-67

● 付加年金は第1号被保険者独自の年金で、国民年金保険料に上乗せして月額400円の付加保険料を納付すると、「200円×付加保険料納付月数」の額（年額）の付加年金が、老齢基礎年金に上乗せして支給される。

● 付加保険料を納付できるのは、国民年金の第1号被保険者および65歳未満の国民年金の任意加入被保険者であり、国民年金保険料の納付を免除されている者や保険料の滞納者および国民年金基金の加入者、第2号被保険者、第3号被保険者などは納付できない。

● 1941年（昭和16年）4月2日以後に生まれた者が66歳以後に老齢基礎年金の繰下げ受給を申し出た場合、「繰り下げた月数×1か月あたり0.7％」の割合で年金が増額となる。例えば、68歳到達時に老齢基礎年金の繰下げ（3年繰下げ）の申出をした場合、年金額は25.2％（12か月×3年×0.7％）増額となる。生年月日などの条件を満たしている者は最長で75歳まで繰り下げることができ、その場合、84％（10年×12月×0.7％）増額になる。なお、66歳になるまでは、繰下げの申請はできない。付加年金がある場合、付加年金も繰下げとなり、付加年金の額も同じ割合で増額となる。

厚生年金の老齢給付

□□□ **23** 厚生年金保険の老齢給付に関する次の記述のうち、最も不適切なものはどれか。

1 65歳以降の老齢厚生年金の支給要件として、老齢基礎年金の受給資格を満たし、厚生年金保険の被保険者期間が1か月以上あることなどの要件を満たす必要がある。

2 1950年（昭和25年）生まれの男性が受給できる特別支給の老齢厚生年金は、原則として、報酬比例部分のみである。

3 1961年（昭和36年）4月2日以後に生まれた者（男性）は特別支給の老齢厚生年金の報酬比例部分のみ64歳から受給できる。

4 70歳以後も厚生年金保険の適用事業所に在職する者は、原則として厚生年金保険料を負担する必要はない。

□□□ **24** 厚生年金保険の老齢給付に関する次の記述のうち、最も不適切なものはどれか。

1 1961年（昭和36年）4月1日以前に生まれた男性の場合、老齢基礎年金の受給資格期間を満たし、厚生年金保険の被保険者期間が1か月以上あれば、特別支給の老齢厚生年金を受給することができる。

2 加給年金は、厚生年金の被保険者期間が20年以上あり、その者に扶養している一定の条件を満たす子や65歳未満の配偶者がいることが支給要件である。

3 老齢厚生年金受給者が扶養している配偶者が自身の老齢基礎年金を受け取り始めると、加給年金は加算されなくなるが、代わりに振替加算が配偶者の老齢基礎年金に加算される。

4 経過的加算とは、65歳からの老齢基礎年金の額が、64歳までの特別支給の老齢厚生年金の定額部分の額より少なくなる場合に差額を支給するもので、定額部分の年金額から老齢基礎年金額を差し引いた額となる。

解答・解説

23 2級テキスト P67-74　　　　　　　　　　　　　　解答 3

1　65歳からの老齢厚生年金の支給要件は、老齢基礎年金の受給資格期間（10年）を満たし、厚生年金保険の被保険者期間が1か月以上あることが要件。　**適切**

2　特別支給の老齢厚生年金は、1941年（昭和16年）4月2日以後生まれの男性（女性は5年遅れ）から定額部分の支給開始年齢が段階的に引き上げられ、1949年（昭和24年）4月2日から1953年（昭和28年）4月1日までに生まれた男性から定額部分の支給がなくなり、報酬比例部分のみとなる。　**適切**

3　1961年（昭和36年）4月2日以後に生まれた者（男性）は特別支給の老齢厚生年金を受給できず、原則、65歳から老齢基礎年金と老齢厚生年金を受け取る。なお、1959年（昭和34年）4月2日から1961年（昭和36年）4月1日の間に生まれた男性は、64歳から報酬比例部分のみ受け取れる。　**不適切**

4　厚生年金保険の適用事業所に在職する者であっても、70歳以上の者は厚生年金の強制適用被保険者ではないので、原則として厚生年金保険料を負担する必要はない。例外として70歳以上でも老齢基礎年金の受給資格期間を満たしていない者などは、任意加入できる。　**適切**

24 2級テキスト P67-74　　　　　　　　　　　　　　解答 1

1　特別支給の老齢厚生年金の受給要件は、「老齢基礎年金の受給資格期間（10年）を満たす」かつ「厚生年金保険の被保険者期間が1年以上」となっている。　**不適切**

2　加給年金は、「厚生年金の被保険者期間が20年以上」「その者に扶養している一定の条件を満たす子（18歳到達年度の3月末日までで未婚の者）や65歳未満で年収850万円未満の配偶者がいること」などが支給要件。　**適切**

3　扶養している配偶者が65歳になり、自身の老齢基礎年金を受け取り始めると、加給年金は加算されなくなるが、代わりに配偶者の生年月日に応じて配偶者の老齢基礎年金に振替加算が付く。　**適切**

4　特別支給の老齢厚生年金は、原則、報酬比例部分と定額部分で構成されており、65歳からは報酬比例部分は老齢厚生年金に、定額部分は老齢基礎年金になる。しかし、通常、老齢基礎年金は64歳までの定額部分の年金額より少ない場合が多いため、年金支給総額が変わらないよう差額を支給する制度を経過的加算という。　**適切**

□□□ **25** 在職老齢年金に関する次の記述のうち、最も不適切なものはどれか。

1 在職老齢年金では、減額の対象となるのは老齢厚生年金のみで、老齢基礎年金は全額支給される。
2 60歳以上の厚生年金保険の被保険者に支給される特別支給の老齢厚生年金の基本月額と総報酬月額相当額の合計額が50万円以下の場合、老齢厚生年金は全額支給される。
3 60歳以上の厚生年金保険の被保険者に支給される老齢厚生年金の基本月額と総報酬月額相当額の合計額が50万円超の場合、老齢厚生年金の全額が支給停止となる。
4 在職老齢年金と雇用保険の高年齢雇用継続給付を同時に受けることが可能な場合、在職老齢年金と高年齢雇用継続給付との併給調整が行われる。

- -

□□□ **26** 公的年金の離婚時の分割制度に関する次の記述のうち、最も不適切なものはどれか。

1 合意分割では、夫婦間の合意または家庭裁判所の決定があれば、どちらか一方からの請求により婚姻期間中の厚生年金保険料の納付済記録の分割が可能である。
2 元の配偶者から分割を受けた厚生年金の保険料納付済記録の期間は、老齢基礎年金の受給資格期間に算入できる。
3 合意分割の対象は、厚生年金の報酬比例部分のみとなっている。
4 3号分割では夫婦間の同意は不要であるが、離婚日の翌日から2年以内に年金事務所に請求する必要がある。

 障害給付と遺族給付

□□□ **27** 障害基礎年金に関する次の記述のうち、最も不適切なものはどれか。

1 障害等級1級に該当する場合、障害基礎年金の額は障害等級2級の額の1.25倍である。
2 20歳前の障害については、原則として20歳になってから障害基礎年金が支給される。
3 障害基礎年金の受給権者が65歳になり老齢厚生年金の受給権を取得した場合、障害基礎年金と老齢厚生年金を併給できる。
4 障害基礎年金における障害認定日とは、原則として、障害の原因となった傷病の初診日から6か月が経過した日である。

25 2級テキスト P74-75　　解答 3

1 在職老齢年金は、厚生年金加入者が対象なので、減額の対象となるのは老齢厚生年金のみで、老齢基礎年金は全額支給される。 適切

2 在職老齢年金では、老齢厚生年金の基本月額と給与などの総報酬月額相当額の合計額が50万円以下の場合、老齢厚生年金は全額支給される。 適切

3 在職老齢年金では、老齢厚生年金の基本月額と総報酬月額相当額の合計が50万円超の場合は、超過分の2分の1相当額の厚生年金が支給停止になる。 不適切

4 高年齢雇用継続給付を受給している間は、在職老齢年金（特別支給の老齢厚生年金）のうち、標準報酬月額（賃金）の6％を限度として年金が減額される。 適切

- -

26 2級テキスト P75-76　　解答 2

1 合意分割制度により、夫婦間の合意または家庭裁判所の決定があれば、どちらか一方からの請求により婚姻期間中の厚生年金保険料の納付済記録の半分（2分の1）まで分割できる。 適切

2 離婚により分割された厚生年金の保険料納付済記録の期間は、老齢基礎年金の受給資格期間に算入できない。 不適切

3 合意分割の対象は、厚生年金の報酬比例部分のみであり、定額部分や企業年金等は対象外。 適切

4 3号分割は、離婚後（離婚日の翌日）から2年以内に日本年金機構（年金事務所）に請求する必要がある。なお、2008年4月1日以後の第3号被保険者期間が分割の対象になる。 適切

解答・解説

27 2級テキスト P77、84　　解答 4

1 障害基礎年金は障害認定日に障害等級1級か2級に該当していることが要件で、1級の年金額は2級の額の1.25倍支給される。 適切

2 20歳前の傷病などによる障害については、原則20歳からの支給となる。また、障害認定日が20歳以後の場合は、その認定日以後から支給される。 適切

3 65歳以上の者は障害基礎年金と老齢厚生年金や遺族厚生年金および障害厚生年金を併給できる。 適切

4 障害認定日とは、障害の原因となった傷病の初診日から1年6か月を経過した日（それまでに症状が固定した場合は、固定した日）である。 不適切

□□□ **28** 公的年金制度の遺族給付に関する次の記述のうち、最も不適切なものはどれか。

1 国民年金の被保険者である妻が死亡した場合、その者によって生計を維持され、条件を満たした子のある夫は、遺族基礎年金を受給できる。

2 遺族厚生年金の年金額は、被保険者の死亡時で計算した老齢厚生年金の報酬比例部分の3分の2相当額である。

3 夫が死亡したときに、子のいない30歳未満の妻の場合、遺族厚生年金は5年間の有期給付となっている。

4 遺族厚生年金の支給額を計算する場合、原則として、被保険者の加入期間が300月未満の場合、300月として年金額を算出する。

□□□ **29** 公的年金制度の障害給付および遺族給付に関する次の記述のうち、最も不適切なものはどれか。

1 障害厚生年金の受給要件の1つとして、障害認定日に障害等級1級・2級または3級に該当することがある。

2 遺族厚生年金の受給要件として、老齢厚生年金の受給資格期間（10年以上）を満たした者が死亡した場合がある。

3 厚生年金保険の被保険者である夫が死亡し、夫の死亡当時に子のいない40歳以上65歳未満の妻が遺族厚生年金の受給権を取得した場合、妻が65歳に達するまでの間、妻に支給される遺族厚生年金に中高齢寡婦加算が加算される。

4 国民年金の第1号被保険者としての保険料納付済期間が36月以上ある者が、老齢基礎年金または障害基礎年金を受けないまま死亡し、その死亡した者によって生計を同じくしていた遺族が遺族基礎年金の支給を受けられない場合は、原則として、遺族に死亡一時金が支給される。

1 遺族基礎年金の受給権者は、その者によって生計を維持されていた、18歳になった年度の3月末日までの未婚の子、または障害等級1級・2級の障害者の場合は20歳未満の子および子のある配偶者（妻または夫）であり、条件を満たしていれば夫も受給できる。　適切

2 遺族厚生年金の額は、被保険者の死亡時で計算した老齢厚生年金の報酬比例部分の額の4分の3相当額である。　不適切

3 子のいない30歳未満の妻の場合、遺族厚生年金の支給期間は5年間のみ。なお、子とは18歳になった年度の3月末日までの未婚の者または20歳未満の障害者のことをいう。　適切

4 遺族厚生年金を計算するうえで、亡くなった者の厚生年金の加入期間が300月に満たない場合、被保険者期間は300月として年金額を算出する。　適切

1 障害厚生年金の受給要件には、障害認定日に障害等級1級・2級または3級に該当することや、障害の原因となった傷病の初診日に厚生年金の加入者であることなどがある。障害等級1級または2級に該当する厚生年金加入者は、障害厚生年金と障害基礎年金の両方が支給される。　適切

2 遺族厚生年金の受給要件の1つに、老齢厚生年金の受給資格期間（25年以上）を満たした者が死亡した場合がある。遺族基礎年金・遺族厚生年金では受給資格期間は10年に短縮されず、25年のままである。　不適切

3 厚生年金保険の被保険者である夫が死亡し、夫が死亡したときに要件を満たした子のいない40歳以上65歳未満の妻には遺族基礎年金が支給されないので、妻が65歳に達するまでの間、妻に支給される遺族厚生年金に中高齢寡婦加算が加算される。つまり、中高齢寡婦加算は遺族基礎年金の代わりに支給されるもの。　適切

4 国民年金の遺族給付の1つである死亡一時金は、第1号被保険者として保険料納付済み期間が3年（36月）以上ある夫が、①老齢基礎年金と障害基礎年金を受給していない、②遺族基礎年金を受け取ることができる遺族がいないなどの要件を満たして死亡した場合に、その遺族に支給されるもの。なお、死亡一時金と寡婦年金の両方の受給要件を満たしている場合は、どちらかを選択する。　適切

公的年金の併給調整

□□□ **30** 公的年金給付の併給調整に関する次の記述のうち、最も不適切なものはどれか。

1 雇用保険の基本手当を受給する場合には、雇用保険の受給が優先され、厚生年金の受給権がある65歳未満の者の特別支給の老齢厚生年金は全額支給停止となる。

2 遺族厚生年金を受給している妻が65歳になって、自身の老齢厚生年金の受給が可能となった場合、妻には自身の老齢基礎年金と老齢厚生年金のみが支給される。

3 雇用保険の高年齢雇用継続基本給付金を受給している間は、原則、60歳のときの賃金月額に比べて60歳以後の標準報酬月額の割合が61％未満の場合に、60歳以後の標準報酬月額の6％を限度にして特別支給の老齢厚生年金が支給停止となる。

4 障害基礎年金と障害厚生年金のように同一の支給事由による場合には年金は併給される。

公的年金等の税金

□□□ **31** 各年金制度における保険料等の所得税法上の取扱いに関する次の記述のうち、正しいものはどれか。

1 被保険者が負担した厚生年金保険の保険料は、生命保険料控除として所得控除の対象となる。

2 公的年金を老齢給付により受け取った保険金は、雑所得の対象である。

3 公的年金を障害給付・遺族給付として受け取った保険金は、一時所得の対象となる。

4 公的年金等控除額は受給者の年齢にかかわらず、公的年金等の雑所得以外の所得金額が1,000万円以下か、1,000万円を超えるか、2,000万円を超えるかによって控除額が異なる。

解答・解説

30 2級テキスト **P83-85**　　　　解答 2

1 特別支給の老齢厚生年金の受給権者が雇用保険の基本手当を受給する場合には、雇用保険の受給が優先され、基本手当を受給している間は、特別支給の老齢厚生年金は全額支給停止となる。

適切

2 遺族厚生年金を受給している妻が65歳になり自身の老齢厚生年金を受給できるようになると、自身の老齢基礎年金と老齢厚生年金を受給することが優先されるが、遺族厚生年金の方が自身の老齢厚生年金より多い場合は、原則として、その差額が遺族厚生年金として自身の老齢厚生年金に加算されて支払われる。

不適切

3 高年齢雇用継続基本給付金や高年齢再就職給付金を受給している間は、原則、60歳のときの賃金月額に比べて60歳以後の標準報酬月額の割合が61％未満の場合は、標準報酬月額の 6 ％を限度にして在職老齢年金が支給停止となる。

適切

4 老齢基礎年金と老齢厚生年金、障害基礎年金と障害厚生年金、遺族基礎年金と遺族厚生年金のように、同一の支給事由による場合には併せて支給される。

適切

解答・解説

31 2級テキスト **P87、288**　　　　解答 2

1 被保険者が負担した厚生年金の保険料は全額社会保険料控除の対象となる。また、納税者が生計を一にする配偶者や親族の厚生年金保険料などの社会保険料を支払った場合も、全額が納税者の社会保険料控除の対象となる。

誤り

2 老齢給付により受け取った保険金は雑所得となる。なお、受け取るときに公的年金等控除の適用があり、公的年金等の雑所得金額＝「公的年金等の金額−公的年金等控除額」で算出する。

正しい

3 障害給付・遺族給付として受け取った保険金（障害年金・遺族年金）は非課税。

誤り

4 公的年金控除額は、受給者が65歳未満か65歳以上なのかに分けたうえで、さらに公的年金等の雑所得以外の所得金額が1,000万円以下か1,000万円を超えるか、2,000万円を超えるかによって控除額が設定されている。

誤り

企業年金・自営業者の年金等

□□□ **32** 国民年金基金に関する次の記述のうち、最も不適切なものはどれか。

1 国民年金基金の掛金は月額 6 万8,000円までであり、全額が社会保険料控除の対象となる。

2 国民年金基金に加入できるのは、原則として60歳未満の国民年金の第 1 号被保険者および第 3 号被保険者である。

3 国民年金基金の加入者は、付加保険料を納めることができない。

4 国民年金の加入者が国民年金保険料を滞納している場合、その間に係る国民年金基金の加入期間は、国民年金基金の給付の対象とされない。

□□□ **33** 国民年金基金、中小企業退職金共済、小規模企業共済に関する次の記述のうち、最も不適切なものはどれか。

1 国民年金基金に加入する場合、1口目は確定年金、2口目以降は確定年金と終身年金の中から選択する。

2 中小企業退職金共済は、全従業員の加入を原則とし、掛金は全額、事業主（会社）負担である。

3 中小企業退職金共済では、掛金について、新規加入の場合、加入後 4 か月目から 1 年間、国の助成金制度がある。

4 小規模企業共済では、共済金の受取額が一定額以上であれば、一括受け取りと分割受け取りの併用が可能である。

32 2級テキスト **P95-96**　　　　　　　　　　　　　　**解答** 2

1　国民年金基金の掛金の上限は月額6万8,000円（個人型確定拠出年金：iDeCoに同時に加入している場合、合算で上限6万8,000円）で、掛金は全額、社会保険料控除の対象。**適切**

2　国民年金基金に加入できるのは、国民年金の第1号被保険者および60歳から65歳未満の国民年金の任意加入者で、第3号被保険者や第2号被保険者は加入できない。なお、国民年金基金に加入すると、自己都合で任意に脱退はできない。**不適切**

3　国民年金基金の保険料の中に、付加年金の保険料が含まれており、重複して加入することになるので、国民年金基金と付加年金は同時に加入できない。**適切**

4　国民年金保険料が未納の期間（滞納している期間）は、原則、国民年金基金に加入していても、未納期間に対する国民年金基金は、給付されない。また、国民年金保険料を免除されている者は国民年金基金に加入できない。なお、過去に国民年金保険料の滞納期間があった場合でも、加入しようとする時点で国民年金保険料を納めていれば国民年金基金に加入できる。**適切**

---

33 2級テキスト **P95-98**　　　　　　　　　　　　　　**解答** 1

1　国民年金基金に加入する場合、1口目は終身年金、2口目以降は終身年金か確定年金の中から自由に組み合わせて選択する。**不適切**

2　中小企業退職金共済は従業員全員加入が原則である。掛金は全額が事業主負担または会社負担であり、全額が損金算入または必要経費となる。**適切**

3　中小企業退職金共済の掛金は、月額は5,000円～3万円の間で16種類あり、いつでも増額可能。新規加入の場合は、加入後4か月目から1年間、国の助成金制度がある。**適切**

4　小規模企業共済では、共済金の受取額が一定額以上であれば、一括受け取りと分割受け取りの併用が可能。一括受け取りの部分は退職所得、分割受け取りの部分は雑所得の対象。なお、掛金は全額、小規模企業共済等掛金控除の対象。**適切**

□□□ **34** 確定拠出年金に関する次の記述のうち、最も不適切なものはどれか。

1 企業型確定拠出年金では、事業主は従業員の加入資格について、規約で一定の条件を定めることができる。

2 国民年金の第3号被保険者が個人型確定拠出年金（iDeCo）に加入する場合の掛金の拠出限度額は、年27万6,000円である。

3 個人型確定拠出年金（iDeCo）の掛金を個人が拠出した場合は、小規模企業共済等掛金控除の対象となる。

4 海外居住者の場合、国民年金に任意加入していても個人型確定拠出年金（iDeCo）に加入できない。

- -

□□□ **35** 確定拠出年金に関する次の記述のうち、最も適切なものはどれか。

1 確定拠出年金（企業型および個人型）の老齢給付を60歳から受給するためには、通算加入期間が20年以上必要である。

2 個人型DC（iDeCo）の加入者が給付金を年金受け取りする場合、5年以上20年以下の期間で受け取る。

3 老齢給付として受け取る際に、一時金として受け取る場合は一時所得の対象となる。

4 国民年金の第1号被保険者が個人型確定拠出年金に加入する場合、国民年金保険料を滞納している場合であっても、原則として個人型には加入できる。

1 事業主は、企業型確定拠出年金の加入にあたって勤続年数や年齢などの一定の条件を定めることで加入者を制限できる。 `適切`

2 国民年金の第3号被保険者（いわゆる専業主婦等）の掛金の拠出限度額は、年27万6,000円。なお、掛金は月単位でなく、年単位で拠出することも可能。 `適切`

3 個人が拠出した個人型確定拠出年金（iDeCo）の掛金は、所得控除の1つである小規模企業共済等掛金控除の対象。なお、企業型において、企業の掛金に従業員が追加拠出（マッチング拠出）した掛金も小規模企業共済等掛金控除の対象。 `適切`

4 海外居住者でも国民年金に任意加入していれば、個人型確定拠出年金（iDeCo）に65歳まで加入できる。 `不適切`

個人型DCの対象者

対象者	改正前	改正後
会社員・公務員 （第2号被保険者）	60歳未満	65歳未満
自営業者・専業主婦（夫） （第1号・第3号被保険者）	60歳未満	60歳未満 ※国民年金に任意加入している者は65歳未満
海外居住者	加入不可	国民年金に任意加入していれば65歳未満まで加入可能

---

1 企業型および個人型（iDeCo）の確定拠出年金の老齢給付を60歳から受給するには、通算加入期間が10年以上必要。加入期間が10年に満たない場合、受給開始年齢は加入期間に応じて遅くなる。 `不適切`

2 個人型DC（iDeCo）の受取方法は年金受け取りと一時金受け取りおよびその組み合わせが可能であり、年金受け取りの場合、期間は5年以上20年以下となっている。 `適切`

3 確定拠出年金を一時金として受け取る場合は、退職所得の対象となる。なお、年金受け取りする場合は雑所得の対象。 `不適切`

4 国民年金保険料を滞納している者（未納の者）や保険料を免除されている者は、原則、個人型確定拠出年金（iDeCo）に加入できない。なお、過去に国民年金保険料の未納期間があっても、現時点で納付していれば個人型確定拠出年金に加入できる。 `不適切`

1章 ライフプランニングと資金計画 ■ 学科

□□□ **36** 確定拠出年金および小規模企業共済に関する次の記述のうち、最も不適切なものはどれか。

1 個人型確定拠出年金（iDeCo）の掛金額は、公務員、私立学校の教職員の場合、年額14万4,000円までである。

2 企業型確定拠出年金の掛金を従業員が追加拠出する場合、事業主の掛金の額以下でなければならない。

3 国民年金の第1号被保険者で付加年金に加入している者は、個人型確定拠出年金（iDeCo）に加入できない。

4 小規模企業共済の掛金月額は、共済契約者1人につき、1,000円以上で7万円が上限となっており、500円単位で選択できる。

個人の資金計画と中小企業の資金計画

□□□ **37** 住宅ローンの返済や借換えに関する次の記述のうち、最も不適切なものはどれか。

1 住宅ローンの元金均等返済とは、毎回の返済額を一定とする返済方法で、返済当初は利息部分の割合が多くなる。

2 主な住宅ローンの返済方法には、元利均等返済と元金均等返済があるが、通常、借入金額や金利、返済期間等の条件が同じであれば、総返済額は元利均等返済の方が元金均等返済よりも多くなる。

3 繰上げ返済する場合、他の条件が同じであれば、返済期間短縮型の方が返済額圧縮（軽減）型より利息の削減効果は大きい。

4 他の金融機関で住宅ローンを借換えする場合に、担保となる物件の評価や健康状態により、団体信用生命保険に加入できず、借換えができない場合もある。

36 2級テキスト P90-94、98　　　解答 3

1　個人型確定拠出年金（iDeCo）の掛金額は、公務員、私立学校の教職員の場合、年額14万4,000円までである。　適切

2　企業型確定拠出年金の事業主の掛金に、従業員が掛金を追加して拠出できる（マッチング拠出）が、掛金の合計の上限は企業型の限度額と同じで、金額は事業主の掛金額以下でなければならない。　適切

3　国民年金の第1号被保険者で付加年金に加入している者や国民年金基金に加入している者も、個人型確定拠出年金（iDeCo）に加入できる。　不適切

4　小規模企業共済の掛金は、月額1,000円以上7万円以下となっており、500円刻みで加入者が選択できる。なお、加入後は掛金の増額や減額は可能。　適切

解答・解説

37 2級テキスト P23-26　　　解答 1

1　元金均等返済とは、毎回の返済額のうち、元金部分の返済額を一定とする返済方法で、利息は元金の残高によって計算される。問題文は元利均等返済の説明。　不適切

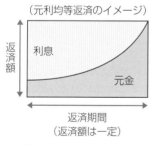

（元利均等返済のイメージ）
返済額　利息　元金
返済期間
（返済額は一定）

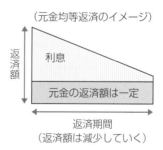

（元金均等返済のイメージ）
返済額　利息　元金の返済額は一定
返済期間
（返済額は減少していく）

2　通常、借入金額や金利、返済期間等の条件が同じであれば、総返済額は元利均等返済の方が元金均等返済よりも多くなる。　適切

3　他の条件が同じであれば、残りの返済期間を変えない返済額圧縮（軽減）型より、残りの返済期間を短くする返済期間短縮型の方が利息の削減効果が大きい。　適切

4　担保となる物件の担保価値の下落や健康状態により団体信用生命保険に入れなければ、借換えはできない場合もある。　適切

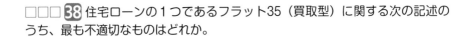

□□□ **38** 住宅ローンの1つであるフラット35（買取型）に関する次の記述のうち、最も不適切なものはどれか。

1 全期間固定金利であり、融資実行時点での金利が適用される。

2 店舗併用住宅の場合、住宅部分の床面積の割合が2分の1以上あれば融資対象になる。

3 融資率（借入額÷購入価額）が90％を超えると、通常、金利が高くなる。

4 融資対象となる住宅の床面積は、戸建ての場合70㎡以上、マンションの場合50㎡以上となっている。

□□□ **39** フラット35（買取型）に関する次の記述のうち、最も不適切なものはどれか。

1 フラット35の融資対象には、一定の条件を満たす中古住宅も対象となる。

2 フラット35と財形住宅融資を併用することは可能である。

3 フラット35の融資限度額は100万円以上最高1億円までで、購入価額の100％以内である。

4 フラット35を繰上げ返済する場合、原則100万円以上からで、その際手数料は不要である。

38 2級テキスト P25　　　　　　　　　　　　　　　　　　　　　　解答 4

1　フラット35の金利は全期間固定金利で、契約時でなく融資を受ける時点（融資実行時点）での金利が適用される。なお、金利は取扱い金融機関ごとに異なる。また、借入れ期間が20年以下か21年以上かでも金利は異なる。　適切

2　店舗併用住宅の場合、住宅部分の床面積の割合が2分の1以上あれば融資対象になる。　適切

3　一般的に、融資率（借入額÷購入価額）が90％を超えると、金利が高くなる。　適切

4　フラット35の融資対象となる住宅の床面積は、戸建ての場合70㎡以上、マンションの場合30㎡以上となっている。　不適切

- -

39 2級テキスト P25　　　　　　　　　　　　　　　　　　　　　　解答 3

1　耐震性などの要件を満たしていれば中古住宅もフラット35の融資を受けることは可能。具体的には購入予定の中古住宅について、住宅支援機構が定める技術基準に適合していることを示す「適合証明書」の取得が必要になる。　適切

2　フラット35と財形住宅融資を併用することは可能で、その際、同一金融機関に同時に申し込む。　適切

3　フラット35の融資限度額は100万円以上最高8,000万円までで、購入価額の100％以内。なお、融資対象となる購入物件の価格は1億円が上限価格だったが、この制限はなくなった。　不適切

4　フラット35を繰上げ返済する場合、原則100万円以上からで、その際手数料は不要である。なお、Webサイト経由で返済する場合は、10万円以上から返済可能。　適切

□□□**40** 教育ローンや奨学金制度に関する次の記述のうち、最も不適切なものはどれか。

1 国（日本政策金融公庫）が行う教育一般貸付の融資限度額は学生1人あたり、通常350万円以内で、返済期限は20年以内である。
2 教育一般貸付では、入学金や授業料以外の下宿の敷金や受験の交通費なども融資の対象となっている。
3 日本学生支援機構が行う奨学金制度（貸与型）には、第一種奨学金と第二種奨学金の2つがあり、第一種奨学金は無利子の貸与制度である。
4 日本学生支援機構が行う奨学金制度（貸与型）には、学生の学力や親の年収などの判定基準があるが、第二種奨学金の方が判定基準は緩やかである。

□□□**41** 国の教育ローンや奨学金制度に関する次の記述のうち、最も不適切なものはどれか。

1 教育一般貸付では、融資条件として、学生本人の学力と子どもの人数に応じた世帯ごとの年収が判断基準となっている。
2 教育一般貸付と日本学生支援機構の奨学金制度を同時に利用することは可能である。
3 日本学生支援機構の奨学金制度（給付型）は返済義務のない奨学金であるが、在学している学校において学業成績が著しく不振である場合等には、支給打ち切りや返還が必要となる場合もある。
4 日本学生支援機構の奨学金制度の申込みの窓口は各学校であるが、入学前であれば日本学生支援機構に直接申し込みができる。

□□□**42** 中小企業の資金調達に関する記述のうち、最も不適切なものはどれか。

1 株主割当増資では、既存の株主に対して新しく株式を引き受ける権利（新株引受権）を与えて株式を発行し、資金を調達するため、その後の資金の返済は必要ない。
2 民間金融機関からの企業の主な資金調達の方法には、手形貸付、当座貸越、インパクトローンなどがある。
3 ファクタリングとは、企業の売掛金を金融機関に期限前に買い取ってもらうことをいう。
4 企業の資金調達の方法として、私募債の発行があるが、50名未満の特定の者に引き受けてもらう場合をプロ私募（適格機関投資家私募）という。

40 2級テキスト P27-29

1 融資限度額は350万円（3か月以上海外留学する場合や自宅外通学、大学院の場合は450万円）以内で、返済期限は18年以内（ひとり親家庭や交通遺児家庭などは金利優遇制度がある）。 不適切

2 入学金や授業料以外の下宿の敷金や受験の交通費、住宅関連費用、国民年金の保険料なども融資の対象となっている。 適切

3 問題文の通り。なお、第二種奨学金も在学中は無利子だが、卒業後に有利子となる。現在、奨学金の返済義務がない給付型も設立されている。 適切

4 第二種奨学金（有利子）の方が無利子の第一種奨学金より判定基準は緩やかなため、審査が通りやすい。 適切

41 2級テキスト P27-29

1 教育一般貸付では、融資条件として、子どもの人数に応じて世帯ごとの年収制限があるが、学生本人の学力は考慮されない。 不適切

2 教育一般貸付と日本学生支援機構の奨学金制度を同一家族で重複して利用することは可能。 適切

3 日本学生支援機構の奨学金制度には貸与型と給付型があり、貸与型は返済義務がある。給付型は奨学金の返済義務がないが、学業成績が著しく不振である場合等の適格要件を満たさない場合には、支給が打ち切られたり、返還が必要となる場合もある。 適切

4 日本学生支援機構の奨学金制度の申込みの窓口は、各学校であるが、入学前であれば日本学生支援機構に直接申し込むことは可能。 適切

42 2級テキスト P30-32

1 問題文の通り。なお、特定の第三者だけに新株引受権を与えて株式を発行し、資金調達する方法を第三者割当増資といい、広く一般（不特定多数の者）に新株を発行して資金を調達する方法を公募増資という。 適切

2 問題文の通り。なお、インパクトローンとは、使用目的に制限のない外貨による貸付のことをいう。 適切

3 ファクタリングは、予定より早く売掛金の回収が可能となり、キャッシュフローの改善が図れる。 適切

4 プロ私募とは、適格機関投資家などの金融機関のみに債券を引き受けてもらう方法。問題文は少人数私募の説明。 不適切

2章 リスク管理

 ### 保険法と保険契約者の保護

□□□ **1** 生命保険契約者保護機構と損害保険契約者保護機構に関する次の記述のうち、最も不適切なものはどれか。

1 生命保険会社が破綻した場合、生命保険契約者保護機構により、原則として、保険金額の90％までが補償される。
2 個人やマンション管理組合が火災保険に加入した場合において、損害保険会社が破綻した場合には、損害保険契約者保護機構の補償の対象になるが、小規模法人が契約した場合も、補償の対象になる。
3 自動車損害賠償責任保険（自賠責保険）では、保険事故の発生時期にかかわらず、保険金全額が補償される。
4 保険契約者保護機構には、原則、外資系を含む国内で営業するすべての生命保険会社、損害保険会社が加入しなければならない。

□□□ **2** クーリング・オフおよびソルベンシー・マージン比率に関する次の記述のうち、最も不適切なものはどれか。

1 原則として、保険契約の申込み日またはクーリング・オフに関する書面を交付された日のどちらか遅い方の日から起算して8日以内であれば、クーリング・オフが可能である。
2 保険会社の指定した医師の診査が終了している場合でも、所定の期限内であればクーリング・オフが可能である。
3 クーリング・オフに関する書面を受け取っていない場合には、いつでも申込みの撤回が可能である。
4 ソルベンシー・マージン比率とは、保険会社の保険金の支払い余力を見る指標で、この比率が200％未満になると、早期是正措置が発動される。

生命保険も損害保険も個人向けの保険商品の内容に関する問題が毎回出題されています。生命保険では定期保険、終身保険、定期付終身保険、個人年金保険など、損害保険では火災保険、個人賠償責任保険などが中心となっています。また、第三分野の保険（医療保険やがん保険等）や個人年金保険に関するポイントもしっかり押さえておきましょう。その他、法人のリスク管理と保険に関する問題、個人契約の保険および法人契約の保険の税制についても出題される傾向が強くなっています。

解答・解説

1 [2級テキスト] P110-113

解答 1

1 医療保険や個人年金保険等を含むすべての生命保険は、原則として、責任準備金の90％まで補償される。なお、高予定利率契約の場合は補償割合が90％未満に引き下げられる場合もある。
不適切

2 火災保険は、個人やマンション管理組合、小規模法人が契約者である場合のみ損害保険契約者保護機構の補償の対象となる。よって、法人であっても、小規模事業者には一定の補償がある。
適切

3 自賠責保険や地震保険は保険事故の発生時期に関係なく、保険金全額（100％）が補償される。なお、任意の自動車保険や火災保険は、保険会社の破綻後3か月以内に発生した保険事故の場合は保険金の100％が補償され、3か月経過後の事故では保険金の80％が補償される。
適切

4 問題文の通り。ただし、再保険やJA共済などの共済、少額短期保険業者などの保険契約は保険契約者保護機構の対象外となっている。なお、民営化後に加入したかんぽ生命の契約は生命保険契約者保護機構の対象。
適切

2 [2級テキスト] P114-115

解答 2

1 原則として、保険契約の申込み日またはクーリング・オフに関する書面を交付された日のどちらか遅い方の日から起算して8日以内（郵便局の消印で判定）であればクーリング・オフが可能。なお、契約の撤回は書面または保険会社のホームページ、Eメールといった電磁的記録により行うことが可能。
適切

2 保険会社の指定した医師の診査が終了している場合には、所定の期限内であってもクーリング・オフはできない。
不適切

3 クーリング・オフに関する書面を受け取っていない場合や書面が法律で定められた記載事項を満たしていない場合には、クーリング・オフの所定期間内でなくてもいつでも保険契約の申込みの撤回が可能。
適切

4 ソルベンシー・マージン比率が200％未満になると、早期是正措置が発動される。なお、この比率が200％以上あると、保険金の支払い余力があるとされる。
適切

□□□ **3** 少額短期保険に関する次の記述のうち、最も適切なものはどれか。

1 少額短期保険の保険料は生命保険料控除や損害保険料控除の対象となる。

2 保険契約者（＝保険料負担者）および被保険者を被相続人、保険金受取人を相続人とする少額短期保険において、相続人が受け取った死亡保険金は、相続税法における死亡保険金の非課税の適用を受けることができない。

3 少額短期保険業者が同一の被保険者から引き受けることができる保険金額の合計額は、原則として、1,000万円が上限となる。

4 少額短期保険業者と締結した保険契約は保険法や保険業法が適用されない。

 ## 生命保険の基礎知識

□□□ **4** 生命保険料の仕組み等に関する次の記述のうち、最も不適切なものはどれか。

1 大数の法則に基づいて、年齢別・男女別の生存者数と死亡者数を表したものを生命表という。

2 収支相等の原則とは、契約者から払い込まれる保険料の総額と運用益の合計額が、保険会社の支払う保険金・給付金の総額および経費の合計額に等しくなるように保険料が算定される原則のことをいう。

3 営業保険料は、純保険料と付加保険料に分けられ、純保険料は将来の保険金の支払いの財源となり、付加保険は保険を運営・維持するための費用（経費など）の財源となる。

4 一般に同年代では男性よりも女性の方が死亡率は低いので、終身保険は女性の方が保険料は高く、終身タイプの年金保険などは女性の方が保険料は安い。

□□□ **5** 生命保険の仕組みに関する次の記述のうち、最も適切なものはどれか。

1 見込まれた運用収益よりも実際の運用収益が多い場合に発生する利益を費差益という。

2 生命保険料は、「予定死亡率」、「予定利率」、「予定事業費率」等の予定基礎率によって算出されるが、予定利率が高いほど保険料は高くなる。

3 純保険料は予定死亡率に基づいて計算され、付加保険料は予定利率と予定事業費率に基づいて計算される。

4 「予定死亡率」は、年齢や性別ごとに死亡すると予想される割合で、一般に年齢が同じであれば死亡保険では女性の方が男性より保険料は安くなる。

3 📖 2級 P110-114、145 ▸ 解答 3

1 少額短期保険は保険期間が2年以内の掛捨て型の保険で、保険料は生命保険料控除や損害保険料控除の対象にならない。 `不適切`

2 少額短期保険も生命保険と同様、契約者と被保険者が同じで、保険金受取人が異なる場合、支払われる死亡保険金は、相続税の課税対象となる。よって死亡保険金の非課税（500万円×法定相続人の数）の適用を受けることができる。 `不適切`

3 少額短期保険業者では1人の被保険者から引き受けることができる保険金額の合計額は、すべての保険を合わせて原則、1,000万円が上限となる。 `適切`

4 少額短期保険業者と締結した保険契約は保険法や保険業法が適用される。 `不適切`

解答・解説

4 📖 2級 P117-119 ▸ 解答 4

1 生命表とは大数の法則に基づいて、年齢別・男女別の生存者数と死亡者数などを表したものをいい、これをもとにして生命保険料を計算している。 `適切`

2 収支相等の原則とは、収入となる受取保険料総額や運用益の合計と、支出となる支払い保険金総額や保険会社の経費の金額の合計が等しくなるように保険料が算定されることをいう。 `適切`

3 問題文の通り。なお、純保険料はさらに、死亡保険金を支払う財源となる死亡保険料と満期保険金を支払う財源となる生存保険料に分けられる。 `適切`

4 一般に同年代では男性よりも女性の方が死亡率は低く、終身保険は女性の方が保険金の支払いが遅くなる可能性が高いので、保険料は安くなり、終身タイプの年金保険などは女性の方が長生きで多くの年金を受け取ることができるので、保険料は高くなる。 `不適切`

---

5 📖 2級 P118-119 ▸ 解答 4

1 見込まれた運用収益よりも実際の運用収益が多い場合に発生する利益を利差益という。 `不適切`

2 予定利率が高いほど保険料は割り引かれるので安くなる。なお、予定事業費率が高くなれば、保険料は高くなる。 `不適切`

3 純保険料は予定死亡と予定利率に基づいて計算され、付加保険料は予定事業費率に基づいて計算される。 `不適切`

4 死亡保険では、一般に同じ年齢であれば女性の方が長生きで予定死亡率が低いので、保険料は安くなる。 `適切`

2章

リスク管理 ■ 学科

□□□ **6** 保険法に関する次の記述のうち、最も不適切なものはどれか。

1 保険法の規制の対象には、生命保険、損害保険だけでなく共済保険も含まれる。
2 保険法による保険金の支払い期限は、原則、保険会社に請求書類が届いた日の翌日から5営業日以内である。
3 保険契約者と被保険者が異なる死亡保険契約では、被保険者の同意がない契約は無効である。
4 保険契約者は保険契約にあたって、重要事項については、自発的に告知しなければならない。

□□□ **7** 生命保険の仕組みに関する次の記述のうち、最も不適切なものはどれか。

1 配当金は通常、毎年度末の決算日に、契約後1年を超えている保険契約に割りあてられ、原則、その後に到来する契約応当日に支払われるので、1回目の配当金は契約後3年目から支払われる。
2 有配当保険と無配当保険の保険料を比べた場合、契約条件が同じであれば一般的に有配当保険の方が保険料は高い。
3 保険料の払込方法が一時払いの場合、中途解約したときに未経過分の保険料は、原則返還される。
4 保険料の払込方法が前納払いの場合、払い込んだ年数に応じて、毎年、生命保険料控除を受けることができる。

□□□ **8** 生命保険の基礎知識に関する次の記述のうち、最も適切なものはどれか。

1 以後の保険料の払込みを中止して払済保険に変更した場合、元の契約より保険金額は下がるが、特約は元のまま維持される。
2 保険料の払込猶予期間までに保険料が払い込まれなかった場合に、保険会社が解約返戻金の範囲内で保険料を自動的に立て替えて支払う制度を契約者貸付制度という。
3 保険会社の保険契約上の責任が開始する時期は、「申込書の提出」、「告知または診査」、「第一回保険料支払い」のすべてが完了したときである。
4 保険会社が告知義務違反などの事実があったことを知ってから3か月以内に保険契約を解除しなかった場合は、それ以後は保険会社から契約の解除はできない。

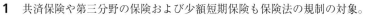

6 📖2級テキスト **P110、P113、P122**　　　　　　　解答 4

1 共済保険や第三分野の保険および少額短期保険も保険法の規制の対象。　　適切

2 保険金の支払い期限は、原則、保険会社に請求書類が届いた日の翌日から
5営業日以内。　　適切

3 保険契約者と被保険者が異なる死亡保険契約では、被保険者の同意がない
契約は無効。　　適切

4 告知義務については、保険会社から質問された内容のみ告知すればよく、
自発的に告知する必要はない。　　不適切

- -

7 📖2級テキスト **P120-123**　　　　　　　解答 3

1 1回目の配当金は、契約した年を入れて、契約後3年目の契約応当日に支
払われる。　　適切

2 有配当保険と無配当保険の保険料を比べた場合、契約条件が同じであれば
一般的に配当がある分、有配当保険の方が保険料は高くなる。　　適切

3 中途解約した場合、一時払いでは未経過分の保険料は返還されない。なお、
前納払いの場合は、払込み時期が来ていない保険料は返還される。　　不適切

4 前納払いの場合、払い込んだ年数に応じて、毎年、生命保険料控除を受け
られる。なお、一時払いの場合は、生命保険料控除は保険料を支払った年
度のみとなる。　　適切

- -

8 📖2級テキスト **P121-122、126-128**　　　　　　　解答 3

1 払済保険や延長保険に変更した場合、特約はすべて消滅する。　　不適切

2 保険会社が、解約返戻金の範囲内で保険料を自動的に立て替えて支払う制
度は自動振替貸付制度という。なお、この制度により支払った保険料も生
命保険料控除の対象となる。　　不適切

3 保険会社の保険契約上、保険金等を支払う責任が発生する時期（責任開始
日）は、保険会社の承諾を前提として、「申込書の提出」、「告知または診査」、
「第一回保険料支払い」のすべてが完了したとき。　　適切

4 保険会社が告知義務違反などの事実があったことを知ってから1か月以内
に解除しなかった場合は、それ以後は保険会社から契約の解除はできない。　　不適切

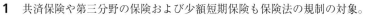

2章

リスク管理 ■ 学科

□□□ **9** 生命保険の契約や手続きに関する次の記述のうち、最も適切なものはどれか。

1 月払い契約の場合の保険料の払込猶予期間は、払込日の月の翌月の初日から翌々月の応当日までである。
2 保険料払込猶予期間中の保険事故については、保険契約が失効しているとみなされ、保険金は支払われない。
3 契約転換した場合の保険料は、転換時の年齢と保険料率で再計算される。
4 以後の保険料の払込みを中止し、そのときの解約返戻金で保険期間を変えないで、保障額を下げた一時払い保険に変更することを延長(定期)保険という。

 ## 生命保険の分類と商品

□□□ **10** 個人向けの生命保険商品に関する次の記述のうち、最も適切なものはどれか。なお、記載のない特約については、一切考慮しないものとする。

1 定期保険は、保険期間内に被保険者が死亡または高度障害になった場合に保険金が支払われ、保険事故が発生せずに保険期間が満了した場合には、原則、満期保険金は支払われない。
2 低解約返戻金型終身保険は、他の契約条件が同じ場合、低解約返戻金型ではない通常の終身保険と比較して、保険料払込期間中および保険料払込終了後の解約返戻金の額は少ない。
3 一般的に保険期間や保険金額が同じであれば、収入保障保険の保険料は定期保険よりも割高になる。
4 養老保険では、満期になった場合、通常、死亡保険金の80%相当額の満期保険金が支払われる。

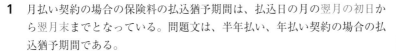

9 2級 テキスト **P123-127**　　　　　　　　　　　　　　　　解答 **3**

1 月払い契約の場合の保険料の払込猶予期間は、払込日の月の翌月の初日から翌月末までとなっている。問題文は、半年払い、年払い契約の場合の払込猶予期間である。　　　　　　　　　　　　　　　　　　　　　不適切

2 保険料払込猶予期間中の保険事故については、保険金は支払われる。ただし、保険金から未払いの保険料が差し引かれる。　　　　　　　　　不適切

3 契約転換した場合の保険料は、転換時の年齢と保険料率で再計算される。　適切

4 延長（定期）保険とは、以後の保険料の払込みを中止し、そのときの解約返戻金を保険料として保険金額を変えずに新たな一時払いの定期保険に切り替えること。問題文は払済保険の説明。　　　　　　　　　　不適切

解答・解説

10 2級 テキスト **P130-133**　　　　　　　　　　　　　　　　解答 **1**

1 定期保険では、ある一定の保険期間内に死亡あるいは高度障害の保険事故が発生したときに死亡・高度障害保険金が支払われるが、原則、満期保険金は支払われない。ただし、一定期間ごとや満期のときに給付金が受け取れる生存給付金付定期保険はある。　　　　　　　　　　　　　　　　適切

2 低解約返戻金型終身保険の解約返戻金は、契約条件が同じ通常の終身保険と比較して、保険料払込期間中は少ないが、保険料払込終了後は同水準になる。　　　　　　　　　　　　　　　　　　　　　　　　　　　不適切

3 収入保障保険は遺族の生活を保障するための保険で、保険期間内に被保険者が死亡した場合などに、原則として遺族に保険金が年金形式で支払われる。一般的に保険期間や保険金額が同じであれば、収入保障保険の保険料は保険期間に応じて保障額と保険料が減少していくので、定期保険よりも保険料は割安になる。　　　　　　　　　　　　　　　　　　　　不適切

4 養老保険は、満期時には死亡保険金や高度障害保険金と同額の満期保険金が支払われる。なお、高度障害保険金を受け取ると、その時点で保険契約は終了となり、その後、満期まで生存していても、満期保険金は支払われない。また、養老保険には満期保険金があるので、条件が同じ定期保険より保険料が高くなるのが一般的。　　　　　　　　　　　　　　　不適切

□□□ **11** 死亡保障を目的とする保険に関する次の記述のうち、最も不適切なものはどれか。

1 無選択型終身保険は、契約後、一定期間内に被保険者が死亡した場合、通常は死亡保険金が支払われない。
2 無選択型終身保険は、告知や医師による診査がなく、一定の高齢者でも加入できるが、保険料は割高となっている。
3 終身保険の保険料は、保険料払込期間が終身払いのものと有期払いのものとを比較すると、他の契約条件が同一の場合、有期払いの方が払込み1回当たりの金額が高い。
4 逓増定期保険は、保険期間の経過に伴い死亡保険金額が増加していくが、支払い保険料は一定である。

□□□ **12** 個人向けの生命保険商品に関する次の記述のうち、最も不適切なものはどれか。

1 利率変動型積立終身保険は、払込保険料を保障部分と積立部分に分けて、自由に設計できる保険である。
2 収入保障保険は、死亡保険金を一定期間年金形式で受け取ることも、一時金として受け取ることもできるが、受取総額は一時金受取りの方が少なくなる。
3 学資保険（こども保険）は、通常、契約者（親）が契約期間中に死亡または高度障害状態になると、以後の保険料の払込みは免除され、以後の満期保険金は支払われない。
4 定期保険特約付終身保険の特約部分の保険料の支払い方法には、全期型と更新型があり、定期保険特約の保険金額を同額で更新した場合、更新後の保険料は更新前の保険料に比べて高くなる。

11 2級テキスト **P130-131、149-150** 解答 1

1 無選択型終身保険とは、告知や医師の診査なしに加入できる死亡保険。契約後、一定期間内に被保険者が亡くなった場合、一般的にそれまでに払い込まれた保険料相当額のみが支払われる。 不適切

2 無選択型終身保険は、健康状態などに関する告知または医師による診査がなく、一定の持病のある者や高齢者でも加入できるが、保険料は割高である。 適切

3 終身払いは一生にわたり保険料を支払うが、有期払いは一定期間保険料を支払えば、その後は保険料を負担することなく保障が一生涯続く。したがって、他の条件が同一の場合、保険料の支払い期間が決まっている有期払いの方が毎回の保険料が高くなる。 適切

4 逓増定期保険や逓減定期保険および長期平準定期保険は、保険期間中の保険料は一定。 適切

- -

12 2級テキスト **P131-133** 解答 3

1 利率変動型積立終身保険（アカウント型保険）は、払込保険料を保障部分と積立部分に分けて自由に設計できる保険で、自由設計型保険ともいわれる。 適切

2 収入保障保険の受取総額は通常、年金受取りよりも一時金受取りの方が少なくなる。 適切

3 学資保険（こども保険）は、通常、契約者（親）が契約期間中に死亡または高度障害状態になると、以後の保険料の払込みは免除となるが、以後、子どもが生きていれば満期保険金や進学時に祝金が支払われる。 不適切

4 定期保険特約の保険金額が同じであれば、通常、更新型は更新のたびに保険料が上がるので、最終的に保険料の払込み総額は多くなる。 適切

□□□ **13** 総合福祉団体定期保険に関する次の記述のうち、最も不適切なものはどれか。

1 契約の締結に際しては、被保険者となる加入予定者の同意と告知が必要である。

2 総合福祉団体定期保険は1年更新の定期保険で、保険料は全額会社負担である。

3 契約者は法人等の団体で、保険金受取人は役員・従業員本人とその遺族である。

4 ヒューマンバリュー特約を付加することによって、被保険者が不慮の事故により身体に傷害を受けた場合の治療費や入院費が保障される。

□□□ **14** 団体信用生命保険に関する次の記述のうち、不適切なものはどれか。

1 団体信用生命保険の保険契約者および保険金受取人は債権者、被保険者は債務者、保険金額はローン残高である。

2 団体信用生命保険の保険料は、所得税の生命保険料控除の対象となる。

3 団体信用生命保険は、ローン残高の減少に応じて保険金額および保険料が減少する。

4 団体信用生命保険では、特約を付けることで被保険者ががんなどの特定疾患になった場合に、保険金が支払われるものもある。

13 2級テキスト P134-135 解答 4

1 総合福祉団体定期保険は、加入に際しては、従業員は全員が一括加入となるが、その際、被保険者（従業員）の同意と告知が必要である。なお、医師の診査は不要。 適切

2 総合福祉団体定期保険は1年更新の定期保険であり、保険料は全額会社負担で、全額損金算入できる。なお、団体定期保険（Bグループ保険）は、従業員が任意で加入する保険で、保険料は全額自己負担。 適切

3 契約者は団体（または団体の代表者）で、保険金受取人は原則、役員・従業員本人とその遺族。 適切

4 総合福祉団体定期保険の特約には、ヒューマンバリュー特約と災害総合保障特約がある。ヒューマンバリュー特約は、従業員の死亡や高度障害にともない新しく従業員を採用するなどの経済的な損失に備える特約で、受取人は企業。問題文は、災害総合保障特約の説明である。 不適切

14 2級テキスト P135-136 解答 2

1 団体信用生命保険の保険契約者および保険金受取人は債権者（金融機関）、被保険者は債務者（住宅ローンを組んだ者）、保険金額はローン残高。 適切

2 団体信用生命保険の保険料は、生命保険料控除を受けることができない。 不適切

3 団体信用生命保険は、ローン残高の減少に応じて保険金額および保険料が減少していく。 適切

4 特約を付けることで被保険者ががんや急性心筋梗塞、脳卒中などの特定疾患になった場合に、保険金が支払われるものもある。 適切

個人年金保険

□□□ **15** 個人年金保険の種類と内容に関する次の記述のうち、最も不適切なものはどれか。

1 外貨建て個人年金保険は、円換算支払特約を付加しても、契約時の円建ての死亡保険金は死亡保険金受取時に円貨では保証されず、為替により変動する。
2 確定年金は被保険者の生死にかかわらず、一定期間年金が支払われる保険である。
3 保証期間付終身年金は、被保険者が保証期間中に死亡した場合に、残りの保証期間分の年金について、遺族がこれを受け取ることはできない。
4 変額個人年金保険は、一般的に、資産の運用実績によって年金原資や解約返戻金、死亡保険金額が変動するが、死亡保険金には最低保証額が付いているものが一般的である。

 ## 生命保険と税金

□□□ **16** 次の保険契約の掛金や保険料のうち、所得税における一般の生命保険料控除の対象となるものはどれか。なお、一般生命保険料控除にかかる他の要件はすべて満たしているものとする。

1 保険期間が5年未満の貯蓄保険
2 医療保険（2020年1月に契約）
3 変額個人年金保険
4 少額短期保険業者が取り扱っている定期保険

解答・解説

15 2級テキスト **P138-140**　　　　　　　　　　　　　**解答** 3

1 円換算支払特約は、運用は外貨で行い、保険料の支払いと保険金の受取りを円貨で行うことを約束する特約。したがって、円換算支払特約を付けていても為替リスクがあり、円換算での死亡保険金は変動する。　**適切**

2 確定年金は被保険者の生死にかかわらず、一定期間年金が支払われる保険で、被保険者が年金受取り期間中に死亡した場合でも、残りの期間は遺族に年金（または一時金）が支払われる。　**適切**

3 保証期間付終身年金は、被保険者が保証期間中に死亡した場合に、残りの保証期間分の年金（または一時金）を遺族が受け取れる。　**不適切**

4 変額個人年金保険は、特別勘定において株や債券などで運用されており、運用実績により年金額は増減する。ただし、被保険者の死亡時には、運用実績に関係なく、基本保険金が死亡保険金として最低保証されているものが一般的。　**適切**

解答・解説

16 2級テキスト **P141-144**　　　　　　　　　　　　　**解答** 3

・変額個人年金保険の保険料は一般生命保険料控除の対象。

・民間の医療保険、介護保険、所得補償保険などは、2012年1月1日以後に契約した場合は、介護医療保険料控除の対象となる。また、先進医療特約、総合医療特約など、一定の特約も介護医療保険料控除の対象。

・その他、一般生命保険料控除の対象にならない場合は以下の通り。

> ・保険期間が5年未満の貯蓄保険、財形保険
> ・少額短期保険業者と締結した生命保険
> ・海外の保険会社と国外で契約した保険
> ・生命保険に付加した傷害特約や災害割増特約の保険料　など

□□□**17** 生命保険および個人年金保険についての税務に関する次の記述のうち、誤っているものはどれか。

1 高度障害保険金は、被保険者本人が受け取る場合には非課税であるが、被保険者の配偶者が受け取る場合には一時所得として課税される。

2 被保険者が入院したことにより被保険者本人が受け取る入院給付金は、非課税である。

3 契約者（＝保険料負担者）が夫、被保険者・年金受取人が妻である個人年金保険の場合、年金受取り開始時に妻が夫より年金受給権を取得したものとみなされ、贈与税の課税対象となる。

4 契約者（＝保険料負担者）と保険金受取人が同一人で、被保険者がその他の者である生命保険の場合は、死亡保険金は一時所得として所得税・住民税の課税対象となる。

□□□**18** 次のうち、その保険料が所得税の個人年金保険料控除の対象となる個人年金保険契約として最も適切なものはどれか。

	契約者	被保険者	年金受取人	種類	契約年齢	保険料払込終了年齢	年金支払開始年齢	保険料払込方法
1	夫	妻	夫	保証期間付終身年金	40歳	60歳	60歳	年払い
2	夫	夫	夫	10年確定年金	40歳	60歳	60歳	一時払い
3	夫	妻	妻	10年確定年金	53歳	60歳	60歳	月払い
4	夫	夫	夫	保証期間付終身年金	43歳	55歳	55歳	年払い

1 高度障害保険金を被保険者本人、被保険者の配偶者や直系血族あるいは生計を一にするその他の親族が受け取る場合は非課税となる。

2 入院したことにより被保険者本人が受け取る入院給付金は、金額にかかわらず非課税。その他、手術給付金、通院給付金、障害給付金なども非課税。

3 契約者と年金受取人が異なる個人年金保険では、年金受け取り開始時に年金受取人が契約者より年金受給権を取得したものとみなされ、贈与税の対象となる。

4 契約者(=保険料負担者)と保険金受取人が同一人で、被保険者がその他の第三者である生命保険の死亡保険金は一時所得の対象となり、所得税と住民税が課税される。

〈個人年金保険料控除が適用される要件〉

①年金受取人が契約者またはその配偶者で、被保険者と同一人であること → **1**

②保険料払込期間が10年以上であること(一時払いは対象外) → **2、3**

③年金の種類が終身年金か、年金受取り開始時の被保険者の年齢が60歳以上で、かつ受取り期間が10年以上である確定年金・有期年金であること(終身年金保険の場合は年金受取り時の年齢は関係なし) → **4**

④上記の条件を満たし、個人年金保険料税制適格特約が付加されていること

1 要件①を満たしていない。(被保険者(妻)と年金受取人(夫)が同一人ではない)

2 保険料の払い込みが一時払いのため、要件②を満たしていない。

3 保険料の払込期間が10年未満(53歳～60歳)なので、要件②を満たしていない。

4 終身年金なので、年金受取り開始時の年齢は問わず、要件すべてを満たしている。

なお、加入にあたって税制適格特約の特約保険料は不要。また、①～③の条件を満たしていれば、特約は途中で付加できる。

□□□**19** 生命保険、個人年金保険および医療保険などの税務に関する次の記述のうち、正しいものはどれか。なお、契約者と保険料負担者は同一人であり、個人とする。

1 生命保険の保険料を5年分前納した場合、5年間にわたって毎年生命保険料控除の適用を受けることができる。

2 個人年金保険において、相続発生時に年金給付事由が発生している場合の年金受給権の評価額は、相続発生時の解約返戻金相当額で評価する。

3 その年に未払いとなっている生命保険料について、翌年に支払うことが確定しているものについては、その年の生命保険料控除の対象となる。

4 保険料の未払いにより、保険会社より自動振替貸付によって立替え払いされた保険料は、生命保険料控除の対象とならない。

- -

□□□**20** 生命保険契約に基づく保険金・給付金の課税に関する次の記述のうち、最も不適切なものはどれか。

1 生前に被保険者が受け取る高度障害保険金やリビングニーズ特約による生前給付金等は、所得税・住民税の対象とはならず非課税である。

2 生命保険の死亡保険金は、相続を放棄した者でも受け取ることができるが、生命保険金に対する非課税の適用を受けることはできない。

3 一時払終身保険（契約者＝保険金受取人）を契約時から5年以内に解約して契約者が受け取る解約返戻金は、金融類似商品として源泉分離課税の対象となる。

4 契約者と保険金受取人が同一で、保険期間が5年以下の一時払いの養老保険などの満期保険金については、所得税15.315％（復興税込み）、住民税5％の源泉分離課税となる。

1　前納した生命保険料については、前納した5年分の期間について毎年生命保険料控除の適用を受けることができる。なお、一時払いした生命保険料については、支払った年度のみ生命保険料控除の適用を受けることができる。　　**正しい**

2　相続発生時に年金の受け取りが開始されている個人年金保険を相続する場合の評価額は、以下の3つの金額のうち、最も多い金額で評価する。
　　①解約返戻金相当額
　　②一時金で受け取る場合の一時金相当額
　　③予定利率等をもとに算出した金額
なお、年金給付事由が発生していない（被保険者は死亡していない）場合の相続税評価額は、原則として解約返戻金相当額である。　　**誤り**

3　その年の1月1日から12月31日までに実際に支払った保険料が生命保険料控除の対象となる。翌年に支払うことが確定していても、本年の保険料控除の対象にならない。　　**誤り**

4　自動振替貸付によって立替え払いされた保険料は、その年の生命保険料控除の対象となる。　　**誤り**

---

20 **P144-146**　　　　　　　　　　　　　　　　　　　　　　　　**解答** 3

1　生前に被保険者が受け取る高度障害保険金やリビングニーズ特約による生前給付金、入院給付金は、非課税。　　**適切**

2　相続を放棄した者でも生命保険の死亡保険金を受け取ることはできるが、生命保険金に対する非課税（500万円×法定相続人の数）の適用はない。　　**適切**

3　終身保険は満期保険金がないので、金融類似商品の要件である保障倍率（満期保険金に対する死亡保険金の倍率が5倍未満であること）を満たしていないため、5年以内に解約しても金融類似商品とはみなされない。終身保険では解約返戻金は源泉分離課税ではなく、一時所得として総合課税の対象となる。　　**不適切**

4　契約者と保険金受取人が同一で、保険期間が5年以下（5年超であっても5年以内に解約した場合も含む）の一時払いの養老保険などの満期保険金や保険差益については、金融類似商品とみなされて復興税込みで20.315%（所得税15.315%、住民税5%）の源泉分離課税の対象となる。　　**適切**

法人契約の生命保険と経理処理

□□□ **21** 生命保険契約の経理処理に関する次の記述のうち、最も不適切なものはどれか。なお、いずれの保険契約も契約者かつ保険料負担者が法人、被保険者が役員・従業員であり、保険料は毎月平準払いであるとする。

1 満期保険金の受取人が法人で、死亡保険金の受取人が役員・従業員の遺族である養老保険の保険料については、2分の1を資産に計上し、残り2分の1を福利厚生費として損金に算入できる。

2 被保険者がすべての役員・従業員、死亡給付金受取人が役員・従業員の遺族、年金受取人が法人である個人年金保険の保険料は、2分の1を資産に計上し、残りの2分の1を損金に算入する。

3 保険金の受取人が法人の場合の定期保険（保険期間が3年未満）については、原則、保険料は全額損金算入する。

4 死亡保険金の受取人が法人である定期付終身保険の定期部分の保険料については、全額損金算入される。

□□□ **22** 法人を契約者（＝保険料負担者）、すべての役員・従業員を被保険者とする生命保険およびその経理処理に関する次の記述のうち、最も不適切なものはどれか。なお、いずれも保険料は毎月平準払いであるとする。

1 満期保険金受取人を役員・従業員、死亡保険金受取人を役員・従業員の遺族とする養老保険の保険料は、全額を保険料積立金として資産計上する。

2 定期保険特約付終身保険を解約した場合、受け取った解約返戻金と資産計上している積立金との差額を、雑収入または雑損失として計上する。

3 長期平準定期保険および逓増定期保険は、保険期間中の保険料は一定である。

4 法人が入院給付金や手術給付金を受け取った場合、全額を雑収入として経理処理する。

解答・解説

21 2級テキスト P149-153 　　　解答 2

1 問題文の通り。このような養老保険を ハーフタックス・プラン という。 　適切

2 このような個人年金保険は、保険料の10分の9を年金積立金として資産計上し、残りの10分の1を福利厚生費として損金に算入する。 　不適切

3 保険金の受取人が法人で、保険期間が3年未満の定期保険については、原則、保険料（特約保険料を含む）は全額損金算入する。
　※法人契約の定期保険については、解約返戻金の割合が最高で50％を超える場合、解約返戻金率に応じて、一定期間、保険料の一定割合を資産計上する。ただし、以下の要件のどれかに該当する定期保険の保険料は全額損金算入される。 　適切

・最高解約返戻金率が50％以下の定期保険
・最高解約返戻金率が70％以下、かつ、年間保険料相当額が30万円以下の定期保険
・保険期間が3年未満の定期保険
---

4 死亡保険金の受取人を法人とする定期付終身保険の定期部分の保険料は、原則、全額損金算入される。 　適切

---

22 2級テキスト P149-153 　　　解答 1

1 満期保険金受取人が役員・従業員、死亡保険金の受取人がその遺族となる養老保険の場合には、保険料は給与・報酬として全額損金算入される。 　不適切

2 定期保険特約付終身保険を解約した場合、受け取った解約返戻金と資産計上している積立金との差額を、雑収入（解約返戻金の方が多い場合）または雑損失（資産計上している積立金の方が多い場合）として計上する。 　適切

3 長期平準定期保険、逓増定期保険の保険期間中の保険料は一定。
　・長期平準定期保険は保険期間満了時の被保険者の年齢が70歳を超え、かつ、契約時の被保険者の年齢＋保険期間の2倍が105を超える定期保険をいう
　・逓増定期保険は満期までに保険金額が当初の最大5倍まで増加し、保険期間満了時の被保険者の年齢が45歳を超える定期保険をいう 　適切

4 法人が生命保険契約により、入院給付金や手術給付金を受け取った場合、全額を雑収入として益金算入する。 　適切

損害保険商品

□□□ **23** 住宅火災保険および住宅総合保険に関する次の記述のうち、最も不適切なものはどれか。

1 住宅火災保険では、水災による損害は、保険金の支払い対象とはならない。
2 住宅火災保険では、隣家の火災時の消火活動による損害であっても、保険金の支払い対象となる。
3 住宅総合保険では、火災による自動車の損害については補償されない。
4 普通火災保険では、住居のみに使用される建物と家財が補償の対象である。

□□□ **24** 火災保険に関する次の記述のうち、最も適切なものはどれか。ただし、特約はないものとする。

1 火災保険では、建物内の収容家財のみを補償の対象とすることができる。
2 火災保険では、火災の原因が契約者の重大な過失に起因する場合でも、その損害について補償の対象となる。
3 地震・噴火・津波を原因とする火災による損害については、火災保険の補償の対象となる。
4 1個または1組の価額が20万円を超える貴金属等については、原則として火災保険では補償されない。

解答・解説

23 2級テキスト P156-158

1 　住宅火災保険は、突風や竜巻などの風災による損害は対象となるが、水災（洪水や床上浸水）による損害の場合は保険金支払いの対象外。なお、住宅総合保険では、水災による損害も対象となる。　適切

2 　住宅火災保険では、隣家の消火活動中の損害やそれにともなう水漏れによる損害などは保険金支払いの対象となる。　適切

3 　火災による自動車の損害は自動車保険（車両保険等）の対象であり、火災保険では補償されない。　適切

4 　普通火災保険では住宅用建物を除く、店舗や倉庫等とその動産（機械など）が補償の対象である。　不適切

---

24 2級テキスト P156-159

1 　火災保険では、建物と家財は別々に契約するので、家財のみの契約も可能。　適切

2 　火災の原因が契約者の重大な過失による場合、補償の対象外。　不適切

3 　地震・噴火またはこれらによる津波を原因とする火災による損害は地震保険の対象（火災保険では補償されない）。　不適切

4 　1個または1組の価額が30万円を超える貴金属や絵画等は原則、補償の対象外。火災保険では、1個または1組の価額が30万円を超える貴金属や絵画等は、契約時に申告して明記物件とすることで補償される。　不適切

□□□ **25** 損害保険による損害賠償等に関する次の記述のうち、最も不適切なものはどれか。

1 「失火の責任に関する法律」によれば、失火により他人に損害を与えた場合、その失火者に重大な過失がなかったときは、民法上の損害賠償の規定は適用されない。

2 軽過失により借家人が借家を全焼させた場合には、家主に対して債務不履行による損害賠償責任は負わない。

3 自動車保険の対人賠償保険では、被保険者が被保険自動車の運転中に起こした事故が原因で、兄弟姉妹がけがをしたことにより法律上の損害賠償責任を負った場合、補償の対象となる。

4 火災保険では、隣家の火災の消火活動により住宅内に収容されている家財が損壊した場合、補償の対象となる。

□□□ **26** 個人が加入する地震保険に関する次の記述のうち、正しいものはどれか。

1 地震保険の保険料は、補償内容が同じであっても保険会社によって異なる。

2 地震保険の保険金額は、主契約である火災保険の保険金額の50％～80％で、建物は5,000万円、家財は1,000万円が上限となっている。

3 地震保険の保険金の支払い額は、原則、全損の場合は保険金額、大半損の場合は保険金額の60％、小半損の場合は保険金額の30％、一部損の場合は保険金額の5％となっている。

4 地震保険には建物の構造や地域によって、建築年割引や耐震等級割引、耐震診断割引、免震建築物割引などがあるが、複数の条件を満たしている場合には重複して割引制度の適用を受けることができる。

□□□ **27** 自動車損害賠償責任保険（自賠責保険）に関する次の記述のうち、最も不適切なものはどれか。

1 自動車事故で他人を死傷させたり、他人の物を壊したことにより、法律上の対人・対物の賠償責任を負った場合に保険金が支払われる。

2 原動機付自転車も自動車損害賠償責任保険への加入が義務付けられている。

3 加害車両1台について、被害者1人あたりの支払限度額は、死亡による損害について最高3,000万円、傷害の場合は1人あたり120万円、常時介護が必要な後遺障害がある場合には4,000万円となっている。

4 自動車損害賠償責任保険に未加入で運転した場合には、1年以下の懲役または罰金が科される。

25 2級テキスト **P155-162**　　　　　　　　　　　　　　　　解答 2

1　「失火の責任に関する法律」により、軽過失による失火により他人に損害
　　を与えた場合（失火者に重大な過失がなかった場合）は、民法上の損害賠
　　償の規定は適用されない。　　　　　　　　　　　　　　　　　　適切

2　軽過失であっても借家人が借家を全焼させた場合には、家主に対して債務
　　不履行による損害賠償責任を負う。　　　　　　　　　　　　　　不適切

3　対人賠償保険では、運転者自身・父母・配偶者・子に対する損害は補償対
　　象外であるが、運転者の兄弟姉妹が負傷した場合には補償対象となる。　適切

4　火災保険では、隣家の火災の消火活動による水漏れなどで住宅内に収容さ
　　れている家財が損壊した場合、補償の対象となる。　　　　　　　適切

---

26 2級テキスト **P158-159**　　　　　　　　　　　　　　　　解答 3

1　地震保険の保険料は、補償内容が同じであれば、どこの保険会社で契約し
　　ても原則、同じ。　　　　　　　　　　　　　　　　　　　　　　誤り

2　地震保険の保険金額は、主契約である火災保険の保険金額の30％～50％で、
　　建物は5,000万円、家財は1,000万円が上限。　　　　　　　　　　誤り

3　地震保険金の支払い額は、原則として全損の場合は保険金額、大半損の場
　　合は保険金額の60％、小半損の場合は保険金額の30％、一部損の場合は保
　　険金額の5％となっている。　　　　　　　　　　　　　　　　　正しい

4　複数の条件を満たしている場合でも、重複して割引制度の適用を受けるこ
　　とはできない（1つの割引制度のみ適用を受けることができる）。　誤り

---

27 2級テキスト **P160**　　　　　　　　　　　　　　　　　　解答 1

1　自賠責保険は人身事故についてのみ保険金が支払われる。他人の物を壊し
　　た場合（対物補償）や自損事故は補償の対象外。　　　　　　　　不適切

2　自賠責保険は、原動機付自転車も含むすべての車に加入義務がある。　適切

3　死亡による損害について最高3,000万円、傷害の場合は1人あたり120万円、
　　常時介護が必要な後遺障害がある場合には4,000万円を限度に支払われる。　適切

4　自賠責保険に未加入で運転した場合には、1年以下の懲役または50万円以
　　下の罰金が科される。　　　　　　　　　　　　　　　　　　　　適切

□□□ **28** 任意加入の自動車保険に関する次の記述のうち、最も不適切なものはどれか。

1 対人賠償保険では、自動車事故によって他人を死傷させ法律上の損害賠償責任が生じた場合に、自動車損害賠償責任保険から支払われる金額を超える部分に対し保険金が支払われる。

2 対物賠償保険では、自動車を車庫に入れるときに誤って自宅（持ち家）の一部を損傷させ損害が生じた場合には、保険金が支払われない。

3 人身傷害補償保険では、自動車事故により被保険者が死傷した場合に、自己の過失部分を含めた損害について、示談を待たずに自己側の保険会社から保険金が支払われる。

4 対人賠償保険では、運転者が無免許運転や酒酔い運転で他人を死傷させた場合には保険金は支払われない。

個人契約の損害保険と税金

□□□ **29** 地震保険料控除に関する次の記述のうち、誤っているものはどれか。なお、経過措置の対象となる長期損害保険契約はないものとする。

1 地震保険料の年間支払金額の合計額が5万円以下の場合、支払った金額の全額が所得税における控除額となる。

2 給与所得者であっても地震保険料控除の適用を受けるためには、確定申告しなければならない。

3 店舗併用住宅の場合、90%以上が居住用であれば、支払った保険料の全額（5万円が上限）が、地震保険料控除の対象となる。

4 地震保険料とあわせて支払った火災保険料は、地震保険料控除の対象とならない。

解答 4

1 対人賠償保険では、自動車損害賠償責任保険から支払われる金額を超える
  部分に対し保険金が支払われる。　**適切**

2 対物賠償保険は、自動車事故で他人の車や財物に損害を与え、法律上の賠
  償責任を負った場合に保険金が支払われる。自分の所有物や家族の所有す
  る財物に対する損害の場合は対象外。例外として、家族の中でも兄弟姉妹
  の財物は補償の対象となる。　**適切**

3 人身傷害補償保険では、被保険者や家族が自動車事故で死傷および後遺障
  害を負った場合に、自分の過失部分を含めた損害額全額が、保険金の範囲
  内で示談を待たずに自己側の保険会社から保険金として支払われる。なお、
  自損事故保険に同時に加入している場合は、人身傷害補償保険から保険金
  が支払われる。　**適切**

4 対人賠償保険では、運転者が無免許運転・酒酔い運転および運転免許の失
  効中の運転で他人を死傷させた場合にも保険金の支払い対象となる。　**不適切**

解答・解説

29  P166

解答 2

1 地震保険料控除では、保険料の全額（保険料の総額が5万円超の場合は最
  高5万円まで）が所得税控除の対象となる。なお、住民税は保険料の2分
  の1（最高2万5,000円まで）が控除の対象。　**正しい**

2 給与所得者は、年末調整によっても地震保険料控除を受けることができる。　**誤り**

3 店舗併用住宅であっても、90％以上が居住用であれば、5万円を上限に支
  払った保険料の全額が地震保険料控除の対象。なお、居住用部分の割合が
  90％未満の場合、居住用部分の割合に応じて控除される。　**正しい**

4 火災保険料は地震保険料控除の対象とならない。　**正しい**

法人契約の損害保険と経理処理

□□□ **30** 契約者（＝保険料負担者）を法人とする損害保険契約の保険料および保険金の経理処理に関する次の記述のうち、最も不適切なものはどれか。

1 従業員が業務中の事故により死亡し、普通傷害保険の死亡保険金が従業員の遺族に保険会社から直接支払われた場合、法人は死亡保険金に関して経理処理をする必要はない。

2 従業員が海外出張中の事故で死亡し、海外旅行傷害保険の死亡保険金を法人が受け取り、その全額を死亡退職金として従業員の遺族に支払った場合、法人は死亡保険金に関して経理処理は不要である。

3 積立火災保険が満期を迎えた場合、受け取った満期返戻金および契約者配当金の金額は益金に算入し、資産計上していた積立保険料は取り崩して損金に算入する。

4 法人が受け取った火災保険の保険金で、棚卸資産を購入した場合、経理処理をするうえで、圧縮記帳を適用することはできない。

第三分野の保険と特約

□□□ **31** 第三分野の保険および特約に関する次の記述のうち、最も不適切なものはどれか。

1 がん保険には、がん治療に要した費用をすべてカバーする実損てん補型の商品もある。

2 リビングニーズ特約は終身保険や定期保険に付加することで、余命6か月と診断された場合に、死亡保険金の全部または一部を生前に受け取ることができる特約である。

3 医療保険では、正常分娩による入院については、入院給付金の支払い対象とならない。

4 特定（三大）疾病保障保険では、保険期間中に三大疾病以外で死亡した場合は死亡保険金は支払われない。

解答・解説

30 2級テキスト **P168-170**　　　　　**解答** 2

1 従業員が死亡し、傷害保険の死亡保険金を従業員の遺族が保険会社から直接受け取った場合、法人は保険金を受け取らないため、経理処理は不要。　**適切**

2 従業員の死亡により法人が傷害保険の死亡保険金を受け取り、全額を死亡退職金として従業員の遺族に支払った場合、法人は受け取った死亡保険金を益金に算入し、遺族に支払った分を全額損金算入する。　**不適切**

3 積立型の損害保険の場合、支払保険料のうち積立部分は満期になるまでは資産計上し、満期時に受け取った満期返戻金と契約者配当金の全額を益金に算入し、資産計上していた積立保険料の総額は損金に算入する。　**適切**

4 圧縮記帳の対象となるのは受け取った保険金で固定資産（建物や車両など）を購入した場合で、商品などの棚卸資産を購入した場合は圧縮記帳の適用はない。　**適切**

解答・解説

31 2級テキスト **P173-179**　　　　　**解答** 4

1 がん保険では、定額払いが一般的だが、がん治療に要した費用をすべてカバーする実損てん補型の商品もある。　**適切**

2 リビングニーズ特約は終身保険や定期保険に付加することで、余命6か月と診断された場合に、死亡保険金の全部（3,000万円が上限）または一部を生前に受け取ることができる。なお、特約保険料は不要で保険金は非課税。　**適切**

3 医療保険では、正常分娩や美容整形などによる入院や手術については、病気やけがではないため入院給付金や手術給付金の支払い対象とならない。　**適切**

4 特定（三大）疾病保障保険では、生前に保険金を受け取らず保険期間中に三大疾病（がん・急性心筋梗塞・脳卒中）以外で死亡した場合も、同額の死亡保険金が支払われる。なお、生前に保険金を受け取ると、保険契約は終了し、その後、がんが再発したり、被保険者が死亡した場合でも保険金は支払われない。　**不適切**

□□□ 32 第三分野の保険について述べた次の文章のうち、最も不適切なものはどれか。

1 医療保険では通常、通算の支払い限度日数が定められており、同じ病気で再度入院した場合はあわせて1回の入院とみなされるが、前回の退院日の翌日から180日を経過して再度入院する場合は、別の入院とみなされる。
2 先進医療給付特約を医療保険に付加した後に承認された先進医療で治療を受けた場合も、特約による保険金の支払いの対象となる。
3 がん保険は、がんによる入院、手術を保障するものであるが、一度保険金が給付されると当該保険契約は消滅する。
4 がん保険では、1回の入院および通算での入院において入院給付金の支払日数に限度はなく、無期限である。

□□□ 33 傷害保険に関する次の記述のうち、最も不適切なものはどれか。なお、契約は主契約のみであり特約は付帯していないものとする。

1 傷害保険の保険金は、生命保険や労災保険からの支払いがあった場合や、加害者からの賠償金の支払いがなされたときには、支払われない。
2 普通傷害保険の保険料は、被保険者の契約時の年齢や性別に関係しない。
3 海外旅行傷害保険において、海外旅行中のけがで医師の治療を受けた場合、定額ではなく治療費の実費が支払われる。
4 国内旅行傷害保険では、旅行で家を出てから家に帰るまでに被ったけがによる通院や後遺障害等について保険金が支払われる。

□□□ 34 一般的な積立型の損害保険（年金払積立傷害保険等）に関する次の記述のうち、最も不適切なものはどれか。

1 積立型損害保険は満期になると満期返戻金が支払われる。
2 年金払積立傷害保険では、契約者が受け取る年金及び満期返戻金は雑所得の対象となる。
3 積立型損害保険は、純保険料、付加保険料の他に満期返戻金の支払い原資となる積立保険料が含まれているので、同種の他の保険より割高となる。
4 積立型損害保険は、全損事故で保険金が支払われた場合、保険期間が残っていても、保険契約はその時点で終了となる。

32 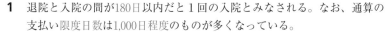 **P173-179** 　　　　　　　　　　　　　　**解答** 3

1 退院と入院の間が180日以内だと１回の入院とみなされる。なお、通算の支払い限度日数は1,000日程度のものが多くなっている。 　　**適切**

2 先進医療費は全額自己負担であるが、特約を付加することで、治療した時点で承認されていれば契約時点で承認されていなくても保険金が支払われる。 　　**適切**

3 がん保険は再発の場合でも何度でも保障されるのが一般的。なお、がん保険は告知のみで加入できる半面、契約してから90日間程度の待機期間（免責期間）があり、待機期間中にがんと診断されると、診断給付金は受け取れない。 　　**不適切**

4 がん保険の入院給付金には支払限度日数はなく、無期限である。また、何度手術を受けても手術給付金は支払われる。さらに、再発したときにも診断給付金が支払われるものもある。 　　**適切**

---

33 **P175-176** 　　　　　　　　　　　　　　**解答** 1

1 傷害保険の保険金は、生命保険や労災保険の支払い、加害者からの賠償金などが支払われたかどうかに関係なく支払われる。 　　

2 普通傷害保険の保険料は、職業により異なるが、被保険者の契約時の年齢や性別に関係なく、同額。 　　**適切**

3 海外旅行傷害保険において、海外旅行中のけがで医師の治療を受けた場合、保険金の範囲内で治療にかかった実費が支払われる実損払いとなっている。 　　**適切**

4 国内旅行傷害保険や海外旅行傷害保険では自宅を出発してから帰宅するまでの間の事故による傷害等を補償する保険である。また、細菌性食中毒やウイルス性食中毒についても、特約なしで補償の対象となる。 　　**適切**

---

34 **P176** 　　　　　　　　　　　　　　**解答** 2

1 問題文の通り。なお、保険料は分割して一定期間支払う。 　　**適切**

2 年金払積立傷害保険では、契約者が受け取る年金は雑所得、満期返戻金は一時所得となる。 　　

3 積立型損害保険は満期保険金があるので保険料は一般的に割高となっている。なお、積立型傷害保険の保険料は、地震保険料控除の対象ではない。 　　**適切**

4 全損事故で保険金額の全額が支払われた場合には、積立型損害保険契約はその時点で終了となる（全損終了）。 　　**適切**

2章　リスク管理■学科

□□□ **35** 賠償責任保険等損害保険に関する次の記述のうち、最も不適切なものはどれか。

1. 所得補償保険は、けがや病気により就業不能になった場合の被保険者の収入の減少を補償する保険であるが、病気で自宅療養することになり働けなくなった場合も補償される。
2. 飼い犬が近所の子どもにかみつき、けがをさせた場合は、個人賠償責任保険の保険金支払の対象となる。
3. 生産物賠償責任保険（ＰＬ保険）は、飲食店を営む事業者が契約することで、食中毒による休業によって売上が減少するリスクに備えることができる。
4. 個人賠償責任保険の被保険者の範囲は本人、配偶者、生計を一にする同居の親族、生計を一にする別居の未婚の子までとなっている。

□□□ **36** 損害保険等を活用した家庭のリスク管理や事業活動のリスク管理に関する次の記述のうち、最も不適切なものはどれか。

1. Ａさんは、同居し生計を共にしている父が、日常生活において偶然な事故によりけがで入院するリスクに備えて、家族傷害保険に加入した。
2. Ｂさんは、国内旅行中に友人から借りたデジタルカメラを壊してしまうリスクに備えて、個人賠償責任保険に加入した。
3. 飲食店を営む企業が火災による売上の減少に備えて、店舗休業保険を契約した。
4. 建設業を営む企業が、請負業務の遂行中に事故で他人にけがを負わせて、法律上の損害賠償責任を負うことによる損害に備えて、請負業者賠償責任保険を契約した。

35 2級テキスト P163-164、177 　解答 3

1 　所得補償保険は、けがや病気により仕事ができなくなった場合の所得の減少を補償する保険。仕事ができない状況であれば、通院しているか入院しているかにかかわらず補償される（会社が倒産した場合は対象外）。　**適切**

2 　問題文の通り。その他、個人賠償保険の対象となる場合には、買物中に子どもが誤って陳列商品を破損させた場合や、マンションのベランダから物を落として通行人にけがをさせたなどの場合も該当する。　**適切**

3 　生産物賠償責任保険（PL保険）は、製品の欠陥や業務の結果により賠償事故が発生した場合に、損害賠償金などを補償する保険。したがって、食中毒や火災等の事故による休業によって売上が減少するリスクに備えるには、店舗休業保険が適切。　**不適切**

4 　個人賠償責任保険の被保険者の範囲は本人、配偶者、生計を一にする同居の親族、生計を一にする別居の未婚の子までとなっている。　**適切**

---

36 2級テキスト P163-165、175 　解答 2

1 　家族傷害保険は、国内外を問わず、生計を一にする同居の親族や生計を一にする別居の未婚の子を対象に、日常生活でおこる偶発的な事故によるけがなどに対応する保険。なお、対象となる家族の範囲は契約時ではなく、事故発生時で判定する。　**適切**

2 　個人賠償責任保険は、他人から借りている物や預かっている物、家族の物などを壊した場合や仕事中の賠償事故や自動車事故などの場合は、保険金は支払われない。　**不適切**

3 　店舗休業保険は、火災や災害および盗難等により営業ができなくなった場合の利益の減少を補償する保険である。　**適切**

4 　請負業者賠償責任保険は、請負作業中の事故により、法律上の損害賠償責任が発生するリスクに備えた保険である。　**適切**

□□□ **37** 損害保険等を活用した家庭のリスク管理や事業活動のリスク管理に関する次の記述のうち、最も不適切なものはどれか。

1. 製造業を営む企業が、労働者災害補償保険（政府労災保険）の上乗せ補償を目的として、労働災害総合保険を契約した。
2. 食品製造販売業を営む企業が、販売した食品に起因して食中毒が発生したことにより損害賠償責任を負う場合に備えて、生産物賠償責任保険（PL保険）を契約した。
3. 子どもが誤ってデパートに陳列してある商品を破損した場合に備えて、個人賠償責任保険を契約した。
4. スーパーマーケットを営む企業が、店舗内に収容されている調理用の機械設備の火災事故による損害に備えて、機械保険を契約した。

 **37** 2級テキスト **P163-165**　　　　　　　　　　　　　　　　　 解答 4

1　労働災害総合保険は、政府の行っている労災保険では足りない部分を補償する保険。一般的に、労災保険の上乗せ補償を目的とする。　適切

2　生産物賠償責任保険（PL保険）は、企業等が製造・販売した商品の欠陥で、損害賠償責任が発生した場合に、製造業者・販売業者・輸入業者の損害賠償金を補償する保険。　適切

3　個人賠償責任保険は、子どもが誤ってデパートに陳列してある商品を破損した場合や、ベランダから物を落として通行人にけがを負わせた場合などの賠償責任を補償する保険。　適切

4　機械保険は、火災を原因とする場合を除く、建物内の生産用の機械設備に生じる損害を補償する保険。火災事故に備えるには普通火災保険への加入が必要。　不適切

2章

リスク管理■学科

第1部 学科

3章 金融資産運用

経済・金融の基礎

□□□ **1** 経済指標等について述べた次の記述のうち、最も不適切なものはどれか。

1 景気動向指数には「先行指数」、「一致指数」、「遅行指数」があり、東証株価指数（TOPIX）は一致指数にあたる。

2 日本銀行の全国企業短期経済観測調査（日銀短観）の中の業況判断DIとは、業況が「良い」、「さほど良くない」、「悪い」の回答で集計され、「良い」と回答した割合から「悪い」と回答した割合を差し引いたものである。

3 景気動向指数にはDIとCIがあり、DIは景気の上昇や下降などの局面をみるのに適しており、CIは景気変動の大きさやテンポ（量感）をみるのに適している。

4 消費者物価指数（CPI）とは、全国の世帯が購入する家計の財およびサービスの価格等を総合した物価の変動を時系列で測定するものであり、対象となる品目は定期的に見直されている。

マーケットの変動とその要因

□□□ **2** 金利の変動要因等に関する次の記述のうち、最も適切なものはどれか。

1 在庫調整が進み、需要が回復したとみて国内企業が設備投資を増やし始めると、金利の低下要因になる。

2 インフレ抑制を狙いとして、中央銀行が大規模な国債の売りオペレーションを行うと、市場金利の低下につながる。

3 国債が新規に大量発行されると、市場金利は低下傾向になる。

4 日本国内において物価が下落傾向になるときは、市場金利も低下傾向になる。

> マーケットの変動とその要因（金利、物価、為替と景気や株価、債券価格との関係）、債券投資、株式、投資信託などの有価証券に関する出題が中心となります。また、株式ではPER、PBR、ROEなどの投資計算、投資信託では運用方法（アクティブ運用とパッシブ運用）や外貨建て商品に関する問題が多くなっています。その他、ポートフォリオ運用、預金保険制度、消費者契約法、金融商品販売法や金融商品取引法なども必項目です。

解答・解説

1 〔2級テキスト〕 **P187-190**　　　　　　　　　　　　　　　　　　解答 1

1 東証株価指数（TOPIX）は景気に先行して動く指標である先行指数。先行指数には他に、日経平均株価、実質機械受注などがある。　　　　**不適切**

2 業況判断DIとは、業況が「良い」、「さほど良くない」、「悪い」の回答（3か月後の見通しを含む）で集計され、「良い」と回答した割合から「悪い」と回答した割合を差し引いたもので、3か月に一度発表される。なお、日銀短観は、製造業・非製造業などの業種別、規模別に集計されている。　　　**適切**

3 DI（ディフュージョン・インデックス）は景気の上昇や下降などの局面（転換点＝景気の山や谷）をみるのに適しており、CI（コンポジット・インデックス）は景気変動の大きさやテンポ（量感）をみるのに適している（CIの一致指数が上昇している場合は、景気は拡大局面といえる）。現状CIを中心に公表されている。　　　**適切**

4 消費者物価指数（CPI）は総務省が毎月発表しており、対象となる品目は定期的に見直されている。　　　　**適切**

解答・解説

2 〔2級テキスト〕 **P189-192**　　　　　　　　　　　　　　　　　　解答 4

1 設備投資の増加による資金需要の増加は金利の上昇要因となる。　　　**不適切**

2 中央銀行による国債の大量の売りオペは、市場から資金を大量に吸収することになるので、市場金利の上昇要因になる。　　　　**不適切**

3 国債の大量発行を行うと、通常、国債の供給過剰から国債などの債券価格が下落し、市場金利である長期金利（10年利付国債の利回り）は上昇傾向になる。　　　　**不適切**

4 物価が下落傾向（デフレ傾向）にある場合は、通常、市場金利も低下傾向になる。一般的に物価動向と市場金利は連動している。　　　　**適切**

3 金融市場等に関する次の記述のうち、最も不適切なものはどれか。

1 一般に、金利上昇は株価の下落要因となり、金利低下は株価の上昇要因となる。

2 日本国内の景気が回復し海外からの投資が活発になると、一般に、為替相場は円安傾向になることが想定される。

3 購買力平価で見た場合、長期的には物価が上昇している国の通貨は安くなる傾向がある。

4 通常、為替が円高になると海外からの輸入物価が下がり、インフレ懸念がなくなるので、市場金利は低下傾向となる。

 銀行等の貯蓄型金融商品

4 各種預貯金に関する次の記述のうち、最も不適切なものはどれか。

1 スーパー定期預金は固定金利(利率は銀行ごとに自由に定める自由金利商品)で、中途解約すると中途解約利率が適用される。

2 貯蓄預金には、公共料金の自動支払等の決済機能はない。

3 期日指定定期預金は、半年複利の固定金利商品であり、1年の据置期間経過後は、満期日を指定して解約できる。

4 変動金利定期預金は、一般的に6か月ごとに適用金利の見直しがある。

- -

5 ゆうちょ銀行の貯金商品に関する次の記述のうち、最も不適切なものはどれか。

1 ゆうちょ銀行に預入された貯金は、預金保険制度の対象である。

2 定額貯金は、固定金利商品(半年複利型)であり、6か月以上据え置けば、ペナルティーがなく解約はいつでも可能である。

3 ゆうちょ銀行の預入限度額は、通常貯金と定期性貯金をあわせて、1人2,600万円までとなっている。

4 定期貯金は、期間5年未満は単利型、5年以上は単利型と半年複利型の選択となっている。

3 📖 2級
テキスト P193-196　　　　　　　　　　　　　　　　　　**解答** 2

1 一般に、市場金利が上昇すると債券の利回りや預金金利等が上昇し、相対的に株式の魅力が低下するので株価の下落要因となり、逆に金利低下は株価の上昇要因となる。　　　　適切

2 一般的には、日本の景気が回復すると海外から日本へ資金が流れ、円買い需要が期待されることから為替相場は円高傾向になる。　　　　不適切

3 購買力平価は相手国との物価の比較により為替を計算する方法。長期的には、物価が上昇している国の通貨は価値が下がるので、安くなる傾向にある。　　　　適切

4 通常、為替が円高になると海外からの輸入物価が下がるため、インフレ懸念が少なくなり、市場金利は低下傾向となる。　　　　適切

解答・解説

4 📖 2級
テキスト P199　　　　　　　　　　　　　　　　　　**解答** 3

1 問題文の通り。なお、3年未満のスーパー定期預金は単利型のみ、3年以上は単利型と半年複利型の選択となっている（半年複利型は個人のみ利用できる）。　　　　適切

2 問題文の通り。なお、貯蓄預金に一定額以上の残高がある場合には、普通預金よりも金利が高くなっているが、一定額以下になると普通預金と同じ金利になる。　　　　適切

3 期日指定定期預金は1年複利の自由金利商品。通常、1年間据え置くと、3年までの任意の日を満期日と指定することでペナルティーなしで解約可能。　　　　不適切

4 問題文の通り。なお、変動金利定期預金は、預入期間は3年以内が多い。単利型と複利型があり、複利型は個人のみに限定される商品。　　　　適切

5 📖 2級
テキスト P200　　　　　　　　　　　　　　　　　　**解答** 4

1 ゆうちょ銀行の貯金は、預金保険制度の対象となっており、元金1,000万円と利息が保護される。　　　　適切

2 定額貯金は、固定金利商品（半年複利型）であり、6か月以上据え置けば、ペナルティーがなく解約はいつでも可能。　　　　適切

3 ゆうちょ銀行の預入限度額は、通常貯金（1,300万円）と定期性貯金（1,300万円）をあわせて、1人2,600万円まで。　　　　適切

4 定期貯金は、預入期間を指定できる貯金（最長5年）で、期間3年未満は単利型、3年、4年、5年は半年複利型のみ。また、定期貯金はいつでも解約できるが、中途解約利率が適用される。　　　　不適切

債　券

□□□ **6** 債券の仕組みと特徴に関する次の記述のうち、最も不適切なものはどれか。

1　一般的に市場金利が上昇すると債券価格は下落し、市場金利が下落すると債券価格は上昇する。
2　債券の取引は、金融商品取引所で売買する取引所取引と、証券会社等が顧客の相手方となって相対で売買価格を決めて行う店頭取引があり、債券取引の大半が店頭取引で行われている。
3　固定利付債において、価格が上昇すると利回りは低下し、価格が下落すると利回りは上昇する。
4　アンダーパーで発行された債券の応募者利回りは、表面利率より低くなる。

□□□ **7** 債券の仕組みと特徴に関する次の記述のうち、最も不適切なものはどれか。

1　一般的に格付けがBB（ダブルB）以下の債券のことを、投資不適格債（ハイ・イールド・ボンド）という。
2　表面利率（クーポンレート）など他の条件が同じであれば、長期債は短期債に比べて、金利変動に対する価格変動幅が小さい。
3　償還までの期間など他の条件が同じであれば、表面利率が低い（低クーポン）債券は、表面利率が高い（高クーポン）債券よりも、金利変動に対する価格変動幅が大きい。
4　表面利率（クーポンレート）や償還期限など他の条件が同じであれば、格付けの高い債券は、格付けの低い債券に比べて、利回りが低い。

6 2級 テキスト **P201-210**　　　　　　　　　　　　　　　　　　　　**解答** 4

1 一般的に市場金利の動きと債券価格は逆の動きになるので、市場金利が上昇すると債券価格は下落し（利回りは上昇）、市場金利が下落すると債券価格は上昇する（利回りは低下）。 **適切**

2 債券の取引は大半が店頭取引で行われている。 **適切**

3 固定利付債は、原則、償還時には100円で償還となるので、価格が上昇すると利回りは低下し、価格が下落すると利回りは上昇する。 **適切**

4 アンダーパー（100円未満）で発行された債券は、発行価格と償還価格（100円）との差額が償還差益となるので、その分、応募者利回りは表面利率（クーポンレート）より高くなる。 **不適切**

---

7 2級 テキスト **P209-210**　　　　　　　　　　　　　　　　　　　　**解答** 2

1 格付けがBB以下の債券は投機的とみなされ、これを投資不適格債という（ハイ・イールド・ボンドまたはジャンク債ともいう）。なお、格付けBBB（トリプルB）以上の債券を、投資適格債という。なお、イールドとは利回りのことで、ハイ・イールド・ボンドとは利回りが高い債券のこと。 **適切**

2 表面利率（クーポンレート）など他の条件が同じであれば、長期債は短期債に比べて、金利変動に対する価格変動幅が大きくなる。 **不適切**

3 低クーポンの債券は、高クーポンの債券よりも、金利変動に対する価格変動幅が大きくなる。 **適切**

4 格付けの高い債券は信用度が高く、通常価格が高くなるので、表面利率（クーポンレート）など他の条件が同じであれば、格付けの低い債券（価格が安い）に比べて、利回りは低くなる。 **適切**

□□□ **8** 債券の利回り（イールド）の一般的な特徴等に関する次の記述のうち、最も不適切なものはどれか。

1 債券の利回りが逆イールドになっている状況では、長期債より短期債の利回りの方が高くなっている。

2 イールドカーブの形状は、通常、右肩上がりの順イールドであるが、急激な金融緩和時に右肩下がりの逆イールドとなる傾向がある。

3 イールドカーブは、将来の景気拡大が予想されるとスティープ化し、将来の景気後退が予想されるとフラット化する傾向がある。

4 他の条件が同一であれば、表面利率が低い債券ほど、金利の変動に対する価格の変動幅は大きい。

□□□ **9** 債券のリスクに関する次の記述のうち、最も不適切なものはどれか。

1 債券の利子および元金の一部や全部が支払い不能になったり、支払いが遅れるリスクをデフォルト・リスク（信用リスク）という。

2 債券を換金したいときに換金できない場合や、自らの換金によって価格を大きく下げるリスクをコール・リスクという。

3 債券を発行している国の政治や経済情勢等の変化により、その国の信用度等が低下することで発生するリスクをカントリー・リスクという。

4 外国政府が発行するサムライ債にはカントリー・リスクはあるが為替リスクはない。

8 📖 ２級 P202、205、209　　解答 2

1 通常、短期債より長期債の利回りの方が高い（順イールドという）が、逆イールドでは、長期債より短期債の利回りの方が高くなる。
 適切

2 イールドカーブ（利回り曲線）の形状は、短期間で急激な金融引締め（金利の引上げ）が行われた場合、短期金利が急上昇し、長期金利と逆転する逆イールドになる傾向がある。
 不適切

3 将来の景気拡大が予想されるときには、通常、長期金利の方が大きく上昇するため、短期金利との利回り差が拡大してイールドカーブがスティープ化する。将来の景気後退が予想されるときには、長期金利の方が大きく低下する傾向があるため、短期金利との利回りが縮小してイールドカーブがフラット化する。
 適切

4 表面利率が低い債券（低クーポン債）は、金利の変動の影響を受けやすいため、通常、金利が変動した場合の価格の変動幅は高クーポン債より大きくなる。
 適切

---

9 📖 ２級 P209、235　　解答 2

1 問題文の通り。なお、格付けの低い債券ほどデフォルト・リスク（信用リスク）は高くなる。
 適切

2 コール・リスク（途中償還リスク）とは、満期前に償還となり、当初予定された運用ができなくなるリスク。問題文は流動性リスクのことで、流通量（発行額）の少ない債券ほど、不利な価格でも取引をせざるを得なくなることが多く、流動性リスクは大きくなる。
 不適切

3 問題文の通り。なお、一般的に治安等が安定していない新興国等の債券ほどカントリー・リスクは高くなるので、価格は低下する（利回りは上昇）。
 適切

4 サムライ債は外国の政府や法人等が日本国内で円建てで発行する債券。したがって発行国等に対するカントリー・リスクはあるが、円で発行されるので為替リスクはない。
 適切

□□□ **10** Aさんは、債券を発行時に購入し、4年後に売却したが、その条件は次の通りであった。債券取引にかかる応募者利回りと所有期間利回りの組合せとして、正しいものはどれか。なお、利回り計算においては、単利の年率換算とし、手数料、経過利子、税金等は考慮しないものとする。また、解答は%表示単位の小数点以下第3位を四捨五入すること。

＜条件＞

額面価格：100.00円	発行価格：額面100円あたり98.00円
利率（クーポンレート）：1.4%	
償還期限：10年	4年後の売却価格：額面100円あたり102.00円

1 応募者利回り　2.45%、　所有期間利回り　1.63%
2 応募者利回り　1.63%、　所有期間利回り　2.45%
3 応募者利回り　1.63%、　所有期間利回り　1.84%
4 応募者利回り　1.94%、　所有期間利回り　1.84%

- -

□□□ **11** 個人向け国債に関する次の記述のうち、最も不適切なものはどれか。

1 個人向け国債は、3種類発行されているが、購入はすべて額面1万円単位となっている。
2 3種類とも原則として毎月発行される。
3 10年変動金利型および5年固定金利型は、発行されて1年経過後から中途換金が可能であり、3年固定金利型は、発行されて2年経過後から中途換金できる。
4 3種類とも下限金利は現在0.05%となっている。

①応募者利回り（％）＝ $\dfrac{利率 + \dfrac{償還価格（100円）- 発行価格}{償還期限}}{発行価格} \times 100$

$$= \dfrac{1.4 + \dfrac{(100円 - 98円)}{10年}}{98円} \times 100 = 1.632\cdots \fallingdotseq 1.63\%$$

（※）　債券は100円で償還になる

②所有期間利回り（％）＝ $\dfrac{利率 + \dfrac{売却価格 - 購入価格}{所有期間}}{購入価格} \times 100$

$$= \dfrac{1.4 + \dfrac{102円 - 98円}{4年}}{98円} \times 100 = 2.448\cdots \fallingdotseq 2.45\%$$

1　購入する際の最低単位は、3種類とも額面1万円単位である。　　適切
2　3種類とも毎月発行される。また、利払いは3種類とも6か月ごとに行われる。　　適切
3　3種類とも発行から1年経過していれば中途換金可能。その際、国が額面で買取ってくれる。　　不適切
4　3種類とも下限金利は現在0.05%。　　適切

3章

金融資産運用■学科

株　式

□□□ **12** わが国の株式取引の仕組みと特徴等に関する次の記述のうち、最も不適切なものはどれか。

1 株式を売買した際の受渡日は、現物取引および信用取引のどちらも、原則として売買した日から起算して3営業日目である。

2 株式累積投資制度は、毎月一定日に一定の株式等を一定金額ずつ購入していく制度のことである。

3 株式の注文方法には、指値注文と成行注文があり、指値注文は成行注文より優先して売買が行われる。

4 株式の値段は、前日の終値（気配値）を基準として価格優先・時間優先の原則に従い、競争売買により決定される。

- -

□□□ **13** 上場株式と株価指数に関する次の記述のうち、誤っているものはどれか。

1 日経平均株価とは、東証のプライム市場に上場している銘柄のうち代表的な225銘柄を対象とし、指数の連続性を失わせないように権利落ちなどがあった場合はそれに応じて株価を修正した平均株価であり、値がさ株の値動きに影響を受けやすい。

2 東証株価指数（TOPIX）とは、原則として東証に上場している国内全銘柄を対象とし、時価総額を基準時価総額と比較した時価総額加重平均型の株価指数であり、時価総額の大きな銘柄の値動きに影響を受けやすい。

3 JPX日経インデックス400は、東証プライム市場上場銘柄のほか、2部やマザーズ等の銘柄も含む400銘柄で構成される時価総額加重平均株価指数である。

4 NYダウ平均は「ダウ平均」とも呼ばれ、この指数は米国を代表する優良企業500柄を選出し、指数化したものである。

解答・解説

12 2級テキスト P211-214 解答 **3**

1 株式を売買した際の受渡日は、現物取引、信用取引のどちらも、原則として売買した日から起算して（その日から数えて）3営業日目となっている。 適切

2 問題文の通り。なお、株式累積投資制度は、長期的には購入価格が安定する傾向があり、このような投資手法を一般的にはドルコスト平均法という。 適切

3 株式の注文を行う場合、成行注文の方が指値注文より優先して売買が行われる。なお、同一銘柄に複数の指値注文が発注された場合は、価格優先の原則により、買い注文の場合は高い買呼値（他人より高い値段の買い注文）が低い買呼値（低い値段の買い注文）に優先し、売り注文の場合は低い売呼値が高い売呼値に優先して、取引が成立する。 不適切

4 株式の値段は、前日の終値（気配値）を基準として価格優先・時間優先の原則に従い、競争売買により値段が決まっている。このような方式をオークション方式という。 適切

---

13 2級テキスト P217-218 解答 **4**

1 日経平均株価は、東京証券取引所のプライム市場の代表的な225銘柄を対象とし、指数の連続性を失わせないように株式分割などにより権利落ちなどがあった場合はそれに応じて株価を修正した修正平均株価であり、値がさ株（値段が高い株）の値動きに影響を受けやすい。なお、225銘柄は定期的に見直され、入れ替えられる。 正しい

2 東証株価指数（TOPIX）とは、原則として東証に上場している国内全銘柄の時価総額と、基準時の時価総額と比較した時価総額加重平均型の株価指数。時価総額の大きな銘柄の値動きの影響を受けやすい傾向がある。 正しい

3 JPX日経インデックス400はプライム市場、スタンダード市場、グロース市場の3つの市場に上場する企業の中の400銘柄で構成される株価指数のことで、東証株価指数（TOPIX）同様、時価総額加重平均株価指数である。 正しい

4 NYダウ平均（ダウ平均）は、S&Pダウ・ジョーンズ・インデックス社が公表している米国の代表的な株価指数で、米国を代表する優良企業30銘柄を選出し、その株価を指数化している。
なお、S&P500種株価指数は、アメリカの各取引所に上場している代表的な500銘柄を対象とした時価総額加重平均株価指数。 誤り

14 株式の信用取引に関する次の記述のうち、誤っているものはどれか。

1 信用取引には、制度信用取引と一般信用取引があり、貸借取引を利用できるのは、制度信用取引のみである。

2 制度信用取引で借りた株券や資金の弁済期限は、売買成立の日から最長3か月間となっている。

3 信用取引で1,000万円の売買を行う場合、委託保証金は最低でも300万円以上必要である。

4 信用取引の決済方法には、反対売買による差金決済と現引きと現渡しによる受渡決済の2つがある。

- -

15 株式の信用取引に関する次の記述のうち、最も適切なものはどれか。

1 信用取引では、現金の代わりに上場株式や非上場の株式を委託保証金として差し入れることができる。

2 国内の取引所に上場しているすべての銘柄が、制度信用取引の対象である。

3 信用取引が成立した場合、売買成立日から起算して3営業日目の正午までに、委託保証金を差し入れなければならない。

4 差し入れた担保の価額が約定代金の20%を下回った場合、追加保証金が必要となり、約定代金の30%に戻るまで担保を差し入れなければならない。

1 貸借取引を利用できるのは、制度信用取引のみである。なお、貸借取引とは、信用取引に必要な株券や資金を証券会社が証券金融会社から借りることをいう。なお、一般信用取引で売買した株式を制度信用取引に変更することや、制度信用取引で売買した株式を一般信用取引に変更することはできない。

正しい

制度信用取引	・証券取引所が信用取引の基本的な取引ルールを決める ・貸借取引を利用できる
一般信用取引	・証券会社と顧客の間で信用取引の基本的な取引ルールを決める ・貸借取引は利用できない

2 制度信用取引で借りた株券や資金の弁済期限（返済する期限）は、売買成立の日から最長6か月間。なお、一般信用取引では弁済期限は証券会社が自由に設定できる。

誤り

3 信用取引の委託保証金（担保）は、売買代金の30%以上必要。したがって、1,000万円×30%＝300万円以上必要。結果として、300万円の委託保証金を差し入れれば、信用取引で1,000万円（300万円÷0.3＝1,000万円）の売買が可能となる。なお、委託保証金額が30万円に満たない場合は30万円必要（最低保証金額は30万円）。

正しい

4 信用取引の決済には、反対売買による方法（差金決済）と受渡決済による方法（現引きと現渡し）の2種類がある。なお、「差金決済」とは買値と売値の差額のみを受け払いすること、「現引き」とは株を買ったときに借りていた資金を返済して、株を自分のものにすること、「現渡し」とは株を売ったときに借りていた株を返済して、売却代金を受け取ることをいう。

正しい

---

1 取引所に上場していない非上場株は、信用取引の委託保証金（担保）にはならない。

不適切

2 制度信用取引の対象となるのは、取引所が選定した銘柄に限られる。

不適切

3 信用取引の委託保証金は、売買成立の日から数えて3営業日目（約定日の翌々営業日）の正午までに約定代金の30%以上を差し入れなければならない。

適切

4 追加保証金（担保不足）が必要となった場合、当初の約定代金の20%に戻るまで担保を差し入れる必要がある。

不適切

□□□ **16** 株式投資に関する投資指標について述べた次の文章の空欄（ア）〜（ウ）にあてはまる語句の組合せとして、正しいものはどれか。

> ＰＢＲとは、株価を（　ア　）で割って計算した値で、通常ＰＢＲが１倍を下回るほど株価は（　イ　）と判断する。また、ＰＥＲは株価を（　ウ　）で割って計算した値で、ＰＢＲと同じく、株価が割高か割安かの判断基準となっている。また、ＲＯＥは当期純利益を（　エ　）で割って求める。

1　ア　１株あたり配当金　イ　割安　ウ　１株あたり純資産　エ　自己資本
2　ア　１株あたり純利益　イ　割高　ウ　１株あたり純利益　エ　総資産
3　ア　１株あたり純資産　イ　割安　ウ　１株あたり純利益　エ　自己資本
4　ア　１株あたり純資産　イ　割高　ウ　１株あたり純資産　エ　総資産

□□□ **17** 次のＡ社とＢ社の投資指標（下記＜参考データ＞参照）に関する次の記述のうち、誤っているものはどれか。

＜参考データ＞

	A社	B社
株価	1,000円	400円
１株あたり配当金	16円	16円
１株あたり当期純利益	40円	20円
１株あたり純資産	400円	200円

1　Ｂ社のＰＢＲは2.0倍である。
2　Ｂ社の配当性向は80％である。
3　ＰＥＲで見た場合、Ｂ社よりＡ社の方が割安である。
4　Ａ社の配当利回りは1.6％である。

16 2級テキスト **P218-220**　　　　　解答 3

株価が割高か割安かの判断基準となる主な投資尺度には、PBRとPERがある。PBR（株価純資産倍率）は、株価が1株あたり純資産の何倍まで買われているかを見る指標で、株価を1株あたり純資産で割って求める。PBRは1倍が基準とされ、一般的に1倍を下回れば株価は割安と判断される。

また、PER（株価収益率）は、株価を1株あたり純利益で割って求める。PERは一般的に同業他社と比較して、PERが高いほど株価も割高、PERが低いほど割安と判断する。ROE（自己資本利益率）は企業の収益力を表す指標で、当期純利益を自己資本で割って算出する。

----

17 2級テキスト **P218-220**　　　　　解答 3

1

$$PBR = \frac{株価}{1株あたり純資産}$$　より、B社のPBR$= \frac{400円}{200円} = 2倍$

正しい

2

$$配当性向 = \frac{年間配当総額}{当期純利益} \times 100 = \frac{1株あたり配当金}{1株あたり純利益} \times 100$$　より、

B社の配当性向$= \frac{16円}{20円} \times 100 = 80\%$

正しい

3

$$PER = \frac{株価}{1株あたり当期純利益}$$　より、

A社のPER$= \frac{1,000円}{40円} = 25倍$　　B社のPER$= \frac{400円}{20円} = 20倍$

PERは数値が大きいほど株価は割高と判断するので、A社の方が割高。　誤り

4

$$配当利回り = \frac{1株あたり年間配当金}{株価} \times 100$$　より、

A社の配当利回り$= \frac{16円}{1,000円} \times 100 = 1.6\%$

正しい

投資信託

□□□ **⑱** 投資信託の運用スタイルに関する次の記述のうち、最も不適切なものはどれか。

1 個別企業に対する調査分析を積み重ねて、その結果に基づいて組入れ対象となる個別銘柄を一つ一つ選択していく方法をトップダウンアプローチといい、アクティブ運用の1つである。

2 ベンチマークの値動きに連動する運用成果を目指す運用スタイルは、パッシブ運用またはインデックス運用と呼ばれる。

3 業績や財務内容から株価が割安であると考えられる銘柄に投資する運用スタイルはバリュー投資と呼ばれる。

4 ベア型ファンドとは、ベンチマークとする市場指数の変動とは逆の動きとなることを目指して運用するタイプの投資信託で、ベンチマークが下がると基準価額が上昇するように運用される。

- -

□□□ **⑲** 契約型投資信託に関する次の記述のうち、正しいものはどれか。

1 契約型投資信託を販売する場合に、販売会社は受託会社と投資信託契約を結び、信託財産の運用の指図を行う。

2 契約型投資信託において、信託財産の保管を行うのは証券会社等の販売会社である。

3 契約型投資信託において、目論見書や運用報告書を作成するのは委託会社である。

4 契約型投資信託における販売会社の業務として、自社で販売している投資信託の基準価額の計算業務がある。

解答・解説

18 ２級テキスト P226-228 解答 1

1. 個別企業に対する調査分析を積み重ねて、その結果に基づいて組入れ対象となる個別銘柄を一つ一つ選択していく方法をボトムアップアプローチといい、アクティブ運用の１つ。トップダウンアプローチとは、景気や為替などのマクロ経済分析を行い、その結果に基づいて組入れ銘柄を選択していく方法。 **不適切**
2. 特定のインデックス(日経平均株価やＴＯＰＩＸなどの指数)をベンチマーク（基準となる指標）として、ベンチマークの値動きに連動するように運用する方法をパッシブ運用またはインデックス運用という。 **適切**
3. 業績や財務内容から株価が割安であると考えられる銘柄に投資する運用スタイルはバリュー投資といい、アクティブ運用の１つ。 **適切**
4. 問題文の通り。なお、ベア型ファンドはインバース型ともいう。一方、ブル型ファンドはレバレッジ型ともいい、ベンチマークが上昇すると基準価額がベンチマーク以上に上昇するように運用される。 **適切**

3 章　金融資産運用 ■ 学科

---

19 ２級テキスト P222-224 解答 3

1. 契約型投資信託は、委託会社（運用会社）と受託会社（信託銀行等）が投資信託契約を結び、委託会社が受託会社に運用の指図をすることで運用される。なお、契約型投資信託に対し、投資法人（会社型投資信託）は、資産の運用のみを行う法人を設立することで組成される投資信託である。 **誤り**
2. 信託財産（投資信託が保有している資産）の保管を行うのは受託会社の業務。なお、信託財産は、受託会社名義で保管されるが、受託会社の財産とは分けて、分別管理されている。 **誤り**
3. 契約型投資信託において、目論見書（取扱い説明書）や運用報告書を作成するのは委託会社。その他に委託会社の主な業務内容には信託約款（投資信託の設計図）の作成や受益証券の募集などがある。 **正しい**
4. 基準価額（投資信託の値段）を計算し、公表するのは、委託会社の業務（受託会社も基準価額を計算し、委託会社と照合している）。なお、販売会社は、委託会社の行う業務の代行業務を行っており、投資信託の募集の取扱い、分配金・償還金の支払いの取扱いなどがある。通常、取扱いや取次ぎという言葉がつけば、販売会社の業務。 **誤り**

□□□ 20 上場投資信託（ETF）やJ-REITについて述べた次の記述のうち、最も不適切なものはどれか。

1 不動産投資信託（J-REIT）は、不特定の投資家から集めた資金で、オフィスビルやショッピングセンターなどの不動産や賃借権に投資し、その運用収益等を配分する仕組みである。

2 不動産投資信託（J-REIT）は、クローズド・エンド型で金融商品取引所に上場して売買され、注文方法は指値注文と成行注文の両方が可能である。

3 ETFは、特定の指数等に連動する運用成果を目指すもので、配当や売却益（譲渡益）に対する税制は上場株式とは異なる。

4 一般の投資家がETFを取得・換金する場合、上場株式と同様に、証券会社に委託して金融商品取引所で売買することになる。

- -

□□□ 21 投資信託に関する次の記述のうち、最も不適切なものはどれか。

1 委託会社は、「交付運用報告書」を作成し、通常、販売会社を通じて投資家に交付される。

2 投資信託にかかる費用のうち、運用管理費用である信託報酬は、投資信託を保有している投資家が間接的に日々負担するものであり、基準価額の計算の際に控除される。

3 投資信託の販売会社は、原則として投資信託を保有している投資家に対して、分配金の受け取りや一部解約等を反映した総合的な損益状況を通知しなければならない。

4 投資信託の販売手数料は、同じ投資信託であれば、販売会社が異なっても同一である。

- -

□□□ 22 投資信託に関する次の記述のうち、最も不適切なものはどれか。

1 販売会社は、投資信託を販売する場合、原則としてあらかじめ、または同時に投資家に交付目論見書を交付しなければならない。

2 株式投資信託は、運用対象が株式等に限定されており、公社債を組み入れることはできない。

3 追加型投資信託は、運用期間中であればいつでも購入可能であり、単位型投資信託は、購入できる期間が募集期間中に限定されている。

4 ファンド・オブ・ファンズとは、個別の株や債券でなく、投資信託や投資法人へ分散投資する投資信託のことをいう。

20 📖2級テキスト P224-225 　　　　　　　　　　　　　　　　　　**解答** 3

1 問題文の通り。なお、不動産投資信託（J-REIT）は、分配可能所得の
90％超を分配すれば、利益に対して法人税がかからない。　　　　　　　適切

2 不動産投資信託（J-REIT）の注文は指値注文と成行注文の両方とも可能。　適切

3 上場投資信託（ETF）は、株価指数や原油価格など様々な指数に連動す
るように運用されるもので、配当や売却益（譲渡益）に対する税制は上場
株式と同じ。配当は総合課税、申告分離課税、申告不要の３つの中から選
択する。譲渡益については、申告分離課税。　　　　　　　　　　　　不適切

4 問題文の通り。なお、上場投資信託（ETF）は通常、信用取引も行うこと
ができる。　　　　　　　　　　　　　　　　　　　　　　　　　　　適切

---

21 📖2級テキスト P229-231 　　　　　　　　　　　　　　　　　　**解答** 4

1 投資信託の交付運用報告書や交付目論見書等は、委託会社が作成し、通常、
販売会社が投資家へ交付し、説明する。　　　　　　　　　　　　　　　適切

2 運用管理費用である信託報酬は、投資家が負担するコストで、投信の保有
期間中に信託財産から日々差し引かれている。基準価額からは既に信託報
酬は差し引かれている。　　　　　　　　　　　　　　　　　　　　　　適切

3 販売会社は、投資家に対して、購入日から現在までの間に支払われた分配
金等や基準価額を反映したトータルの損益を１年に１回以上、その販売会
社が定めた日に通知しなければならない（トータルリターン通知制度とい
う）。　　　　　　　　　　　　　　　　　　　　　　　　　　　　　　適切

4 投資信託の販売手数料は、投資信託約款で定められた上限以下であれば販
売会社が自由に定められるので、販売会社ごとに異なる。　　　　　　不適切

---

22 📖2級テキスト P222-231 　　　　　　　　　　　　　　　　　　**解答** 2

1 問題文の通り。なお、目論見書（取扱い説明書）には、交付目論見書と請
求目論見書があり、請求目論見書は投資家から請求があった場合に交付す
べきもの。　　　　　　　　　　　　　　　　　　　　　　　　　　　　適切

2 株式投資信託は運用対象に株式を組み入れることができる投資信託のこと
で、公社債等を組み入れることもできる。なお、公社債投資信託は、株式
を一切組み入れることはできない。　　　　　　　　　　　　　　　　不適切

3 問題文の通り。なお、オープン・エンド型は原則、いつでも解約可能、ク
ローズド・エンド型は満期まで解約できない投資信託のこと。　　　　　適切

4 ファンド・オブ・ファンズとは、投資信託や投資法人へ分散投資する投資
信託のことをいう。　　　　　　　　　　　　　　　　　　　　　　　　適切

外貨建て金融商品

□□□ **23** 外貨建て商品の取引に関する次の記述のうち、最も適切なものはどれか。

1 為替予約（為替ヘッジ）のない外貨定期預金を満期時に円貨で受け取った場合に生じた為替差益は、非課税となる。

2 外貨建てMMFの取引において発生した為替差益は雑所得となり、総合課税の対象になる。

3 外貨建てMMFを購入する場合には、売買（購入）手数料はかからない。

4 国内の銀行に預託した外貨建てMMFは、預金保険制度の保護の対象となる。

□□□ **24** 外資建て商品および外国証券等に関する次の記述のうち、最も不適切なものはどれか。

1 外国債券とは、発行者、通貨、発行場所のいずれかが海外である債券のことをいう。

2 米ドル建て債券を保有している場合、米ドルと円の為替レートが円安方向に変動すると、その債券にかかる円換算の投資利回りは上昇する。

3 外国の取引所に上場する外国株式を国内の証券会社で取引する場合、外国証券取引口座を開設する必要はない。

4 外貨預金の預入時に円貨を外貨に替える際の為替レートは、一般に、TTSが適用される。

23 2級テキスト **P233**　　　　　　　　　　　　　　　　　　　　　　　　　　**解答** 3

1 外貨定期預金では、為替予約（為替ヘッジ）をしていない場合に生じた為替差益は雑所得として総合課税の対象となる。なお、為替予約（為替ヘッジ）している場合は、雑所得となり20.315％が源泉徴収される。　　**不適切**

2 外貨建てMMFの取引において発生した為替差益は譲渡所得（譲渡益の中に為替差益も含まれる）として、申告分離課税の対象になる。　　**不適切**

3 問題文の通り。また、外国証券取引口座管理料や解約時の信託財産留保額も不要である。ただし、売買するときに為替の手数料はかかる。　　**適切**

4 国内の銀行で購入した外貨建てMMFは、預金保険制度や投資者保護基金の対象外。なお、外貨建てMMFを国内の証券会社で購入した場合は、投資者保護基金の保護の対象となる。　　**不適切**

---

24 2級テキスト **P232-236**　　　　　　　　　　　　　　　　　　　　　　　**解答** 3

1 外国債券とは、発行者、通貨、発行場所のいずれかが海外である債券のこと。　　**適切**

2 円安に変動すると、為替差益が発生するので、その分、円に換算した場合の投資利回りは上昇する。　　**適切**

3 外国株式の取引方法には、国内委託取引、国内店頭取引、外国取引の3種類があり、どの取引も外国証券取引口座を開設する必要がある。　　**不適切**

4 円貨を売って外貨に替えるときの為替レートは、TTSが適用される。　　**適切**

【TTS（対顧客電信売相場）とTTB（対顧客電信買相場）の覚え方】

円と外貨を交換する場合の為替レートにはTTSとTTBがある。

TTSのSはSelling（円売り）、TTBのBはBuying（円買い）を意味している。

> ・TTSは顧客が円を<u>売って</u>、外貨を買うときのレート
> ・TTBは顧客が外貨を売って、円を<u>買う</u>ときのレート

3 章

金融資産運用■学科

有価証券の税制

□□□ **25** 居住者である個人の2024年4月1日現在の金融商品取引にかかる課税に関する次の記述のうち、適切なものはどれか。

1 不動産投資信託（J-REIT）の収益分配金は、投資者の個別元本と分配落ち後の基準価額との関係で、普通分配金と元本払戻金に分かれる。
2 国内利付債を売買した場合の譲渡益については、非課税となっている。
3 上場株式等の配当所得については、総合課税を選択することで配当控除の適用を受けることができる。
4 上場株式等の譲渡所得に譲渡損失がある場合、確定申告することで翌年以後5年間にわたって損失を繰越控除できる。

□□□ **26** 居住者である個人の2024年4月1日現在の金融商品取引にかかる課税に関する次の記述のうち、最も不適切なものはどれか。

1 追加型株式投資信託の普通分配金については、税率は20.315%（所得税15.315%、住民税5％）で課税され、元本払戻金（特別分配金）については非課税である。
2 公社債投資信託の収益分配金は、20.315%の源泉分離課税になっている。
3 上場株式等の配当所得について、申告分離課税を選択すると他の株式等の譲渡損失との損益通算が可能になる。
4 特定口座は、1金融機関につき1人1口座とされており、源泉徴収ありの口座と源泉徴収なしの口座の2種類がある。

25 2級テキスト P237-241 　　　　　　　　　　　　　　　　　解答 3

1　不動産投資信託（J-REIT）、ETF（上場投資信託）、公社債投資信託および単位型株式投資信託の分配金には普通分配金と元本払戻金（特別分配金）の区分けはない。普通分配金と元本払戻金に区分されるのは、追加型株式投資信託の分配金。　　　　　　　　　　　　　　　　　　　　　　　不適切

2　国内利付債の譲渡益は申告分離課税の対象となる。また、利付債の譲渡益と上場株式の譲渡損失等は損益通算できる。　　　　　　　　　　　　　　不適切

3　上場株式等の配当所得は、総合課税、申告分離課税、申告不要制度の選択制だが、総合課税を選択しないと、配当控除の適用はない。なお、外国株式の配当金や不動産投資信託（J-REIT）の分配金については、配当控除の適用はない。　　　　　　　　　　　　　　　　　　　　　　　　　　　　適切

4　上場株式等の譲渡所得に譲渡損失がある場合、確定申告することで翌年以後3年間にわたって損失を繰越控除できる（翌年以後3年間の株式等の譲渡益と損益通算できる）。　　　　　　　　　　　　　　　　　　　　　　不適切

---

26 2級テキスト P237-241 　　　　　　　　　　　　　　　　　解答 2

1　追加型株式投資信託の普通分配金は復興税込みで20.315％（所得税15.315％、住民税5％）の税率で源泉徴収される。元本払戻金（特別分配金）は元本の払戻しとみなされ、非課税。　　　　　　　　　　　　　　　　適切

2　公社債投資信託の収益分配金は、原則、申告不要で申告分離課税も選択できる。なお、解約差益、償還差益は申告分離課税の対象になる。いずれも、税率は、20.315％。　　　　　　　　　　　　　　　　　　　　　　　　不適切

3　上場株式等の配当所得について、申告分離課税を選択すると他の株式等の譲渡損失との損益通算が可能。また、申告分離課税を選択した場合は、公社債投資信託や公社債の譲渡損失とも損益通算が可能。　　　　　　　　　適切

4　特定口座は、1金融機関につき1人1口座とされており、源泉徴収ありの口座（源泉徴収選択口座）と源泉徴収なしの口座（簡易申告口座）のどちらかを選択する。源泉徴収ありの口座を選択すると、損益計算や売買益からの源泉徴収等を金融機関側が行い、納税が完了する。　　　　　　　　適切

3章　金融資産運用■学科

□□□ 27 居住者である個人の金融商品取引にかかる課税に関する記述のうち、適切なものはどれか（2024年4月1日現在）。

1 新NISA口座（つみたて投資枠と成長投資枠）には、すでに特定口座や一般口座で保有している上場株式等を移管することができる。
2 新NISA口座（成長投資枠）での年間投資額が上限額に満たない場合でも、余った投資額を翌年に繰り越すことはできない。
3 不動産投資信託の分配金は、不動産所得として総合課税の対象となる。
4 不動産投資法人（J-REIT）の分配金については、総合課税を選択することで、配当控除の適用を受けることができる。

- -

□□□ 28 新NISA（少額投資非課税制度）に関する次の記述のうち、最も適切なものはどれか（2024年4月1日現在）。

1 新NISA口座で保有する上場株式の配当金を非課税扱いにするためには、配当金の受取方法として株式数比例配分方式を選択しなければならない。
2 新NISAの成長投資枠において、非課税の対象となるのは上場株式や株式投資信託の配当や譲渡益などであり、ETFやREIT等の譲渡益などは対象外である。
3 新NISA口座（成長投資枠）で保有する上場株式等の譲渡損失については、確定申告することで他の特定口座や一般口座で保有している上場株式等の配当金等や譲渡益と損益通算できる。
4 新NISAの年間投資額の上限は、つみたて投資枠が120万円、成長投資枠が360万円となっている。

- -

□□□ 29 新NISA（つみたて投資枠および成長投資枠）に関する次の記述のうち、最も適切なものはどれか（2024年4月1日現在）。

1 従来のNISAの一般NISAに投資している場合、非課税期間が満了した場合、新NISAにロールオーバーすることができる。
2 新NISAの生涯投資枠は上限1,800万円であるが、つみたて投資枠については1,800万円まで投資可能であるが、成長投資枠については1,500万円が上限となっている。
3 新NISAの口座を開設できるのは、口座開設時点で18歳以上の者である。
4 個人型確定拠出年金（iDeCo）口座を開設している者であっても、新NISAを併用して取引することはできる。

1 特定口座や一般口座で保有する上場株式等を新NISA口座には移管できない。　不適切

2 新NISA口座（成長投資枠）での年間投資枠の上限は240万円であるが、投資額が240万円に満たない場合でも、余った枠を翌年に繰り越すことはできない。つみたて投資枠も余った投資枠を翌年に繰り越せない。　適切

3 不動産投資信託の分配金は、配当所得となり、税制は申告不要制度や総合課税および申告分離課税を選択できる。　不適切

4 不動産投資法人（J-REIT）の分配金については、原則として法人税が課税されていないので、総合課税を選択しても配当控除は適用されない。　不適切

1 新NISA口座（つみたて投資枠および成長投資枠）で保有する上場株式の配当金を非課税扱いにするためには、配当金の受取方法として株式数比例配分方式（新NISA口座を設定した金融機関の口座で受け取る方法）にしなければならない。　適切

2 成長投資枠で投資対象となるのは上場株式、公募株式投資信託（外国投信を含む）、ETF、J-REITなどの配当金、分配金や譲渡益。なお、公社債や公社債投信および毎月分配型投資信託、高レバレッジ型投資信託、信託期間20年未満の投資信託などは対象外。　不適切

3 新NISA口座の成長投資枠で保有する上場株式や株式投資信託等に損失があっても、他の口座の上場株式等の配当金等や譲渡益と損益通算できない。　不適切

4 新NISAの年間投資額の上限は、つみたて投資枠が120万円、成長投資枠が240万円である。また、各投資枠は併用可能であり、併用することで年間360万円まで投資可能。　不適切

1 従来のNISA（一般NISAとつみたてNISA）に投資している者は、非課税期間が満了した場合、新NISA口座にロールオーバー（移管）することはできず、原則、特定口座や一般口座などの課税口座に移管される。　不適切

2 新NISAの生涯投資枠は、1,800万円が上限となっており、つみたて投資枠のみの場合、1,800万円まで投資可能であるが、成長投資枠については1,200万円が上限となっている。　不適切

3 新NISAの口座を開設できるのは、その年の1月1日現在18歳以上の者である。　不適切

4 個人型確定拠出年金（iDeCo）と新NISAのつみたて投資枠および成長投資枠は併用できる。　適切

3 章

金融資産運用 ■ 学科

ポートフォリオ運用

□□□ **30** 一般的なポートフォリオ理論に関する次の記述のうち、最も不適切なものはどれか。

1 相関係数の低い資産を組み合わせることでポートフォリオ全体のリスクを軽減できるが、リスクをゼロにすることはできない。
2 ポートフォリオを構成する銘柄数が多いほど、その数に比例して期待収益率の上昇とポートフォリオのリスク（標準偏差）の低下をもたらす。
3 シャープレシオとは、超過収益率を標準偏差で除して求めるもので、ポートフォリオがリスクに見合ったリターンが得られているかをみる指標であり、シャープレシオの数値が大きいほどポートフォリオの評価は高くなる。
4 2つの異なる資産の相関係数が−1に近づくほどポートフォリオのリスクは軽減される。

□□□ **31** 一般的なポートフォリオ理論に関する次の記述のうち、最も適切なものはどれか。

1 ポートフォリオのリスクとは、一般に、組み入れた各資産の損失額の大きさを示すのではなく、実際の収益率の期待収益率からのばらつきの度合いをいう。
2 ポートフォリオのリスクにおいて、分散投資することで消去できるリスクのことを市場リスク（システマティックリスク）という。
3 アセットアロケーションとは、定められた各資産クラスの投資金額の配分比率を維持する方法の一つとして、値上がりした資産クラスを売却し、値下がりした資産クラスを購入することをいう。
4 ポートフォリオの期待収益率は、組み入れた各資産の期待収益率を組入比率で加重平均した値よりも大きくなる。

解答・解説

30 2級 テキスト **P245-250** 　　　　解答 **2**

1 相関係数の低い資産（相関係数が－1に近い資産）を組み合わせることでポートフォリオ全体のリスクを軽減できるが、市場リスク（システマティックリスク）が残るためリスクをゼロにすることはできない。なお、分散投資を行うことで消去可能なリスクのことを非市場リスク（アンシステマティックリスク）という。　　**適切**

2 ポートフォリオを構成する銘柄が多いからといって必ずしもその数に応じて期待収益率が上昇し、リスク（標準偏差）が低下するわけではない。分散投資の対象銘柄が一定数を超えると、そこからは、リスク軽減効果は低下しない。　　**不適切**

3 シャープレシオはリスクに見合ったリターンが得られているかをみる指標で、シャープレシオの数値が大きいほどポートフォリオの評価は高くなる。

$$シャープレシオ＝\frac{ポートフォリオの収益率－無リスク資産利子率（預金金利）}{標準偏差}$$

※ポートフォリオの収益率－無リスク資産利子率（預金金利）で求められる数値のことを超過収益率という。　　**適切**

4 相関係数は1から－1の値となり、相関係数が－1に近づくほどポートフォリオのリスクは軽減される。なお、相関係数が1の資産を組み入れてもリスクの軽減効果はない。　　**適切**

---

31 2級 テキスト **P245-250** 　　　　解答 **1**

1 投資信託などのポートフォリオの収益率が、予想した期待収益率と比べてどのくらいばらつきがあるのか（開きがあるか）の度合（乖離の幅）をリスクといい、分散や標準偏差で表される。　　**適切**

2 ポートフォリオのリスクにおいて、分散投資することで消去できるリスクのことを非市場リスク（アンシステマティックリスク）という。　　**不適切**

3 問題文はリバランスの説明。アセットアロケーションとは、ポートフォリオのリスクを低減するため、国内外の株式・債券・不動産等といった、様々な資産に資金を配分することをいう。　　**不適切**

4 ポートフォリオの期待収益率とは（各資産の期待収益率×組入比率）の合計なので、組み入れた各資産の期待収益率を組入比率で加重平均した値と同じになり、大きくなることはない。　　**不適切**

金融派生商品（デリバティブ取引）

□□□ **32** オプション取引に関する次の記述のうち、最も不適切なものはどれか。

1 コール・オプションの買い手は、「原資産を買う権利」を取得し、その対価であるプレミアム（オプション料）を売り手に支払う。
2 プット・オプションの売り手は、「原資産を売る権利」を取得し、その対価であるプレミアム（オプション料）を買い手に支払う。
3 コール・オプション、プット・オプションともに、買い手は権利を放棄することもでき、買い手の最大損失はプレミアム（オプション料）に限定される。
4 オプション取引において、いつでも権利行使可能なオプションのことをアメリカンタイプという。

□□□ **33** オプションに関する次の記述のうち、最も不適切なものはどれか。

1 プット・オプションの買いは、原商品価格が値下がりと予想するときの戦略で、原商品価格が値下がりすると利益になる。
2 オプションの売手の利益は、受取ったプレミアムが最大利益となり、損失は原商品の動きにより無限定になる。
3 オプション取引では、ボラティリティーが大きくなると、コール・オプションのプレミアムは上昇するが、プット・オプションのプレミアムは下落する。
4 原商品価格が上昇すると、コール・オプションのプレミアムは上昇し、プット・オプションのプレミアムは下落する。

解答・解説

32 2級テキスト P253-255　　　　　　　　　　　　　　　　　　解答 2

1 コール・オプションの買い手は、プレミアム（オプション料）をコール・オプションの売り手に支払うことで、「株や債券といった原資産を買うことができる権利」を取得する。　　　　　　　　　　　　　　　適切

2 プット・オプションの売り手は、プット・オプションの買い手からプレミアムを受け取ることで、「株や債券といった原資産を売ることができる権利」を買い手に売っている。　　　　　　　　　　　　　　　不適切

3 オプションの買い手の最大損失は、当初支払ったプレミアムの金額に限定される。一方、オプションの売り手の損失は無限定（無限大）になる。　　　　　　　　　　　　　　　　　　　　　　　　　　適切

4 いつでも権利行使できるオプションのことをアメリカンタイプ、満期日のみ権利行使できるオプションをヨーロピアンタイプという。　　　　　適切

- -

33 2級テキスト P253-255　　　　　　　　　　　　　　　　　　解答 3

1 プット・オプションの買いは、原商品価格が値下がりと予想するときの戦略で、原商品価格が一定以上値下がりすると利益になる。　　　適切

2 コール・プットともにオプションの売り手の利益は、当初買い手から受け取ったプレミアムが最大利益となり、損失は原商品の動きにより無限定になる。　　　　　　　　　　　　　　　　　　　　　　　　　　適切

	利　益	損　失
買い手	原商品価格の動き次第で無限定	当初支払ったプレミアムに限定
売り手	当初受け取ったプレミアムが最大	原商品価格の動き次第で無限定

3 オプション取引では、コールもプットもボラティリティーが大きくなるほど、原商品価格が大きく変動し、大きな利益が出る可能性が高まるので、通常、コールもプットもプレミアムは上昇する。　　　　　　　不適切

4 原商品価格が上昇した場合、コール・オプションは原商品価格が値上がりすると利益になる戦略なので、プレミアムは上昇し、プット・オプションは原商品価格が値下がりすると利益になる戦略なので、プレミアムは下落する。　　　　　　　　　　　　　　　　　　　　　　　　　　適切

□□□ **34** わが国における個人によるデリバティブ取引等に関する次の記述のうち、最も不適切なものはどれか。

1 通貨スワップにおいて金利のみを交換し、元本を交換しない場合をクーポンスワップという。

2 大阪取引所で行われる長期国債先物取引は、国債の利率や償還期限などを標準化して設定された「長期国債標準物」を取引の対象としている。

3 オプションの買い手のプレミアムは、満期までの期間が長いほど安くなる。

4 外国為替証拠金取引において、2つの通貨間の金利差によって得られる収益のことをスワップポイントという。

- -

□□□ **35** 先物取引に関する次の記述のうち、最も不適切なものはどれか。

1 先物の将来の価格を予想してポジションを取り、利益を獲得することのみを目的に行う取引を、スペキュレーション取引という。

2 現物と反対のポジションの先物を保有することなどにより、現物の価格変動リスク等を回避することを目的に行う取引を、ヘッジ取引という。

3 買いヘッジとは、保有している資産の値下がりリスクを、その資産に対する先物を売ることで回避する取引のことをいう。

4 現物価格と先物価格など2つの価格の間で価格差が生じた場合、割高な方を売り、割安な方を買うポジションを組み、その価格差を利益として得る取引を、裁定取引という。

34 [2級テキスト] P251-256　　解答 3

1　問題文の通り。なお、通貨スワップとは異なる通貨のキャッシュフロー（元本と金利）をあらかじめ合意した為替レートで交換することをいう。**適切**

2　長期国債先物取引は、利率や償還期限を常に一定とする架空の国債である「標準物」を取引の対象としている。**適切**

3　コールでもプットでもオプションの買い手のプレミアム（オプション料）は、満期までの期間が長いほど高くなる。**不適切**

4　外国為替証拠金取引（FX取引）において、2つの通貨間の金利差によって得られる収益のことをスワップポイントという。**適切**

35 [2級テキスト] P251-252　　解答 3

1　利益を得ることを目的に先物取引を売買する投機的取引のことをスペキュレーション取引という。**適切**

2　自分の所有している物（現物）の価格変動リスクを先物を売買することで回避する取引のことをヘッジ取引という。**適切**

3　問題文は売りヘッジの説明。買いヘッジとは、資金がないときに、購入予定の資産が値上がりしてしまうリスクを、その資産の先物を買うことで、買いそびれるリスクを回避する取引のこと。**不適切**

4　2つの価格の間で価格差が生じた場合、割高な方を売り、割安な方を買うポジションを組み、その価格差を利益として得る取引を、裁定取引（アービトラージ取引）という。**適切**

3章

金融資産運用■学科

金融商品等に関連する法律等

□□□ **36** 預金保険制度に関する次の記述のうち、最も不適切なものはどれか。

1 金融機関が破綻したとき、預金保険制度により保護される金額を超える部分の預金等については、破綻した金融機関の財産の状況に応じて払い戻される。
2 国内銀行の海外支店に預けている外貨預金は、預金保険制度の対象ではない。
3 金融機関の破綻時、保険金の支払い等にかなりの日数がかかると見込まれるときには、預金者に仮払金が支払われることがある。
4 金融機関が破綻したときの名寄せで、個人事業主の預金は、事業用の預金と事業用以外の預金とでは、それぞれが別の預金者の預金として取り扱われる。

□□□ **37** 金融商品取引に係る各種法規制に関する次の記述のうち、最も不適切なものはどれか。

1 金融サービスの提供に関する法律（金融サービス提供法）では、国内商品先物取引は規制の適用対象外であるが、外国為替証拠金取引には適用される。
2 金融商品取引法では、金融機関が顧客に金融商品を販売するときは、原則として、リスク等の重要事項を記載した契約締結前交付書面を交付しなければならない、とされている。
3 金融商品取引法により、金融機関等が行う金融商品関連の広告について、著しく事実に相違する表示をしたり、著しく人を誤認させるような表示をしてはならないとされている。
4 金融商品取引業者が法人顧客に対して金融商品の販売を行う場合には、その顧客が特定投資家か否かにかかわらず、適合性の原則は適用されない。

36 2級テキスト **P257-268** 　　　　　　　　　　　　　**解答** 4

1 預金保険制度により保護される金額（1,000万円とその利息）を超える部分の預金等については、破綻した金融機関の財産状況に応じて払い戻される金額が決まる。　　　　　　　　　　　　　　　　　　　　　　**適切**

2 外貨預金は国内外どこの銀行に預けていても、預金保険制度の保護の対象ではない。　　　　　　　　　　　　　　　　　　　　　　　　　　　**適切**

3 預金保険機構の支払いにかなりの日数がかかると見込まれるときには、預金者に1口座あたり60万円の仮払金が支払われることがある。　　　　　**適切**

4 個人事業主の預金は、名寄せをする際に事業用と事業用以外の預金であっても同一人の預金とされ、オーバー分は預金保険制度の対象とならない。　**不適切**

---

37 2級テキスト **P258-261** 　　　　　　　　　　　　　**解答** 4

1 国内商品先物取引やゴルフ会員権および金地金の取引は金融サービス提供法の規制の対象外だが、外国為替証拠金取引（FX）や金融デリバティブ取引、外貨建ての保険、変額年金保険などは金融サービス提供法の規制が適用される。　　　　　　　　　　　　　　　　　　　　　　　　　**適切**

2 金融商品を販売するときは、金融商品取引法上、原則として事前に契約締結前交付書面を交付し、重要事項を説明しなければならない。　　　　　**適切**

3 金融商品の広告については、利益や配当（分配金）等について、著しく事実に相違したり、誤認させるような表示は禁止されている。なお、金融商品の広告では、リスク等の重要事項について、広告における最大の文字と同程度の大きさの文字で表示することとされている。　　　　　　　　**適切**

4 特定投資家（プロの投資家）については、適合性の原則や説明義務などほとんどの規制は適用されないが、その他の法人については、原則として適用される。なお、特定投資家に対しても、「断定的判断の提供による勧誘」と「損失補てん」は禁止されている。　　　　　　　　　　　　**不適切**

□□□ **38** 金融サービスの提供に関する法律（金融サービス提供法）および消費者契約法に関する次の記述のうち、最も不適切なものはどれか。

1 金融サービス提供法では、不動産を運用対象としている不動産投資信託を販売する際は、リスク等にかかる重要事項の説明を行わなくてはならないとしている。

2 顧客（特定顧客を除く）が金融商品販売業者等に対して、金融サービス提供法に基づき、重要事項の説明義務違反による損害の賠償を請求する場合、その損害額については、当該顧客が立証しなければならない。

3 個人の消費者（事業のために契約する個人事業主は除く）が対象の場合、金融商品にかかる契約の問題解決のために金融サービス提供法を適用すると同時に消費者契約法を併用することも可能である。

4 金融機関が金融商品を断定的判断の提供により勧誘した場合、消費者契約法において、顧客は契約を取り消すことができる。

□□□ **39** 金融商品等のセーフティネット（金融機関が破綻したときの保護）に関する次の記述のうち、最も不適切なものはどれか。

1 ゆうちょ銀行に預け入れられている貯金は、貯金者1人当たり元本1,000万円までとその利息が預金保険制度による保護の対象となる。

2 外国の金融機関の日本の支店に預けている外貨預金、日本の金融機関の海外支店に預けている円預金は預金保険制度の対象外である。

3 国内銀行が販売した国内投資信託は、投資者保護基金による補償の対象ではない。

4 無利息、要求払い、決済サービスの提供の条件を満たす決済用預金については、預金保険制度により、1つの金融機関ごとに元本1,000万円とその利息が保護される。

1 金融サービス提供法では、不動産を運用対象としている不動産投資信託も投資信託（金融商品）の１つの種類であり、リスク等にかかる重要事項の説明をしなければならないとしている。なお、金融サービス提供法の規定では、顧客から重要事項の説明は不要であるとの申し出があった場合、原則、金融機関等の業者は説明を省くことができる。

適切

2 顧客（特定顧客を除く）が、金融サービス提供法に基づき重要事項の説明義務違反による損害の賠償を請求する場合、損害が生じた因果関係や損害額については、金融機関等の業者が立証しなければならない。

不適切

3 顧客が個人の消費者である場合は、消費者契約法と金融サービス提供法の両方を適用することも可能。なお、事業のために契約する個人事業主は、消費者契約法上の消費者にはあたらないため、消費者契約法は適用されない。

適切

4 金融商品取引業者等（証券会社等の金融機関）に断定的判断の提供による勧誘などの法令違反があった場合、顧客は消費者契約法に基づいて契約を取り消すことが可能。また、金融サービス提供法に基づいて、元本割れの金額について損害賠償請求できる。

適切

3章 金融資産運用■学科

---

1 ゆうちょ銀行の預入限度額は、通常貯金1,300万円、定期性貯金1,300万円までとなっているが、預金保険制度の保護の対象となるのは、貯金者１人当たり元本1,000万円までとその利息。

適切

2 国内外を問わず、外貨預金は預金保険制度の対象外。また、日本に本店がある金融機関の海外支店に預けている円預金も預金保険制度の対象外。

適切

3 銀行は投資者保護基金に加入していないため、銀行で購入した投資信託は、投資者保護基金や預金保険制度の保護対象ではない。なお、国内の証券会社で購入した投資信託や株式（外国株式を含む）、外貨建て債券などの有価証券は、1,000万円まで投資者保護基金の保護の対象になる。

適切

4 決済用預金（無利息、要求払い、決済サービスの提供の条件を満たす預金）は元本1,000万円だけでなく全額保護される。

不適切

□□□ 40 金融商品等に係る法令に係る次の記述のうち、最も適切なものはどれか。

1 消費者契約法により、契約の取消しが可能となるのは、消費者が該当する事項があったことを知ったときから1年または契約したときから5年以内のどちらか早い時期までである。

2 金融商品取引業者が、顧客に対して「この株は必ず倍になる」と勧誘し、結果的に株価が倍になり、顧客に利益が発生した場合、金融商品取引法上の断定的判断の提供にはあたらない。

3 金融商品取引業者が顧客に対して、損失補てんを約束しただけで、実際に補てんを実行しなければ、違反行為とはならない。

4 金融商品取引法では株式や投資信託等の証券関連商品やデリバティブを利用した銀行関連商品などを対象に、広告規制、事前の説明義務や契約締結前交付書面の交付を義務化したが、外貨建て保険や変額年金保険等の保険関連商品は対象外である。

□□□ 41 犯罪収益移転防止法に係る記述のうち、最も不適切なものはどれか。

1 犯罪収益移転防止法では、銀行、保険会社などの特定事業者が顧客等との間で特定取引を行うに際して、顧客等の本人特定事項などを確認する義務を課している。

2 犯罪収益移転防止法では、金融機関等の特定事業者が顧客と特定業務に係る取引を行った場合、特定事業者は、原則として、直ちに取引記録を作成し、当該取引の行われた日から5年間保存しなければならないとされている。

3 犯罪収益移転防止法では、代理人を通じて金融取引をする場合、顧客本人と代理人の本人確認も必要となる。

4 犯罪収益移転防止法では、本人確認のために提出される公的書類は、原則6か月以内に作成されたものとされる。

40 **P258-261**   解答 **1**

1 消費者契約法により契約を取消しできるのは、消費者がその事実（断定的判断による勧誘など）を知ったときから1年以内か、契約時から5年以内のどちらか早い時期までである。　適切

2 断定的判断の提供による勧誘は、それが結果的に的中したかどうかにかかわらず、そのような勧誘行為自体が禁止されている。　不適切

3 損失補てんは、補てんを実行しなくても、事前に約束するだけで違反となる。なお、顧客から損失補てんを要求し、実際に補てんが行われた場合、その顧客にも罰則が科される。　不適切

4 金融商品取引法では、株式や投信等の証券関連商品だけでなく、デリバティブを利用した銀行関連商品（仕組預金や外貨預金など）、外貨建て保険や変額年金保険等の保険関連商品など、元本割れリスクを伴う金融商品全般も規制の対象になっている。したがって、これらの商品には金融商品取引法による広告規制、事前の説明義務や契約締結前交付書面の交付が義務化されている。　不適切

---

41 **P261**   解答 **2**

1 犯罪収益移転防止法では、銀行、保険会社などの特定事業者が顧客等との間で特定取引を行うに際して、本人特定事項などを確認する義務を課している。　適切

2 金融機関等の特定事業者は、原則として取引の行われた日から7年間、取引記録を保存しなければならないとされている。　不適切

3 代理人を通じて金融商品の取引を行う場合、顧客本人と代理人の両方の本人確認が必要となる。　適切

4 本人確認のために提出される公的書類は、有効期限がないものについては、原則6か月以内に作成されたものとされている。　適切

3章

金融資産運用■学科

4章 タックスプランニング

 所得税の基礎

□□□ **1** 所得税の原則的な仕組みに関する次の記述のうち、最も不適切なものはどれか。

1 所得税の税率は原則、5％から50％までの7段階で所得に応じて課税される超過累進税率が適用される。
2 所得税は、原則として、個人（個人事業主を含む）が1月1日から12月31日までの間に得た所得に対して課税される。
3 所得税では、所得を10種類に分類し、それぞれの所得ごとに定められた計算方法により所得金額を計算する。
4 所得税、固定資産税、相続税は直接税であり、消費税、酒税やたばこ税は間接税である。

□□□ **2** 所得税に関する次の記述のうち、最も不適切なものはどれか。

1 会社員に支払われる通勤手当については、通勤圏内とみなされれば金額の大小にかかわらず、非課税所得とされている。
2 宝くじの当せん金は金額の大小にかかわらず、非課税所得とされている。
3 障害者や遺族が受け取る公的年金および雇用保険の失業給付、健康保険の給付金については非課税である。
4 衣類や家具などの生活用動産の売却による所得は、1個または1組の価額が30万円を超える宝石、貴金属、絵画、骨董品等を除き、非課税である。

解答・解説

1 2級テキスト P268-271　　　解答 1

1 所得税の税率は原則として、最低税率5％から最高税率45％の7段階で、所得が高いほど税率が高くなる超過累進税率である。 　不適切

2 所得税は、個人（個人事業主を含む）が1年間（1月1日から12月31日まで）に得た総収入金額から必要経費を差し引いた所得に対して課税される。 　適切

3 所得税では、所得を10種類に分類し、それぞれの種類ごとに所得金額を計算し、納税者本人が申告する申告納税方式である。 　適切

4 直接税は、法人税、所得税、相続税、贈与税、固定資産税、都市計画税等。間接税は、消費税、酒税、たばこ税等。 　適切

2 2級テキスト P270　　　解答 1

1 会社員に支払われる通勤手当については、月15万円までが非課税。15万円を超えた通勤手当は所得税の対象になる。 　不適切

2 宝くじの当せん金は非課税。なお、懸賞や福引などの当選金は、一時所得となり課税対象。 　適切

3 問題文の通り。なお、通常、老齢給付により受け取る公的年金は、雑所得となり総合課税の対象（ただし、公的年金等控除額以下であれば課税されない）。 　適切

4 問題文の通り。その他、所得税が非課税となる場合として、慰謝料や一定の見舞金、出張に伴う旅費などがある。また、相続や贈与によって財産を取得した場合は、相続税や贈与税の対象であり、所得税は課税されない。 　適切

4章

タックスプランニング ■ 学科

所得の種類と内容

□□□ **3** 所得税の各所得について述べた次の記述のうち、最も適切なものはどれか。

1 定年退職に伴う退職金に係る退職所得は、分離課税の対象となる。
2 賃貸の用に供していた不動産を売却したことによる所得は、不動産所得となる。
3 株式の配当に係る配当所得の金額は、当該配当による収入金額の合計額であり、必要経費等を控除することはできない。
4 事業所得を算出する場合、個人事業主を被保険者として契約した傷害保険の保険料は、必要経費とすることができる。

□□□ **4** 所得税の各所得について述べた次の記述のうち、最も適切なものはどれか。

1 公社債投資信託および株式投資信託の収益分配金は、利子所得に該当する。
2 友人に資金を貸し付け、利息を受け取った場合は、その利息は利子所得に該当する。
3 譲渡所得（土地・建物および株式等以外の譲渡所得）と他の所得を合算し、合計所得金額を算出する場合、短期譲渡所得はその2分の1の金額を、長期譲渡所得は全額を合算する。
4 上場株式の配当については、発行済み株式総数の3％以上を保有する大株主が受け取った場合は、総合課税の対象となる。

解答・解説

3 📖2級テキスト P274-292

1 退職所得は、分離課税の対象。なお、死亡退職金については、死亡後3年以内に支給が確定したものは相続税の対象、3年経過後に支給が確定したものは、遺族の一時所得となる。 **適切**

2 賃貸用であるかどうかにかかわらず、不動産を売却したことによる所得は、譲渡所得となる。 **不適切**

3 配当所得は、受け取った配当金の総額から、株式を借入金で購入していた場合、確定申告することで、その株式を取得するための借入金の利子（負債利子）を控除できる。 **不適切**

4 個人事業主を被保険者とする生命保険料、損害保険料、自宅の火災保険料等は、事業所得の必要経費にならない。なお、事業用店舗に対する火災保険料は必要経費となる。 **不適切**

4章

タックスプランニング■学科

---

4 📖2級テキスト P274-292

1 公社債投資信託の分配金は利子所得、株式投資信託の分配金は配当所得に該当する。 **不適切**

2 友人から受け取った利息は、雑所得の対象となる。 **不適切**

3 土地・建物および株式等以外の譲渡による譲渡所得（金地金の譲渡などの総合課税の対象となるもの）と他の所得を合算し、合計所得金額を算出する場合、短期譲渡所得は全額を、長期譲渡所得はその2分の1を合算する。 **不適切**

4 上場株式の配当については、総合課税、申告不要制度および申告分離課税のうち、どれかを選択することが可能。ただし、発行済み株式総数の3％以上保有の大株主が受け取った上場株式の配当は、総合課税のみで、申告不要制度や申告分離課税は選択できない。 **適切**

□□□ **5** 以下の各所得に関する次の記述のうち、最も適切なものはどれか。

1 事業用の機械装置などの固定資産を譲渡した所得は、事業所得となる。
2 不動産の貸付から生じた所得は、その貸付が事業的規模に該当する場合は、事業所得となる。
3 会社員が勤務先から無利息で借り入れをした場合の経済的利益は、原則として、給与所得にあたる。
4 自身で保険料を負担した個人年金保険から年金形式で受け取る年金には、原則として、所得税は課されない。

- -

□□□ **6** 個人の不動産収入等にかかる所得税の取扱いに関する次の記述のうち、最も適切なものはどれか。

1 時間貸のコインパーキングを運営し、他人の自動車を保管する場合、その駐車場収入にかかる所得は不動産所得となる。
2 不動産所得を算出するときの必要経費には、減価償却費や固定資産税、都市計画税等が該当するが、建物を取得するための借入金の利子は必要経費とならない。
3 敷金・保証金のうち賃借人に返還が不要な部分は不動産所得となる。
4 土地（時価30,000千円）を貸し付けた際、賃借人から受け取った権利金が18,000千円の場合、この所得は不動産所得となる。

- -

□□□ **7** 退職所得に関する次の記述のうち、最も不適切なものはどれか。なお、障害者になったことに直接基因した退職ではないものとし、「退職所得の受給に関する申告書」を退職金の支払者に提出しているものとする。また、退職者は短期退職者や役員等には該当しない。

1 退職金が10,000千円で退職所得控除額が8,000千円の場合の退職所得の金額は、2,000千円である。
2 退職所得控除額の計算において、勤続年数が16年2か月の場合、勤続年数は17年として計算する。
3 「退職所得の受給に関する申告書」が提出されないときには、源泉徴収義務者は支給額の20%（復興税込みで20.42%）を源泉徴収する。
4 被相続人の死後3年を経過した後に確定した死亡退職金については、受け取った者の一時所得となる。

5 2級 テキスト **P274-288**　　　　**解答** 3

1 事業用の機械装置などの固定資産を譲渡した所得は、譲渡所得となる。　不適切
2 不動産の貸付から生じた所得は、事業的規模に該当するかどうかにかかわ
らず、不動産所得となる。　不適切
3 勤務先から無利息や通常よりかなり低い金利で資金を借りた場合の経済的
利益（通常の利息との差額）は給与所得となる。　適切
4 自身で保険料を支払った個人年金保険から年金形式で受け取る年金は、雑
所得の対象で、所得税が課される。　不適切

---

6 2級 テキスト **P274-288**　　　　**解答** 3

1 個人が運営するコインパーキングのような時間貸駐車場の収入は原則、事
業所得となる。一方、月極駐車場の場合は不動産所得。　不適切
2 建物を取得するための借入金の利子は必要経費となる。　不適切
3 敷金・保証金のうち賃借人（借主）に返還が不要な部分は不動産所得とな
り、返還する部分は所得とはならない。　適切
4 土地を貸し付けるときに賃借人（借主）から受け取った権利金が土地の時
価の50%超なら、通常、譲渡所得、50%以下なら不動産所得になる。問題
文の場合は受け取った権利金は18,000千円で50%を超えているので譲渡所
得となる。　不適切

---

7 2級 テキスト **P284-286**　　　　**解答** 1

1 退職所得の金額は、退職金等の収入金額から退職所得控除額を控除し、残
りの額を2分の1にした金額。(10,000千円－8,000千円)×1／2＝1,000千
円となる。　不適切
2 勤続年数の計算では1年未満の端数期間は1年とするので、16年2か月は
17年として計算する。　適切
3 「退職所得の受給に関する申告書」が提出されないときには、源泉徴収義
務者（会社）は支給額の20%（復興税込みで20.42%）を源泉徴収する。こ
の場合、退職所得控除額が適用されていないので、退職所得者は確定申告
により税金を精算する必要がある。　適切
4 問題文の通り。なお、被相続人の死後3年以内に確定した死亡退職金は「み
なし相続財産」とされ、相続税の対象。　適切

□□□ **8** 以下の各所得に関する次の記述のうち、最も不適切なものはどれか。

1 賃貸マンションの貸付けにより受け取る礼金や更新料は不動産所得となる。
2 土地・建物等の譲渡や株式等の譲渡による所得は申告分離課税の対象となる。
3 土地・建物等や株式の譲渡の場合、譲渡した年の1月1日において、保有期間が5年以下であれば、短期譲渡所得になる。
4 雑所得の計算は、公的年金等とそれ以外の雑所得に分けて計算し、合算する。

□□□ **9** 所得税において、総合課税の対象とならないものは、次のうちどれか。

1 年金受給者が受け取った老齢基礎年金
2 公社債投資信託により受け取った分配金
3 外貨定期預金の為替差益（為替ヘッジなし）
4 漁業により生じた事業所得

□□□ **10** Kさんが加入していた期間10年の養老保険が満期になり、満期保険金として、520万円の支払いを受けた。一時所得として総所得金額に算入される金額は次のうちどれか。なお、保険料はすべてKさんが負担しており、Kさんは他に一時所得はないものとする。

・養老保険の満期保険金　　520万円
・既払込保険料等　　　　　360万円

1　　55万円
2　　80万円
3　110万円
4　160万円

1 賃貸マンションの礼金や更新料は不動産所得。 適切

2 土地・建物等の譲渡や株式等の譲渡による所得は申告分離課税の対象。 適切

3 土地・建物等の譲渡の場合、譲渡した年の1月1日において、保有期間が
5年以下であれば短期譲渡所得、5年超であれば長期譲渡所得となるが、
株式等の譲渡については、短期譲渡所得と長期譲渡所得の区分はない。 不適切
なお、金地金など総合課税の対象となるものを譲渡した場合、譲渡した日
において所有期間が5年以下であれば短期譲渡所得、5年超であれば長期
譲渡所得になる。

4 問題文の通り。なお、公的年金等とは、国民年金、厚生年金、厚生年金基
金、国民年金基金などから受ける年金のことで、雑所得となるが、障害年
金や遺族年金は非課税。 適切
※暗号資産（仮想通貨）の取引による所得は雑所得になり、年間20万円を
超えると確定申告が必要。

公社債投資信託の分配金（利子所得）は、申告分離課税または申告不要制度のどちらか
の選択制となる。その他の選択肢の所得はすべて総合課税の対象となる。

一時所得の金額＝総収入金額－所得を得るために支出した金額－特別控除額(50万円)
＝520万円－360万円－50万円＝110万円
一時所得の場合、総所得金額に算入される金額は上記金額の2分の1なので、55万円と
なる。なお、一時所得の金額が赤字（マイナス）の場合は、所得はなかったものと見な
され他の所得と損益通算できない。

4
章

タックスプランニング ■ 学科

損益通算と繰越控除

□□□ **11** 所得税の損益通算に関する次の記述のうち、最も不適切なものはどれか。

1 一定の不動産等や株式等の譲渡所得の損失は、原則として他の給与所得等と損益通算できない。

2 証券会社を通じて上場株式を売買し、譲渡損失が発生した場合、確定申告することで、翌年以降5年間にわたって、株式等の譲渡益等から控除できる。

3 不動産所得の金額の計算上生じた損失の金額のうち、その不動産所得を生ずべき土地の取得に要した負債利子の金額は、他の所得と損益通算できない。

4 青色申告の承認を受けていなくても、事業所得に生じた損失の金額は、他の所得金額と損益通算できる。

□□□ **12** 所得税において、次の場合における損益通算後の総所得金額として、最も適切なものはどれか。なお、解答にあたっては、記載のない条件については一切考慮しないものとする。

給与所得	4,500千円
上場株式の譲渡所得	800千円
一時所得	▲ 100千円
不動産所得	▲1,500千円
	(不動産所得の金額の計算上の必要経費のうち、30千円は土地の取得に要した借入金利子相当額)

※▲は、当該所得に損失が発生していることを意味する。

1 2,930千円
2 2,980千円
3 2,990千円
4 3,030千円

解答・解説

11 📖 2級テキスト P289-292　　　　**解答** 2

1 土地・建物の譲渡による損失は分離課税なので、他の給与所得や雑所得等とは損益通算できない。なお、例外として、自己の居住用の建物の譲渡損失は他の所得と損益通算可能。株式等の譲渡損失は、他の株式等の譲渡所得の中で通算できるが、その結果まだ損失が残っていても他の所得との損益通算は原則できない。ただし、申告分離課税を選択した株式等の配当所得とは損益通算は可能。また、生活に必要でない資産（ゴルフ会員権や別荘など）の譲渡損失も他の所得と損益通算できない。　　`適切`

2 上場株式等に譲渡損失があり、その年中に控除できない場合、確定申告することで、翌年以降3年間にわたり、株式等の譲渡益等から控除できる。　　`不適切`

3 問題文の通り。なお、建物の取得に要した負債利子の金額は、他の所得と損益通算できる。　　`適切`

4 青色申告の有無にかかわらず、事業所得の計算上生じた損失の金額は、他の不動産所得や譲渡所得等と損益通算できる。　　`適切`

-----

12 📖 2級テキスト P289-292　　　　**解答** 4

損失があるときに給与所得等の総合課税の対象となる所得と損益通算できる所得は、不動産所得、事業所得、山林所得、譲渡所得。

・このケースでは、給与所得から不動産所得の損失分を差し引くが、不動産所得のうち土地の取得に要した借入金の負債利子相当額は損益通算の対象とはならないので、不動産所得の損失から除外

・一時所得や雑所得が赤字（マイナス）の場合、損失はなかったものとみなされ、他の所得とは通算できないので除外

・上場株式の譲渡所得は申告分離課税のため、原則として、他の所得とは合算できないので、総所得金額には含めない

以上より、総所得金額は給与所得と土地の借入金の負債利子を差し引いた不動産所得となる。

損益通算後の総所得金額 ＝ 4,500千円 － (1,500千円 － 30千円) ＝ 3,030千円

給与所得　　　借入金の負債利子を差し引いた不動産所得の損失

所得控除

□□□ ⑬ 所得税の各種所得控除に関する記述のうち、最も適切なものはどれか。

1 障害者控除は、納税者自身が一定の障害者に該当する場合のみ、適用を受けることができる。
2 男女を問わず合計所得金額が500万円以下で生計を一にする子（総所得金等が48万円以下）がいる者でひとり親控除の対象になる場合は、27万円の所得控除を受けることができる。
3 生計を一にする配偶者や親族が負担すべき国民年金保険料を納税者が支払った場合、全額が納税者の社会保険料控除の対象となる。
4 扶養親族に対する控除額は19歳未満が38万円、19歳以上23歳未満が63万円、23歳以上70歳未満が38万円となっている。

- -

□□□ ⑭ 所得税の医療費控除に関する次の記述のうち、最も不適切なものはどれか。

1 疾病予防・健康増進のための費用は医療費控除の対象とならない。
2 人間ドックで疾病が発見され、引き続き病院で治療を受けた場合の人間ドックの費用は、医療費控除の対象となる。
3 診療を受けるために電車等の公共交通機関を利用した際に支払った通院費で通常必要なものは、医療費控除の対象となる。
4 1年間に支払った医療費の全額が医療費控除の対象となる。

- -

□□□ ⑮ 所得税の各種所得控除に関する記述のうち、最も適切なものはどれか。

1 合計所得金額が2,000万円を超える者は、基礎控除の適用を受けることができない。
2 給与所得者は、年末調整により医療費控除の適用を受けることができる。
3 年末に未払いとなっている医療費であっても、治療を受けた年の医療費控除の対象となる。
4 納税者本人の合計所得金額が1,000万円を超える場合、配偶者の合計所得金額にかかわらず、配偶者控除も配偶者特別控除も適用を受けることができない。

解答・解説

13 2級テキスト **P293-301**　　　　　**解答** 3

1　障害者控除は、納税者やその控除対象配偶者および扶養親族のうちに一定の障害者がいる場合に認められる。　**不適切**

2　男女を問わず合計所得金額が500万円以下などのひとり親控除の要件を満たしている場合、35万円が控除される。　**不適切**

3　納税者が、生計を一にする配偶者や親族の国民年金保険料等の社会保険料を支払った場合、全額が納税者の社会保険料控除の対象となる。　**適切**

4　19歳以上23歳未満の者は特定扶養親族に該当し、控除額は63万円、16歳以上19歳未満と23歳以上70歳未満は38万円。なお、16歳未満の親族は扶養控除の対象ではない。　**不適切**

---

14 2級テキスト **P294-296**　　　　　**解答** 4

1　疾病予防や健康増進のためにサプリメントを購入したり、ジムに通ったりしている場合、その費用は医療費控除の対象とならない。　**適切**

2　問題文の通り。なお、人間ドックで疾病が発見されなかった場合の人間ドックの費用は医療費控除の対象外。　**適切**

3　診療を受けるために電車等の公共交通機関を利用した際に支払った通院費は、医療費控除の対象となる。なお、自家用車を利用した場合の、駐車場代やガソリン代は対象外。　**適切**

4　医療費控除の額は、(医療費 − 保険金等で補てんされる金額) − (総所得金額等の額 × 5％と10万円のいずれか低い額) で、控除額の上限は200万円。　**不適切**

---

15 2級テキスト **P294-300**　　　　　**解答** 4

1　合計所得金額が2,500万円を超える者は基礎控除を受けることができず、2,400万円以下であれば、所得に応じて最大48万円が控除される。　**不適切**

2　医療費控除は、年末調整では適用できず、確定申告することで適用を受けることができる。　**不適切**

3　未払いの医療費は、現実に支払った年の医療費控除の対象となる。　**不適切**

4　納税者の合計所得金額が1,000万円を超える場合は、配偶者控除と配偶者特別控除のどちらも適用を受けることはできない。なお、要件を満たしていても、配偶者控除と配偶者特別控除は重複して適用を受けることはできない。　**適切**

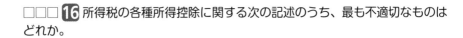16 所得税の各種所得控除に関する次の記述のうち、最も不適切なものはどれか。

1 控除対象扶養親族のうち、その年の12月31日現在の年齢が70歳以上の者は、老人扶養親族に該当する。

2 配偶者控除（70歳未満）の上限額は納税者の合計所得金額に応じて異なり、控除額の上限は38万円である。

3 年の途中で死亡した者が、その死亡の時において控除対象扶養親族に該当している場合には、納税者は扶養控除の適用を受けることができる。

4 医療費控除の適用を受けることができるのは、納税者本人の合計所得金額が2,000万円以下の場合である。

----

17 セルフメディケーション税制に関する記述のうち、最も適切なものはどれか。

1 セルフメディケーション税制と通常の医療費控除は、要件を満たしていれば併せて適用を受けることができる。

2 セルフメディケーション税制の対象となる医薬品の購入代金が12万円を超えた場合、控除額の上限は10万円となる。

3 セルフメディケーション税制の適用を受けるためには、会社員の場合、年末調整を受ける必要がある。

4 納税者が生計を一にする親族のために支払った代金もセルフメディケーション税制の対象金額に含めることができる。

1 その年の12月31日現在の年齢が70歳以上の者は、老人扶養親族に該当し、扶養控の対象となる。控除額は納税者と同居の場合58万円、同居でない場合は48万円。 [適切]

2 配偶者控除は、納税者の合計所得金額に応じて3段階になっており、納税者の合計所得金額が900万円以下で、配偶者の合計所得金額が48万円以下の場合、控除額は上限の38万円。なお、70歳以上の老人控除配偶者の場合、控除額の上限は48万円。 [適切]

3 一般的にはその年の12月31日時点で扶養控除や配偶者控除の可否が判断されるが、年の途中で死亡した場合でも、亡くなったときに要件を満たしていれば適用可能。 [適切]

4 医療費控除の適用を受ける要件に、納税者本人の所得は考慮されない。納税者本人の合計所得金額がいくらであっても、医療費控除は適用される。なお、医療費控除の上限は200万円。 [不適切]

- -

1 セルフメディケーション税制と通常の医療費控除はどちらか一方のみ適用可能。 [不適切]

2 セルフメディケーション税制の対象となる医薬品（スイッチOTC医薬品）の購入代金が年間1万2,000円を超えた場合に控除の対象となり、控除額の上限は8万8,000円となっている。 [不適切]

3 セルフメディケーション税制の適用を受けるためには、会社員であっても確定申告しなければならない。 [不適切]

4 納税者が生計を一にする親族のために支払った対象医薬品の代金もセルフメディケーション税制の対象金額に含めることができる。 [適切]

4章

タックスプランニング■学科

税額控除

□□□ **⑱** 個人が受ける配当と所得税における配当控除に関する次の記述のうち、最も不適切なものはどれか。

1 外国法人（外国株式）から受ける利益の配当は、総合課税により確定申告をしても、配当控除の適用を受けることができない。

2 配当所得を加えても課税総所得金額が1,000万円以下の場合、所得税の配当控除の額は、配当金額の5％の額となる。

3 非上場株式の配当金については、原則として配当控除の適用を受けることができる。

4 国内上場不動産投資法人（Ｊ−REIT）から受ける収益分配金は、確定申告をしても、配当控除の適用を受けることができない。

□□□ **⑲** 所得税の住宅借入金等特別控除（住宅ローン控除）の適用要件に関する次の記述のうち、最も不適切なものはどれか。

1 住宅ローン控除の適用を受けていた者が転勤によりその家屋に居住しなくなった場合、翌年以後に再入居しても住宅ローン控除の適用は受けられない。

2 給与所得者が住宅ローン控除の適用を受ける場合、初年度は確定申告が必要だが、2年目からは勤務先の年末調整で適用できる。

3 住宅ローン控除の適用を受けるには、原則として家屋を取得した日から6か月以内に居住し、原則、適用を受ける年の12月31日まで引き続き居住していなければならない。

4 住宅ローンの繰上げ返済により、ローンの期間が当初の借入日から10年未満となった場合、住宅ローン控除の適用を受けることはできない。

解答・解説

18 [2級テキスト] P302-303   [解答] 2

1 外国法人（外国株式）から受ける利益の配当は配当控除の対象外。なお、確定申告をすることで外国税額控除の適用を受けることができる。   [適切]

2 配当所得を加えても課税総所得金額が1,000万円以下の場合、配当金額の10%が所得税の配当控除の額となる。   [不適切]

3 非上場株式の配当金については、原則、総合課税の対象となるので配当控除の適用を受けることができる。なお、年1回の配当金額が10万円以下、年2回の場合は1回あたり5万円以下の少額配当の場合は、申告不要を選択できるので、申告不要を選択した場合は配当控除の適用はない。   [適切]

4 上場不動産投資法人（J-REIT）は法人税を免除されているため、総合課税を選択しても配当控除の適用を受けられない。   [適切]

19 [2級テキスト] P303-306   [解答] 1

1 再入居した場合、当初の控除期間内であれば住宅ローン控除の適用を受けられる。   [不適切]

2 給与所得者の場合、初年度に確定申告すれば、翌年以後、年末調整で適用を受けられる。   [適切]

3 住宅ローン控除の適用を受けるには、家屋取得後または新築した日から6か月以内に居住し、控除を受ける年の12月31日まで居住していることが必要。   [適切]

4 住宅ローン控除の適用を受けるには、10年以上の住宅ローンを利用していることが適用要件。したがって、繰上げ返済により、借入期間が10年未満となった場合、住宅ローン控除の適用を受けることはできない。   [適切]

4章

タックスプランニング■学科

□□□ **⑳** 所得税の住宅借入金等特別控除（住宅ローン控除）の適用要件等に関する次の記述のうち、最も不適切なものはどれか。（2024年に新築住宅に入居し、適用を受けるものとする。また、対象者には子どもがなく、夫婦どちらも40歳以上である）

1 住宅ローン控除による控除額の方が所得税額より多い場合、控除しきれなかった金額は翌年度の住民税から控除される。

2 取得する住宅の床面積は原則、50㎡以上であり、店舗併用住宅の場合は、その2分の1以上が自己の居住用であること。

3 2024年に新築住宅に入居する場合、省エネ基準を満たさない住宅（一般住宅）は原則、住宅ローン控除の適用を受けることができない。

4 適用を受ける年分の納税者の合計所得金額が3,000万円以下であること。

1 所得税から控除しきれなかった金額は、翌年度の住民税から控除される。 [適切]

2 住宅の床面積は50㎡以上あること。ただし、合計所得金額が1,000万円以下の者に限り、床面積が40㎡以上50㎡未満の住宅も対象となり、合計所得金額が1,000万円以上2,000万円以下の者は50㎡以上の住宅に限られる。また、店舗併用住宅の場合は床面積の2分の1以上が自己の居住用であることが要件。 [適切]

3 2024年以降に省エネ基準を満たさない住宅（一般住宅）に入居する場合、子育て世帯、その他の一般世帯を問わず、住宅ローン控除の適用はない。
　※子育て世帯とは、19歳未満の子どもがいる世帯、または夫婦のどちらか
　　一方が40歳未満である世帯のことをいう。

住宅ローン控除額（2024年に入居した場合）

	年末のローン残高（限度額）		控除期間	控除率
	一般世帯	子育て世帯		
一般住宅	0円（適用ナシ）		13年	0.7%
省エネ住宅	3,000万円	4,000万円		
長期優良住宅	4,500万円	5,000万円		

なお、新耐震基準を満たしている中古住宅では、控除期間は10年、ローン残高の上限は一般住宅の場合2,000万円まで、長期優良住宅の場合3,000万円までとなっている。 [適切]

4 納税者(住宅の取得者)の合計所得金額が2,000万円以下であることが要件。 [不適切]

4
章

タックスプランニング■学科

所得税の申告と納付

□□□ **21** 個人の確定申告に関する次の記述のうち、最も不適切なものはどれか。

1 給与所得者の場合、給与所得の金額が少額であっても、給与所得および退職所得以外の所得（雑所得等）の金額が年間20万円を超えている場合は、確定申告が必要である。

2 確定申告の期限と所得税の納付期限は原則として、所得が生じた年の翌年の２月16日から３月15日までである。

3 確定申告により納付すべき税額の２分の１以上の額を納付期限までに納付した場合には、所得税の納付を所定の日まで延長できる。

4 給与所得者で会社において年末調整を受けている者は、医療費控除や雑損控除の適用を受けるために確定申告をする必要はない。

□□□ **22** 所得税の青色申告に関する次の記述のうち、最も不適切なものはどれか。

1 青色申告を選択できるのは、不動産所得・事業所得・山林所得・譲渡所得を生ずべき業務を行う者である。

2 青色申告の要件（①正規の簿記の原則により記帳している、②申告書に貸借対照表と損益計算書を添付している、③申告期限前に申告している）を満たした事業所得者は、原則55万円の青色申告特別控除を受けることができる。

3 １月16日以後に新たに業務を開始した個人事業主で、その年分から青色申告の適用を受けようとする場合には、その業務開始の日から２か月以内に青色申告承認申請書を提出しなければならない。

4 生計を一にする配偶者が青色事業専従者給与の支払いの対象となっている場合、配偶者控除や配偶者特別控除の対象とならない。

解答・解説

21 📖2級テキスト P310-311　　　　　　　　　　　　　　　解答 4

1 給与所得者でも、以下の場合には確定申告が必要。
- ・給与の年間収入金額が2,000万円を超える者
- ・給与所得および退職所得以外の所得の金額の合計額が20万円を超える者
- ・2か所以上から給与の支払いを受けている者で一定の要件に該当する場合　など

`適切`

2 確定申告の期限と税金の納付期限は同じで、原則として所得が生じた年の翌年の2月16日から3月15日まで。

`適切`

3 納付すべき所得税額の2分の1以上を期限内に納付すれば、所得税の納付を5月末までに延長できる。なお、延長期間中は利子税がかかる。

`適切`

4 給与所得者で会社において年末調整を受けている者でも、医療費控除、配当控除、雑損控除、住宅ローン控除（初年度のみ）、寄付金控除などの適用を受けるには確定申告が必要。

`不適切`

---

22 📖2級テキスト P312-315　　　　　　　　　　　　　　　解答 1

1 不動産所得・事業所得・山林所得のいずれかの所得がある者は、事業規模にかかわらず、税務署の承認を受けて青色申告できる。譲渡所得は青色申告の対象ではない。

`不適切`

2 青色申告の要件（①～③）を満たした事業所得者や事業的規模の不動産所得者の青色申告特別控除額は55万円。ただし、これらの者がe-Taxにより電子申告している、または帳簿を電子データで保存しているなどの条件を満たしている場合、青色申告特別控除額は65万円となる。これらの要件を満たしていない青色申告者の控除額は10万円となる。

`適切`

3 青色申告の承認は、原則として承認を受けようとする年の3月15日までに青色申告承認申請書を提出しなければならない。1月16日以後に新たに業務を開始した個人事業主で、その年分から青色申告の適用を受けようとする場合には、その業務開始の日から2か月以内に青色申告承認申請書を提出する必要がある。

`適切`

4 生計を一にする配偶者や親族が青色事業専従者給与の支払いの対象となっている場合、給与の金額にかかわらず、配偶者控除や配偶者特別控除および扶養控除の対象とならない。

`適切`

章

タックスプランニング ■ 学科

□□□ 23 所得税の青色申告に関する次の記述のうち、最も適切なものはどれか。

1 青色申告している個人事業主に純損失が発生した場合、純損失の金額は翌年以後5年間にわたり、繰越控除を受けることができる。

2 事業的規模でない不動産所得を生ずべき業務を行っている青色申告者と生計を一にする配偶者がその業務に専従している場合、所定の届出により、その配偶者に支払った給与を青色事業専従者給与として必要経費に算入することができる。

3 青色申告の際に提出する帳簿書類は10年間保存しなければならない。

4 青色申告者が、申告期限後に確定申告書を提出した場合、受けられる青色申告特別控除額は最大10万円となる。

1 青色申告をしている個人事業主者で純損失が発生した場合、純損失の金額は翌年以後3年間にわたり繰越控除を受けることができる。なお、法人の場合は10年間繰越控除可能。　　不適切

2 不動産所得では、事業的規模の不動産所得（5棟10室基準を満たしている）がある場合、青色申告事業専従者給与の必要経費の算入は認められるが、事業的規模でない場合には適用されず、青色申告特別控除の額も10万円となる。　　不適切

3 青色申告する場合、帳簿書類を原則7年間保存することとされている。　　不適切

4 青色申告書の提出期間後に申告した場合、青色申告特別控除は10万円となる。その他に、不動産所得が事業的規模でない場合や山林所得の場合も青色申告の特別控除額は10万円。　　適切

青色申告特別控除の概要

控除額	規模の要件	その他要件
55万円	事業所得者または事業的規模の不動産所得者のある者	①正規の簿記の原則に従って記帳している ②貸借対照表および損益計算書等の帳簿書類を確定申告書に添付し、申告の期限内に提出している
65万円	上記の55万円の控除の要件①②を満たした者がe-Taxを利用して申告する場合や、帳簿を電子データで保存するなどの条件を満たしている場合	
10万円	上記以外の場合（山林所得など）	

4
章

タックスプランニング ■ 学科

法人税の基礎

□□□ **24** 法人税の益金・損金に関する次の記述のうち、最も不適切なものはどれか。

1 国、地方公共団体に対する寄付金は、支出額の全額が損金算入される。
2 法人税の課税所得となる所得金額と法人が算出した企業利益の金額は一致しない。
3 青色申告書を提出した事業年度に生じた欠損金がある場合は、翌期以後10年間にわたり繰越控除できる。
4 期末資本金が１億円超の企業は、支出した交際費の額の90%を限度として、損金に算入できる。

- -

□□□ **25** 内国法人（普通法人）にかかる法人税等の仕組み等に関する次の記述のうち、最も不適切なものはどれか。

1 法人は、原則として各事業年度終了の日の翌日から２か月以内に、確定した決算に基づいて作成した法人税の申告書を提出しなければならない。
2 法人税の納税地は、原則として法人の本店または主たる事務所の所在地とされる。
3 各事業年度の所得の金額に対する税率は、資本金１億円以下の一定の中小法人の場合、所得の金額にかかわらず一律23.2%の比例税率に軽減されている。
4 法人が納税義務者として支払った固定資産税や都市計画税および法人事業税は、損金経理により処理している場合、損金算入される。

解答・解説

1 法人が国や地方公共団体に寄付した場合、全額が損金算入となる。 `適切`

2 法人税の課税所得となる所得金額は、会計上の企業利益をもとに申告調整（益金算入や損金算入など）を行って算出するので、通常一致しない。 `適切`

3 青色申告法人は、欠損金（損金が益金を超えている額）を翌期以後10年間において繰り越して所得金額から控除することができる。なお、青色申告した個人事業主の場合、繰越期間は3年間。 `適切`

4 中小法人以外（資本金1億円超100億円以下の法人）の場合、交際費のうち、飲食のための支出費用の50％を損金算入できる。 `不適切`

交際費の損金算入限度額

中小法人の場合 （資本金1億円以下）	下記の①と②のどちらかを選択 ①交際費のうち、800万円以下の全額を損金算入 ②交際費のうち、飲食のための支出費用（従業員等に対する社内の接待費は除く）の50％を損金算入
中小法人以外の場合 （資本金1億円超100億円以下）	交際費のうち、飲食のための支出費用の50％を損金算入

※個人事業主の場合は、交際費の必要経費の算入に上限はない

1 法人は、原則として各事業年度終了の日の翌日から2か月以内に、確定した決算に基づいて作成した申告書を提出し、納税しなければならない。 `適切`

2 法人税の納税地は、原則として法人の本店または主たる事務所の所在地。 `適切`

3 資本金1億円以下の一定の中小法人に対して法人税の軽減税率が適用されており、各事業年度の課税所得金額のうち年800万円以下の部分については15％、年800万円超の部分については23.2％の税率が適用されている。なお、法人税率は法人の種類によって税率が決まる比例税率になっている。 `不適切`

4 問題文の通り。なお、法人税や法人住民税は損金算入できない。 `適切`

4章

タックスプランニング■学科

□□□ **26** 内国法人（普通法人）の法人税に関する次の記述のうち、誤っているものはどれか。

1 1人あたりの金額が1万円以下である得意先等との飲食費などの費用は、交際費から除かれる。
2 役員に対して支給する給与のうち、その支給期間が1か月以下の一定の期間ごとであり、かつ、その事業年度の各支給時期における支給額が同額である給与は損金算入される。
3 法人が減価償却費として損金経理した金額のうち、償却限度額を超える金額については、その金額を損金算入することができる。
4 役員給与のうち、所定の時期に確定額を支給する取決めに基づいて支給する給与については、損金算入される。

- -

□□□ **27** S社の2024年4月1日から2025年3月31日までの事業年度における資料が以下のとおりであった場合、この事業年度における法人税の課税所得金額として、最も適切なものはどれか。

●会計上の当期純利益金額	20,000千円
●税務上の調整金額	
減価償却費の償却超過額（損金不算入）	3,500千円
損金不算入となる租税公課	5,000千円
受取配当金にかかる益金不算入金額	1,000千円

1 20,500千円　　**2** 22,500千円　　**3** 27,500千円　　**4** 29,500千円

- -

□□□ **28** 法人税法上の原則的な取扱いとして、法人が支出した下記の税金のうち、法人税の金額の計算上、損金の額に算入されないものはどれか。

1 法人事業税
2 不動産（土地）に対する固定資産税
3 各事業年度の所得に対する消費税
4 各事業年度の所得に対する法人税

26 2級テキスト P318-323　解答 3

1　1人あたりの金額が1万円以下となる得意先等との一定の飲食費は交際費には含めず、会議費として全額損金算入される。
　その他、得意先に配るカレンダーや手帳にかかる費用や従業員の慰安旅行などの費用も、交際費に含めず、福利厚生費や広告宣伝費として損金算入される。**正しい**
2　この場合の役員給与は定期同額給与に該当し、不相当に高額な部分を除いて、全額損金算入される。**正しい**
3　損金経理した金額のうち、償却限度額までは損金算入できるが、それを超える金額は損金算入できない。**誤り**
4　事前確定届出給与に該当し、損金算入される。その他、定期同額給与、利益連動型給与についても、算入される。**正しい**

27 2級テキスト P319-321　解答 3

《課税所得金額の算出》

当期純利益の金額に損金不算入となる金額を加え、益金不算入となる金額を差し引いて計算する（申告調整）。

20,000千円　＋　3,500千円　＋　5,000千円　－　1,000千円　＝27,500千円
当期純利益　　減価償却超過額　　租税公課　　　受取配当金

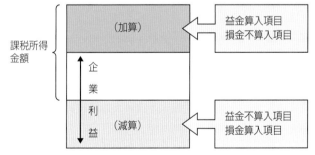

28 2級テキスト P319-320　解答 4

1　法人事業税は損金算入。
2　固定資産税や都市計画税は損金算入。
3　消費税や法人事業税、印紙税等は損金算入。
4　法人税や法人住民税、延滞税などは損金不算入。

4章

タックスプランニング■学科

□□□ **29** X社が当期に取得し事業の用に供した減価償却資産の減価償却費に関する次の記述のうち、最も不適切なものはどれか。なお、X社は資本金5,000万円（中小法人）で、当期に取得し事業の用に供した減価償却資産の取得価額の合計額は300万円未満であり、青色申告書を提出している。

1 取得価額18万円の減価償却資産については、その資産の使用可能期間にかかわらず、選択により取得価額を当期から3年間で均等償却して損金に算入することができる。

2 取得価額28万円の減価償却資産については、その資産の使用可能期間にかかわらず、選択により取得価額の全額を当期の損金に算入することができる。

3 事業用の建物を取得した場合、減価償却の方法は定率法のみとなっている。

4 取得価額8万円の減価償却資産については、その資産を事業に供した場合、選択により取得価額の全額を当期の損金に算入することができる。

□□□ **30** 会社と役員間の取引における法人税または所得税の取扱いに関する次の記述のうち、最も不適切なものはどれか。

1 役員が会社に対して無利息で金銭の貸付を行った場合、原則として、役員側では通常の利率で利息を受け取ったと認定され、通常収受け取るべき利息の額が雑所得として課税される。

2 役員の資産を会社に低額譲渡（時価の2分の1未満での譲渡）した場合、会社側は時価で取得したものとみなされ、時価との差額を受贈益として計上することになる。

3 会社が保険契約者（＝保険料負担者）となって被保険者を特定の役員とする生命保険に加入し、保険金の受取人が役員または役員の遺族である場合、法人が支払った保険料の金額は、役員給与とみなされる。

4 会社所有の資産が、適正な時価よりも著しく低い価額で役員に譲渡された場合、適正な時価と譲渡価額との差額は、役員給与として取り扱われる。

1 法人が取得した減価償却資産で、取得価額が10万円以上20万円未満であるもの（一括償却資産）を事業の用に供した場合は、一括償却資産の合計額について3年間で3分の1ずつ均等償却できる。 適切

2 中小企業者の少額減価償却資産の特例として、青色申告者である中小企業者や個人事業主が取得した取得価額30万円未満の減価償却資産は、その取得価額の全額（上限は合計で300万円まで）をその事業年度の損金の額に算入できる。 適切

3 建物の減価償却の方法は法人・個人事業主問わず、定額法のみである。また、2016年4月以降に取得した構築物等も定額法のみ。なお、法定償却法は、法人は定率法、個人事業主は定額法となっている。 不適切

4 使用可能期間が1年未満または取得価額が10万円未満の減価償却資産は、少額減価償却資産として、損金経理することで全額をその事業年度に損金算入できる。 適切

---

1 役員は利息を受け取っていないので、収入はないものとされ役員も会社も課税されない。 不適切

2 役員の資産を会社に無償や低額譲渡（時価の2分の1未満での譲渡）した場合、会社側は時価で取得したものとみなされ、時価との差額を受贈益として計上する。なお、役員は時価で譲渡したとみなされ、時価額に所得税がかかる。 適切

3 会社が保険契約者（＝保険料負担者）となって被保険者を特定の役員とする生命保険に加入し、保険金の受取人が役員または役員の遺族である場合、法人が支払った保険料は、役員給与とみなされる。 適切

4 会社の資産を役員に低額で譲渡した場合や無償で譲渡した場合には、時価との差額（経済的利益）は役員給与とされ、所得税等がかかる。法人側は時価で譲渡したものとされ、その時価との差額については原則損金不算入となる。 適切

その他、会社が役員に社宅を無償で貸付けた場合などに注意。

会社の取扱い	適正な賃料相当額を役員給与とする
役員の取扱い	適正な賃料相当額が経済的利益とみなされ、役員給与として所得税等が課税される

4章

タックスプランニング■学科

法人の決算書の見方と分析

□□□ **31** 決算書と法人税申告書に関する次の記述のうち、最も不適切なものはどれか。

1 貸借対照表とは、一定期間における企業の経営成績を明らかにする報告書である。

2 損益計算書のうち経常利益は、営業利益に営業外収益を加え営業外費用を差し引いたものであり、企業の経常的な採算性を表す指標である。

3 株主資本等変動計算書は、貸借対照表の純資産の部の一会計期間における変動額のうち、主として株主に帰属する部分である株主資本の各項目の変動事由を報告するために作成されるものである。

4 法人税申告書別表四とは、決算書の当期純利益等に法人税法上の益金や損金の加算や減算を行い、法人税法上の所得金額を算出するための明細書である。

- -

□□□ **32** 企業の財務面にかかる指標に関する次の記述のうち、最も不適切なものはどれか。

1 固定比率は、固定資産への投資が自己資本によってどの程度まかなわれているかを判断するための指標である。

2 流動比率とは、短期間で返済しなければならない負債に対して、短期的に返済可能な資産がどの程度あるかをみるための指標である。

3 売上債権回転期間は、商品などを販売した売上債権が回収されるまでの期間を示したものである。

4 自己資本比率は、総資本に対する自己資本の割合を示しており、この比率が低い方が財務の健全性は高いと判断される。

解答・解説

31 2級テキスト P330-331

解答 1

1 貸借対照表とは、一定時点（期末）における企業の財政状態の一覧表のこと。問題文は損益計算書の説明。なお、キャッシュフロー計算書は、一定期間における企業の資金の増減（出し入れ）の状況を表したもの。 **不適切**

2 経常利益は、営業利益に営業外収益（受取り利息など）を加え営業外費用（支払い利息など）を差し引いたものであり、企業の経常的な採算性を表す指標。 **適切**

3 株主資本等変動計算書は、貸借対照表の純資産の部の一会計期間における変動額や、株主資本が増減した原因を報告するために作成される財務諸表の1つ。 **適切**

4 法人税申告書別表四とは、決算書の当期純利益等に法人税法上の益金や損金の加算や減算を行い、法人税法上の所得金額を算出するための明細書。 **適切**

32 2級テキスト P333-336

解答 4

1 なお、固定比率は低い方が望ましい。

$$●固定比率（\%）＝\frac{固定資産}{自己資本}×100$$

適切

2 なお、流動比率は高いほど望ましい。

$$●流動比率（\%）＝\frac{流動資産}{流動負債}×100$$

適切

3 なお、売上債権回転期間が短いほど、経営効率が良いと判断される。

$$●売上債権回転期間（月）＝\frac{売上債権（期首・期末平均）}{年間売上高}×12$$

適切

4 自己資本比率が高いほど、財務の健全性は高くなる。

$$●自己資本比率（\%）＝\frac{自己資本}{総資本}×100$$

不適切

【その他の指標】

$$●当座比率（\%）＝\frac{当座資産}{流動負債}×100$$

当座比率とは、近いうちに返済しなければならない借金（流動負債）に対して、すぐに返済できる資金などがどの程度あるのかを示す指標で、100％以上が望ましい。

□□□ **33** 下記の甲社の損益計算書に関する次の記述のうち、最も適切なものはどれか。なお、問題の性質上、明らかにできない科目は「[※]」で示してある。

〈甲社の損益計算書〉 （単位：百万円）

売上高	1,000
売上原価	600
[※]	400
販売費及び一般管理費	200
[※]	200
営業外損益	50
[※]	250
特別損益	▲50
[※]	200
法人税等	100
[※]	

※自己資本は2,000（百万円）

1 売上総利益は、300百万円である。
2 売上高営業利益率は、20％である。
3 経常利益は、400百万円である。
4 自己資本利益率は、10％である。

□□□ **34** 貸借対照表に関する次の記述のうち、最も不適切なものはどれか。

1 資産の部において、1年以内に現金化できる資産は「流動資産」となる。
2 「有形固定資産」には、土地、建物、機械設備などが含まれ、そのいずれも減価償却が行われる。
3 負債の部の「流動負債」は、1年以内に返済しなければならない債務で、買掛金や支払い手形などが含まれる。
4 純資産の部は、主に株式の発行により調達した資金などであり、資本金、資本剰余金、利益剰余金などが含まれる。

1 売上総利益（粗利ともいう）は、売上高から売上原価を差し引いた最も基本となる利益のこと。　　　　　　　　　　　不適切

したがって、売上総利益＝1,000－600＝400（百万円）

2 売上高営業利益率は、営業利益÷売上高×100で計算する。営業利益は売上総利益－販売費および一般管理費で算出する。

営業利益＝400－200＝200（百万円）

売上高営業利益率＝200÷1,000×100＝20％　　　　適切

3 経常利益は、会社の総合力の強さを示す利益指標で、営業利益に営業外損益をプラスマイナスした利益のこと。

・営業利益は200（百万円）、営業外損益は＋50（百万円）なので

・経常利益＝200＋50＝250（百万円）　　　　　　不適切

4 自己資本利益率（ROE）は、当期純利益÷自己資本×100で計算する。当期純利益は最終利益のことで、経常利益に特別損益をプラスマイナスした税引前当期利益から法人税等を差し引いて算出する。

経常利益は250（百万円）なので、当期純利益＝250－50－100＝100（百万円）。自己資本は2,000（百万円）なので、自己資本利益率（ROE）＝100÷2,000×100＝5％　　　　　　　　　　　不適切

4章

タックスプランニング■学科

---

1 資産の部において、1年以内に現金化できる資産は「流動資産」となり、現預金や売掛金、棚卸資産等が該当する。　　　　　適切

2 有形固定資産とは、不動産（建物）、機械設備等で原則、減価償却できるが、土地は減価償却の対象ではない。　　　　　　　不適切

3 「流動負債」は、1年以内に返済しなければならない債務で、買掛金や支払い手形などが含まれる。　　　　　　　　　　　適切

4 純資産の部は、主に株式の発行により調達した資金などであり、資本金、資本剰余金、利益剰余金（企業の利益の一部を積み立てたお金）などが含まれる。　　　　　　　　　　　　　　　　　　　　適切

□□□ **35** 企業の決算書に基づく経営分析指標に関する次の記述のうち、最も不適切なものはどれか。

1 損益分岐点売上高とは、売上高から費用合計を差し引いた利益がゼロになる売上高のことをいう。

2 損益分岐点比率は、実際の売上高に対する損益分岐点売上高の割合を示したものであり、一般に、この数値が高い方が企業の収益性が高いと判断される。

3 限界利益率とは、売上高に対する限界利益の割合のことを指し、限界利益率は高い方が良いと判断される。

4 固定長期適合率は、通常、自己資本と固定負債に対する固定資産の割合を示したものであり、この数値が100％より低い方が財務の健全性が高いと判断される。

1 損益分岐点売上高とは、売上高から費用合計（変動費と固定費の合計）を差し引いた利益がゼロになる売上高のことをいう。 適切

2 損益分岐点売上高を売上高で割った比率を損益分岐点比率といい、一般に、この数値が低い方が企業の収益性が高いと判断される。 不適切

3 限界利益とは売上高から変動費を差し引いた利益のことで、限界利益率とは、売上高に対する限界利益の割合のことを指している。一般的に、限界利益率は高い方が良いと判断される。 適切

4 固定長期適合率は、固定資産が安定した資金である自己資本と固定負債でまかなわれているかを見る指標であり、自己資本と固定負債に対する固定資産の割合を示している。この数値が100％より低い方が財務の健全性が高いと判断される。 適切

4章

タックスプランニング ■ 学科

消費税

□□□ **36** 消費税および地方消費税に関する次の記述のうち、最も不適切なものはどれか。

1 国や地方公共団体および公共法人等が行う登記や登録等の事務手続きに関する手数料には、消費税は課されない。

2 基準期間とは、消費税の課税売上高を算出する期間のことで、法人の場合は前々事業年度、個人事業者の場合は前々年である。

3 国外で事業用資産の譲渡があった場合、その譲渡については、消費税は課されない。

4 土地や事業用の建物の譲渡については、消費税が課されない。

- -

□□□ **37** 消費税に関する次の記述のうち、最も不適切なものはどれか。

1 個人事業者の場合、原則として、消費税の確定申告は翌年の3月31日までに納税地の所轄税務署に提出しなければならない。

2 新設法人の場合、基準期間がないので、資本金が1,000万円以上であれば、消費税の課税事業者となる。

3 簡易課税制度を選択した事業者の納付すべき消費税の金額は、課税売上高に業種ごとに定められているみなし仕入率を用いて計算される。

4 簡易課税制度を選択した事業者であっても、いつでも原則的課税制度に戻すことは可能である。

解答・解説

解答 4

1 国や地方公共団体、公共法人等が行う事務手続きの手数料には、消費税は
　課されない。

適切

2 基準期間は、法人の場合は課税期間の前々事業年度、個人事業者の場合は
　課税期間の前々年。

適切

3 国内での課税取引に対して消費税がかかる。

適切

4 事業用の建物の譲渡については、消費税が課される。なお、売主が事業者
　か個人かを問わず、土地の譲渡の場合は、消費税は課されない。

不適切

- -

37 テキスト P339-343

解答 4

1 個人事業者の場合は、原則として、消費税の確定申告は課税期間の翌年の
　3月31日までに納税地の所轄税務署に提出しなければならない。なお、法
　人の場合は事業年度終了日以後2か月以内に申告し、納税する。

適切

2 新設法人の場合、基準期間がないので、資本金が1,000万円以上であれば
　課税事業者となり、資本金1,000万円未満の場合は免税事業者となる。なお、
　既存法人の場合、前事業年度の開始の日から6か月間（特定期間）の課税
　売上高が1,000万円を超えており、その間の支払給与総額も1,000万円を超
　えている場合は、資本金が1,000万円未満であっても、消費税が課される。

適切

事業者免税点制度の概要

	前々年 （基準期間）	前年の特定期間	本年 （課税期間）
課税売上高	1,000万円超	—	消費税は課税
	1,000万円以下	課税売上高・支払給与総額の両方が1,000万円超	消費税は課税
		課税売上高・支払給与総額のどちらかが1,000万円以下	消費税は免除

3 問題文の通り。なお、簡易課税制度は、基準期間の課税売上高が5,000万
　円以下の事業者が簡易課税制度選択届出書を所轄税務署に提出すること
　で、適用を受けることができる。

適切

4 簡易課税制度を選択した場合は、原則として2年間は変更できない。

不適切

4
章

タックスプランニング■学科

38 簡易課税制度およびインボイス制度に関する次の記述のうち、最も不適切なものはどれか。

1 簡易課税制度を選択することができるのは、消費税の課税期間に係る基準期間における課税売上高が5,000万円以下の事業者である。

2 簡易課税制度の適用を初めて受けるためには、原則として、その適用を受けようとする課税期間の最終日までに、「消費税簡易課税制度選択届出書」を所轄税務署長に提出しなければならない。

3 インボイス制度とは消費税の仕入税額控除の方式のことで、適格請求書のことをインボイスという。

4 インボイス制度では、買手が仕入税額控除の適用を受けるためには、原則として、取引相手である登録事業者から交付を受けたインボイスを7年間保存する必要がある。

1 簡易課税制度を選択することができるのは、消費税の課税期間に係る基準
期間における課税売上高が5,000万円以下の事業者。5,000万円を超える事
業者は原則課税制度になる。 `適切`

2 簡易課税制度の適用を初めて受けるためには、原則として、その適用を受
けようとする課税期間の初日の前日までに、「消費税簡易課税制度選択届
出書」を所轄税務署長に提出しなければならない。 `不適切`

3 インボイス制度とは消費税の仕入税額控除の方式のことで、適格請求書の
ことをインボイスという。なお、仕入税額控除とは、消費税を算出する際に、
課税売上の消費税額から課税仕入れの消費税額を差し引くことをいう。 `適切`

4 インボイス制度では、買手が仕入税額控除の適用を受けるためには、原則
として、取引相手（売手）である登録事業者から交付を受けたインボイス
を7年間保存する必要がある。一方、売手である登録事業者は、買手であ
る取引相手（課税事業者）から求められたときは、インボイスを交付し、
その写しを7年間保存しなければならない。 `適切`

4章

タックスプランニング■学科

第1部 学科

5章 不動産

不動産の登記

□□□ **1** 不動産登記等および調査に関する次の記述のうち、正しいものはどれか。

1 抵当権や差押えに関する事項は、登記記録の権利部の甲区に記録されている。
2 公図は法務局に備えられており、地図に比べて精度が高い。
3 一筆の土地に複数の抵当権を設定することは認められない。
4 法務局（登記所）では、申請書を記入し、手数料を支払えば、誰であっても自由に登記事項証明書を請求することが可能である。

- -

□□□ **2** 不動産の登記等に関する次の記述のうち、最も不適切なものはどれか。

1 不動産登記記録の表題部については、登記義務があり、建物の新築等で所有権を取得してから1か月以内に取得者が申請しなければならないが、権利部については登記義務はない。
2 表題部について登記を行えば、これだけで所有権を第三者に対抗することができる。
3 仮登記に基づいて本登記をする場合、その本登記の順位は、仮登記の順位となる。
4 不動産登記には公信力がないので、登記記録を確認し、その内容が真実であると信じて取引した場合には、その登記記録の内容が真実と異なっていても法的な保護を受けられるとは限らない。

解答・解説

1 2級テキスト P350-353　　　　　　　　　　　　　　　　　　　　解答 4

1 権利部の甲区には所有権（所有権移転登記、仮登記、差押えの状況など）に関する事項が、権利部の乙区には所有権以外の権利に関する事項（抵当権、地上権、賃借権など）が記録されている。 誤り

2 公図は法務局（登記所）に備えられており、土地のおおまかな位置や形状を表している。公図は地図に準ずる図面で、地図と比べて精度が低い。 誤り

3 一筆の土地や1つの不動産に複数の抵当権を設定できる。 誤り

4 問題文の通り。なお、現在、登記事務はオンライン化されているので、登記事項証明書は郵送による請求やインターネットでの請求が可能。ただし、受取り方法は郵送または法務局の窓口での受取りとなる。 正しい

- -

2 2級テキスト P350-353　　　　　　　　　　　　　　　　　　　　解答 2

1 表題部については、登記義務があり、所有権を取得してから1か月以内に所有権の取得者が申請する義務がある。権利部については登記義務はないので、登記の名義と実際の権利関係が一致していないこともある。 適切

2 表題部の登記では対抗力がないため、所有権を第三者に対抗するには、権利部の所有権の登記が必要。 不適切

3 仮登記は将来行う本登記のために登記記録上の順位を保全しておくもので、仮登記に基づいて本登記をする場合、仮登記の順位を引き継ぐ。 適切

4 不動産登記には公信力（事実と異なる権利関係の公示を信じて取引した者が保護される効力）は認められていないので、その登記記録の内容が真実であると信じて取引した場合には、その内容が真実と異なっていても法的な保護を受けることができるとは限らない。 適切

5章

不動産 ■ 学科

□□□ **3** 不動産関係の登記や調査資料の設置場所等に関する次の記述のうち、最も不適切なものはどれか。

1 固定資産課税台帳は、市区町村役場に設置されている。
2 登記事項証明書の交付請求および受領は、インターネットを利用してオンラインで行うことができる。
3 都市計画図は、市区町村役場に設置されている。
4 登記事項証明書は、法務局（登記所）に設置されている。

不動産の価格と投資分析

□□□ **4** 不動産の価格に関する次の記述のうち、正しいものはどれか。

1 公示価格は、一般の土地取引の価格の基準とするもので、毎年の1月1日を基準日として国土交通省から毎年3月下旬に発表される。
2 基準地標準価格は、毎年1月1日を基準日として3月下旬に公表される価格であり、公示価格を補完する役割を有する。
3 固定資産税評価額は、原則として、毎年評価替えが行われる。
4 相続税評価額（路線価）は、毎年、国税庁が公表している価格であり、公示価格の70％程度である。

- -

□□□ **5** 不動産の鑑定評価の手法に関する次の記述のうち、最も不適切なものはどれか。

1 ＤＣＦ法は、不動産から将来的に継続して生まれる各期の純収益（賃貸収入）と保有期間終了後のその不動産価格（売却価格－売却費用）を求め、現在価値に割り戻した金額を合計して、評価額を求める方法である。
2 取引事例比較法は、多数の取引事例を収集して、これに基づいて対象不動産の価格を求める手法であり、売り急いだ物件や投機的な物件もその売買価格のまま事例に含めて評価する。
3 原価法は、対象不動産の再調達原価を試算し、時間の経過などによる価値の低下を差し引いて不動産価値を算出する方法である。
4 収益還元法は、賃貸用不動産や事業用の不動産の価格を求める際に有効な方法である。

設置場所	調査資料
法務局（登記所）	登記事項証明書、公図、地積測量図、地図など
市区町村役場(都市計画課)	固定資産課税台帳、都市計画図

登記事項証明書の交付請求はインターネットを利用してオンラインで行うことができるが、その場合、登記事項証明書は、郵送するか法務局（登記所）の窓口で受け取る。

解答・解説

4 2級テキスト P354　　　　　　　　　　　　　　　解答 1

1 公示価格は、一般の土地取引の指標や公共事業用地取得の価格の基準とするもので、毎年1月1日を基準日として国土交通省から毎年3月下旬に発表される（なお、公示価格は1㎡あたりの更地価格を示している）。　　正しい

2 基準地標準価格は、各都道府県が毎年7月1日を基準日として9月下旬に公表される。公示価格の補完的価格であり、評価水準は公示価格と同じ。　誤り

3 固定資産税評価額は、市区町村より発表され、1月1日を基準日として、原則として3年に1度評価替え（評価額の見直し）が行われる。評価水準は公示価格の70%程度。　　　　　　　　　　　　　　　　　　　　　　誤り

4 相続税評価額（路線価）は、公示価格の80%程度で、毎年7月上旬に国税庁より発表される。相続税、贈与税の算出の基準となる。　　　　　　誤り

5 2級テキスト P355-357　　　　　　　　　　　　　　解答 2

1 問題文の通り。なお、DCF法は収益還元法の1つで、DCF法にはさらにNPV法とIRR法の2つの方法がある。　　　　　　　　　　　適切

2 取引事例比較法は、条件の近い取引事例を収集し、それとの比較によって評価する方法。通常、売り急いだ物件などは補正を加えて算出し、投機的な物件は除外する。中古住宅の査定に用いられることが多い。　　　不適切

3 問題文の通り。原価法では減価修正（価値の目減り分を差し引く）を行って不動産価格を算出する。　　　　　　　　　　　　　　　　　　　適切

4 収益還元法は、事業用不動産や賃貸用不動産などの価格を求める場合に有効な方法。なお、収益を目的としない公益や公共の目的となる不動産の場合は適用できない。　　　　　　　　　　　　　　　　　　　　　　適切

5章

不動産■学科

不動産の取引

□□□ **6** 不動産の売買契約における留意点に関する次の記述のうち、最も適切なものはどれか。

1 宅地建物取引業者は不動産の売買契約において、買主に対して手付金を貸し付けることで、契約を勧誘することができる。

2 買主が売主に解約手付金を支払った場合は、売主が契約の履行に着手した後であっても、買主はその手付金を放棄すれば契約を解除することができる。

3 宅地建物取引業者自ら売主として土地等の売買契約を締結する場合、買主は原則として、クーリング・オフに関する書面を受け取ってから8日以内であれば契約解除できる。

4 建物の引渡しまでの間に、売主の責任とすることができない天災などの不可抗力で目的物が損壊した場合、民法では契約は有効とされ、買主は売買代金を支払う必要がある。

□□□ **7** 宅地建物取引業法に関する次の記述のうち、最も適切なものはどれか。

1 専任媒介契約・専属専任媒介契約は共に、契約の有効期間は3か月を超えることができず、3か月を超える契約をした場合は、その契約は無効とされる。

2 個人が保有する建物を自らが貸主となって不動産賃貸業を行う場合も、宅地建物取引業の免許が必要である。

3 宅地建物取引業者が売主で、買主が宅地建物取引業者以外の場合には、宅地建物取引業者は売買代金の2割を超える手付金を受け取ることはできない。

4 専属専任媒介契約では、依頼者は複数の業者に媒介の依頼はできないが、自ら探した相手（自己発見）とは売買契約を行うことができる。

解答・解説

6 📖2級テキスト P361-364　　　　　　　　　　　　　　　　　　　　**解答** 3

1 宅地建物取引業者は不動産の売買契約において、買主に対して手付金を貸し付けたり、手付金を分割払いや後払いにすることで契約を勧誘することはできない。　**不適切**

2 買主が売主に解約手付金を支払った場合、売主が契約の履行に着手する前であれば、買主はその手付金を放棄して契約を解除できる。なお、売主側は、買主が売買代金の支払いなどの契約の履行に着手するまでであれば、その手付金の倍額を支払って（提供して）契約を解除できる。なお、契約の履行に着手するとは、買主は代金の全部または一部を支払うこと、売主は物件の引渡しや所有権の移転登記を行うことをいう。　**不適切**

3 問題文の通り。なお、買主が宅建業者の事務所内で契約を締結した場合や、買主が宅建業者である場合、すでに物件の引渡しが終了し、代金の支払いが終了している等の場合は、クーリング・オフの対象とならない。　**適切**

4 天災などで建物が壊れた場合のように売主側に責任がない場合であっても、買主が目的を達成できない場合には、特約がなくても買主は契約を解除でき、建物代金の支払いを拒むことが可能である。　**不適切**

- -

7 📖2級テキスト P359-362　　　　　　　　　　　　　　　　　　　　**解答** 3

1 専任媒介契約と専属専任媒介契約の有効期間は3か月を超えることができず、3か月を超える契約を結んだ場合、契約の有効期間は3か月となる（契約は無効にはならない）。一般媒介契約の場合、契約の有効期間に制限はない。　**不適切**

2 個人が保有する建物を自らが貸主となって不動産賃貸業を行うことは、宅地建物取引業にあたらないので、宅地建物取引業の免許は必要ない。　**不適切**

3 宅地建物取引業者が売主で、買主が宅地建物取引業者以外の場合には、宅地建物取引業者は売買代金の2割を超える手付金を受け取れない。　**適切**

4 専属専任媒介契約では、複数の業者に媒介を依頼することも、自ら相手を探して契約することもできず、専属の業者が見つけた相手とのみ契約が可能。なお、一般媒介契約および専任媒介契約では、自己発見は可能である。　**不適切**

□□□ **8** 民法に基づく建物の媒介契約および売買契約上の留意点に関する次の記述のうち、最も適切なものはどれか。なお、特約については考慮しないものとする。

1 売買契約の目的物である建物の種類や品質に関して契約内容に不適合な箇所が発見されたときは、引渡しが完了している場合でも、買主はそれを知った日から原則、1年以内に、契約内容に不適合な箇所があることを売主に通知することで、それ以後であれば契約を解除できる。
2 宅地建物取引業者が賃貸借契約の媒介・代理を行った場合、貸主・借主の双方から受け取れる報酬は、両方あわせて賃借料の1か月分×2倍以内である。
3 専任媒介契約では、業者は1週間に1回以上依頼者に報告する義務がある。
4 一般的にマンションのパンフレットに表記される床面積は内法面積で表示され、登記されている面積は壁芯面積で表示されている。

 ## 借地借家法

□□□ **9** 借地借家法に関する次の記述のうち、正しいものはどれか。

1 普通借家契約では、契約は口頭でも書面でも可能であり、契約期間は1年以上である。
2 普通借家契約では、1年未満の契約期間を定めた場合、契約は無効となる。
3 普通借家契約では賃貸人が更新を拒絶する場合には、期間満了の3か月前までに正当な拒絶事由をもって通知しなければならない。
4 普通借家契約では、あらかじめ造作買取請求権を賃借人に放棄させる特約は無効である。

1 買主は不動産の品質や種類に関して、契約内容に不適合な箇所（瑕疵）があり、目的を達成できない場合、物件の引渡しを受けていても、瑕疵があることを知った日から1年以内に売主に通知することで、原則として、契約を解除することが可能。ただし、売主が契約内容に不適合があることを事前に知っていた場合や重大な過失により知らなかった場合は、買主は通知する必要はない。 `適切`

2 賃貸借の媒介・代理の場合は、貸主・借主の双方からあわせて賃借料の1か月分＋消費税以内の報酬を受け取ることになっている。 `不適切`

3 専任媒介契約では、業者は2週間に1回以上依頼者に業務の状況を報告する義務がある。なお、専属専任媒介契約では、1週間に1回以上報告する義務がある。一般媒介契約の場合は報告義務はない。 `不適切`

4 一般的に、マンションなどの区分建物の場合、パンフレットに表示されている床面積は、壁の厚さの中心で測った壁芯面積。登記上の面積は壁の内側で測った内法面積で表示される。なお、通常、一戸建ての建物の床面積は、登記記録では壁芯面積で表示される。 `不適切`

5
章

不動産 ■ 学科

解答・解説

1 普通借家契約は口頭でも書面でも可能（メールやWEBからダウンロードするなどの電磁的記録による契約も可能）であり、契約期間は1年以上。 `正しい`

2 普通借家契約では、1年未満の契約をすると、契約は無効とはならず、期間の定めのない契約となる。なお、定期借家契約は契約期間に制限はなく、1年未満の契約も可能。 `誤り`

3 普通借家契約において、賃貸人（貸主＝大家）が更新を拒絶する場合には、期間満了の1年から6か月前までに正当な拒絶事由（契約できない重大な理由）を知らせる必要がある。なお、借主は3か月前までに申入れすれば、正当な事由がなくても更新を拒絶できる。 `誤り`

4 普通借家契約や定期借家契約では、賃借人（借主）が取り付けたエアコンなどを契約満了時に貸主（大家）に時価で買い取るよう請求する権利（造作買取請求権）があるが、この権利を貸主（大家）が賃借人（借主）に放棄させる契約を結ぶことができる。 `誤り`

□□□ **❿** 借地借家法の規定に関する次の記述のうち、最も不適切なものはどれか。

1 普通借地権の設定当初の契約においては、30年未満の存続期間を定めることができる。

2 普通借地権の存続期間が満了する場合、借地権者が契約の更新を請求したときは、建物がある場合に限り、原則として、従前の契約と同一条件で契約を更新したものとみなされる。

3 借地権について登記していない場合でも、借地上の建物の登記を行うことで借地権についても第三者に対抗することができる。

4 普通借地契約では、最初の更新期間は原則20年以上、2回目以後は10年以上の単位で更新される。

- -

□□□ **⓫** 定期借家権に関する次の記述のうち、最も不適切なものはどれか。

1 定期借家契約は1年未満の契約も可能であるが、居住用のみに適用可能であって、事業用の不動産には適用不可である。

2 定期借家契約では、存続期間が1年以上の場合は、賃貸人は、期間満了1年から6か月前までに「期間満了により契約が終了する」旨の通知が必要であり、この通知を怠った場合、賃借人は現在の借家条件で建物を使用し続けることが可能である。

3 定期借家契約は、公正証書等の書面または電磁的記録によって契約しなければならない。

4 定期借家契約を締結するときは、建物の賃貸人は賃借人に対し、あらかじめ、契約の更新がなく期間満了により賃貸借が終了することを、書面を交付して説明しなければならない。

- -

□□□ **⓬** 定期借地権に関する次の記述のうち、最も不適切なものはどれか。

1 一般定期借地権では、存続期間は50年以上で、契約は公正証書などの書面または電磁的記録による方法で行わなければならない。

2 建物譲渡特約付借地権では、存続期間は50年以上で、契約は書面による必要はない。

3 事業用定期借地権では、存続期間は10年以上50年未満で、公正証書で契約しなければならない。

4 事業用定期借地権では、利用目的は事業用に限定され、従業員向けの社宅であっても認められない。

1 普通借地権の最初の契約時の存続期間は原則として30年以上、期間の定めのない場合や30年より短い期間を定めた場合の存続期間は30年となる。

不適切

2 普通借地権では、借地権者（土地を借りている者）が契約の更新を請求したときは、建物がある場合に限り、それまでの契約と同一条件で契約が更新される。

適切

3 借地権について登記していない場合でも、借地上の建物の登記を行うことで新しい地主などに対して借地権についても自分の権利を主張することができる。

適切

4 普通借地契約では、最初の更新期間は原則20年以上、2回目以後は10年以上の単位で更新される。なお、契約期間満了時に建物がない場合は、原則、契約は更新しない。

適切

---

1 定期借家契約は、契約期間や利用目的については特に制限はなく、1年未満の契約は可能であり、利用目的は居住用でも事業用でも適用可能。

不適切

2 契約期間が1年以上の場合は、大家（賃貸人）は、期間が終了する1年から6か月前までに「期間満了により契約が終了する」旨の通知が必要。この通知を怠った場合、借主は現在の借家条件で建物を使用し続けられる。

適切

3 定期借家契約は、公正証書等の書面または電磁的記録による方法によって契約する（書面であれば公正証書でなくてもよい）。

適切

4 定期借家契約を締結するときは、あらかじめ、契約の更新がなく期間満了により契約が終了することを、大家は書面で説明しなければならない。

適切

---

1 一般定期借地権では、存続期間は50年以上で、契約は公正証書などの書面または電磁的記録による方法で行う。なお、利用目的については、居住用でも事業用でも可能。

適切

2 建物譲渡特約付借地権では、存続期間は30年以上、契約は書面による必要はなく、利用目的については、特に制限はない。

不適切

3 事業用定期借地権では、存続期間は10年以上50年未満で、契約は必ず公正証書でなければならない。

適切

4 事業用定期借地権では、利用目的は事業用に限定され、従業員向けの社宅等であっても居住用の建物は認められない。

適切

5
章

不動産 ■ 学科

□□□ **⓭** 借地借家法に関する次の記述のうち、最も不適切なものはどれか。

1 定期借家契約において、経済事情の変動があっても賃貸借期間中は賃料を増減額しないこととする特約をした場合、その特約は有効である。

2 賃借人は、建物の引渡しを受けた後にこれに生じた損傷であっても、通常の使用および収益によって生じた建物の損耗ならびに経年変化によるものである場合、賃貸借が終了したときに、その損傷を原状に復する義務を負わない。

3 普通借家契約において、賃借人は、その建物の賃借権の登記をしていない場合、建物の引渡しを受けていても、その建物を取得した者に賃借権を対抗することができない。

4 普通借地契約では、賃貸借の終了後、賃借人が建物の使用を継続しており、賃貸人が異議を述べない場合、賃借人は継続して使用できる。

都市計画法

□□□ **⓮** 都市計画法上の規制に関する次の記述のうち、誤っているものはどれか。

1 市街化区域とはすでに市街地を形成している区域やおおむね10年以内に優先的に市街化を図る区域のことであり、市街化調整区域とは市街化を抑制すべき区域のことである。

2 市街化調整区域は、原則として用途地域を定めないことになっている。

3 市街化区域内において、原則として、3,000㎡未満の開発行為の場合は、都道府県知事の許可は不要である。

4 開発許可を受けた開発区域内の土地においては、開発行為に関する工事完了の公告があるまでは、原則として、建築物を建築することができない。

13 📖²級テキスト P365-369　　　　　　　　　　　　　　　**解答** 3

1 借地借家法では、借主に不利な特約は原則、無効であるが、定期借家契約
では、建物の賃料を増減しないとする特約は、有効となっている。普通借
地契約では賃料を減額しないとする旨の特約は無効だが、増額しない旨の
特約は有効。　　　　　　　　　　　　　　　　　　　　　　　　　　　　　　　適切

2 借主は、時間の経過による経年変化（経年劣化）や通常の使用による居住
の損耗については、原状回復義務は負わない。　　　　　　　　　　　　　　　適切

3 賃借権の登記をしていない場合でも、借主は建物の引渡しを受けていれば、
大家が代わったときであっても、賃借権を対抗することができ、引き続き
建物に住み続けることが可能。　　　　　　　　　　　　　　　　　　　　　不適切

4 普通借地契約では、賃貸借の終了後、賃借人が建物の使用を継続しており、
賃貸人が異議を述べない場合、賃借人は継続して使用でき、これまでと同
一の条件で契約が更新される。なお、契約終了時に建物がない場合、契約
は更新されない。　　　　　　　　　　　　　　　　　　　　　　　　　　　　適切

解答・解説

14 📖²級テキスト P370-372　　　　　　　　　　　　**解答** 3

1 市街化区域は、すでに市街地を形成している区域（街並みができている地
域）や、おおむね10年以内に優先的かつ計画的に市街化を図る区域。市街
化調整区域は開発されるのを抑制（自然を残す）する区域。　　　　　　　　正しい

2 市街化調整区域には、原則、用途地域を定めないことになっている。　　　　正しい

3 市街化区域内では、原則として、1,000㎡未満の開発行為は都道府県知事
の許可は不要。一方、1,000㎡以上（3大都市圏の既成市街地等では500㎡
以上）の開発行為を行う場合、都道府県知事の許可が必要。　　　　　　　　誤り

4 開発許可を受けた土地であっても、開発行為に関する工事が完了したとの
宣言があるまでは、原則として、建築物を建築することはできない。ただ
し、工事完了の公告がある前であっても土地を譲渡することは可能。　　　　正しい

5
章

不動産■学科

□□□ 15 都市計画法に関する次の記述のうち、誤っているものはどれか。

1 開発行為とは、主として建築物の建築または特定工作物の建設の用に供する目的で行う土地の区画形質の変更をいう。

2 用途地域は13種類あり、住居系8種類、商業系2種類、工業系3種類に分類される。

3 市街化調整区域において、農業を営む者の居住の用に供する建築物の建築を目的として行う開発行為は、都道府県知事等の許可が不要である。

4 都市計画区域について、必ず市街化区域と市街化調整区域の区域区分を定めなければならないとされている。

 建築基準法

□□□ 16 都市計画区域および準都市計画区域内における建築基準法の規定に関する次の記述のうち、誤っているものはどれか。

1 建築基準法上の道路は、原則として幅員が4m以上（特定行政庁が指定する区域では6m以上）ある道路であって、一定の私道も含まれる。

2 建築物の敷地は、原則として、幅員4m以上の道路に2m以上接していなければならない。

3 防火地域内に耐火建築物を建築する場合、容積率の制限について緩和を受けることができる。

4 建築物が防火地域と準防火地域にわたる場合においては、原則として、その建築物のすべてに防火地域内の建築物に関する規定が適用される。

1 開発行為とは、建築物やゴルフコース等の特定工作物を建設する目的で土地を整理したり、造成すること（土地の区画形質の変更という）をいう。　正しい

2 用途地域は13種類あり、住居系8種類、商業系2種類、工業系3種類に区分されている。　正しい

3 市街化調整区域において、農林漁業を営む者の居住用の建物や農林漁業用建築物（畜舎やサイロなど）の建築する場合の開発行為は、都道府県知事等の許可は不要。市街化調整区域では、その他の建物については、都道府県知事の許可がなければ建築することはできない。　正しい

4 都市計画区域の中には、市街化区域と市街化調整区域に線引きされている区域（線引き区域）と、線引きされていない区域（非線引き区域）がある。　誤り

解答・解説

1 建築基準法上の道路は、原則として幅員が4m以上、特定行政庁が指定する区域では6m以上ある道路であって、一定の私道も含まれる。例外として、建築基準法が適用となる時点ですでに建物が立ち並んでいた4m未満の道は、2項道路とみなされ幅員が4m未満であっても建築基準法上の道路となる。　正しい

2 建築物の敷地は、原則として、幅員4m以上の道路に2m以上接していなければならない。ただし、自動車専用道路は除かれる。　正しい

3 防火地域内にある耐火建築物は、建蔽率（建ぺい率）の緩和を受けられるが、容積率については緩和はない。なお、防火地域内に耐火建築物を建築する場合や、準防火地域内に耐火建築物または準耐火建築物を建てる場合も建蔽率が緩和され、10%加算される。　誤り

4 建築物が防火地域と準防火地域にわたる場合においては、厳しい方の規制の適用を受ける。この場合は防火地域内の規定が適用される（敷地の面積の過半を占める地域の規定が適用されるわけではない）。　正しい

5章

不動産 ■ 学科

□□□**17** 建築基準法上の規制に関する次の記述のうち、最も不適切なものはどれか。

1 戸建住宅は、すべての用途地域で建築が可能である。
2 建築物の敷地が２つの異なる用途地域にまたがる場合は、敷地の過半が属する方の用途地域の制限が適用される。
3 容積率の計算において、建築物の敷地が接する前面道路の幅員が12m未満である場合には、容積率は道路の幅員に応じて制限される。
4 幅員が４m未満の道路（２項道路）で、特定行政庁が指定した２項道路では、原則としてセットバック部分を建築物の敷地として利用することはできない。

□□□**18** 建築基準法上の規制に関する次の記述のうち、最も不適切なものはどれか。

1 建築物の建蔽率は、建築物が特定行政庁の指定する角地にある場合には、10%加算される。
2 商業地域内で、かつ防火地域内にある耐火建築物については、建蔽率の制限はない。
3 第一種低層住居専用地域、第二種低層住居専用地域および田園住居地域内では、原則として10mまたは12mのうち、都市計画法で定めた高さを超えて建築物を建築してはならない。
4 都市計画区域において北側斜線制限は、すべての用途地域において適用がある。

1 住宅は工業専用地域のみ建築できない。なお、工業専用地域に建築できるものは、診療所、保育所、神社、公衆浴場、カラオケボックスやパチンコ店などに限定される。 `不適切`

2 異なる用途地域にわたって建物を建てる場合、面積が過半を占める方の用途地域の用途制限が適用される。 `適切`

3 敷地の前面道路の幅員が12m未満である場合には、用途地域ごとに定められている指定容積率と、前面道路の幅員に用途地域ごとの乗率を掛けた値の、少ない方の容積率を用いて算出する。 `適切`

4 2項道路では、原則として道路の中心線から水平距離2mずつ両側に後退した線が道路境界線とみなされ、この後退部分（セットバック）は建築物の敷地としては利用できず、建蔽率や容積率を計算するうえで、敷地面積に含めることができない。 `適切`

----

1 問題文の通り。なお、その建物が防火地域内にある耐火建築物の場合、または準防火地内にある耐火建築物・準耐火建築物の場合はさらに建蔽率は10%加算され、計20%加算される（ただし、容積率は、加算されることはない）。 `適切`

2 商業地域内や近隣商業地域等の建蔽率が80％の地域でかつ防火地域内にある耐火建築物については、建蔽率の制限はなく、100％となる。 `適切`

3 これを絶対高さ制限といい、10mまたは12mのうち、都市計画法で定める高さを超えて建物を建築することはできない。 `適切`

4 北側斜線制限は住居系の5つの用途地域で適用され、商業系地域や工業系地域では適用されない。 `不適切`

□□□ **19** 斜線制限や高さ制限に関する次の記述のうち、最も不適切なものはどれか。

1 建築物の高さに係る隣地斜線制限は、第一種低層住居専用地域、第二種低層住居専用地域および田園住居地域には適用されない。

2 日影規制は、原則として、工業地域および工業専用地域を除く用途地域における建築物に適用される。

3 北側斜線制限は、原則、住居系の用途地域で適用される。

4 道路斜線制限はすべての用途地域で適用される。

- -

□□□ **20** 下記の土地に耐火建築物を建築する場合の最大建築面積と最大延べ床面積の限度として、正しいものはどれか。なお、下記に記載のないその他の条件については、考慮する必要はない。

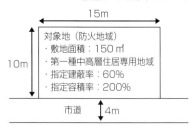

1 建築面積 90㎡、延べ床面積240㎡

2 建築面積 90㎡、延べ床面積300㎡

3 建築面積105㎡、延べ床面積240㎡

4 建築面積120㎡、延べ床面積300㎡

1　隣地斜線制限は建物の間の空間を確保し、隣家の日照や風通しを妨げないための制度で、高さ制限が適用される住居系地域（第一種低層住居専用地域、第二種低層住居専用地域および田園住居地域）には適用されない。　適切

2　日影規制は中高層の建物に生じる日影を一定の時間内に抑え、周辺の居住環境を保護するもので、商業地域、工業地域、工業専用地域の3つの地域以外の用途地域で適用される。　不適切

3　北側斜線制限は、原則、第一種低層住居専用地域、第二種低層住居専用地域、田園住居地域の住居系用途地域で適用され、近隣商業地域・準工業地域、商業地域・工業地域・工業専用地域では適用されない。　適切

4　道路斜線制限は建物と建物の間の空間を確保して、道路の採光や風通しを確保することなどを目的に建築物の高さを制限するもので、すべての用途地域で適用される。　適切

《最大建築面積》

　防火地域に耐火建築物を建てる場合、建蔽率が10%緩和されるので70%になる。

　建築面積＝敷地面積×建蔽率より、

　最大建築面積＝150㎡×70％＝105㎡

《最大延べ床面積》

　前面道路の幅員が12m未満なので、容積率は制限を受け、「指定容積率の200％」と「前面道路の幅員（4 m）×$\frac{4}{10}$（住居系地域なので）×100＝160％」の少ない方の160％が適用される。延べ床面積＝敷地面積×容積率より、

　最大延べ床面積＝150㎡×160％＝240㎡

5 章

不動産 ■ 学科

国土利用計画法と農地法

□□□ **21** 農地法の規定に関する次の記述のうち、誤っているものはどれか。

1 農地の転用とは、農地を農地以外の宅地等にすることをいう。

2 農地法において、農業委員会の許可を得れば、農地の権利の移動を行うことができる。

3 市街化区域内の農地を宅地への転用目的で売買する場合には、あらかじめ農業委員会に届け出たとしても、原則として、都道府県知事等の許可が必要である。

4 農地とは、耕作の目的に使用される土地のことで、登記記録上の地目ではなく、現況で判断する。

区分所有法

□□□ **22** 建物の区分所有法について、次の記述のうち誤っているものはどれか。

1 集会の決議は、区分所有者の定数と専有部分の床面積の保有割合から算出する議決権による。

2 区分所有建物の管理者は、最低でも1年に1回は集会を招集しなければならない。

3 普通決議は、区分所有者数と議決権の各過半数で決定する。

4 専有部分の占有者である賃借人は、区分所有者が規約または集会の決議に基づいて負うすべての義務と同じ義務を負う。

解答・解説

21 2級テキスト P384-385　　　　　　　　　　　　　　　　　　　解答 3

1 農地の転用とは、農地を農地以外の宅地等にすることをいい、権利の移動とは農地を売買することをいう。　　正しい

2 農地の権利の移動（売買）は、原則として農業委員会の許可が必要。　　正しい

3 市街化区域内の農地を農地以外に転用目的で売買する場合、あらかじめ農業委員会への届出を行えば、農地法による都道府県知事等の許可は不要。　　誤り

4 農地に該当するかどうかの判断は登記記録上の地目（土地の種類）ではなく、現況（現在の状況）で判断する。　　正しい

解答・解説

22 2級テキスト P386-388　　　　　　　　　　　　　　　　　　　解答 4

1 管理組合での集会の決議は、原則として区分所有者の定数と専有部分の床面積の保有割合から算出する議決権による。なお、区分所有者は管理組合に加入しなければならず、マンション等を売却しない限り、管理組合を脱退できない。　　正しい

2 区分所有建物の管理者は最低でも1年に1回は集会を招集しなければならない。　　正しい

3 普通決議は、区分所有者数と議決権の各過半数で決定される。　　正しい

4 専有部分の占有者である賃借人（分譲マンションを借りている者など）は、マンションの施設の使用などについては、区分所有者と同じ規約に従わなければならないが、管理費や修繕積立金などについては、規約に従う必要はない。　　誤り

□□□ **㉓** 建物の区分所有等に関する法律について、次の記述のうち最も適切なものはどれか。

1 敷地利用権は、原則として専有部分と切り離して、別々に処分することが認められる。
2 区分所有建物の建替えは、集会において区分所有者および議決権の各4分の3以上の賛成による決議がなければできない。
3 共用部分に対する区分所有者の共有持分は、原則として、各区分所有者が所有する専有部分の戸数の総戸数に占める割合となる。
4 区分所有法に定める建替え決議がなされた場合において、決議の賛成者は反対者に対して、区分所有建物や敷地利用権を時価で売り渡すことを請求できる。

 不動産取得時の税金

□□□ **㉔** 不動産の取得にかかる税金に関する次の記述のうち、最も不適切なものはどれか。

1 相続人が相続により土地等を取得した場合、その土地の取得については不動産取得税は課税されない。
2 一定の条件を満たす新築住宅を取得した場合の不動産取得税の課税標準は、特例として固定資産税評価額から1,200万円を控除できる。
3 不動産の売買契約書に印紙を貼付しなかった場合、過怠税の対象となり、不動産の売買契約も無効となる。
4 土地を取得し、登記する場合の登録免許税の課税標準は、原則として固定資産税評価額である。

1　敷地利用権は、別段の定め（特別の規定）がない限り、専有部分と切り離して別々に処分することは認められていない。これを分離処分の禁止という。　　不適切

2　建替えの決議は、集会において区分所有者および議決権の各5分の4以上の賛成による決議がなければできない。また、建替え決議の場合、規約で議決権の割合（5分の4）を緩和することはできない。なお、規約の設定や変更・廃止を行う場合や共有部分を変更する（エレベーターを設置するなど）場合は、4分の3以上の賛成で決議される。

　※2024年中に建替え決議等の議決権割合が緩和（引き下げ）される可能性があります。具体的な改正内容および施行日等については確定次第、弊社ウェブサイト上の「法改正情報」にて掲載します。　　不適切

3　共用部分の持分は、原則として各共有者の有する専有部分の床面積の割合による。ただし、規約により別段の定めとすること（別の条文を定めること）もできる。　　不適切

4　建替え決議がなされた場合、決議の賛成者は反対者に対して、区分所有建物や敷地利用権を時価で売り渡すことを請求できる。　　適切

解答・解説

1　不動産取得税は、相続や遺贈および法人の合併等により土地等を取得した場合はかからない（贈与により取得した場合は課税される）。　　適切

2　条件を満たした新築住宅を取得した場合の不動産取得税は、特例として固定資産税評価額から1,200万円を控除した金額に課税される。認定長期優良住宅の場合は1,300万円控除できる。　　適切

3　不動産の売買契約書に印紙を貼付しなかった場合、過怠税の対象となるが、不動産の売買契約自体は有効。なお、過怠税の額は印紙の額面金額の2倍（印紙税額を含めると3倍）となっている。　　不適切

4　登録免許税は固定資産税評価額に課税される（債権金額に課税される場合もある）。登録免許税＝「固定資産税評価額×税率」で求める。　　適切

5章

不動産■学科

不動産保有時の税金

□□□ **25** 不動産にかかる都市計画税および固定資産税に関する次の記述のうち、最も不適切なものはどれか。

1 都市計画税とは、公園や道路等の計画事業などの費用にあてるため市区町村が課税する地方税で、市街化区域内の土地・建物の所有者に課税される。
2 都市計画税の税率について、市区町村は条例により標準税率である0.3％を上回る税率を定めることも可能である。
3 固定資産税をすでに全額納付している土地の所有者が、その土地を年の途中で譲渡した場合、原則として年度内におけるその土地の所有月数に応じて月割りで税金の還付を受けることはできない。
4 住宅一戸あたり200㎡以下の用地の部分については、固定資産税の課税標準額である固定資産税評価額が6分の1に軽減される。

不動産譲渡時の税金

□□□ **26** 不動産を譲渡した場合の譲渡所得に関する次の記述のうち、最も不適切なものはどれか。

1 譲渡所得を計算するうえで、実際の取得費が不明な場合、概算取得費として譲渡収入金額×5％を取得費とすることができる。
2 不動産の譲渡所得は、所有期間により長期譲渡所得と短期譲渡所得に分かれ、税率が異なるが、譲渡した年の1月1日において所有期間が10年以下の場合は短期譲渡所得となる。
3 個人が不動産を売買した場合の取得日は、原則、譲渡資産の引渡しを受けた日となるが、売買契約の効力発生日とすることも可能である。
4 譲渡した建物の取壊し費用や仲介手数料は譲渡費用となるが、譲渡した建物の固定資産税等の維持管理費は譲渡費用とはならない。

解答・解説

1 都市計画税とは、公園や道路等の計画事業などの費用にあてるため市区町村が課税する地方税で、市街化区域内の1月1日現在の土地・建物の所有者に課税される。通常、固定資産税とあわせて納付する。   適切

2 都市計画税の税率は各市区町村により条例で定められているが、上限は0.3%と定められている。一方、固定資産税の標準税率は1.4%と定められているが、各市区町村は条例によってこれと異なる税率を定めることができる。   不適切

3 固定資産税の納税義務者は、その年の1月1日現在で固定資産課税台帳に所有者として登録されている者なので、固定資産税を全額支払った後に年の途中でその土地や建物を譲渡したとしても原則として税金は還付されない。   適切

4 住宅用地について、200㎡以下の部分は、固定資産税評価額が6分の1に、200㎡超の部分は、固定資産税評価額が3分の1に軽減され、軽減後の評価額に固定資産税が課税される。   適切

解答・解説

1 問題文の通り。なお、実際の取得費が不明な場合だけでなく、実際の取得費が譲渡収入金額の5%以下の場合でも譲渡収入金額×5%を取得費とすることができる。   適切

2 譲渡した年の1月1日において所有期間が5年以下の場合は短期譲渡所得、5年超であれば長期譲渡所得となる。実際の保有期間で区分されるわけではない。   不適切

3 個人が不動産を売買した場合のその資産の取得日は、原則、譲渡資産の引渡しを受けた日となる。ただし、売買契約の効力発生日とすることも可能。なお、相続や贈与により不動産を取得した場合は、相続や贈与のあった日ではなく、被相続人（亡くなった者）や贈与者（贈与をした者）が取得した日が取得日となる。   適切

4 建物の取壊し費用、仲介手数料や立退料などは譲渡費用となるが、譲渡した建物の固定資産税や都市計画税等の維持管理費は譲渡費用とはならない。   適切

5
章

不動産■学科

居住用財産の譲渡の特例

□□□ **27** 居住用財産を譲渡した場合の3,000万円の特別控除の特例（以下「本特例」という）に関する次の記述のうち、誤っているものはどれか。

1 居住用財産にかかる譲渡所得の金額の計算において、本特例と「居住用財産を譲渡した場合の軽減税率の特例」のいずれの要件も満たす場合は、重複して適用を受けることができる。

2 全床面積の90％が自己の居住用部分である店舗併用住宅とその敷地を譲渡し、3,000万円の譲渡益があった場合、本特例の適用を受けることによる特別控除額は2,700万円が限度である。

3 居住の用に供さなくなった日以後３年を経過する日の属する年の12月31日までの家屋の譲渡について、本特例の適用対象となる。

4 夫婦で共有し、かつ居住している居住用財産（土地と建物）を譲渡し、本特例の適用を受ける場合、譲渡所得の金額の計算において、夫婦それぞれが最高3,000万円を控除することができる。

□□□ **28** 居住用財産を譲渡した場合の3,000万円の特別控除の特例（以下「本特例」という）及び居住用財産の譲渡による軽減税率の特例（以下軽減税率の特例）に関する次の記述のうち、最も適切なものはどれか。なお、各選択肢において、適用を受けるために必要とされる他の要件等はすべて満たしているものとする。

1 譲渡した年の１月１日において所有期間が10年以下の居住用財産を譲渡した場合、本特例の適用を受けることはできない。

2 居住用財産を配偶者に譲渡した場合であっても、本特例の適用を受けることができる。

3 ５年前に本特例の適用を受けた者が、本年に他の居住用財産を譲渡した場合、その譲渡について本特例の適用を受けることができる。

4 譲渡した居住用財産の所有期間が５年を超えている場合、本特例の適用後の金額に軽減税率の特例を適用することができる。

27 2級テキスト P398-401

1 本特例と「居住用財産を譲渡した場合の軽減税率の特例」は重複して適用を受けることができる。「居住用財産を譲渡した場合の軽減税率の特例」は、譲渡した年の1月1日において所有期間が10年を超えていることが要件。したがって、この条件等を満たす場合は、重複して適用を受けられる。 正しい

2 店舗併用住宅であっても、居住用部分が90%以上であるときは全体を居住用とみなし、3,000万円まで控除を受けられる。 誤り

3 居住しなくなった日以後3年を経過した年の12月31日までに譲渡することが本特例の適用要件とされている。 正しい

4 土地と建物が夫婦の共有名義となっている場合、条件を満たしていれば共有者それぞれが最高3,000万円まで(合計6,000万円まで)控除を受けることができる。 正しい

---

28 2級テキスト P398-401

1 「本特例」の適用要件に、所有期間による制限はなく、短期譲渡の場合でも適用を受けられる。 不適切

2 配偶者および直系血族など、特別関係者への譲渡の場合は「本特例」は適用されない。 不適切

3 「本特例」は3年に1度、適用可能(譲渡した年の前年または前々年にすでに「本特例」を受けている場合は適用できない)。したがって、5年前に「本特例」の適用を受けた者であっても適用を受けられる。 適切

4 譲渡した居住用財産の所有期間が10年を超えている場合、「本特例」の適用後の金額に軽減税率の特例を適用することができる。なお、軽減税率は譲渡所得のうち、6,000万円以下の部分については、14.21%(復興税込み)、6,000万円超の部分は、20.315%(復興税込み)、となる。 不適切

5
章

不動産■学科

□□□ **29** 特定居住用財産の譲渡や買換え等に関する次の記述のうち、最も不適切なものはどれか。

1 「特定居住用財産の買換え特例」の適用要件として、譲渡する居住用財産の所有期間が譲渡した年の1月1日で10年を超えていること、および譲渡者の居住期間が通算で10年以上あることとなっている。
2 「特定居住用財産の買換え特例」を適用した場合、買換え資産は譲渡資産の取得時期は引き継ぐが、取得費は引き継がない。
3 「特定居住用財産の買換え特例」の適用要件として、譲渡資産の対価額が1億円以下であることがある。
4 「特定居住用財産の買換え特例」は、「居住用財産の譲渡による3,000万円の特別控除」とは併用できず、どちらか一方を選択する。

- -

□□□ **30** 被相続人の居住用財産（空き家）に係る譲渡所得の特別控除の特例に関する次の記述のうち、最も適切なものはどれか。

1 「空き家に係る譲渡所得の特別控除の特例」の適用を受けるためには、一定の耐震基準を満たした家を譲渡することが要件となっており、更地にして譲渡する場合は適用されない。
2 相続人の数が3人以上いる場合であっても、「空き家に係る譲渡所得の特別控除の特例」の要件を満たしていれば、相続人各人が最高3,000万円までの控除を受けることができる。
3 「空き家に係る譲渡所得の特別控除の特例」の適用を受けるためには、相続の開始があった日の翌年12月31日までに譲渡しなければならない。
4 「空き家に係る譲渡所得の特別控除の特例」の適用を受けるためには、相続した家屋について、1981年5月31日以前に建築された家屋であること、譲渡価額が1億円以下であることなどの要件を満たす必要がある。

1 この特例の適用要件として、譲渡する居住用財産の所有期間が譲渡した年の1月1日で10年を超えていること、および譲渡者の居住期間が通算で10年以上あることとなっている。

適切

2 買換え資産は譲渡資産の取得費は引き継ぐが、取得時期は引き継がない。したがって、買換え資産を取得後譲渡する場合には短期譲渡所得になることが多いので注意が必要。

不適切

3 譲渡資産の対価額（売却額）が1億円以下であることが要件。

適切

4 「特定居住用財産の買換え特例」は「居住用財産の譲渡による3,000万円の特別控除」や「居住用財産の譲渡による軽減税率の特例」とは併用できず、どちらかを選択する。

適切

---

1 一定の耐震基準を満たした空き家を譲渡した場合や、譲渡した年の翌年2月15日までに新耐震基準に適合するようリフォームした場合および建物を除去して更地にして譲渡した場合も適用される。

不適切

2 相続人の数が3人以上いる場合、控除額は相続人1人あたり最高2,000万円までになる。相続人の数が2人までであれば1人あたり3,000万円まで控除される。

不適切

3 「空き家に係る譲渡所得の特別控除の特例」の適用を受けるためには、相続の開始があった日から3年を経過する年の12月31日までに譲渡しなければならない。

不適切

4 適用を受けるための主な要件として、1981年5月31日以前に建築された家屋であることや譲渡価額が1億円以下であること以外に、相続時に、被相続人以外住んでいなかったこと、区分所有建物（分譲マンション）でないことなどがある。

適切

5
章

不動産 ■ 学科

不動産の有効活用と証券化

□□□ 31 不動産の有効活用に関する記述のうち、最も不適切なものはどれか。

1 事業受託方式は、デベロッパーが企画立案、建設、運営管理等の業務を請け負って賃貸事業を行うが、建設資金等の借入や調達は土地所有者が行う。

2 等価交換方式は、賃貸資産等の取得について借入金を負いたくない場合には有効な手法であるが、デベロッパーに土地の一部または全部を譲渡する必要がある。

3 土地信託方式は、土地所有者が自分の土地を保有したまま、自らが企画立案や資金調達を行い、賃貸事業を行う方法のことである。

4 建設協力金方式とは、土地所有者がテナントから建設資金の全部または一部を借り受けてビルや店舗等を建設する方式である。

- -

□□□ 32 不動産の投資判断および有効活用の手法の一般的な特徴に関する次の記述のうち、最も適切なものはどれか。

1 定期借地権方式では、土地所有者が自己の土地上に建設される建物の所有名義人となり、当該土地と建物を一定期間貸し付けることにより地代・賃料収入を得ることができる。

2 土地信託方式には、賃貸事業から配当収入を受け取ることを目的とする貸付型土地信託と、分譲マンションなどを建築し売却することを目的とする処分型土地信託がある。

3 サブリース契約とは建物の所有者と不動産会社との間における不動産の賃貸借契約のことをいい、通常、不動産会社が所有者から建物を一棟丸ごと借り上げ、不動産会社が管理・運営し、建物の所有者に賃料を支払う仕組みである。

4 マスターリース契約とは不動産会社がアパート等の賃貸住宅を所有者から一括借り上げし、その不動産について入居者と賃貸借契約を結ぶ契約である。

31 2級テキスト P406-408　　　　　　　　　　　　　　　　　　　解答 3

1 事業受託方式は、土地所有者が自分の土地を保有したまま、デベロッパー（不動産開発業者）に企画立案、建物の設計などを一括して委託し賃貸事業などを行う方法で、土地所有者自身が建設資金等の借入や調達を行う。　適切

2 等価交換方式は、土地所有者が土地を出資（譲渡）し、その土地の上にデベロッパーが自らの資金で建物を建て、建物費用と土地代の割合に応じて両者が完成した建物を所有する方式。なお、等価交換方式では、土地だけではなく、借地権や底地も対象になる。　適切

3 問題文は自己建設方式の説明。土地信託方式は、土地所有者が土地を信託銀行に預けて、配当金等の受益権を受け取り、信託銀行が企画や資金調達など賃貸事業を行う方法のことである。信託期間中の土地や建物は信託銀行の名義となる。　不適切

4 問題文の通り。建設協力金方式では、土地所有者に相続が発生した場合、土地は貸家建付地、建物は貸家として相続税の課税金額が計算される。　適切

> ※土地の有効活用の方式には、その他に定期借地権方式がある。この方式は、土地に定期借地権を設定し、その土地を貸すことで有効活用する方法。一般に収入は他の方式による収益よりも低い。なお、借地期間中の建物の名義は借地権者、土地の名義は土地所有者となる。

32 2級テキスト P406-410　　　　　　　　　　　　　　　　　　　解答 2

1 定期借地権方式は、定期借地権を設定した土地を貸すことで土地を有効活用する方法。借地期間中の土地上の建物の名義は借主（借地権者）となる。　不適切

2 問題文の通り。なお、土地信託方式では、信託銀行が企画立案や運営管理を行う。なお、信託期間中の土地や建物は信託銀行名義となっている。　適切

3・4 3と4の問題文はマスターリース契約とサブリース契約の説明が逆になっている。なお、マスターリース契約とサブリース契約では、不動産の管理や入居者との対応は不動産会社が行うので管理の手間が省けるといったメリットがある。　不適切

5章

不動産■学科

□□□ **33** 不動産の有効活用および投資判断に関する次の記述のうち、最も不適切なものはどれか。

1 定期借地権方式では、土地所有者は土地を一定期間貸し付けることによる地代収入を得ることができるが、当該土地上に建設する建物の資金調達は土地所有者が行う。
2 不動産の有効活用として駐車場の経営を行う場合、借地権や借家権などの問題が起こることは少ないが、税制面での減税措置が少ない。
3 レバレッジ効果とは、借入金を増やして不動産等を購入することで、自己資金に対する投資利回りを上昇させることである。
4 IRR法は、不動産投資の内部収益率が投資家の期待収益率を上回っている場合に、その投資は有効と判断できる。

□□□ **34** 不動産の投資分析及び鑑定評価方法に関する次の記述のうち、最も不適切なものはどれか。

1 不動産投資におけるデュー・デリジェンスとは、投資対象の経済的・物理的・法律的な面について、詳細な調査を行うことをいう。
2 NPV法（正味現在価値法）において、投資不動産の収益の現在価値の合計が投資額の現在価値を上回っている場合、その投資には価値がないとみなされる。
3 NOI利回りは不動産の収益性を図るための指標で、年間純収益を総投資額で除して求める。
4 原価法は、通常、既成市街地の土地の価格を評価する場合は適用できない。

1 定期借地権方式では、土地の名義は土地所有者のままで、土地所有者は土地を一定期間貸し付けることによる地代収入を得ることができ、当該土地上に建設する建物の資金調達は借地人が行う。したがって、建物は借地人名義となる。　　不適切

2 駐車場の経営を行う場合、借地権や借家権などの問題が起こることは少ないが、固定資産税の評価額や相続税評価額など税制面で、賃貸アパート等を建てた場合に比べて課税標準が高いので、税金が割高となる。　　適切

3 問題文の通り。なお、レバレッジ効果が有効となるのは、投資による利益率が借入金の利率を上回っている場合である。　　適切

4 問題文の通り。IRR法は、DCF法の1つで投資家の期待収益率と投資の内部収益率を比較する方法である。　　適切

---

1 デュー・デリジェンスとは、投資対象となる土地の経済的・物理的・法律的な面について、専門家が詳細な調査を行うことをいう。　　適切

2 NPV法は不動産投資から得られる収益の現在価値の合計と投資した金額の現在価値の合計を比較する方法で、不動産から得られる収益の現在価値の合計の方が上回っている場合は、投資価値があると判断できる。　　不適切

3 NOI利回り（純利回り）

$$= \frac{年間総収入 - 諸経費}{総投資金額（自己資金 + 借入金）} \times 100 で算出する。$$　　適切

4 既成市街地では、新しく同じものを購入した場合の価格（再調達原価）の算定が難しいため、通常、原価法は適用できない。　　適切

5
章

不動産 ■ 学科

6章 相続・事業承継

 贈与税の基本

□□□ **1** 贈与等に関する次の記述のうち、最も不適切なものはどれか。

1 贈与とは、当事者の一方が自己の財産を無償で相手方に与える意思を表示し、相手方がこれを受諾することによって成立する諾成契約である。

2 書面による贈与契約は、贈与の履行前であっても、原則として撤回することができない。

3 負担付贈与とは、一定の財産を贈与するとともに、受贈者に一定の負担（債務）を負わせる贈与であり、贈与財産の価額から負担額を控除した価額に贈与税が係る。

4 死因贈与は、贈与者の死亡により効力が生ずる贈与であり、その受贈財産は贈与税の課税対象となる。

- -

□□□ **2** 贈与税の課税に関する次の記述のうち、最も不適切なものはどれか。

1 借金等の債務の免除を受けたことによる経済的利益は、贈与税の対象となる。

2 法人の所有する不動産を、その法人に所属する個人が時価より著しく低い価額の対価で譲り受けた場合には、その不動産の時価と対価の差額相当額が法人から贈与されたものとして、贈与税の課税対象となる。

3 親が保険契約者（＝保険料負担者）、子が被保険者および満期保険金受取人である生命保険契約について、子が満期保険金を受け取った場合には、その満期保険金相当額が親から贈与されたものとして、贈与税の課税対象となる。

4 扶養義務者から生計を一にする子へ通常必要とされる生活費等として贈与した現金を、その子が生活費等にあてず株式等への投資にあてた場合には、その現金が贈与されたものとして、贈与税の課税対象となる。

解答・解説

1 2級テキスト P418-419

解答 4

1 贈与とは、当事者の一方が自己の財産を無償で相手方に与える意思を表示
し、相手方がこれを受諾することによって成立する諾成契約である。

適切

2 贈与契約は口頭と書面によるものがある。原則として、書面による贈与契
約は、相手が撤回することに承諾した場合を除いて、撤回できない。なお、
書面によらない贈与契約の場合、履行していない部分（財産を引き渡して
いない部分）についてはいつでも取り消すことができる。また、夫婦間の
贈与契約は、第三者の権利を侵害しない限り、婚姻期間中はいつでも一方
から取り消すことができる。

適切

3 問題文の通り。なお、催告しても（要求しても）受贈者が負担に相当する
債務を履行しない場合、贈与者は贈与契約を解除できる。

適切

4 死因贈与により財産を取得した場合は、贈与税の対象ではなく相続税の対
象となる。また、死因贈与は、書面によるものであっても、贈与者はいつ
でも撤回できる。

不適切

2 2級テキスト P420-421

解答 2

1 借金等の債務の免除を受けたことによる経済的利益は、みなし贈与財産と
され、贈与税の対象となる。

適切

2 法人から贈与を受けた財産は個人（従業員の場合）の給与とみなされ、所
得税が課税される。なお、個人が個人に財産を低額で譲渡した場合は、時
価との差額に贈与税が課される。

不適切

3 生命保険で保険料負担者以外の者が満期保険金を受け取った場合は、保険
料を負担した者からの贈与とみなされる。

適切

4 親（扶養義務者）から生計を一にする子へ通常必要とされる生活費や教育
費等として援助した現金は贈与税の対象とならないが、その子が株式等へ
の投資にあてた場合には、その現金が贈与されたものとして、贈与税の課
税対象となる。

適切

6章

相続・事業承継■学科

贈与税の申告と納付

□□□ **3** 贈与税の配偶者控除の特例（以下「本特例」という）に関する次の記述のうち、最も不適切なものはどれか。

1 贈与日時点で婚姻期間が20年以上の配偶者から居住用不動産の贈与を受けた場合、一定の要件を満たせば、最高2,000万円の控除の適用を受けることができる。

2 本特例の適用要件として、贈与を受けた者がその贈与を受けた年の翌年3月15日までに居住の用に供し、その後も引き続き居住の用に供する見込みであることがあげられる。

3 本特例を適用した贈与にかかる贈与者と離婚し、他の者と再婚した場合において、再婚相手から受けた贈与についても、要件を満たしていれば、本特例の適用を受けることができる。

4 本特例の適用を受けた者が、その受贈後3年以内にその贈与者の死亡により相続財産を取得した場合、本特例の適用を受けた金額に相当する額は、相続税の課税価格に加算される。

- -

□□□ **4** 相続時精算課税制度（住宅取得等資金贈与の特例は除く）に関する次の記述のうち、誤っているものはどれか。

1 相続時精算課税制度を選択した受贈者は、この制度にかかる贈与者の相続時に、この制度の適用を受けた贈与財産の贈与時の価額を相続財産の価額に加算して計算した相続税額から、すでに支払った贈与税相当額を控除して、納付すべき相続税額を算定する。

2 相続時精算課税制度の適用対象者は、贈与があった年の1月1日において、贈与者については60歳以上の父母または祖父母、また、受贈者については贈与者の推定相続人である1月1日現在18歳以上の子（代襲相続人を含む）および孫のうち18歳以上である者に限定されている。

3 相続時精算課税制度をいったん選択しても、その対象となる贈与者からのその後の贈与について、暦年課税に変更することができる。

4 相続時精算課税制度の特別控除額は110万円の基礎控除額を除いて、累計で2,500万円であり、2,500万円を超えた額に対して、一律20％の税率で贈与税が課税される。

3 📖 **2級 テキスト P424-425** **解答** 4

1 本特例は、婚姻期間が贈与日において20年以上である配偶者からの国内にある居住用不動産および敷地やその購入資金の贈与を受けた場合に、その財産についての贈与税の課税価格から最高2,000万円を控除することができる。なお、配偶者への贈与では贈与税の基礎控除の110万円とあわせて、2,110万円までが非課税となる。 適切

2 贈与を受けた者がその贈与を受けた年の翌年3月15日までに居住し、その後も引き続き居住する見込みであることが要件の1つである。 適切

3 同じ配偶者間では本特例は1回しか適用を受けられないが、再婚した場合は配偶者が異なるので新たに適用を受けることができる。 適切

4 本特例の適用を受けた居住用財産等のうち2,000万円までの部分は、相続税の生前贈与加算の対象から除外され、相続税は課税されない。また、贈与者が贈与した年に死亡した場合も、本特例の適用を受けた財産は2,000万円までは相続財産とはならず、相続税は課税されない。 不適切

- -

4 📖 **2級 テキスト P426-430** **解答** 3

1 相続財産に加算されるのは、相続時の価額ではなく、贈与時の価額である。なお、相続時精算課税制度の適用を受けて支払った贈与税額が相続税額より多く、相続税額から控除しきれない場合は、その控除しきれない贈与税額の還付を受けることができる。 正しい

2 適用対象者は、贈与があった年の1月1日において、贈与者については60歳以上の父母か祖父母、また、受贈者については贈与者の推定相続人である1月1日現在18歳以上の子（代襲相続人を含む）および孫のうち18歳以上である者。 正しい

3 いったん相続時精算課税制度を選択した場合は、その対象となる贈与者からのその後の贈与について暦年課税に変更することや取消しすることはできない。 誤り

4 毎年110万円までの基礎控除額を除いて、累計で2,500万円までの贈与については課税されないが、2,500万円を超える贈与については、超えた金額に対して一律20％の税率で課税される。なお、毎年110万円までの贈与は非課税になり、申告も不要で、暦年贈与の110万円の非課税とは別枠となる。また、生前贈与加算の対象とならないので、相続財産に加算する必要はない。 正しい

6 章

相続・事業承継 ■ 学科

教育資金の一括贈与の非課税

□□□ **5** 教育資金の一括贈与を受けた場合の非課税措置に関する次の記述のうち、最も不適切なものはどれか。

1 教育資金の一括贈与において、贈与者は直系尊属、受贈者は前年の合計所得金額が1,000万円以下の30歳未満の子や孫である。
2 教育資金の一括贈与において、学校の授業料等に使われる場合、1人あたり2,000万円（学校以外の教育関連に支払われる場合はうち、500万円）までの贈与が非課税となる。
3 教育資金の一括贈与を受けた資金が、30歳になった時点で残っていた場合、原則、その資金は贈与税の対象となる。
4 教育資金の一括贈与をした贈与者が死亡した場合、その死亡日における残額が原則、相続税の対象となる。

結婚・子育て資金の一括贈与の非課税

□□□ **6** 直系尊属からの結婚・子育て資金の一括贈与に対する非課税措置に関する次の文章のうち、最も適切なものはどれか。

1 対象となる受贈者は、18歳以上45歳未満の子や孫である。
2 子育てに使用する場合、1人あたり1,000万円、結婚資金に使用する場合、1人あたり500万円までが非課税となる。
3 適用期間中に贈与者が死亡した場合、その時点での残額は相続税の対象となるが、受贈者が贈与者の子以外の者である場合、相続税額の2割加算の対象となる。
4 この制度と贈与税の暦年課税制度（110万円まで非課税）は併用できない。

解答・解説

解答 2

1 贈与者は父母や祖父母等の直系尊属、受贈者は贈与契約日に30歳未満の子や孫である。ただし、受贈者の前年の合計所得金額が1,000万円を超えている場合は対象とならない。

`適切`

2 学校に支払われる場合、1人あたり1,500万円（学校以外の学習塾等への支払いの場合はうち、500万円）までの一括贈与が非課税となる。ただし、23歳以上の者については、学校以外に支払われる場合、教育訓練給付金の支給対象となる教育訓練の受講費に限定され、習い事等の費用は500万円の非課税の範囲から除外される。

`不適切`

3 問題文の通り。なお、30歳時点で教育訓練給付の対象となる授業を受講中の場合は、40歳時点での残額に課税される。

`適切`

4 問題文の通り。なお、贈与された者が子以外の者の場合、相続税の2割加算の対象になる。

`適切`

解答・解説

解答 3

1 対象となる受贈者は、前年の所得が1,000万円以下の18歳以上50歳未満の子や孫。

`不適切`

2 子育ての場合は1,000万円、結婚資金の場合は300万円までが非課税。

`不適切`

3 適用期間中に贈与者が死亡した場合、残額には相続税がかかるが、受贈者が贈与した者の子以外である場合、相続税額の2割加算の対象となる。

`適切`

4 結婚・子育て資金の贈与の非課税制度は、贈与税の暦年課税、直系尊属から住宅取得等資金贈与の非課税措置、直系尊属からの教育資金の贈与の非課税措置、相続時精算課税とあわせて適用を受けることができる。

`不適切`

6章
相続・事業承継■学科

住宅取得等資金の贈与の非課税

□□□ **7** 直系尊属からの住宅資金の贈与の非課税措置に関する次の文章のうち、最も不適切なものはどれか。

1 直系尊属からの住宅資金の贈与を受け、その後、直系尊属が贈与から7年以内に亡くなった場合でも、贈与財産は相続財産に加算されない。

2 直系尊属からの住宅資金の贈与を受けた場合、その贈与者については暦年課税制度（贈与税の基礎控除）を併せて適用を受けることができない。

3 直系尊属から住宅取得等資金の贈与を受けた年分の所得税に係る合計所得金額が2,000万円を超える受贈者は、本特例の適用を受けることができない。

4 「直系尊属から住宅取得等資金の贈与を受けた場合の非課税措置」の対象となる住宅の床面積は原則40㎡以上240㎡以下で、2分の1以上が居住用であることとなっている。

相続の基本／相続人と相続分

□□□ **8** わが国の相続の基本に関する次の記述のうち、正しいものはどれか。

1 日本国内に住所がある者から、相続により財産を取得した者は、国内外のすべての財産が相続税の課税対象となる。

2 被相続人からその生前に相続時精算課税制度の適用を受けて財産を贈与された個人は、被相続人から相続または遺贈により財産を取得していない場合には、相続税の納税義務者とならない。

3 民法上の親族とは、配偶者、6親等内の血族および2親等内の姻族をいう。

4 相続発生時に相続人となるべき、兄弟姉妹がすでに死亡していたとき、その兄弟姉妹の子には代襲相続は認められない。

解答・解説

7 2級 テキスト P430

解答 2

1 暦年課税により贈与された場合、その後、直系尊属が贈与から7年以内に亡くなった場合、贈与財産は相続財産に加算されるが、「直系尊属からの住宅資金の贈与の非課税措置」の適用を受けた場合、贈与財産は相続財産に加算されない。なお、生前贈与加算の期間は、2026年12月以前に相続が発生した場合は相続開始前3年以内となっている。 適切

2 直系尊属からの住宅資金の贈与を受けた場合でも、その贈与者については暦年課税制度（贈与税の基礎控除）や相続時精算課税制度を併せて適用を受けることができる。 不適切

3 直系尊属から住宅取得等資金の贈与が適用される受贈者は、贈与を受けた年の合計所得金額が2,000万円以下の者である。なお、贈与者である直系尊属には、配偶者の父母等は含まれない。 適切

4 「直系尊属から住宅取得等資金の贈与を受けた場合の非課税措置」の対象となる住宅の床面積は40㎡以上240㎡以下で、2分の1以上が居住用であることが要件。ただし、贈与された者の合計所得金額による制限があり、合計所得金額が1,000万円以下の者の場合は、住宅の床面積は40㎡以上240㎡以下、合計所得金額が1,000万円超、2,000万円以下の者の場合は50㎡以上240㎡以下となっている。 適切

解答・解説

8 2級 テキスト P426、432-435、436

解答 1

1 国内に住所がある者から相続や遺贈により財産を取得したときは、国内外すべての財産が相続税の対象となる。 正しい

2 相続時精算課税制度は、将来、相続が発生した時点で、贈与財産と相続財産を合算して税金を再計算する仕組みであるため、その被相続人から相続または遺贈により財産を取得していない場合でも、納税義務者として贈与された財産は贈与時の価額で相続税が計算され、すでに支払った税額との差額を支払う（支払った税額の方が多ければ還付される）。 誤り

3 民法上の親族とは、配偶者、6親等内の血族（自分と血縁関係がある側）および3親等内の姻族（配偶者と血縁関係がある側）をいう。 誤り

4 相続人となるべき、兄弟姉妹がすでに死亡していたとき、その兄弟姉妹の子（被相続人の甥と姪）までに限り、代襲相続は認められている。 誤り

6
章

相続・事業承継■学科

□□□ **9** 民法上の養子に関する次の記述のうち、正しいものはどれか。

1 普通養子縁組は、実親が亡くなった場合、養親のみから相続が可能であり、実親からは相続できない。
2 普通養子縁組および特別養子縁組において、養親になることができるのは20歳以上の者に限られる。
3 特別養子縁組では、養子となる者は10歳未満で、原則として実の父母の同意が必要である。
4 普通養親縁組は、養親と養子の同意があれば、実親の同意はなくても成立する。

- -

□□□ **10** 下記の親族関係図における被相続人の相続にかかる民法上の相続人と法定相続分として、正しいものはどれか。なお、子Aは相続の放棄をしている。

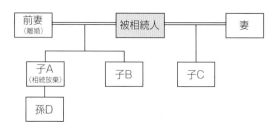

1 妻　4分の1、　前妻　4分の1、　孫D　6分の1、　子B　6分の1、
　 子C　6分の1
2 妻　2分の1、　前妻　6分の1、　子B　6分の1、　子C　6分の1
3 妻　2分の1、　子B　4分の1、　子C　4分の1
4 妻　2分の1、　孫D　6分の1、　子B　6分の1、　子C　6分の1

1 普通養子縁組は、実親との親子関係はそのままで、新たに養親との親子関係を結ぶ養子縁組。実親が亡くなった場合にも養親が亡くなった場合にも、各4人から相続する権利がある。一方、特別養子縁組の場合、養親からのみ相続できる。　　　誤り

2 普通養子縁組では、養親になることができるのは20歳以上の者で、養子より年上の者に限られる。特別養子縁組では、養親の年齢は25歳以上の者となっている。夫婦のどちらかが25歳以上であれば、一方は20歳以上であれば可能。　　　誤り

3 特別養子縁組では、養子となる者は15歳未満で、原則として実の父母の同意が必要。　　　誤り

4 普通養子縁組は、養親と養子の同意があれば成立するので、実親の同意は不要。なお、未成年（配偶者の連れ子は除く）を養子にする場合、家庭裁判所の許可が必要。　　　正しい

- -

①配偶者は常に相続人となるが、正式な婚姻関係がある配偶者のみなので、前妻は相続人ではない。

②子Bは前妻との間の子であるが、被相続人の正式な子（嫡出子）である。

③子Aは相続放棄しているので、最初から相続人でなかったとみなされる。したがって、孫Dは代襲相続人ではない。

④したがって、このケースの場合、相続人は妻（配偶者）、子B、子Cの3人となる。

⑤配偶者と子（2人）が相続人なので、法定相続分は配偶者2分の1、子2分の1となる。子が2人いるので、2分の1を均等割し（2分の1×2分の1）、子Bと子Cは各4分の1となる。

□□□ **11** 下記の親族関係図における被相続人の相続にかかる民法上の相続人と法定相続分として、正しいものはどれか。

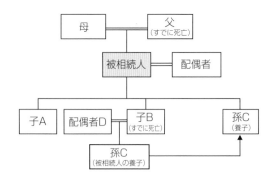

1 配偶者 2分の1、 子A 4分の1、 孫C（養子）4分の1
2 配偶者 2分の1、 子A 6分の1、 孫C（養子）3分の1
3 配偶者 2分の1、 子A 5分の1、 孫C（養子）10分の3
4 配偶者 2分の1、 子A 3分の1、 孫C（養子）6分の1

□□□ **12** 相続人の範囲と順位に関する次の記述のうち、最も不適切なものはどれか。

1 実子と養子および嫡出子と非嫡出子の相続分は同じである。
2 子が相続を放棄し、他に子がいない場合、通常、被相続人の直系尊属で有る父母が相続人となる。
3 相続を放棄した者の子や相続欠格や廃除された者の子は代襲相続人になることができない。
4 兄弟姉妹の1人が亡くなった場合、被相続人と父母の一方のみを同じくする兄弟姉妹の相続分は、父母の双方を同じくする兄弟姉妹の相続分の2分の1である。

11 📖 2級 テキスト P436-440 　　　　　　　　　　　　　　　　　　　　　　解答 2

①相続人は配偶者、子Aおよびすでに死亡している子Bの代襲相続人である孫Cの3人。
②孫Cは被相続人の養子にもなっているので、二重身分となり、被相続人の子としての相続分も発生する。なお、実子と養子の相続分は同じ。
③第1順位の子が相続人としているので、第2順位の母は法定相続人ではない。
④配偶者と子が相続人なので、法定相続分は配偶者2分の1、残り2分の1を子Aと子Bの代襲相続人である孫Cおよび被相続人の養子でもある孫Cで均等割する（子が3人いることになる）。
⑤配偶者2分の1、子A6分の1（2分の1×3分の1）、孫Cの相続分は代襲相続人としての受取り分（6分の1）と養子としての受取り分（6分の1）をあわせて6分の2（3分の1）となる。

- -

12 📖 2級 テキスト P436-440 　　　　　　　　　　　　　　　　　　　　　　解答 3

1 実子と養子の相続分は同じ。また、非嫡出子（正式な婚姻関係のない男女間の子）と嫡出子の相続分も同じ。　　　　　　　　　　　　　　適切

2 第1順位の子が相続を放棄した場合、子は相続人でなかったことになるので、第2順位の父母（直系尊属）が相続人となる。父母等の直系尊属がいない場合は、第3順位の兄弟姉妹が相続人となる。　　　　　　適切

3 相続を放棄した者は最初から相続人ではなかったことになるので、その者の子は代襲相続人となれないが、相続人が相続欠格や廃除の場合は、その者の子は代襲相続人になることができる。
なお、代襲相続人の相続分は、本来の相続人の相続分と同じ。　　　不適切

4 被相続人と父母の一方のみを同じくする兄弟姉妹（異父異母兄弟：半血兄弟姉妹ともいう）の相続分は、父母の双方を同じくする兄弟姉妹（全血兄弟姉妹）の相続分の2分の1である。　　　　　　　　　　　　　　適切

□□□ 13 成年後見制度に関する次の記述のうち、最も適切なものはどれか。

1 法定後見制度には、本人の判断能力の程度によって、後見、保佐の2種類がある。

2 成年後見人は、成年被後見人が自ら行った法律行為について、日用品の購入その他日常生活に関する行為を除き、取り消すことができる。

3 任意後見の契約を結ぶ場合は、公正証書等の書面によって締結しなければならない。

4 任意後見人になることができるのは、配偶者や親族に限られる。

相続の承認と放棄

□□□ 14 相続の承認と放棄に関する次の記述のうち、最も不適切なものはどれか。

1 相続の放棄や限定承認をする場合には、相続の開始を知った日から3か月以内に家庭裁判所に申述書を提出する必要がある。

2 相続の放棄をする前に、相続人が相続財産の全部または一部を処分した場合は単純承認したものとみなされる。

3 相続の放棄をした場合には、相続財産を相続できず、被相続人の死亡による死亡保険金も受け取ることはできない。

4 被相続人の生前に相続放棄の申請をすることはできない。

13 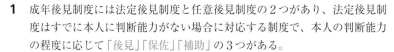 P444　　　　　　　　　　　　　　　　　　　　解答 2

1 成年後見制度には法定後見制度と任意後見制度の２つがあり、法定後見制度はすでに本人に判断能力がない場合に対応する制度で、本人の判断能力の程度に応じて「後見」「保佐」「補助」の３つがある。　　　　不適切

2 成年後見人は、成年被後見人（精神上の障害により判断能力を欠く者）が行った行為の中で、日常生活に関する行為（日用品の購入など）を除き、その他の法律行為（不動産の売買契約など）を取り消すことができる。　　　適切

3 任意後見制度は、まだ本人に判断能力が十分あるうちに、将来に備えて任意後見人を選任する制度で、契約は必ず公正証書で締結しなければならない。　　　　　　　　　　　　　　　　　　　　　　　　　　　　　不適切

4 任意後見制度で任意後見人になることができるのは、配偶者や親族だけでなく、弁護士などの第三者でもなることができ、資格は不要である。　　　不適切

解答・解説

14 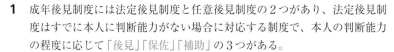 P445-446　　　　　　　　　　　　　　　　　　　解答 3

1 相続の放棄や限定承認を行う場合、相続の開始を知った日から３か月以内に家庭裁判所に申述書を提出する。なお、相続の放棄は単独で可能だが、限定承認は相続人全員が共同して行う必要がある。　　　　　　　　適切

2 相続放棄する前に相続人が相続財産の全部または一部を処分した場合は単純承認したものとみなされる。その他、相続の開始を知ったときから３か月以内に、相続放棄や限定承認しなければ、単純承認したとみなされる。　　適切

3 相続の放棄をした者でも生命保険の死亡保険金（みなし相続財産）を受け取ることはできる。ただし、相続放棄した場合、死亡保険金の非課税枠（500万円×法定相続人の数）の適用を受けることはできない。　　　　　　不適切

4 相続の放棄は、被相続人の生前（相続開始前）に申請することはできない。なお、遺留分については家庭裁判所の許可を得れば、相続開始前でも放棄可能（相続開始後は家庭裁判所の許可なく放棄できる）。　　　　　　　適切

6章

相続・事業承継■学科

遺産分割

□□□ **15** 遺産の分割に関する次の記述のうち、最も適切なものはどれか。

1 代償分割は、現物分割が困難な場合に、共同相続人が家庭裁判所に申し立て、その審判を受けることで認められる分割方法である。
2 被相続人は遺言で10年を超えない期間を定めて、遺産分割を禁止できる。
3 相続人が受け取った死亡保険金については、他の相続財産とあわせて、遺産分割協議の対象となる。
4 遺言により遺産分割の方法等が指定されていても、共同相続人全員の協議による合意があるときは、遺言とは異なる分割方法によることができる。

遺言と遺留分

□□□ **16** 遺言に関する次の記述のうち、最も不適切なものはどれか。

1 満15歳以上であれば、未成年であっても法定代理人の同意を得たうえで遺言をすることができる。
2 公正証書遺言の作成費用は、相続財産の額により異なる。
3 秘密証書遺言は、証人2人以上の立会いが必要である。
4 遺言は単独行為であり、夫婦共同の遺言は認められない。

- -

□□□ **17** 遺言に関する次の記述のうち、最も不適切なものはどれか。

1 遺言書を作成した後に、その内容に抵触するような行為や財産の処分などを遺言者がしたときは、抵触する部分については、遺言が撤回されたとみなされる。
2 秘密証書遺言の検認は、その遺言書の内容が有効か無効かを家庭裁判所が判断する手続きである。
3 自筆証書遺言の要件として、原則として遺言者が遺言の本文、日付および氏名を自書し、これに押印することが必要である。
4 公正証書遺言については、相続開始後、家庭裁判所の検認を受ける必要はない。

解答・解説

15 2級テキスト **P447-449**　　　　　　　　　　　　　　　　　　　　**解答** 4

1 代償分割は、特定の相続人が財産を取得し、代わりに自分の所有する固有財産（現金など）を他の相続人に支払う方法であり、家庭裁判所の審判は不要。なお、他の相続人に支払われた代償財産は相続税の対象。　　**不適切**

2 遺言することで、5年を超えない期間であれば、遺産分割を禁止できる。　**不適切**

3 死亡保険金は、保険金を受け取った者の固有財産とみなされ（みなし相続財産）、遺産分割協議の対象にならない。　　　　　　　　　　　　**不適切**

4 共同相続人全員の協議による合意があれば、遺言（指定分割）による分割方法と異なる分割をすることや、法定相続分と異なる分割も可能。　　**適切**

解答・解説

16 2級テキスト **P450-453**　　　　　　　　　　　　　　　　　　　　**解答** 1

1 遺言は、満15歳以上で意思能力があれば、未成年であっても法定代理人の同意なしにすることができる。　　　　　　　　　　　　　　　**不適切**

2 公正証書遺言の作成費用は、相続財産の額により異なる。　　　　　**適切**

3 秘密証書遺言および公正証書遺言は、証人2人以上の立会いが必要。なお、その相続に関して利害のある者（利害関係人）や未成年は証人になれない。　**適切**

4 遺言は単独行為であり、夫婦共同の遺言は認められない。　　　　　**適切**

- -

17 2級テキスト **P450-454**　　　　　　　　　　　　　　　　　　　　**解答** 2

1 遺言の内容に抵触するような行為や財産の処分などを遺言者がしたときは、抵触する部分については、遺言が撤回されたとみなされる。　　　　**適切**

2 検認は、遺言書に偽造や変造などがないかを確認する証拠保全の手続きであり、遺言の実体上の有効性を判断するものではない。　　　　　**不適切**

3 パソコン・テープレコーダーなどで作成した自筆証書遺言は原則、無効。ただし、財産目録を別紙として添付する場合は、財産目録の作成は自筆以外のパソコン等でも可能（本文は必ず自書する）。　　　　　　　**適切**

4 公正証書遺言については、遺言書は公証役場に保管されており偽造や変造などが行われることがないため、家庭裁判所の検認は不要。
※自筆証書遺言は検認が必要だが、法務局で保管されている場合は不要。　**適切**

6
章

相続・事業承継 ■ 学科

□□□ **18** 遺留分に関する次の記述のうち、最も不適切なものはどれか。

1 遺留分が認められるのは、配偶者、子（代襲相続人を含む）、直系尊属であり、兄弟姉妹には認められない。
2 遺言により相続人の遺留分を侵害した場合、その遺言は効力を失い、無効となる。
3 遺留分の割合は、相続人が直系尊属である父母のみの場合には相続財産の3分の1、その他の場合は2分の1である。
4 遺留分侵害額請求権は、原則として相続の開始および遺留分が侵されたことを知った日から1年以内に行使しないと消滅する。

 相続税の仕組み

□□□ **19** 相続税の課税財産に関する次の記述のうち、最も不適切なものはどれか。

1 相続の開始前7年以内に被相続人からの暦年贈与を受けた財産があった場合でも、被相続人の死亡により相続や遺贈による財産を取得しない者は、原則としてその贈与財産の額は相続税の対象とならない。
2 被相続人の死亡後、5年以内に支給が確定した死亡退職金は、相続税の課税対象となる。
3 被相続人が生前に売却していた不動産は、相続時に購入者へ所有権移転登記がなされていない場合であっても、相続税の課税対象には含まれない。
4 相続開始の年に、被相続人から贈与を受けている場合は、贈与税ではなく、相続税の課税対象となる。

1 兄弟姉妹は遺留分権利者ではないので、遺留分は認められない。　適切

2 遺留分を侵害した遺言がなされても、遺言自体は無効ではない。したがって、遺留分を侵害された相続人は、遺留分侵害額請求を行い、遺留分を侵害されている金額については、金銭で支払うよう請求できる。なお、遺留分侵害額請求は裁判で請求する必要はなく、対象者に郵便等で通知すれば足りる。　不適切

3 遺留分の割合は、相続人が直系尊属である父母のみの場合には相続財産の3分の1、その他（配偶者のみ、子のみ、配偶者と子）の場合は2分の1。　適切

4 遺留分侵害額請求権の期限は、原則、相続の開始および遺留分が侵害されたことを知った日から1年。または、時効により相続開始から10年を経過するとその権利は消滅する。　適切

解答・解説

1 暦年贈与により贈与財産を取得した場合でも、相続や遺贈により財産を取得しなければ、相続税の課税対象にならない（生前贈与加算の対象にならない）。また、贈与税の配偶者控除の特例の適用を受けた財産も2,000万円までは相続税の課税価格に加算されない。　適切

2 被相続人の死亡後、3年以内に支給が確定した死亡退職金は相続税の課税対象になる。なお、3年を経過している場合は、受け取った遺族の一時所得になる。　不適切

3 所有権移転登記の有無にかかわらず、被相続人がすでに譲渡した不動産は相続税の対象にならない。反対に被相続人が購入した不動産で被相続人への所有権移転登記がなされていない（被相続人の名義になっていない）場合でも、相続税の課税対象となる。　適切

4 相続開始の年に、被相続人から贈与を受けている場合は、その贈与財産は贈与税ではなく、原則として相続税の課税対象となる。
ただし、「直系尊属から住宅取得等資金の贈与を受けた場合の非課税措置」や「贈与税の配偶者控除の特例」等の適用を受けた財産は相続税の対象とはならない。　適切

6章
相続・事業承継 ■ 学科

□□□ **20** 相続税の非課税財産および債務控除等に関する次の記述のうち、誤っているものはどれか。

1 契約者および被保険者が被相続人である生命保険の死亡保険金を相続人が受け取った場合、500万円×法定相続人の数までの金額は非課税となる。

2 相続により受け取った死亡保険の非課税金額の計算をする場合、法定相続人に相続を放棄した者がいても、法定相続人の中に含めて計算する。

3 遺族が会社から受け取る弔慰金については、業務上の死亡の場合は、死亡時の被相続人の給与（賞与は除く）の36か月分が非課税となる。

4 遺言執行費用は、相続税を計算するうえで、相続財産から債務控除できる。

□□□ **21** 相続の債務控除と葬儀費用等に関する次の記述のうち、正しいものはどれか。なお、被相続人、相続人の住所は日本国内とする。

1 被相続人の未払いの医療費を相続人が支払った場合、債務控除の対象とならない。

2 相続人が支払った初七日等の法要費用は相続財産から控除できない。

3 被相続人の未払いとなっている住民税を相続人が支払った場合、その金額については債務控除の対象とはならない。

4 被相続人が生前に購入した墓石や墓地の未払金を相続人が支払った場合、債務控除の対象になる。

1 問題文の通り。なお、死亡保険金は相続を放棄した者でも受け取れるが、その場合、この非課税制度の適用はない。 正しい

2 生命保険の非課税金額の計算をする場合、法定相続人に相続を放棄した者がいても、法定相続人の中に含めて計算する。 正しい

3 弔慰金については、業務上の死亡の場合は、死亡時の被相続人の給与（賞与は除く）の36か月分、業務外の死亡の場合は6か月分が非課税となる。 正しい

4 債務控除の対象となるのは、原則として相続発生時に確定している債務。弁護士に支払う遺言執行費用は、相続開始後に新たに発生する費用なので、債務控除の対象にはならない。 誤り

---

1 被相続人の未払いの医療費を相続人が支払った場合、債務控除の対象。 誤り

2 初七日、四十九日等の法要費用や香典返しの費用は控除の対象とならない。なお、通夜・本葬儀の費用、埋葬費やお布施、戒名料などは控除の対象となる。 正しい

3 被相続人の未払いのままとなっている所得税、住民税や固定資産税を相続人が支払った場合は、債務控除の対象となる。 誤り

4 墓地・墓石や仏壇などの非課税財産の未払金は、債務控除の対象ではない。 誤り

6
章

相続・事業承継■学科

相続税の計算

□□□ **22** 下記は死亡した東さんの親族関係図である。東さんの相続にかかる相続税の課税価格の合計額が1億5,000万円である場合における課税遺産総額として、正しいものはどれか。

1 　0円
2 　6,000万円
3 　9,000万円
4 　9,600万円

□□□ **23** 下記の親族関係図において、2024年4月の西さんの死亡により、妻A、弟Bのいずれも相続により財産を取得した。この場合における納付すべき相続税額に関する次の記述のうち、最も不適切なものはどれか。

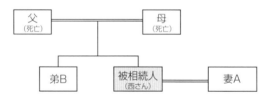

1 妻Aが西さんの相続開始前7年以内に西さんから「贈与税の配偶者控除の特例」の適用を受けて財産（1,000万円）を取得していた場合、妻Aの納付すべき相続税額の計算においては、その贈与額分を相続財産の課税価格に加算する必要はない。
2 妻Aが、「配偶者に対する相続税の税額軽減」の適用を受けた場合、妻Aの相続税の課税価格が1億6,000万円以下であれば、妻Aにかかる相続税の納付税額は算出されない。
3 妻Aの納付すべき相続税額の計算において、「配偶者に対する相続税の税額軽減」の適用を受けるための要件として、相続開始時における西さんとの婚姻期間が20年以上でなければならない。
4 弟Bの納付すべき相続税額の計算においては、相続税額の2割加算の適用がある。

解答・解説

22 📖 2級テキスト **P462** 解答 4

課税遺産総額は、相続税の課税価格の合計額から相続税の基礎控除額を除いた額。

基礎控除額は、3,000万円＋（600万円×法定相続人の数）で求める。

このケースでの、法定相続人は妻A、実子B、実子C、養子DまたはEのうち1人の計4人。

　基礎控除額＝3,000万円＋（600万円×4人）＝5,400万円

　課税遺産総額＝1億5,000万円－5,400万円＝9,600万円

〈法定相続人の数のポイント〉
・相続を放棄した者も、法定相続人として数える
・被相続人に実子がいる場合、養子は1人まで法定相続人として数える。実子がいない場合は、養子は2人までを法定相続人として数える
・特別養子縁組の場合は、実子として扱う

---

23 📖 2級テキスト **P456‒457、462‒466** 解答 3

1 相続の開始前7年以内（2026年12月以前の贈与については3年以内）に被相続人からの贈与を受けた財産については、原則として相続時に相続税の課税財産に加算される（生前贈与加算）が、贈与税の配偶者控除の特例の適用を受けた財産については、2,000万円までは相続財産に加算されない。なお、一定の条件のもとでなされた「教育資金の一括贈与」、「結婚・子育て資金の一括贈与」、「直系尊属からの住宅資金の贈与」、「相続時精算課税の110万円の基礎控除」についても生前贈与加算の対象にならない。 <適切>

2 「配偶者に対する相続税の税額軽減」の適用を受けた場合、1億6,000万円以下、あるいは妻の法定相続分以下であれば相続税はかからない。したがって妻Aの相続税の課税価格が1億6,000万円以下であれば相続税はかからない。さらに、法定相続人が配偶者1人の場合、「配偶者に対する相続税の税額軽減」の適用を受けることで、相続税は生じない。ただし、その場合でもこの特例の適用を受けるためには、申告は必要。 <適切>

3 「配偶者に対する相続税の税額軽減」の適用要件に婚姻期間に関する規定はなく、婚姻1年目でも適用される。 <不適切>

4 相続税の2割加算の対象は、被相続人の1親等の血族（親、子およびその代襲相続人である孫など）および配偶者以外の者が対象。したがって、弟Bは2親等なので2割加算が適用される。 <適切>

6 章

相続・事業承継■学科

相続税の申告と納付

□□□ **24** 相続税の納税対策等に関する次の記述のうち、最も適切なものはどれか。

1 相続税の納付については、金銭による一括納付が困難な場合には、延納することができるが、延納期間は最長10年で、相続税額が10万円を超えることが要件でもある。

2 相続税額を超える価額の財産による物納申請は、一切認められない。

3 相続時精算課税制度の適用を受けた受贈財産は、物納財産から除かれる。

4 「小規模宅地等の相続税の課税価格の特例」の適用を受けた宅地を物納する場合の収納価額は、原則として特例適用前の価額となる。

- -

□□□ **25** 相続税の申告および納付に関する次の記述のうち、最も不適切なものはどれか。

1 相続税の申告書は、相続の開始があったことを知った日の翌日から10か月以内に被相続人の死亡時の住所地を管轄する税務署に提出するが、相続税の納付期限も同じである。

2 申告期限までに物納申請書を提出すれば、質権、抵当権などの担保の目的になっているものも物納できる。

3 被相続人に一定額以上の所得があった場合、相続人は相続の開始があったことを知った日の翌日から4か月以内に確定申告しなければならない。

4 延納期間中であっても、金銭での一括納付への変更は可能である。

解答・解説

24 2級テキスト **P467-469**　　　　　　　　　　　　　　　　　　　　　　解答 3

1　相続税の延納期間は5年から最長20年で相続税額が10万円を超えることが
　要件。延納期間には利子税がかかる。なお、延納期間が20年となるのは、
　相続財産の大半が不動産であった場合など。　　　　　　　　　　　　　不適切

2　相続税額より物納財産の価額の方が高い場合は、超過物納として認められ、
　差額は金銭で還付される。ただし、還付される部分に関しては所得税・住
　民税の課税対象となる。　　　　　　　　　　　　　　　　　　　　　　不適切

3　相続時精算課税制度の適用を受けて贈与された財産は、物納にあてること
　はできず、物納財産から除かれる。　　　　　　　　　　　　　　　　　　適切

4　小規模宅地等の特例の適用を受けた宅地を物納する場合の収納価額（国が
　引き取る価格）は、原則として特例適用後の価額（減額された価額）であ
　る。　　　　　　　　　　　　　　　　　　　　　　　　　　　　　　　不適切

---

25 2級テキスト **P467-469**　　　　　　　　　　　　　　　　　　　　　　解答 2

1　相続税の申告書の提出期限と相続税の納付期限は同じであり、原則として
　相続の開始があったことを知った日の翌日から10か月以内に被相続人の死
　亡時の住所地の税務署に提出する。なお、贈与税の申告は翌年の2月1日
　から3月15日までに、贈与された者の居住地の税務署に行う。　　　　　　適切

2　質権、抵当権などの担保の目的になっているものは物納できない。　　　不適切

3　被相続人に一定額以上の所得があった場合、相続人は相続の開始があった
　ことを知った日の翌日から4か月以内に確定申告しなければならない。こ
　れを準確定申告という。　　　　　　　　　　　　　　　　　　　　　　　適切

4　問題文の通り。また、延納が困難になった場合は、相続税の申告期限から
　10年以内に限り延納から物納への変更も可能。　　　　　　　　　　　　　適切

6
章

相続・事業承継■学科

相続財産の評価

□□□ **26** 相続税における宅地等の評価に関する次の記述のうち、最も不適切なものはどれか。

1 宅地の相続税の評価額は、登記上の一筆の宅地ごとに評価が行われる。
2 路線価方式とは、市街地にある宅地を評価する方式で、宅地が接する道路ごとに定められた路線価を基準に、宅地の位置・形状等により調整をして評価額を求める方式である。
3 倍率方式とは、路線価が定められていない地域にある宅地を評価する方法で、固定資産税評価額に地域ごとに国税局が定める倍率を掛けて評価額を求める方式である。
4 相続税において宅地の評価に用いる路線価は、国税庁が毎年1月1日を基準日として7月上旬ごろ公表している。

- -

□□□ **27** 下記の路線価により評価するA宅地の相続税評価額として正しいものは次のどれか。なお、「相続税の小規模宅地等の特例」については考慮する必要はない。A宅地は市街地にあるものとする。

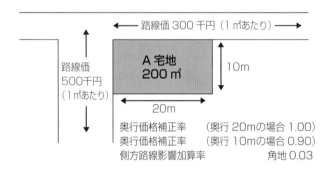

1 6,180万円　　**2** 6,270万円　　**3** 1億108万円　　**4** 1億162万円

解答・解説

解答 1

1 宅地の相続税評価額は1画地の宅地ごとに評価される。1画地とは宅地を
利用する場合の単位のこと。   不適切
2 路線価方式とは、市街地にある宅地を評価する方式で、宅地が接する道路
ごとに定められた路線価を基準にして、宅地の位置・形状等による調整率
を用いて評価額を求める方式。なお、1㎡あたり1,000円単位で表示される。   適切
3 倍率方式とは路線価が定められていない地域にある宅地を評価する方法で、
固定資産税評価額に地域ごとに国税局が定める倍率を掛けて評価額を求め
る方式。   適切
4 相続税評価額（路線価）は国税庁が毎年1月1日を基準日として7月上旬
ごろ公表している。評価水準は公示価格の80％程度。   適切

解答 4

各路線価に奥行価格補正率を掛けて、価額が高い方が正面路線価となり、低い方が側方
路線価とみなされる。

50万円×1.00＝50万円 ＞ 30万円×0.90＝27万円

よって、正面路線価は50万円となる。

> 角地で2つの道路に面している宅地の評価額＝（正面路線価×奥行価格補正率＋側方
> 路線価×奥行価格補正率×側方路線影響加算率）×地積（面積） より、

（50万円×1.0＋30万円×0.90×0.03）×200㎡＝1億162万円

6章

相続・事業承継■学科

□□□ **28** 宅地の相続税評価に関する次の記述のうち、誤っているものはどれか。

1 貸宅地の評価額は、原則として「自用地評価額×（1－借地権割合）」で算出する。

2 貸家建付地の評価額は、原則として「自用地評価額×（1－借地権割合×借家権割合）」で算出する。

3 借地権の評価額は、原則として「自用地評価額×借地権割合」で算出する。

4 使用貸借されている宅地は、原則として自用地評価額で評価する。

□□□ **29** 不動産の相続税評価額に関する次の記述のうち、最も不適切なものはどれか。

1 Aさんの弟が、Aさんの土地を権利金や地代を支払わずにAさんから借りて、その土地に賃貸アパートを建てた場合、そのアパートの敷地の評価は貸宅地として評価する。

2 Bさんの死亡により配偶者であるCさんが相続した財産の中に、貸家があった場合、貸家は固定資産税評価額×（1－借家権割合×賃貸割合）で評価する。

3 Dさんが自分の宅地に賃貸アパートを建設した場合、その賃貸アパートの敷地の価額は貸家建付地として評価する。

4 自宅や事務所となっている自用家屋は、固定資産税評価額で評価する。

解答 2

1 貸宅地とは借地権が設定されている宅地なので、その分、相続税評価額は自用地評価額より低くなります。貸宅地の評価額＝自用地評価額×（1－借地権割合）となる。 正しい

2 貸家建付地の評価額＝自用地評価額×（1－借地権割合×借家権割合×賃貸割合）。貸家建付地とは、例えば、所有している宅地にアパートを建て、他人に貸し付けている状態の宅地のことをいう。 誤り

3 借地権の評価額＝自用地評価額×借地権割合 正しい

4 問題文の通り。なお、使用貸借とは、例えば親が自分の宅地を無償で子どもに貸し付けている状態の宅地のことをいう。 正しい

解答 1

1 弟がAさんの土地を権利金や地代を支払わずにAさんから借りて、その土地に賃貸アパートを建てた場合は使用貸借にあたり、その場合の宅地の評価は自用地評価額となる。その他、青空駐車場としている宅地も自用地評価額で評価する。 不適切

2 貸家の評価額＝固定資産税評価額×（1－借家権割合×賃貸割合） 適切

3 Dさんが自分の宅地に賃貸アパートを建設した場合、その賃貸アパートの敷地の価額は貸家建付地として評価する。 適切

4 自宅や事務所、店舗となっている自用家屋の評価額は、固定資産税評価額で評価され、3年ごとに見直しされる。 適切

6章

相続・事業承継■学科

□□□ **30** 相続財産を評価する場合の小規模宅地等の評価減の特例に関する次の記述のうち、最も適切なものはどれか。

1 特定事業用宅地等のみ適用を受ける場合には、400㎡までの部分について50％相当額が減額できる。

2 特定居住用宅地等のみ適用を受ける場合は、400㎡までの部分について80％相当額が減額できる。

3 賃貸アパートの敷地のみ適用を受ける場合は、200㎡までの部分について80％相当額が減額できる。

4 被相続人の居住用の宅地を配偶者が取得した場合、相続税の申告期限までその宅地を所有していなくても、特定居住用宅地等とみなされる。

金融資産等の財産の評価

□□□ **31** 金融資産等の相続税評価に関する次の記述のうち、最も適切なものはどれか。

1 金融商品取引所に上場されているＥＴＦ等の上場投資信託の価額は、課税時期の最終価格によって評価する。

2 定期預金の価額は、課税時期における預入高に、解約した場合の経過利子の額（源泉徴収税相当額と復興税控除後）を加えた金額で評価する。

3 取引相場のあるゴルフ会員権の評価は、原則として課税時期の通常の取引価額の80％で評価する。

4 生命保険契約に関する権利の評価額は、契約している保険金額である。

小規模宅地等の評価減の特例

	区分	対象面積	減額割合	
1	特定事業用宅地等	400㎡	80%	不適切
2	特定居住用宅地等	330㎡	80%	不適切
3	不動産貸付に供されている宅地 （賃貸アパートなど）	200㎡	50%	不適切
4	配偶者が取得した場合は、無条件で特定居住用宅地等とみなされる。			適切

※上記以外に、特定同族会社事業用宅地等については、400㎡までにつき相続税評価額が80%減額される。また、特定事業用宅地等と特定居住用宅地等がある場合、あわせて730㎡までが評価減の対象となる

解答・解説

31 2級テキスト **P478~479** 解答 2

1 上場投資信託（ETF）や上場不動産投資信託（J－REIT）の相続税評価額は、上場株式に準じて評価し、課税時期の終値および課税時期以前3か月間の各月の終値の平均の中で最も低い価格で評価する。 不適切

2 定期預金の場合、「課税時期の預金の残高＋経過利子－源泉徴収額（復興税込み）」で評価する。なお、普通預金等で経過利子が少ないものは、課税時期における預入高により評価する。 適切

3 取引相場のあるゴルフ会員権の評価は、課税時期の通常の取引価額の70%で評価する。 不適切

4 生命保険契約に関する権利の相続税評価額は、課税時期の解約返戻金相当額である。 不適切

6章

相続・事業承継■学科

取引相場のない株式（自社株）の評価

□□□ **32** 取引相場のない株式の相続税評価に関する次の記述のうち、最も不適切なものはどれか。

1 同族株主のいる会社で、株式の取得者が同族株主でない場合は、特例的評価方式である配当還元方式で評価する。

2 類似業種比準方式による株価は、類似業種の株価と、各比準要素（配当、利益、純資産）に関する、評価対象会社と上場会社との比率を用いて算定するが、配当、利益、純資産の比重は、1：3：1で計算される。

3 類似業種比準方式では、一般的に収益が高く、配当が多い会社ほど評価額が高くなる。

4 総資産の大半を土地や株式が占める会社は特定評価会社となり、原則として同族株主が取得した場合、純資産価額方式で評価する。

解答・解説

1 同族株主以外の者が取得した株式の評価は特例的評価方式である配当還元
方式で評価する。なお、配当還元方式とは、過去2年間の平均配当金を割
引率で割戻して株価を評価する方式。　　　　　　　　　　　　　　　適切

2 類似業種比準方式による株価は、各比準要素（1株あたりの配当金額、1
株あたりの利益金額、1株あたりの純資産価額）に関する、評価対象会社
と上場会社との比率を用いて算定するが、配当、利益、純資産の比重は、1：
1：1で計算される。　　　　　　　　　　　　　　　　　　　　　　不適切

3 類似業種比準方式では、一般的に収益が高く、配当が多い会社ほど評価額
は高くなる。　　　　　　　　　　　　　　　　　　　　　　　　　　適切

4 総資産の大半を土地や株式が占める会社（土地保有特定会社や株式保有特
定会社）の株式は、同族株主が相続により取得した場合、原則として純資
産価額方式で評価する。その他に開業後3年未満の会社や開業前・休業
中・清算中の会社の株式の評価も純資産価額方式で評価する。　　　　適切

6章

相続・事業承継■学科

事業承継対策と相続対策

33 会社を経営しているＡさんによる生命保険を活用した事業承継対策および相続対策に関する次の記述のうち、最も不適切なものはどれか。なお、Ａさんの推定相続人は妻Ｂさん、長男（事業承継者）、長女である。

1 事業用資産を相続する長男に相続財産が偏るため、長男から長女への代償分割資金の準備として、契約者および死亡保険金受取人を長男、被保険者をＡさんとする終身保険に加入し、保険料相当額を長男に生前贈与すると有効である。

2 相続の開始前から長女に財産の移転をするため、契約者および死亡（満期）保険金受取人を長女、被保険者をＡさんとする養老保険に加入し、保険料相当額を長女に生前贈与する。

3 Ａさんの死亡後に妻Ｂさんが死亡して二次相続が発生した場合の相続税の納税資金を準備するため、契約者をＡさん、被保険者を長男、死亡保険金受取人を妻Ｂさんとする長期契約の定期保険に加入する。

4 相続税にかかる死亡保険金の非課税枠を活用するため、契約者および被保険者をＡさん、死亡保険金受取人を長男とする終身保険に加入する。

---

34 中小企業のオーナー経営者の事業承継対策に関する次の記述のうち、最も不適切なものはどれか。

1 事業承継対策として、自社株の評価を下げる、オーナーの自社株の持株数を減らす、退職金規定や弔慰金規定により納税資金を捻出する等が考えられる。

2 オーナー経営者に対する役員退職金の支給には、その会社の純資産額を減少させ、その会社の株式類似業種比準方式による評価額の引き下げ効果がある。

3 従業員持株会を設立し、オーナーの保有する株式の一定割合を持株会に譲渡することは、オーナーの持ち株数が減るので、事業承継対策としてあまり有効ではない。

4 事業承継対策の目的としては、自社株を後継者へスムーズに引き渡すことや、自社株の評価額の引き下げが主な目的であるが、納税資金の確保も必要である。

解答・解説

33 [2級テキスト] P484-488　　　　　　　　　　　　　解答 3

1 本問の契約形態であれば死亡保険金は相続税の課税対象財産（みなし相続財産）とはならず、長男の一時所得となる。死亡保険金は現金で全額長男に支払われるので、長女へその現金を支払うことで代償分割資金として活用できる。　　**適切**

2 契約者および死亡（満期）保険金受取人を長女、被保険者をAさんとする養老保険に加入し、保険料相当額を長女に生前贈与することで、長女に財産を効率的に移転できる。　　**適切**

3 Aさんの配偶者が死亡した場合の二次相続対策としては、契約者Aさん、被保険者を妻Bさんとし、死亡保険金受取人を長男として契約する必要がある。　　**不適切**

4 契約者および被保険者をAさん、死亡保険金受取人を長男や配偶者および長女等とする終身保険に加入することで、死亡保険金はみなし相続財産となり、死亡保険金の非課税枠（500万円×法定相続人の数）の活用が可能。　　**適切**

---

34 [2級テキスト] P484-488　　　　　　　　　　　　　解答 3

1 事業承継対策として、自社株の評価を下げる、オーナー自身の自社株の持株数を減らす、生命保険の活用や退職金規定や弔慰金規定により納税資金を捻出する等が考えられる。　　**適切**

2 役員退職金の支給は内部留保（企業の保有している資産）を減少させる効果があるため、純資産価額はもちろん、類似業種比準価額についても1株あたりの利益金額および純資産価額が減少することにより、株式の評価額の引き下げ効果がある。　　**適切**

3 従業員持株会を設立し、オーナーの保有する株式の一定割合を持株会に譲渡することで、必要最低限の株式を後継者に引き渡すことが可能になり、相続税も軽減される。さらに従業員に株式を保有させることで、第三者に株式を保有されるリスクも同時に軽減されるので、事業承継対策として有効である。　　**不適切**

4 生命保険等を活用して、納税資金を準備することは、事業承継対策の1つとして大変重要である。　　**適切**

□□□ **35** 中小企業における経営の承継の円滑化に関する法律による「遺留分に関する民法の特例」（以下「本特例」という）に関する次の記述のうち、最も不適切なものはどれか。

1 本特例の適用を受けるためには、原則として、遺留分を有する後継者の3分の2以上の書面による合意が必要である。

2 本特例の適用を受けるためには、合意について経済産業大臣の確認を受けた日から一定期間内にした申立てにより、家庭裁判所の許可を得ることが必要である。

3 除外合意とは、後継者が旧代表者からの贈与等により取得した所定の株式等について、その価額を遺留分を算定するための基礎財産の価額に算入しない旨の合意をいう。

4 固定合意とは、遺留分を算定する基礎財産に算入する自社株の価額を合意時の時価に固定することができることをいう。

□□□ **36** 中小企業および個人事業主における円滑な事業承継のための方策に関する次の記述のうち、最も不適切なものはどれか。

1 オーナー経営者が保有する自社株式を役員である後継者が取得する際の後継者の資金負担が心配される場合、あらかじめ、後継者の役員報酬を増やす等により相当の金融資産を確保しておく方策が考えられる。

2 事業承継対策については、オーナー経営者の相続が発生してからでは取り得る対策が限られてしまうため、長期的な視野に立って早い時期から検討することが望ましい。

3 青色申告の承認を受けていた個人事業主から特定事業用資産を贈与により取得し、事業を継続する場合、贈与税が全額猶予されるので、事業継承上、有効な方法である。

4 自社株式は、法人税の課税所得金額を基礎として評価されるため、課税所得金額がマイナスである会社の自社株評価額はゼロとなることから、その移転時に納税資金負担が問題となることはない。

1 「遺留分に関する民法の特例」の適用を受けるには、遺留分がある後継者
と現経営者の全員の書面による合意が必要。　　　　　　　　不適切

2 「遺留分に関する民法の特例」の適用を受けるには、後継者が経済産業大
臣の確認と家庭裁判所の許可を受ける必要がある。　　　　　適切

3 除外合意とは、後継者が贈与により取得した自社株式を、遺留分を算定す
る基礎財産価額に算入しないとする合意のことをいう。　　　適切

4 固定合意とは、後継者に生前贈与された自社株式について、遺留分を算定
する基礎財産価額に算入する価格を合意したときの時価で固定することを
いう。　　　　　　　　　　　　　　　　　　　　　　　　　適切

6
章

相続・事業承継■学科

36 **P480、484-488**　　　　　　　　　　　　　　　　　　**解答** 4

1 オーナー経営者が保有する自社株式を役員である後継者が取得する際、そ
の取得資金は大きな問題になるので、あらかじめ準備する必要がある。
　　　　　　　　　　　　　　　　　　　　　　　　　　　　適切

2 事業承継対策については、スムーズに行うためにも、長期的な視野に立っ
て早い時期から検討する必要がある。　　　　　　　　　　　適切

3 青色申告の承認を受けていた個人事業主から事業用の建物や一定の減価償
却資産（特定事業用資産）を相続や贈与で取得し、事業を継続する場合、
贈与税及び相続税が全額猶予される。　　　　　　　　　　　適切

4 非上場株式は、原則として配当金・利益・純資産額で評価（類似業種比準
方式）するため、法人税の課税所得金額がマイナスであっても、多額の純
資産を持つ法人であれば、株式を後継者に移転するときに納税資金負担が
必要になることもある。　　　　　　　　　　　　　　　　　不適切

補足問題

□□□ 37 次の記述のうち、最も不適切なものはどれか。

1 民法上、親族とは6親等内の血族、配偶者および3親等内の姻族をいう。
2 相続開始時に胎児であった者は、相続権が発生しない。
3 配偶者が死亡した場合でも、義理の父母との姻族関係は継続する。
4 婚姻可能な年齢は男女ともに18歳である。

- -

□□□ 38 次の記述のうち、最も不適切なものはどれか。

1 民法上、婚姻期間が20年以上の夫婦間で、居住用の不動産の贈与や遺贈があった場合、その不動産については、特別受益の対象とならず、遺産分割の対象から除外できる。
2 遺産分割が終了する前であっても、被相続人の預貯金を1金融機関につき上限150万円まで払い戻すことが可能である。
3 自筆証書遺言を法務局で保管する場合でも、相続発生後は家庭裁判所での検認が必要である。
4 自筆証書遺言において、財産目録を別紙とする場合は財産目録については自筆以外のパソコンなどで作成することができる。

解答・解説

37 📖 **P432−437**　　　　　　　　　　　　　　　　　　**解答** 2

1 民法上、親族とは6親等内の血族、配偶者および3親等内の姻族のことをいう。なお、3親等内の親族には相互に扶養義務がある。　　　適切

2 相続開始時に胎児であった者でも、死産でない限り相続権がある。　　　不適切

3 配偶者が死亡した場合でも、姻族関係終了届を提出しない限り、義理の父母との姻族関係は継続する。　　　適切

4 民法改正により、成人年齢が18歳に引き下げられ、婚姻可能な年齢も男女ともに18歳になった。　　　適切

38 📖 **P443、451、458**　　　　　　　　　　　　　　　　**解答** 3

1 民法上、婚姻期間が20年以上の夫婦間で、居住用の不動産の贈与や遺贈があった場合、その不動産については、特別受益の対象とならず、遺産分割の対象から除外できる。
この特例により、配偶者が受け取る財産は増加する。　　　適切

2 遺産分割が終了する前であっても、1金融機関あたり150万円を上限として、預金額の3分の1×各相続人の法定相続分の額まで払い戻し、葬儀費用等に充てることが可能。　　　適切

3 自筆証書遺言を法務局で保管することが可能になり、その場合、家庭裁判所での検認は不要。　　　不適切

4 自筆証書遺言では、財産目録を別紙として添付する場合は、財産目録は自筆以外のパソコンや代筆などで作成可能。なお、本文は自書する必要がある。　　　適切

□□□ 39 次の記述のうち、最も不適切なものはどれか。

1 特別養子縁組が成立した場合、原則として養子と実方の父母と養親との両方の親の親族関係が継続する。
2 相続開始より10年以上前に生前贈与された財産は、遺留分侵害額を算出する際の算定の対象に含まれない。
3 直系血族および兄弟姉妹は、互いに扶養をする義務があるが、家庭裁判所は、特別の事情があるときは、3親等内の親族間においても扶養の義務を負わせることができる。
4 特別寄与料制度とは被相続人に対して特別の寄与があった法定相続人以外の親族が、相続人に対して一定の金銭を請求できる権利のことをいう。

□□□ 40 次の記述のうち、最も不適切なものはどれか。

1 特別寄与料の請求期限は相続の開始があったことを知った日から6か月以内、相続の開始を知らなかった場合でも相続開始から1年以内に請求しなければならない。
2 特別寄与者は、特別寄与料の額を知った日の翌日から原則1年以内に相続税の申告をしなければならない。
3 配偶者居住権は相続開始時に配偶者がその住居に住んでいることが要件の1つである。
4 配偶者居住権は居住権を保有している配偶者が亡くなった時点で消滅する。

□□□ 41 次の相続財産の相続税評価額に関する記述のうち、最も不適切なものはどれか。

1 普通預金で経過利子が少ない場合、預入高で評価する。
2 個人向け国債の場合、額面金額で評価する
3 公募型投資信託の場合、原則として課税時期の基準価額で評価する
4 外貨建ての財産の場合、課税時期のTTB（対顧客電信買相場）で円換算した価額で評価する。

1 特別養子縁組とは、実の父母との民法上の親子関係がなくなり、養親（育ての親）のみを親とする養子縁組。 不適切

2 遺留分侵害請求は、遺留分が侵害されたことを知った日から1年以内に請求しない場合、または相続開始から10年を経過した場合、時効により権利は消滅する。 適切

3 直系血族や兄弟姉妹は、互いに扶養する義務があり、原則として家庭裁判所は3親等内の親族間において扶養義務を負わせることができる。 適切

4 特別寄与料制度とは被相続人に対して生前に介護するなどの特別の寄与があった法定相続人以外の親族（特別寄与者）が、相続人に対して金銭を請求できる制度のこと。この金銭を特別寄与料といい、受け取った特別寄与料は特別寄与者の相続税の対象になる。 適切

---

1 特別寄与料の請求は相続の開始があったことを知った日から6か月以内、相続の開始を知らなかった場合でも相続開始から1年以内に請求しなければならない。 適切

2 特別寄与料は遺贈により被相続人から受け取ったものとみなされ、特別寄与者は、特別寄与料の額を知った日の翌日から原則10か月以内に相続税の申告をしなければならない。 不適切

3 配偶者居住権は相続開始時に配偶者がその住居に住んでいることや相続後に登記することなどが要件となっている。 適切

4 配偶者居住権は居住権を保有している配偶者が亡くなった時点で消滅する。したがって、その時点で配偶者居住権は相続税の対象ではなくなる。 適切

---

1 預貯金の評価額は、通常、預入残高＋源泉徴収後の経過利子で評価するが、普通預金で経過利子が少ない場合、預入高で評価する。 適切

2 個人向け国債の場合、課税時期の中途換金価額で評価する。 不適切

3 公募型投資信託の場合、原則として課税時期の基準価額で評価する。なお、解約手数料や信託財産留保額がある場合は差し引く。 適切

4 外貨建ての財産や海外にある財産の場合、課税時期のTTB（対顧客電信買相場）で円換算した価額で評価する。 適切

6章

相続・事業承継■学科

□□□ **42** 「配偶者居住権」に関する以下の記述のうち、正しいものはどれか。

1 配偶者居住権とは、相続開始時に被相続人の持家に住んでいた配偶者が、原則として10年間、その家を無償で使用できる権利のことである。
2 配偶者短期居住権とは、相続開始時に被相続人の持家に住んでいた配偶者が1年間その家に無償で住むことができる権利のことである。
3 配偶者居住権は被相続人からの遺言や遺産分割協議により配偶者が取得することができる。
4 配偶者が配偶者居住権を取得した場合、相続税は非課税となる。

□□□ **43** 「相続時精算課税制度」に関する以下の記述のうち正しいものはどれか。なお、2024年中に贈与があったものとする。

1 相続時精算課税を適用して、同年に4,000万円の贈与を受けた場合、贈与税額は300万円である。(その他の贈与はないものとする)
2 両親から贈与を受ける場合、父からの贈与について相続時精算課税を選択し、母からの贈与については暦年課税を選択することは可能である。
3 相続時精算課税の110万円までの基礎控除の適用を毎年受ける場合、毎年申告が必要である。
4 要件を満たしている場合、同一の贈与者については相続時精算課税と暦年課税の適用を同時に受けることができる。

42  **P441-443**　　　　　　　　　　　　　　　　　　　**解答** 3

1　配偶者居住権とは、被相続人の持家に住んでいた配偶者が、登記すること
　　で一生涯、その家に住むことができる権利のこと。　　　　　　　　　　**誤り**

2　配偶者短期居住権とは、被相続人の持家に住んでいた配偶者が、遺産分割
　　協議が終了するまで（最低6か月間）その家に無償で住むことができる権
　　利のこと。　　　　　　　　　　　　　　　　　　　　　　　　　　　**誤り**

3　配偶者居住権は被相続人からの遺言や遺産分割協議により配偶者が取得す
　　ることができる。　　　　　　　　　　　　　　　　　　　　　　　　**正しい**

4　配偶者居住権を相続人である配偶者が取得した場合、特別受益財産として
　　相続税の対象となる。なお、配偶者居住権は居住権を取得した配偶者が亡
　　くなったときに消滅するので、その際は相続税の対象にならない。　　**誤り**

- -

43 **P426-430**　　　　　　　　　　　　　　　　　　　　　　　　**解答** 2

1　相続時精算課税を適用して贈与された場合、2,500万円を上回る金額に
　　20%課税されるが、毎年の基礎控除額の110万円までについては除かれる。
　　したがって、贈与税額は次の算式で計算される。贈与税額＝（4,000万円－
　　110万円－2,500万円）×20%＝278万円　　　　　　　　　　　　　　**誤り**

2　両親から贈与される場合、一方からの贈与について相続時精算課税を選択
　　し、もう一方からの贈与については暦年課税を選択することは可能である。　**正しい**

3　相続時精算課税の適用を受ける場合、毎年申告が必要となるが110万円の
　　基礎控除については申告不要。また、毎年の110万円の基礎控除について
　　は、相続開始前7年以内の贈与についても相続財産に加算されない。　**誤り**

4　同一の贈与者については相続時精算課税と暦年課税の適用を同時に受ける
　　ことができない。なお、2人から贈与される場合、一方は相続時精算課税
　　の適用を受け、もう一方の贈与者については暦年課税の適用を受けること
　　は可能。　　　　　　　　　　　　　　　　　　　　　　　　　　　**誤り**

6
章

相続・事業承継■学科

□□□ **44** 贈与税の課税財産に関する次の記述のうち、最も不適切なものはどれか。

1 父が所有する土地の名義を無償で子の名義に変更した場合には、原則として、父から子に土地の贈与があったものとして贈与税の課税対象となる。

2 子が父の所有する土地を使用貸借によって借り受けて、その土地の上に賃貸アパートを建築した場合、父から子に土地の使用貸借に係る使用権の贈与があったものとして贈与税の課税対象となる。

3 子が同一年中に父と母の両方から贈与を受けた場合でも、暦年課税に係る贈与税額の計算上、課税価格から控除する基礎控除額は最高110万円である。

4 贈与契約において、書面によらない贈与における財産の取得時期は、贈与の履行があったときである。

1 親が所有する土地の名義を、無料で子へ変更した場合、親が子に土地を贈与したとみなされ、贈与税の課税対象となる。　　　適切

2 使用貸借とは親が自分の所有する土地を無償で貸し、子がその土地に家を建てるような状況をいう。使用貸借のように地代が発生していない場合、贈与税は課税されない。　　　不適切

3 同じ年に複数の人から贈与を受けた場合であっても、贈与税の基礎控除の額は、贈与者の人数にかかわらず、受贈者1人について110万円である。父からの贈与について110万円、母からの贈与についても110万円の基礎控除が適用されるわけではない。　　　適切

4 書面によらない贈与については、贈与財産の取得時期は贈与の履行があったとき（実際に贈与が実行されたとき）である。なお、書面による贈与の場合、贈与財産の取得時期は、契約書の効力が発生したとき（契約書に記載された効力発生日）である。　　　適切

6章

相続・事業承継■学科

第 2 部

実 技

1 章
ライフプランニングと資金計画

2 章
リスク管理

3 章
金融資産運用

4 章
タックスプランニング

5 章
不動産

6 章
相続・事業承継

1章 ライフプランニングと資金計画

 ## ライフプランニング／キャッシュフロー表

第1問 次の設例に基づいて、下記の各問**1**～**2**に答えなさい。

FP協会

東一郎さんはファイナンシャル・プランナー（以下、FP）に自分のライフプランについて相談した。FPはその内容をもとに下記のキャッシュフロー表を作成した。

＜キャッシュフロー表＞　　　　　　　　　　　　　　　　　　（単位：万円）

経過年数		変動率	基準年	1年後	2年後	…	5年後	6年後
収入	給与収入（本人）	1%	680	687	694	…	715	722
	収入合計	—	680	687	694	…	715	722
支出	基本生活費	1%	264	…	（ア）	…		
	住居費（賃貸）	1%	144	145	147	…	150	151
	教育費	2%	80	82			163	227
	保険料	—	35	35	35	…	35	35
	その他の支出	1%	20	40	20	…	21	21
	一時的支出	1%	50	280				
	支出合計	—	593	849		…		
年間収支		—	87	▲162		…		
貯蓄残高 （金融資産残高）		1%	700	（イ）		…		

□□□ **1** キャッシュフロー表の空欄（ア）に入る数値を計算しなさい。なお、計算結果については万円未満を四捨五入すること。

□□□ **2** キャッシュフロー表の空欄（イ）に入る数値を計算しなさい。なお、計算にあたっては、キャッシュフロー表中に記載の整数を使用すること。

学科試験同様、社会保険と公的年金からの出題が中心です。年金の受給額の考え方はしっかり覚えておきましょう。それ以外では、6つの係数を使った計算問題やキャッシュフロー表を用いたライフプランニングの考え方についても多く出題されています。とりわけ実技試験では、高額医療費の自己負担額や個人のバランスシートなどの計算問題も出題されます。なお、FP協会の試験ではFPの業務と関連法規についても、ほぼ毎回出題されます。

解答・解説

1 2級 テキスト **P16-19**　　　　　　　　　　　　　　　　　　　　**解答** 269

キャッシュフロー表の2年後の基本生活費は毎年1％（変動率）ずつ増えるものとして考えるので、

 基本生活費×（1 ＋変動率）年数 で計算する。

基準年の基本生活費は264万円、変動率は1％なので、
264万×（1 ＋0.01）^{2}＝269万3,064円
　　　　　　　　　　　≒269万円（万円未満四捨五入）

2 2級 テキスト **P16-19**　　　　　　　　　　　　　　　　　　　　**解答** 545

キャッシュフロー表の貯蓄残高（金融資産残高）は

前年末の貯蓄残高×（1 ＋運用利率）±その年の年間収支 で計算する。

前年の貯蓄残高は700万円、運用利率（変動率）は1％、その年（1年後）の年間収支は▲162万円なので、
700万円×（1 ＋0.01）－162万円＝545万円

ライフプランニング／係数表の利用

第2問 次の設例に基づいて、下記の各問**3**〜**5**に答えなさい。

FP協会 **金財・個人** **金財・生保**

西田さん（59歳）は、定年後のライフプランについて検討することにした。なお、解答にあたっては下記の係数早見表を使用し、税金は一切考慮しないこととする。また、計算結果は万円未満を四捨五入しなさい。

＜資料＞係数早見表（年利2.0％）

	終価係数	現価係数	減債基金係数	資本回収係数	年金終価係数	年金現価係数
1 年	1.020	0.980	1.000	1.020	1.000	0.980
2 年	1.040	0.961	0.495	0.515	2.020	1.942
3 年	1.061	0.942	0.327	0.347	3.060	2.884
4 年	1.082	0.924	0.243	0.263	4.122	3.808
5 年	1.104	0.906	0.192	0.212	5.204	4.713
6 年	1.126	0.888	0.159	0.179	6.308	5.601
7 年	1.149	0.871	0.135	0.155	7.434	6.472
8 年	1.172	0.853	0.117	0.137	8.583	7.325
9 年	1.195	0.837	0.103	0.123	9.755	8.162
10年	1.219	0.820	0.091	0.111	10.950	8.983

□□□ **3** 西田さんの退職金は、1,500万円の予定である。これを年複利2.0％で運用すると、5年後の元利合計金額はいくらか。

□□□ **4** 西田さんが、70歳で3,000万円を貯め、その3,000万円を年複利2.0％で運用しながら、10年間で均等に取り崩していった場合、毎年いくらずつ受け取ることができるか。

□□□ **5** 西田さんは5年後の車の買い替え資金として、100万円を準備したいと考えている。年複利2％で運用すると、毎年いくら積み立てればよいか。

解答・解説

3 **P18**　　　　　　　　　　　　　　**解答** 1,656万円

一定期間、一定の利率で元本を運用した場合の元利合計を求める場合は終価係数を使う。本問の場合、5年の終価係数1.104を元本の1,500万円に掛ける。

1,500万円×1.104＝1,656万円

4 **P19**　　　　　　　　　　　　　　**解答** 333万円

元本を一定利率で運用しながら、一定期間にわたり一定額を取り崩す場合、毎年いくら受け取れるかを計算するには、資本回収係数を使う。この場合、10年の資本回収係数0.111を元本の3,000万円に掛ける。

3,000万円×0.111＝333万円

5 **P19**　　　　　　　　　　　　　　**解答** 19万円

目標額を準備するために、毎年いくら積み立てればよいかを計算するには、減債基金係数を使う。この場合、5年の減債基金係数0.192を100万円に掛ける。

100万円×0.192＝192,000円

　　　　　　　＝19万円（万円未満四捨五入）

代表的な係数

係数	係数の使い方
終価係数	現在の元本を運用した場合、元利（元金と利息）合計が将来いくらになるのかを計算する。 将来の目標額＝現在の数値（額）×終価係数
資本回収係数	現在の元本を運用しながら、一定金額を受け取る場合、毎年いくら受け取れるかを計算する。 毎年の受取額＝現在の手持額（または借入額）×資本回収係数
減債基金係数	一定期間後に目標額を受け取る場合、毎年いくらずつ積み立てればよいかを計算する。 毎年の積立額＝将来の目標額×減債基金係数

ライフプランニング／バランスシート

≪ 設 例 ≫

西さんは、老後の生活に対して不安を持っており、現在の資産状況や生命保険の加入状況について見直しをしたいと思い、FPに相談した。

<西さんの家族構成>
　西さん（51歳）：会社員
　妻　友子さん（47歳）：専業主婦
　長男　和也さん（20歳）：学生

<西さん家族の資産状況>

	預貯金	国債	不動産
西さん	2,800万円	500万円	4,200万円（土地）
友子さん	1,300万円	300万円	1,700万円（自宅）

※住宅ローン残高800万円（西さんが債務者）、車のローン120万円（西さんが債務者）

<西さん家族の生命保険等の加入状況>

種類	契約者	被保険者	死亡保険金(満期保険)の受取人	保険金額	解約返戻金相当額
終身保険	西さん	西さん	友子さん	800万円	600万円
養老保険	西さん	西さん	友子さん	500万円	380万円

---

6 西家のバランスシートの（ア）と（イ）の金額を計算しなさい。

<西家のバランスシート> （単位・万円）

（資産）		（負債）	
・金融資産	○○○	・住宅ローン	××××
預貯金	△△△	・車のローン	××××
債券	××××	負債合計	××××
・生命保険	○○○		
・不動産	××××	純資産	（イ）
資産合計	（ア）	負債・純資産合計	○○○

解答・解説

6 2級テキスト **P21**　　　　**解答** (ア) 11,780　(イ) 10,860

西家の金融資産は、預貯金合計　　2,800万円 + 1,300万円 = 4,100万円

　　　　　　　　国債の合計　　　500万円 +　300万円 =　800万円

　　　　　　　　　　　　　　　　　　　　　　計　　4,900万円

生命保険については、現時点での解約返戻金相当額をバランスシートに記載するので、

　　　　　　　　　　　　　　　　600万円 +　380万円 =　980万円

　　　　　　　不動産の合計　4,200万円 + 1,700万円 = 5,900万円

　　　　　　　　　　　　　　　　　　　　　計　　6,880万円

資産の合計は4,900万円 + 6,880万円 = 11,780万円

また、純資産の額は資産合計から負債合計を差し引いた金額となる。

西家の負債額は、住宅ローン残高　800万円

　　　　　　　車のローン残高　120万円

　　　　　　　　　　　計　　　920万円

したがって、純資産額は11,780万円 − 920万円 = 10,860万円

以上より

（単位・万円）

(資産)		(負債)	
・金融資産		・住宅ローン	800
預貯金	4,100	・車のローン	120
債券	800		
・生命保険	980	負債合計	920
(解約返戻金相当額)			
・不動産	5,900	純資産	(イ) 10,860
資産合計	(ア) 11,780	負債・純資産合計	11,780

社会保険制度

第4問 下記の各問 **7**〜**9** に答えなさい。 FP協会 金財・個人 金財・生保

□□□ **7** 南太郎さん（55歳）は健康診断で異常を指摘され、入院して治療を受けることとなった。健康保険の高額療養費についてFPが説明した下記の空欄①に入る適切な数値を答えなさい。なお、南さんの標準報酬月額は72万円であり、1か月間の医療費は総額で90万円かかった。
※問題文にない条件は考慮しないこと

> 南さんが2024年4月1日から4月30日の1か月間入院した場合、請求により返還される高額療養費は（　①　）円となる。

【高額療養費の自己負担限度額（70歳未満の場合）】

所得区分	自己負担限度額	多数該当する場合
① 区分ア 標準報酬月額83万円以上	25万2,600円 + （総医療費 − 84万2,000円）× 1%	14万100円
② 区分イ 標準報酬月額53万円〜79万円	16万7,400円 + （総医療費 − 55万8,000円）× 1%	9万3,000円
③ 区分ウ 標準報酬月額28万円〜50万円	8万100円 + （総医療費 − 26万7,000円）× 1%	4万4,400円
④ 区分エ 標準報酬月額26万円以下	5万7,600円	4万4,400円
⑤ 区分オ 低所得者（住民税非課税世帯）	3万5,400円	2万4,600円

解答・解説

7 📖 2級テキスト **P38-40**　　　　　　　　　　　　　**解答** 9万9,180

南さんは区分イに該当するので、

自己負担限度額＝16万7,400円＋（90万円－55万8,000円）× 1 ％＝17万820円…（ア）

南さんの自己負担は医療費の 3 割なので、90万円×30％＝27万円…（イ）

実際に支払った医療費の額（イ）が自己負担限度額（ア）を上回る場合、その金額が返還される高額療養費となる。

高額療養費として返還される額＝27万円－17万820円＝ 9 万9,180円

【高額療養費のポイント】

①同一月に同一の診療を受け、自己負担限度額を超えた部分が対象

②公的医療保険の給付の対象とならない差額ベッド代や入院時の食事代および先進医療技術代は、高額療養費の計算には含まれない

③「限度額適用認定証」を医療機関の窓口に提示することで、入院費や外来の費用は自己負担限度額までとなる

④ 3 か月以上、高額療養費の支払いを受けた場合（多数該当する場合）、 4 か月目から自己負担限度額が下がる

【注意】

試験では 1 か月間にかかった医療費の総額ではなく、実際に窓口で支払った自己負担額が与えられて、高額療養費として払い戻される金額を算出する問題も出題されます。

＜例＞

窓口で支払った医療費の額が24万円（自己負担分）であった場合、高額療養費として払い戻される金額はいくらか。

この場合、自己負担額から実際にかかった医療費の総額を逆算します。

実際にかかった医療費×30％（自己負担割合）＝24万円なので、

医療費の総額＝24万円÷30％＝80万円

（区分イに該当する場合）

16万7,400円＋（80万円－55万8,000円）× 1 ％＝16万9,820円が自己負担限度額となります。

（高額療養費として払い戻される金額）

24万円－16万9,820円＝ 7 万180円

□□□ **8** 南さんが、病気のため会社を休業した場合に、南さんに健康保険から支給される傷病手当金の金額として正しいものはどれか。なお、南さんは協会けんぽの被保険者であり、記載以外の受給要件はすべて満たしているものとし、その他の要件は考慮しないものとする。

＜資料＞南さんの10月の勤務状況

15日	16日	17日	18日	19日	20日	21日	22日	23日	24日
出勤	休	休	休	休	休	休	出勤	休	休

▲
（休業開始日）

【南さんのデータ】
・標準報酬月額：72万円
・上記の休業した日の給与の支給はない
・25日以降は、通常通り出勤しており、傷病手当金支給開始から1年6か月経過後に同じ病気で休業していない

【傷病手当金の支給額】
・標準報酬日額（標準報酬月額÷30）の3分の2

1 30,000円　　**2** 50,000円　　**3** 60,000円　　**4** 80,000円

□□□ **9** 南さんが被保険者となっている健康保険（協会けんぽ）および介護保険に関する次の記述のうち、最も不適切なものはどれか。
※南さんの標準報酬月額は72万円とする（賞与はない）

1 健康保険の一般保険料率を10％とした場合、毎月の給与から南さんが支払う保険料は、3万6,000円である。
2 南さんは健康保険料と介護保険料を合わせて納めている。
3 介護保険では、介護施設での食事代や居住費用のうち、1割は自己負担である。
4 介護保険では、特別養護老人ホームへの入所は、原則、要介護3以上の認定を受けた者に限られる。

8 2級テキスト P37　　　　　　　　　　　　　　解答 4

傷病手当金は、病気やけがで仕事を連続して3日以上休んだ場合（入院していなくてもよい）に、標準報酬日額の3分の2が休みの4日目から支給される制度。最長で支給開始日から1年6か月支給される。なお、支給開始日から1年6か月以内に職場復帰し、傷病手当金が不支給となった期間があり、1年6か月経過後に再度同じ傷病で休んだ場合、支給開始から通算して1年6か月分を限度に支給される。

この問題の場合、南さんは、16日から18日にかけて3日連続で休んでいるので、4日目である19日から支給される。ただし、22日は出勤しているので支給されない。したがって、支給の対象となる日は、19日、20日、21日、23日、24日の5日間となる。

なお、標準報酬月額を30日で割った金額が標準報酬日額となる。

　1日当たりの支給額はデータより、72万円(標準報酬月額)÷30日×3分の2＝16,000円
　傷病手当金の支給額＝16,000円×5日＝80,000円

【傷病手当金の支給】

○傷病手当金が支給されるケース

休	休	休	出勤	出勤	休	休	休

連続3日の休み　　　　　　　　　　　休みの4日目から支給開始

---

9 2級テキスト P37-44　　　　　　　　　　　　　解答 3

1　協会けんぽの保険料は標準報酬月額（第1等級から第50等級）に保険料率を乗じた額（別途、賞与があった場合は賞与にも乗じる）となり、その金額を被保険者と事業主で折半する。したがって、南さんが負担する金額は、72万円（標準報酬月額）×10%÷2＝3万6,000円となる。　　適切

2　40歳以上65歳未満の者は、介護保険の第2号被保険者となり、健康保険の保険料と介護保険料を合わせて納める。南さんは55歳なので2つの保険料を合わせて納付している。　　適切

3　介護施設での食事代や居住費用は介護保険の給付の対象外となり、全額が自己負担。
なお、介護サービスを受けた場合、自己負担割合は原則1割。ただし、一定額以上の所得がある者は、所得に応じて2割〜3割負担になる。　　不適切

4　特別養護老人ホームへの入所は、原則として要介護認定3以上の者に限られ、要支援者などは入所できない。　　適切

公的年金制度

第5問 下記の問⑩に答えなさい。 　金財・個人　金財・生保

□□□ ⑩ 自営業を営むAさんは、妻Bさんとの２人暮らしである。Aさんと妻Bさんの公的年金に関する資料は、以下のとおりである。

Aさんが65歳から受給することができる老齢基礎年金の年金額を算出する計算式は、次のうちどれか。なお、年金額は2024年４月時点の価額に基づいて計算するものとする。

＜Aさんおよび妻Bさんに関する資料＞
（1）　Aさん（個人事業主）
・生年月日：1965年５月23日
〔公的年金の加入歴〕

国民年金 任意未加入期間 35月	厚生年金保険 24月	国民年金 納付済期間：384月 全額免除期間：24月 （1996年7月～1998年6月）	国民年金 納付予定 13月

20歳 　　　　　　　　　　　　　　　　　　　　　　　　　　　　　　　　　　　　60歳

（2）　妻Bさん（専業主婦）
・生年月日：1974年４月25日
・20歳から国民年金に加入し、保険料を納付している。
　※上記以外の条件は考慮せず、各問に従うこと
　　（年金額は円未満を四捨五入する）

1　$81万6,000円 \times \dfrac{421月 + 24月 \times \frac{1}{2}}{480月} = 73万6,100円$

2　$81万6,000円 \times \dfrac{421月 + 24月 \times \frac{1}{3}}{480月} = 72万9,300円$

3　$81万6,000円 \times \dfrac{456月 + 24月 \times \frac{1}{3}}{480月} = 78万8,800円$

解答・解説

⑩ 2級テキスト **P61-66**　　　　　　　　　　　　　　　　　　　　**解答** 2

65歳から受給できる老齢基礎年金の額は以下の計算による。

老齢基礎年金＝

満額の老齢基礎年金の額 × $\dfrac{\text{保険料納付済期間の月数 ＋ 保険料免除期間}}{\text{加入可能年数 × 12}}$

2024年4月時点での老齢基礎年金の満額支給額は、81万6,000円。

○Aさんの保険料納付済期間（納付予定も含める）

　24月（厚生年金加入期間）＋384月（国民年金納付済期間）＋13月（国民年金納付予定期間）＝421月

　※厚生年金保険料を納付することで、基礎年金（国民年金）の保険料も併せて納付していることになる。

また、Aさんには1988年までに保険料の全額免除期間が24月あるが、2009年3月以前の全額免除期間については、その3分の1（国庫負担割合）が保険料納付済みとしてカウントされる。したがって、24月÷3＝8月が保険料納付済みとなる（なお、2009年4月以降は、2分の1が保険料納付済み期間にカウントされる）。

以上より、421月＋8月＝429月が保険料納付済期間となる。

それ以外にAさんには任意未加入期間（1991年3月以前に学生で、国民年金に加入しなかった期間）が35月あるが、任意未加入期間は保険料納付済月数にはカウントされない。なお、任意未加入期間は年金受給資格期間としてはカウントされる。

Aさんは1941年（昭和16年）4月2日以降生まれなので、加入可能月数は480月（40年×12月）。

以上より、Aさんの老齢基礎年金の額＝81万6,000円 × $\dfrac{421月 ＋ 24月 \times \dfrac{1}{3}}{480月}$

＝72万9,300円（円未満四捨五入）

第6問 下記の問⓫〜⓬に答えなさい。 FP協会 金財・個人 金財・生保

□□□ ⓫ 北さんは大学卒業後、国民年金に加入し保険料を継続して納付しており、今後60歳になるまで納付し続けると納付月数は455月に達する。次のうち、北さんが60歳の誕生月に繰上げ受給を請求した場合の老齢基礎年金の年金額（2024年度額）の計算として、正しいものはどれか。なお、北さんの生年月日は1970年4月2日以後である。

> <年金額の端数処理>
> 計算過程においては円未満を四捨五入し、繰上げ受給の老齢基礎年金の年金額についても円未満を四捨五入する。

1 $81万6,000円 \times \dfrac{455月}{480月} \times (1 - 30\%) = 54万1,450円$

2 $81万6,000円 \times \dfrac{455月}{480月} \times (1 - 22\%) = 60万3,330円$

3 $81万6,000円 \times \dfrac{455月}{480月} = 77万3,500円$

4 $81万6,000円 \times \dfrac{455月}{480月} \times (1 - 24\%) = 58万7,860円$

□□□ ⓬ 老齢基礎年金の受給を70歳まで繰下げた場合、70歳から受け取れる老齢基礎年金と付加年金の合計額を計算しなさい。なお、北さんは付加年金に30年間（360月）加入していたものとする。

11 📖2級テキスト **P61-66** **解答** 4

老齢基礎年金の受給は原則、65歳からとなっているが、希望すれば60歳から64歳の間で繰上げ受給できる。

北さんは60歳ちょうどから繰上げ受給をすることになるので、5年×12か月=60か月の繰上げとなる。

繰上げ請求をすると、年金額が「繰り上げた月数×1か月あたり0.4%」減額される。

したがって、北さんの減額割合は60か月×0.4%=24%となり、本来の年金額の76%を受給することになる。

よって、81万6,000円×$\frac{455月}{480月}$×(1−0.24)=58万7,860円（円未満四捨五入）

※繰上げ受給する場合、減額割合が0.4%になるのは、2022年4月以降に60歳になる者（1962年4月2日以降に生まれた者）。それ以外の者の場合、減額割合は0.5%。北さんの生年月日は1970年4月2日以後なので、減額割合は0.4%。

12 📖2級テキスト **P64-66** **解答** 120万610円

老齢基礎年金は66歳から70歳の間で繰下げ受給することもできる。北さんは70歳から受給するので、5年×12月=60か月の繰下げとなる。

繰下げ受給すると、年金額は「繰下げた月数×1か月あたり0.7%」増額される。

したがって、北さんの増額割合は60か月×0.7%=42%となる。

70歳からの老齢基礎年金額=81万6,000円×$\frac{455月}{480月}$×(1+0.42)

$\qquad\qquad\qquad\qquad\qquad\qquad$ =109万8,370円（円未満四捨五入）……①

付加年金は第1号被保険者のみが加入できる年金で、保険料納付月数×200円が老齢基礎年金に加算される。なお、老齢基礎年金を繰下げ受給した場合、付加年金も繰下げとなり、同じ割合で増額となる。保険料納付期間は30年×12月=360月で、増額割合は老齢基礎年金同様、42%。

付加年金額=(360月×200円)×(1+0.42)=10万2,240円……②

老齢基礎年金と付加年金の合計額（①+②）=109万8,370円+10万2,240円

$\qquad\qquad\qquad\qquad\qquad\qquad\qquad\qquad\quad$ =120万610円

社会保険制度／総合問題

第7問 次の設例に基づいて、各問⑬〜⑱に答えなさい。

金財・個人　　金財・生保

会社員のAさんは、妻Bさんおよび長女Cさんと3人暮らしである。Aさんは大学卒業後、継続してZ社に勤務している。Z社の定年は、原則、満60歳である。なお、希望により60歳以降も継続勤務は可能である。

＜Aさんおよび妻Bさんに関する資料＞
⑴　Aさん　生年月日：1978年4月15日
　　　　　　　厚生年金、健康保険、雇用保険にZ社に入社時より加入中

〔公的年金の加入歴〕
1998年4月

国民年金保険料納付済期間（34月）	厚生年金保険被保険者期間：506月

20歳　　　　　　　　　　　　　　　　　　　　　　　　　　　　　　　　65歳

　　　　・2003年3月以前の平均標準報酬月額
　　　　　50万円（26月）
　　　　・2003年4月以後の平均標準報酬額
　　　　　60万円（480月）

⑵　妻Bさん　　生年月日：1980年4月10日
　　　　　　　　22歳から結婚するまでの5年間厚生年金に加入、27歳以後は
　　　　　　　　国民年金の第3号被保険者

⑶　長女Cさん　生年月日：2008年1月18日

※年金額は2024年度額に基づいて計算し、上記以外の条件は考慮せず、各問に従うこと

解答・解説

【第7問の解答・解説は次ページから】

□□□ **13** Aさんが60歳で定年退職し、その後再就職しない場合に、65歳から受給できる老齢厚生年金の額はいくらか。下記の計算手順にしたがって計算しなさい。年金額は2024年度額に基づいて計算するものとする。なお、経過的加算額は支給されるものとする。

＜計算手順＞
1. 報酬比例部分の額（円未満四捨五入）
2. 経過的加算額（円未満四捨五入）
3. 基本年金額（上記の1＋2）
4. 加給年金額
5. 老齢厚生年金の年金額

＜年金関係の資料＞
●老齢厚生年金の年金額（本来水準による価額）
　○報酬比例部分（①＋②）
　　①2003年（平成15年）3月以前の期間（円未満四捨五入）
$$平均標準報酬月額 \times \frac{7.125}{1000} \times 2003年3月以前の被保険者であった月数$$
　　②2003年（平成15年）4月以後の期間（円未満四捨五入）
$$平均標準報酬額 \times \frac{5.481}{1000} \times 2003年4月以後の被保険者であった月数$$

●経過的加算額（円未満四捨五入）
　＝（1,701円×被保険者期間の月数：上限480月）－81万6,000円
$$\times \frac{1961年4月以後の20歳以上60歳未満の厚生年金の被保険者であった月数（480月が上限）}{加入可能年数 \times 12月}$$

●加給年金額＝40万8,100円（要件を満たしていれば加算される）

資料より、2003年3月以前の平均標準報酬月額は50万円で期間は26月、4月以後の平均標準報酬額は60万円で期間は480月となっている。

1．報酬比例部分

$$50万円 \times \frac{7.125}{1000} \times 26月 + 60万円 \times \frac{5.481}{1000} \times 480月 = 167万1,153円$$

2．経過的加算額（64歳までの特別支給の老齢厚生年金の定額部分が65歳からの老齢基礎年金より多い場合、その差額を支給するもの）

Aさんの厚生年金の被保険者期間は506月あるが、上限は480月なので480月となる。また、20歳以上60歳未満の厚生年金の加入期間は506月から60歳から65歳までの5年間（60月）を差引いた446月となる。

$$(1,701円 \times 480月) - \left(81万6,000円 \times \frac{446月}{480月}\right) = 5万8,280円$$

3．基本年金額（1 + 2）

報酬比例部分の年金額 + 経過的加算の額より、167万1,153円 + 5万8,280円 = 172万9,433円

4．加給年金額

加給年金は、Aさんの厚生年金の加入期間が20年（240月）以上あり、65歳未満の配偶者や条件を満たした子（18歳になった年度末までの未婚の子）がいる場合に老齢厚生年金に加算される。Aさんは加入期間は506月あり、妻Bさんは65歳未満で、条件を満たしているので、加給年金が40万8,100円加算される。

5．老齢厚生年金の年金額

172万9,433円 + 40万8,100円 = 213万7,533円

□□□⓮ Aさんが2024年４月時点で死亡し、妻Bさんが遺族厚生年金の受給権を取得した場合、妻Bさんが受給できる遺族厚生年金の額はいくらか。なお、年金額は2024年度額に基づいて算出すること。なお、報酬比例部分の年金額の算式は問⓭を参照すること。

＜計算手順＞
1. 基本額（円未満四捨五入）
   老齢厚生年金の報酬比例部分(①＋②)×一定率
   ①2003年（平成15年）３月以前の期間（円未満四捨五入）

   平均標準報酬月額×$\dfrac{7.125}{1000}$×2003年３月以前の被保険者であった月数

   ②2003年（平成15年）４月以後の期間（円未満四捨五入）

   平均標準報酬額×$\dfrac{5.481}{1000}$×2003年４月以後の被保険者であった月数

2. 中高齢寡婦加算
   妻Bさんに支給される場合のみ、加算する
3. 遺族厚生年金の年金額

＜年金関係の資料＞
　●遺族厚生年金の年金額＝基本額＋中高齢寡婦加算額
　●中高齢寡婦加算額（61万2,000円）

　・2003年３月以前の平均標準報酬月額
　　50万円（26月）
　・2003年４月以後、2024年４月までの平均標準報酬額
　　60万円（252月）

※上記以外の条件は考慮せず、計算すること。

1．基本額

遺族厚生年金の基本額はAさんが亡くなった時点で算出した老齢厚生年金の報酬比例部分の4分の3、亡くなった時点でのAさんの厚生年金の被保険者期間は資料より26月＋252月＝278月。厚生年金の被保険者期間が300月未満の場合、被保険者期間は300月として計算する。

［2003年3月以前の期間］

$$50万円 \times \frac{7.125}{1000} \times 26月 = 9万2,625円$$

［2003年4月以後の期間］

$$60万円 \times \frac{5.481}{1000} \times 252月 = 82万8,727.2円$$

$$(9万2,625円 + 82万8,727.2円) \times \frac{300月}{278月} \times \frac{3}{4} = 74万5,698.72円$$

$$= 74万5,699円（円未満四捨五入）$$

2．中高齢寡婦加算

遺族厚生年金では妻Bさんが条件を満たしていれば、中高齢寡婦加算が支給される。中高齢寡婦加算は、厚生年金の加入期間が20年以上ある夫の死亡当時に子（18歳到達年度の3月末日までの子）がいない場合、妻には遺族基礎年金が支給されないので、遺族基礎年金の代わりに遺族厚生年金の受給権がある40歳以上の妻に65歳になるまで支給される。

Aさんが亡くなった時点では、長女Cさん（2008年1月18日生まれ）は18歳を過ぎていない。したがって、妻Bさんは、遺族基礎年金を受給できるので中高齢寡婦加算は支給されない。

3．遺族厚生年金の年金額

遺族厚生年金額＝74万5,699円

□□□ **15** 妻Bさんが受給できる遺族年金に関する説明に関し、①・②の金額を計算しなさい。

「Aさんが2024年4月で亡くなった場合、妻Bさんが受給できる遺族基礎年金の額は（　①　）になります。なお、長女Cさんが18歳の到達年度の末日を過ぎると、遺族基礎年金の額は（　②　）になります。その後、妻Bさんには遺族基礎年金の代わりに、中高齢寡婦加算が支給されます。

□□□ **16** Aさんが60歳で退職した場合の社会保険に関する以下の文章の空欄①〜⑤に入る最も適切な語句を、下記のイ〜ヲの中から選びなさい。

(1)　Aさんが60歳でZ社を定年退職し、雇用保険から基本手当を受給する場合、基本手当の所定給付日数は（　①　）となる。また、基本手当は、Aさんがハローワークに求職の申込みを行った日以後、（　②　）の待期期間は支給されない。もし、Aさんが自己都合退職の場合は、原則、待期期間は（　②　）＋（　③　）となる。

(2)　Aさんが退職時に健康保険に任意継続被保険者として加入する場合、原則、退職した日の翌日から（　④　）以内に行う必要がある。なお、加入期間は最長で（　⑤　）で、この間の保険料は全額自己負担となる。

― 〈語句群〉 ―
イ．7日	ロ．20日	ハ．50日	ニ．90日	ホ．150日
ヘ．1か月	ト．2か月	チ．3か月	リ．1年	ヌ．2年
ル．3年	ヲ．6か月			

15 2級テキスト P80-82　　　**解答** ①105万800円　②0円（支給されない）

①Aさんが現時点で死亡した場合、妻Bさんに対して遺族基礎年金と遺族厚生年金が支給される。遺族基礎年金を受給できる遺族の範囲は、Aさんに生計を維持されていた子のある配偶者または子。子とは18歳到達年度の末日までの未婚の子または20歳未満で障害等級1級または2級に該当する未婚の子をいう。要件を満たした配偶者と子が同時にいる場合、配偶者に遺族基礎年金に加えて、子の加算が支給される。Aさんが死亡した時点では長女Cさんは18歳未満なので子の加算の対象。

> ・子の加算額：第1子・第2子までは、子1人につき23万4,800円、第3子以降は
> 　　　　　　　1人につき7万8,300円
> ・遺族基礎年金額：81万6,000円

遺族基礎年金額＝81万6,000円＋23万4,800円＝105万800円

②長女Cさんが18歳到達年度の末日を過ぎると、子の条件に該当しなくなるので、妻Bさんは遺族基礎年金の受給要件を満たさず、遺族基礎年金は受給できなくなる。妻Bさんには遺族基礎年金の代わりに、65歳になるまで中高齢寡婦加算が支給される。

16 2級テキスト P41-49　　　**解答** ①ホ　②イ　③ト　④ロ　⑤ヌ

① 雇用保険の被保険者期間が20年以上あるAさんが、定年退職する場合、基本手当（失業保険）は、150日間支給される（自己都合退職の場合も同じ）。

②③ 基本手当を受給する場合の待期期間は原則として7日間。ただし、自己都合退職の場合のみ、7日間に加えさらに2か月間支給されない。
なお、待期期間が2か月なのは「5年間のうち2回の離職まで」に限定され、5年以内に3回離職した場合、3回目の離職からは7日間の待期期間＋3か月間となる

④ 健康保険の任意継続被保険者となるためには、退職日の翌日から20日以内に申請しなければならない。

⑤ 任意継続被保険者となった場合、加入期間は最長2年間。

□□□ **17** 特別支給の老齢厚生年金および老齢厚生年金に関する次の記述について、適切なものに〇、不適切なものに×をつけなさい。

① Aさんの同僚である1960年3月生まれのDさん（男性）が、特別支給の老齢厚生年金の受給権取得日以後もZ社に勤務した場合、特別支給の老齢厚生年金は、Dさんの総報酬月額相当額と基本月額との合計額が48万円を超える場合に年金額の全部または一部が支給停止となる。

② 上記のDさんが、特別支給の老齢厚生年金と雇用保険の高年齢雇用継続基本給付金を同時に受給できる場合、特別支給の老齢厚生年金は、在職老齢年金の仕組みに加えて、高年齢雇用継続給付との調整により、標準報酬月額の6％に相当する額を上限に年金額が支給停止になる。

③ 上記のDさんが64歳の時点で、Z社を退職し、雇用保険の基本手当を受給することになった場合、特別支給の老齢厚生年金は全額支給停止となる。

□□□ **18** Aさんは雇用保険および年金制度との関係について、ファイナンシャルプランナーのMさんに確認した。Mさんが説明した雇用保険の高年齢雇用継続基本給付金に関する次の記述の空欄（ア）〜（オ）にあてはまる語句の組み合わせとして、最も適切なものはどれか。

・ 高年齢雇用継続基本給付金の支給を受けるためには、原則として60歳到達時に雇用保険の一般被保険者であった期間が（　ア　）以上あることが必要です。

・ 高年齢雇用継続基本給付金の支給を受けるためには、支給対象月に支払われた賃金の額が、原則として60歳到達時の賃金月額の（　イ　）未満になっていることが必要です。

・ また、支給額は60歳時点の賃金の（　ウ　）以下に低下した場合に、最高で60歳以後の賃金額×（　エ　）です。

・ 特別支給の老齢厚生年金を受給しながら、高年齢雇用継続基本給付金を同時に受給する場合、特別支給の老齢厚生年金の支給停止額は、最高で受給権者の標準報酬月額の（　オ　）相当額です。

1	（ア）3年	（イ）85％	（ウ）51％	（エ）15％	（オ）10％
2	（ア）5年	（イ）85％	（ウ）75％	（エ）20％	（オ）6％
3	（ア）3年	（イ）75％	（ウ）61％	（エ）10％	（オ）8％
4	（ア）5年	（イ）75％	（ウ）61％	（エ）15％	（オ）6％

17 2級テキスト P67-75、85   **解答** ①× ②○ ③○

① 総報酬月額相当額（給与と賞与の月平均額の合計）と基本月額（年金）との合計額が50万円を超える場合に、50万円を超える金額の2分の1相当額の厚生年金が支給停止となる。

② 特別支給の老齢厚生年金と雇用保険の高年齢雇用継続基本給付金を同時に受給できる場合、在職老齢年金による支給停止に加えて、特別支給の老齢厚生年金は、標準報酬月額（給与）の6％に相当する額を上限に年金額が支給停止になる。

③ 雇用保険の基本手当を受給する場合は、基本手当の受給が優先となり、65歳未満の者が受給する特別支給の老齢厚生年金は全額支給停止となる。

なお、特別支給の老齢厚生年金は1961年4月2日以降（女性は1966年4月以後）に生まれた者は受給できない。1960年3月生まれのDさんは64歳から特別支給の老齢厚生年金（報酬比例部分）を受給できるが、Aさんは1978年生まれなので、特別支給の老齢厚生年金は受給できない。

18 2級テキスト P50-51、85   **解答** 4

高年齢雇用継続基本給付金とは、5年以上の雇用保険の被保険者期間がある者が、60歳以後も継続して働く際、その賃金が60歳時に比べて75％未満に低下した場合に、60歳以後の賃金に一定率を乗じた額が支給される制度。
60歳時点の賃金の61％以下に低下した場合、「60歳以後の賃金×最高15％」相当額が支給される。75％以上賃金が支払われている場合は、高年齢雇用継続基本給付金は支払われない。

なお、雇用保険の高年齢雇用継続基本給付金が支給される間は、その支給額に応じて、特別支給の老齢厚生年金（在職老齢年金）の一部が支給停止となる場合があり、支払われる賃金が60歳時点の標準報酬月額の61％未満の場合は、60歳以後の標準報酬月額の6％の年金が支給停止になる。

第8問 次の設例に基づいて、下記の問⑲に答えなさい。

田中さんは、Z社を38歳で退職し、個人事業主として独立した。
田中さんは、おおよその年金受給額を知りたいと思いファイナンシャル・プランナーのMさんに相談することにした。
※田中さんは新規裁定者に該当する

＜田中さんとその家族に関する資料＞
（1）田中さん（個人事業主）
・1980年10月22日生まれ
・公的年金加入歴：下図のとおり（60歳までの見込みを含む）

20歳	22歳	37歳	60歳
学生納付特例制度適用期間（30月）	厚生年金被保険者期間（185月）平均標準報酬額：35万円	国民年金保険料納付予定（265月）	

2003年4月

（2）妻Bさん（主婦）
・1983年4月21日生まれ
・公的年金加入歴：20歳から22歳の大学生であった期間は国民年金の第1号被保険者として保険料を納付し、田中さんと結婚後は第3号被保険者となっている

※上記以外の条件は考慮せず、各問に従うこと。

【第8問の解答・解説は次ページから】

□□□ **19** Mさんは、田中さんが受給することができる公的年金制度からの老齢給付について説明した。Mさんが説明した以下の文章の空欄①～③に入る最も適切な数値を答えなさい。

計算にあたっては、＜田中さんとその家族に関する資料＞および下記の＜年金関係の資料＞に基づくこと。なお、年金額は2024年度価額に基づいて計算し、年金額は円未満を四捨五入すること。

Ⅰ 「田中さんが65歳に達すると、老齢基礎年金および老齢厚生年金の受給権が発生します。田中さんが65歳から受給することができる老齢基礎年金の額は（ ① ）円となります」

Ⅱ 「田中さんが65歳から受給することができる老齢厚生年金の額は（ ② ）円となります。なお、田中さんの厚生年金保険の被保険者期間は（ ③ ）年以上ありませんので、老齢厚生年金の額に配偶者に係る加給年金額の加算はありません」

＜年金関係の資料＞
●老齢基礎年金の計算式（4分の1免除月数・4分の3免除月数は省略）

$$81万6,000円 \times \frac{保険料納付済月数 + 保険料半額免除月数 \times \frac{□}{□} + 保険料全額免除期間 \times \frac{□}{□}}{480}$$

●老齢厚生年金の年金額（本来水準による価額）
　○報酬比例部分（a＋b） ※円未満四捨五入
　　a　2003年3月以前の期間

$$平均標準報酬月額 \times \frac{7.125}{1000} \times 2003年3月以前の被保険者であった月数$$

　　b　2003年4月以後の期間分

$$平均標準報酬額 \times \frac{5.481}{1000} \times 2003年4月以後の被保険者であった月数$$

●経過的加算額（円未満四捨五入）
＝（1,701円×被保険者であった月数：上限480月）－

$$81万6,000円 \times \frac{1961年4月以後で20歳以上60歳未満の厚生年金の被保険者月数}{480月}$$

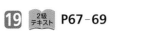
① 田中さんの国民年金（基礎年金）の保険料納付済期間は、厚生年金に加入していた期間（185月）と国民年金の保険料納付済期間（265月）の合計の450月。学生納付特例制度の適用を受けていた期間は、受給資格期間にはカウントされるが、国民年金保険料は支払っていないので、納付済期間には含まれない。したがって、年金関係の資料の計算式より、

$$81万6,000円 \times \frac{185月 + 265月}{480月} = 76万5,000円（円未満四捨五入）$$

② 田中さんは2003年3月以前に厚生年金には加入していないので、この期間の年金額はゼロ。2003年4月以後は厚生年金に185月加入している。したがって、年金関係の計算式より、

《報酬比例部分の額》
　a （2003年3月以前）の年金額はゼロ
　b （2003年4月以後）

$$35万円 \times \frac{5.481}{1000} \times 185月（厚生年金加入期間）= 35万4,894.75$$
$$= 35万4,895円（円未満四捨五入）$$

《経過的加算額》
$$1,701円 \times 185月（厚生年金加入期間）- 81万6,000円 \times \frac{185月}{480月}$$
$$= 185円$$
老齢厚生年金額 = 35万4,895円 + 185円 = 35万5,080円

③ 20年
　田中さんの厚生年金加入期間は185月なので、加給年金の要件である「厚生年金の加入期間が20年以上あること」を満たしていない。
　加給年金は以下の要件を満たした者に支給される。
・厚生年金の加入期間が20年以上あること
・上記の者に扶養している65歳未満の配偶者または18歳の年度末までの未婚の子がいること
・配偶者または子の年収が850万円未満であること

2章 リスク管理

 生命保険の基礎知識

第1問 下記の各問**1**～**2**に答えなさい。　**FP協会**　**金財・生保**

□□□ **1** 生命保険の保険料は、予定基礎率を用いて計算される。保険料と予定基礎率の関係に関する次の記述について、正しいものには○、誤っているものには×をつけなさい。

1 予定利率が高いほど、一般的に契約者が支払う保険料は安くなる。
2 予定事業費率が低いほど、一般的に契約者が支払う保険料は高くなる。
3 死亡保険の場合、同年齢の男女だと一般的に男性の方が保険料は低くなる。
4 終身年金保険の場合、同年齢の男女だと一般的に男性の方が保険料は高くなる。

□□□ **2** 月払いの生命保険契約の申込みを以下の流れで行った場合に、保険金の支払い義務が保険会社に発生する日（責任開始日）はいつからか。正しいものを１つ選びなさい。

8月10日	8月16日	8月23日	9月1日
申込み	診査（告知）	初回保険料支払い	保険会社承諾

1 8月10日
2 8月16日
3 8月23日
4 9月1日

解答・解説

1 2級テキスト **P117-119**　　　　　　　　　　**解答** 1○ 2× 3× 4×

1 他の条件が同じであれば、予定利率が高いほど運用益が増えるので保険料は安くなる。

2 他の条件が同じであれば、予定事業費率が低いほど保険料は安くなる。

3 一般に同年齢の男女では、男性の方が死亡率（予定死亡率）が高いので、死亡保険の保険料も高くなる。

4 一般に同年齢の男女では、女性の方が長生きであり、終身年金保険では女性の方が年金を長年にわたってもらえるので、保険料も高くなる。

保険料の予定基礎率

予定死亡率	・ある年齢の人（男女別）が1年間に死亡する確率。過去の統計（生命表）をもとに算出される ・一般に同年代では女性の方が死亡率が低いので、終身保険は女性の方が保険料は安く、年金保険などは女性の方が保険料は高い
予定利率	・保険料を運用するときの予想運用利回り。保険会社は、予定利率分を割り引いて保険料を計算する ・予定利率が高く設定されるほど運用益が増えるので保険料は安くなり、予定利率が低くなるほど保険料は高くなる ・契約時の予定利率は、原則、満期まで変わらない
予定事業費率	・保険会社の運営上必要となる経費（人件費など）の割合 ・予定事業費比率が高くなれば、保険料も高くなる

2 2級テキスト **P121**　　　　　　　　　　　　　　　　　　　　**解答** 3

保険会社の責任開始日は、保険会社が承諾することを前提として「申込書の提出」、「告知または診査」、「第1回（初回）保険料支払い」のすべてが完了したとき。したがって、初回保険料支払いが終了した8月23日が、責任開始日となる。なお、がん保険では90日間程度の免責期間があるので、通常、責任開始日は8月23日＋90日目となる。

生命保険の種類と商品

第2問 下記の各問 **3**～**4** に答えなさい。　**FP協会**　**金財・生保**

□□□ **3** 生命保険の見直しに関する次の記述について、正しいものには○、誤っているものには×をつけなさい。

1 契約転換制度を利用して新しい保険に加入した場合、保険料は転換時の年齢や保険料率で再計算される。

2 終身保険を払済保険に変更した場合、原則として、医療特約はすべて消滅する。

3 終身保険の保障額を減額することにより、保険料負担を軽減することができるが、解約払戻金があっても払戻されることはない。

4 払済保険に変更した後でも、保険会社の承諾を得れば元の契約に戻すことができる。

□□□ **4** 個人を対象とする生命保険商品に関する次の記述について、正しいものには○、誤っているものには×をつけなさい。

1 低解約返戻金型終身保険は、保険会社が定めた一定期間内で解約した場合、解約返戻金が低くなっている。

2 収入保障保険には、保険期間中いつ被保険者が亡くなっても一定期間年金が支払われる確定年金タイプと、保険期間の終了時点まで年金が支払われる歳満了年金タイプがある。

3 一時払い終身保険は、解約時期にかかわらず、解約返戻金が払込保険料相当額を下回ることはない。

4 契約者貸付制度を利用して、保険会社から融資を受けることができる限度額は、その時点での解約返戻金相当額である。

3 📖2級テキスト P124-127　　　　　　　**解答** 1○　2○　3×　4○

1 加入している保険の責任準備金と積立配当金の合計を転換価格として下取りし、新たな保険に加入する（契約転換制度）場合、新たな保険の保険料は転換時の年齢や保険料率で再計算される。

2 払済保険に変更した場合、その保険の特約はすべて消滅する。なお、延長（定期）保険に変更した場合も同様に特約はすべて消滅する。

3 保険金額を減額した場合、減額部分は解約したものとなり、解約返戻金があれば払戻される。

4 払済保険や延長（定期）保険に変更した場合も、変更後に保険会社の承諾を得ることで、元の契約に戻すことができる。これを復旧という。復旧する場合、診査または告知と復旧部分の積立金の不足額の払込みが必要になる。

4 📖2級テキスト P128-132　　　　　　　**解答** 1○　2○　3×　4×

1 低解約返戻金型終身保険は、保険会社が定めた一定期間内での解約については、解約返戻金は低く抑えられている。ただし、長期間経過後に解約した場合は、他の終身保険と同水準の解約返戻金が支払われる。

2 収入保障保険には、確定年金タイプと歳満了年金タイプがある。なお、通常、保険金額が同額の定期保険より、保険料は割安である。

3 一時払い終身保険は、契約時に保険期間全体の保険料を1回で払い込むので、短期間で解約すると、解約返戻金は払込保険料を下回ることもある。

4 契約者貸付制度により、保険会社から融資を受けられる金額は、一般的に、解約返戻金の70%〜90%以内の金額である。

保険証券の見方

第3問 下記の各問**5**〜**6**に答えなさい。　　　　**FP協会**　**金財・生保**

□□□ **5** 会社員である東太郎さんが加入している生命保険（＜資料＞参照）に関する次の記述の空欄①〜④に入る適切な数値を〈数値群〉の中から選びなさい。なお、東太郎さんはこれまでに＜資料＞の保険から、保険金・給付金を一度も受け取っていない。また、**1**〜**3**の記述はそれぞれ独立した問題であり、相互に影響を与えないものとする。

＜資料／保険証券1＞

保険証券記号番号 ○○△△××□□	定期保険特約付終身保険		

保険契約者	東　太郎　様	保険契約者印	◇契約日（保険期間の始期） 2002年11月1日 （平成14年） ◇主契約の保険期間 終身 ◇主契約の保険料払込期間 60歳払込満了
被保険者	東　太郎　様 1975（昭和50）年6月2日生まれ　男性		
受取人	（死亡保険金） 東　花子　様（妻） （特定疾病保障保険金） 被保険者　　様	受取割合 10割 （東）	

◆ご契約内容

◇終身保険（主契約保険金額）　　　　　　　　　500万円
◇定期保険特約保険　　　　　　　　　　　　　2,000万円
◇収入保障特約年金（年額）　　　　200万円（5年間）
◇傷害特約保険　　　　　　　　　　　　　　　 200万円
◇特定疾病保障保険金（罹患した場合）　　　　 600万円
　・死亡保険金　　　　　　　特定疾病保障保険金の10%
◇入院総合保険
　・入院給付金　　　　　入院日数が1日、30日、60日、90日、
　　　　　　　　　　　120日に達したときに各20万円
　・外来手術給付金　　　　　　　　 入院給付金の10%
◇リビング・ニーズ特約

収入保障特約の年金種類　5年確定年金

◆お払込みいただく合計保険料

毎回　　　38,200円／月

［保険料払込方法（回数）］
団体月払

◇社員配当金支払方法
　利息をつけて積立
◇特約の払込期間及び保険期間
◇入院総合保険の払込期間と保険期間
　20年

※　特定疾病保障保険金の死亡保険金はリビング・ニーズ特約の保険金の支払い対象ではない

＜資料／保険証券2＞

保険証券記号番号　（○○○）△△△△△	保険種類、がん保険　（愛称　＊＊＊＊＊）	
保険契約者　東　太郎　様	保険契約者印	◇契約日（保険期間の始期） 　2008 年（平成 20 年） 　12 月 1 日 ◇主契約の保険期間 　終身 ◇主契約の保険料払込期間 　終身払込
被保険者　東　太郎　様 　　　　　昭和 50 年 6 月 2 日生まれ　男性	㊞	
受取人　（給付金） 　　　　被保険者　様		
（死亡保険金） 　　　　東　花子　様（妻）	分割割合 10 割	

◆ご契約内容

◆お払込みいただく合計保険料

主契約 ［本人型］	がん診断給付金	初めて診断されたとき	100 万円
	がん入院給付金	1 日につき	日額 15,000 円
	がん通院給付金	1 日につき	日額 5,000 円
	手術給付金	1 回につき	20 万円
	死亡給付金	（がんによる死亡）	10 万円
	死亡払戻金	（がん以外）	5 万円

毎回　　2,450 円

［保険料払込方法］
月払

1 東太郎さんが現時点で、交通事故で死亡（急死）した場合、保険会社から遺族の生活保障として年金年額（　①　）万円が5年間と、一時金として合計で（　②　）万円が支払われる。

2 東太郎さんが現時点で、初めて胃がんと診断され、20日間治療入院した場合（手術はしていない）、保険会社から合計で（　③　）万円を受け取ることができる。

3 東太郎さんががん以外の病気で余命6か月と診断された場合、リビング・ニーズ特約により請求できる金額は最大で（　④　）万円である。

〈数値群〉

638	630	646	750	2,505	2,705	3,105	3,305	3,365
200	100							

□□□ **6** 保険証券1の契約内容に関する次の記述について、正しいものに○、誤っているものに×をつけなさい。

1 東太郎さんが死亡した場合、死亡保険金は相続税の対象となる。

2 東太郎さんが死亡し、花子さんが収入保障特約年金を一括で受け取った場合、保険金は一時所得の対象となる。

3 東太郎さんがこの保険を解約した場合、支払われる解約返戻金は雑所得となる。

解答・解説

5 [2級テキスト] P180-181   解答 ①200 ②3,365 ③750 ④2,505

①収入保障特約年金（5年確定年金）より年額200万円が、5年間支払われる。

②現時点で交通事故で死亡した場合に支払われる保険金額

・終身保険金	500万円
・定期保険特約保険金	2,000万円
・特定疾病保障定期保険特約保険金	600万円
（特定疾病以外の死亡でも同じ額の保険金が支払われる）	
・傷害特約保険金	200万円
・特定疾病保険金の死亡保険金	特定疾病保障保険金の10%なので
	600万円×10％＝60万円
・がん保険より死亡払戻金（がん以外）	5万円
	3,365万円

③がんと診断され、入院したときに支払われる保険金額

・特定疾病保障定期保険特約保険金	600万円
・入院給付金	20万円
・がん診断給付金	100万円
・がん入院給付金	15,000円×20日＝30万円
	750万円

④リビングニーズ特約は、余命6か月と診断された場合に死亡保険金の全額または一部を生前に受け取れる制度。給付金額は上限が3,000万円となっており、それ以下であれば死亡保険金を全額受け取れる。なお、この保険では「特定疾病保障保険金の死亡保険金はリビングニーズ特約の保険金の支払い対象ではない」となっているので対象外。また、傷害特約保険金は病気で亡くなった場合は支払われないので対象外。したがって、支払われる保険金額は

終身保険（500万円）と定期保険（2,000万円）の合計2,500万円およびがん保険の死亡払戻金（がん以外）の5万円の合計2,505万円

6 [2級テキスト] P141-148   解答 1○ 2× 3×

1 東太郎さんが契約者および被保険者で、妻の花子さんが死亡保険金を受け取るので、死亡保険金は相続税の対象となる。なお、死亡保険金に対する非課税（500万円×法定相続人の数）の適用がある。

2 収入保障特約年金を一括で受け取った場合、相続税の対象となる。

3 解約返戻金は契約者である東太郎さん本人に支払われるので、一時所得の対象となる。

生命保険と税金

□□□ **7** 定期保険特約付終身保険に関する次の記述の空欄（ア）〜（ウ）にあてはまる語句の組合せとして、正しいものはどれか。

＜保険契約内容＞（一部抜粋）

○定期保険特約付終身保険	［保障内容］
・契約者(＝保険料負担者)：南一郎	・終身保険　　　　：200万円
・被保険者　　　　　　　：南純子（妻）	・定期保険特約：2,000万円
・死亡保険金受取人　　　：南太郎（子）	・傷害特約　　　：500万円
	・疾病入院特約：日額5,000円
	（5日目より）

・純子さんが入院した場合に受け取る入院給付金は（　ア　）となる。

・一郎さんが死亡して契約者の変更が行われた場合、相続税の評価額は、原則として（　イ　）となる。

・純子さんが死亡した場合、子の太郎さんに支払われる死亡保険金は（　ウ　）となる。

1 （ア）非課税　（イ）払込保険料相当額　（ウ）相続税の課税対象

2 （ア）非課税　（イ）解約返戻金相当額　（ウ）贈与税の課税対象

3 （ア）一時所得の課税対象　（イ）払込保険料相当額
　　（ウ）贈与税の課税対象

4 （ア）一時所得の課税対象　（イ）解約返戻金相当額
　　（ウ）相続税の課税対象

解答・解説

7 2級テキスト P141-148　　　　　　　　　　　　　　　解答 2

（ア）入院給付金の受取人が被保険者か配偶者や直系血族である場合は非課税。

（イ）契約者と被保険者が異なる生命保険契約において、契約者が死亡した場合に相続人が相続する「生命保険契約に関する権利」は、相続税の対象となり、原則、解約返戻金相当額で評価する。

（ウ）契約者、被保険者、保険金受取人がすべて異なるので、契約者である一郎さんから太郎さんへの贈与とみなされ、贈与税の課税対象となる。

死亡保険金・満期保険金等の課税関係

保険金	契約形態			対象となる税金の種類
	契約者	被保険者	受取人	
死亡保険金	A	A	法定相続人	相続税（保険金非課税の適用あり）
	A	A	法定相続人以外の人	相続税（保険金非課税の適用なし）
	A	B	A	所得税（一時所得）＋住民税
			C	贈与税
満期保険金	A	誰でもよい	A	所得税（一時所得）＋住民税

≪ 設 例 ≫

北川さんは51歳のサラリーマンで、妻と子ども1人、それに北川さんの父親との4人暮らしである。最近、保険金にも税金がかかると聞いて、FPのAさんに相談した。北川さんの契約内容は次のとおりである。なお、下記以外の内容は考慮しない。※契約者＝保険料負担者

	保険種類	契約者	被保険者	死亡保険金・満期保険金受取人
契約A	定期保険60歳満了	北川さん	北川さん	父
契約B	終身保険	北川さん	北川さん	妻
契約C	養老保険	北川さん	子	満期保険金は子 死亡保険金は北川さん
契約D	10年満期 一時払い養老保険	北川さん	妻	北川さん

□□□ **8** 保険金に関する課税関係について空欄①〜④に入る適切な語句を〈語句群〉から選びなさい。なお、同じ語句を何度選んでもよいこととする。

1 契約Aから父に支払われる死亡保険金は（　①　）の課税対象となる。
2 契約Cから子に支払われる満期保険金は（　②　）の課税対象となる。
3 契約Dから支払われる満期保険金は（　③　）の課税対象となる。
4 契約A、契約B、契約C、契約Dのうち、死亡保険金の非課税（500万円×法定相続人の数）の適用があるのは契約（　④　）である。

― 〈語句群〉 ―
相続税　　贈与税　　所得税（一時所得）　　所得税（雑所得）
所得税（利子所得）　　非課税　　A　　B　　C　　D　　AとB

8 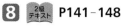 **P141-148**　　**解答** ①相続税　②贈与税　③所得税（一時所得）　④B

1 契約Aから父に支払われる死亡保険金は相続税の課税対象となる。

2 契約Cから子に支払われる満期保険金は、契約者（＝保険料負担者）と保険金の受取人が異なるので、贈与税の課税対象となる。

3 契約Dから支払われる満期保険金は、契約者と満期保険金の受取人が同じなので一時所得として所得税の課税対象となる。

4 契約Aは、北川さんには子がおり、父は法定相続人とはならないため、死亡保険金の非課税の適用は受けられない。契約Bは、契約者と被保険者が同一であり、死亡保険金受取人が法定相続人である妻のため、死亡保険金に対する非課税の適用を受けられる。契約CおよびDは、契約者と死亡保険金受取人が同一であるため、死亡保険金は一時所得の課税対象となる。よって、契約A、契約B、契約C、契約Dのうち、死亡保険金の非課税金額の適用があるのは契約Bのみ。

死亡保険金・満期保険金等の課税関係

保険金	契約形態			対象となる税金の種類
	契約者	被保険者	受取人	
死亡保険金	A	A	法定相続人	相続税（保険金非課税の適用あり）
	A	A	法定相続人以外の人	相続税（保険金非課税の適用なし）
	A	B	A	所得税（一時所得）＋住民税
	A	B	C	贈与税
満期保険金	A	誰でもよい	A	所得税（一時所得）＋住民税

法人契約の生命保険と税金

第6問 下記の問⑨に答えなさい。　FP協会　金財・生保

□□□ **⑨** P社が契約する養老保険契約の経理処理についての解説と経理処理の一覧表である。空欄①〜④に入る語句を〈語句群〉の中から選びなさい。なお、同じ語句を何度選んでもよいこととする。

「契約者＝法人、被保険者＝役員・従業員全員」とする養老保険契約において、満期保険金受取人を法人、死亡保険金受取人を（　①　）とする場合、主契約の保険料の2分の1を（　②　）として資産計上、残り2分の1を（　③　）として損金算入することができる。これを（　④　）・プランと呼ぶ。

契約内容：契約者＝法人、被保険者＝役員および従業員（全員加入）

満期保険金 受　取　人	死亡保険金 受　取　人	主　契　約　の 保　険　料
法　　人	法　　人	資産計上（保険料積立金）
法　　人	（　①　）	1／2（　②　として資産計上） 1／2（　③　として損金算入）
被保険者	被保険者の遺族	被保険者の給与・報酬として損金算入

―〈語句群〉―
法人　　被保険者　　被保険者の遺族　　保険料積立金　　前払保険料
福利厚生費　　節税　　減税　　ハーフタックス　　総合福祉
ヒューマンバリュー

解答・解説

9 **2級テキスト** **P149-153**

解答 ①被保険者の遺族 ②保険料積立金 ③福利厚生費 ④ハーフタックス

「契約者＝法人、被保険者＝役員・従業員全員」とする養老保険契約において、満期保険金受取人を法人、死亡保険金受取人を被保険者の遺族とする場合、主契約の保険料の2分の1を保険料積立金として資産計上し、残り2分の1を福利厚生費として損金算入することができる。これをハーフタックス・プランと呼んでいる。

養老保険の契約内容：契約者＝法人、被保険者＝役員および従業員（全員加入）			
満期保険金 受 取 人	死亡保険金 受 取 人	主 契 約 の 保 険 料	特 約 保険料
法　人	法　人	資産計上（保険料積立金）	損金算入
法　人	被保険者の遺族	1／2　（保険料積立金として資産計上） 1／2　（福利厚生費として損金算入）	
被保険者	被保険者の遺族	被保険者の給与・報酬として損金算入	

損害保険商品

第7問 下記の各問⑩〜⑪に答えなさい。　　　FP協会　金財・生保

□□□ ⑩ 地震保険に関する次の記述の空欄①〜⑤に入る適切な語句を〈語句群〉の中から選びなさい。なお、同じ語句を何度選んでもよいこととする。

1 地震保険は、（　①　）による損害をカバーする保険で、住宅火災保険、住宅総合保険などとあわせて契約することとなっており、火災保険に途中付帯することができるが、単独で契約することはできない。
2 対象となる物件は、（　②　）の建物およびそれに収容されている家財であるが、1個または1組の価値が30万円を超える貴金属・宝石・書画などは除かれる。
3 保険金額は、主契約の火災保険の保険金額の（　③　）の範囲内で、限度額は建物が（　④　）、家財が（　⑤　）となっている。

〈語句群〉
地震・落雷　　　地震・噴火・落雷　　　地震・噴火・津波　　　居住用　　　事業用
居住用および事業用　　　30％〜50％　　　50％〜80％　　　80％〜100％
500万円　　　1,000万円　　　3,000万円　　　5,000万円

□□□ ⑪ 傷害保険に関する次の記述について、正しいものには○、誤っているものには×をつけなさい。

1 普通傷害保険は、被保険者の海外での仕事中に生じた事故による傷害も対象となる。
2 普通傷害保険の保険料は、被保険者の年齢、性別、および職業などにより異なる。
3 交通事故傷害保険は、駅構内やエレベーター、エスカレーターなどの事故による傷害も対象となる。
4 家族傷害保険は、一定の範囲の親族の傷害による損害が対象となるが、その傷害が国外に起因している場合は対象とならない。

解答・解説

10 2級テキスト P156-159

解答 ①地震・噴火・津波　②居住用　③30%～50%　④5,000万円　⑤1,000万円

1 地震保険は、地震・噴火、これらによる津波による損害をカバーする保険で、住宅火災保険、住宅総合保険、団地保険などとあわせて契約することとなっており、単独で契約することはできない。なお、地震保険料とあわせて支払った火災保険料は、地震保険料の控除対象ではない。

2 対象となる物件は、居住用の建物（店舗併用住宅は可）およびそれに収容されている家財であるが、1個または1組の価値が30万円を超える貴金属・宝石・書画などは除かれる。

3 保険金額は、主契約の火災保険の保険金額の30%～50%の範囲内で、限度額は建物が5,000万円、家財が1,000万円となっている。

11 2級テキスト P175-176

解答 1○　2×　3○　4×

1 普通傷害保険は、職場・家庭内を問わず、また、国内外を問わず「急激かつ偶然な外来の事故」による傷害が対象となる。したがって、細菌性の食中毒や内部疾患が原因の場合は対象外。

2 普通傷害保険の保険料は、被保険者の年齢や性別による違いはないが、職業により異なる。

3 交通事故傷害保険は、国内外を問わず、乗り物に乗車中や駅構内、エレベーター、エスカレーターなどの事故による傷害も対象となる。

4 家族傷害保険は、一定の範囲の親族の国内外の事故等による傷害が対象となる。
　※一定範囲の親族には、生計を一にする別居の未婚の子も含む

第三分野の保険と特約

第8問 次の設例に基づいて、下記の問⑫に答えなさい。 **FP協会** **金財・生保**

□□□ ⑫ 田中さんは、最近、同じ病気で2回入院をした。田中さんが契約している医療保険から受け取れる入院給付金の日数として、正しいものはどれか。なお、田中さんはこれまでにこの医療保険から一度も給付金を受け取っていないものとする。また、手術給付金については考慮しないものとする。

〈田中さんの入院日数〉

〈田中さんの医療保険の入院給付金（日額）の給付概要〉

・給付金の支払い条件：5日以上の入院で、入院5日目より支払う
・1入院限度日数　　　：50日
・通算限度日数　　　　：1,080日
・180日以内に同じ病気で再度入院した場合は、1回の入院とみなす

1　1回目の入院につき36日分、2回目の入院につき14日分
2　1回目の入院につき36日分、2回目の入院につき16日分
3　1回目の入院につき40日分、2回目の入院につき12日分
4　1回目の入院につき40日分、2回目の入院につき16日分

解答・解説

2級テキスト **P173**

1

同じ病気で再入院した場合、あわせて継続した1回の入院とみなされる。ただし、前回の退院日の翌日から180日を経過して再度入院する場合は、別の入院とみなされる。

本問の場合、1回目と2回目の入院が25日間しかあいていないので、1回の入院とみなされる。したがって、合計60日（40日＋20日）入院しているが、保険の対象となる入院限度日数は問題文にあるとおり50日。入院給付金は入院5日目からの支払いとなるので、入院4日目までは支払われない。

・1回目の入院の支払い期間は40日 − 4日＝36日分
・2回目の入院については限度日数50日と36日の差額の14日分が支払われる

【医療保険の入院給付金と手術給付金のポイント】

＜入院給付金＞
・入院1回あたりの支払い限度日数と通算の支払い限度日数が定められている（1,000日程度。通常、がん保険の場合は無期限）
・同じ病気で再度入院した場合、あわせて継続した1回の入院とみなされる。ただし、前回の退院の日の翌日から180日を経過して、再度入院する場合は、別の入院とされる
・人間ドックなどの検診のための入院や美容整形のための入院等については、給付金は支払われない

＜手術給付金＞
・手術を受ければ、入院しなくても支払われる
・手術の種類により、入院給付金日額の10倍、20倍、40倍のいずれかの金額が支払われるのが一般的
・美容整形や正常分娩に伴う手術の場合は支払われない

2章 リスク管理 ■ 実技

投資信託

第1問 下記の問**1**に答えなさい。　　　　　　**FP協会**　**金財・個人**

□□□ **1** Aさんが2023年中に，特定口座の源泉徴収選択口座を利用してX投資信託を基準価額15,000円（1万口あたり）で200万口すべて解約した場合に徴収される所得税および住民税の額を求めなさい。※下記以外の条件は考慮しない。また、復興税についても考慮する。※小数点以下切捨て

［X投信の概要］

・追加型株式投資信託（国内投信）

・購入時の手数料：無し

・信託報酬：1.05%（税込）

・信託財産留保額：基準価額の0.3%

［X投信の価額と分配金　※1万口あたり］

・Aさんの購入価額：10,000円

・解約時の基準価額：15,000円

・Aさんがこれまでに受け取った分配金：

普通分配金500円　　元本払戻金（特別分配金）300円

計算問題が中心です。債券の利回り計算、株式のPER、PBR、ROEなどの配当利回り計算、外貨預金等の利回り計算、ポートフォリオ運用の期待収益率の計算問題等は必ず解けるようにしておきたいところです。また、株式投資信託の普通分配金と特別分配金（元本払戻金）の計算問題や、外貨預金と外貨建てMMFの違いも明確にしておきましょう。有価証券ごとの証券税制の違いについても押さえておきましょう。

解答・解説

2級テキスト P230、283　　　　　**解答** 所得税16万960円　住民税5万2,550円

・株式投資信託の譲渡所得金額＝（解約価額－購入価額）×口数
・税金の額＝譲渡所得金額×20.315%（所得税15.315%、住民税5％）

①まず、解約価額を求める。
　解約価額＝基準価額－信託財産留保額。
　信託財産留保額は、基準価額の0.3%となっているので、
　【解約価額】15,000円－（15,000円×0.3%）＝14,955円

②次にAさんの現在の個別元本を求める。元本払戻金を受け取ると、その分購入価額が下がる（下がった価額が個別元本となる）ので、個別元本＝購入価額－元本払戻金（特別分配金）で求める。AさんはX投信より元本払戻金を300円受け取っているので、
　【個別元本】10,000円－300円＝9,700円

③次にAさんの譲渡所得金額を求める。譲渡所得は購入価額と解約価額の差額なので、
　［解約価額－購入価額（個別元本）］×口数で求める。

　【譲渡所得金額】（14,955円－9,700円）× $\dfrac{200万口}{1万口}$ ＝105万1,000円

④最後に税額を算出する。所得税15.315%、住民税5％なので、
　【所得税】105万1,000円×15.315%＝16万960.65円≒16万960円（小数点以下切捨て）
　【住民税】105万1,000円×5％＝5万2,550円

3
章

金融資産運用 ▓ 実技

■ 285

債券／株式

第2問 次の設例に基づいて、下記の各問**2**〜**4**に答えなさい。

FP協会　金財・個人

─────── ≪ 設 例 ≫ ───────

南さんは、株式または債券に投資するにあたり、以下の銘柄への投資を検討しており、ファイナンシャル・プランナー（FP）に相談することにした。なお、南さんが検討中の株式と債券の概要は以下のとおりであり、R社およびQ社は日本国内に上場する内国法人で、Z国債は日本国内で新規発行の利付国債である。

【購入を検討中の株式と債券の概要】

	R社	Q社
配当（年間）	20億円	8億円
株価	1,400円	12,000円
当期純利益	40億円	12億円
純資産（自己資本）	700億円	100億円
発行済株式数	100,000千株	5,000千株

	Z国債
クーポン	2.8%
購入価格	98.00円
残存期間	10年

※上記以外の条件は考慮せず、各問に従うこと。

□□□ **2** Z国債の各種利回り（単利）を計算し、R社の配当利回りと比較した次の文章の空欄①〜④に入る最も適切な語句または数値を答えなさい。なお、利回りの計算においては、税引前とし、各種税金や手数料等は考慮せず、％表示の小数点以下第3位を四捨五入すること。また、空欄④には、「高く」、「低く」、「同じに」のいずれかを記入すること。

Z国債の最終利回りは（　①　）％で、直接利回りは（　②　）％である。そしてZ国債の直接利回りは、R社の配当利回り（　③　）％に比べて（　④　）なっている。

解答・解説

2 2級テキスト **P202-205、220** 　解答 ①3.06　②2.86　③1.43　④高く

①最終利回り（%）＝ $\dfrac{\text{利率}+\dfrac{\text{償還価格}-\text{購入価格}}{\text{残存期間}}}{\text{購入価格}}\times 100$

Ｚ国債の最終利回り＝ $\dfrac{2.8+\dfrac{100\text{円}-98\text{円}}{10}}{98\text{円}}\times 100=3.0612\cdots \fallingdotseq 3.06\%$

②直接利回り（%）＝ $\dfrac{\text{利率}}{\text{購入価格}}\times 100$

Ｚ国債の直接利回り（%）＝ $\dfrac{2.8}{98\text{円}}\times 100=2.8571\cdots \fallingdotseq 2.86\%$

③配当利回り（%）＝ $\dfrac{1\text{株あたりの年間配当金}}{\text{株価}}\times 100$

１株あたり配当金＝ $\dfrac{\text{年間配当金}}{\text{発行済株式数}}$

Ｒ社１株あたり配当金＝20億円÷100,000千株＝20円
Ｒ社の配当利回り＝20円÷1,400円×100＝1.4285⋯≒1.43%

④上記の計算結果より、Ｚ国債の直接利回りはＲ社の配当利回りに比べて高くなっている。

【その他の債券利回り】

応募者利回り（%）＝ $\dfrac{\text{利率}+\dfrac{\text{償還価格}-\text{発行価格}}{\text{償還期限}}}{\text{発行価格}}\times 100$

所有期間利回り（%）＝ $\dfrac{\text{利率}+\dfrac{\text{売却価格}-\text{購入価格}}{\text{所有期間}}}{\text{購入価格}}\times 100$

□□□ **3** R社とQ社の株式の投資指標に関する次の空欄①～⑥の記述について、最も適切な数値を答えなさい。なお、計算においては、PER、PBRは小数点以下第3位を四捨五入すること。

1 R社とQ社のPERはそれぞれ（ ① ）倍と（ ② ）倍である。
2 R社とQ社の配当性向は、それぞれ（ ③ ）％と（ ④ ）％である。
3 R社とQ社のPBRは、それぞれ（ ⑤ ）倍と（ ⑥ ）倍である。

□□□ **4** 居住者である南さん（大口株主等ではない）が、R社株式とZ国債を取得し、それらを譲渡した場合等の税制に関する次の文章の空欄①～④に入る最も適切な語句または数値を、下記の〈語句群〉の中から選びなさい。なお、解答にあたっては、同じ語句を選んでもよい。※Z国債は日本国債である

　南さんが、R社より支払いを受けた配当にかかる配当所得を総合課税の対象とした場合、原則として（ ① ）である配当控除の適用を受けることができる。なお、南さんがZ国債を譲渡（売却）したときに生じる譲渡益は、原則として（ ② ）となる。

　また、南さんが、R社株式を譲渡したときの所得は、原則として（ ③ ）となる。上場株式等の譲渡損失と申告分離課税を選択した公社債の利子との損益通算は（ ④ ）。

┌─〈語句群〉─────────────────
非課税　　　　可能　　　　不可　　　　総合課税
申告分離課税　所得控除　　税額控除　　源泉分離課税
└────────────────────────

3 P218-220

解答 ①35.00 ②50.00 ③50.00 ④66.67 ⑤2.00 ⑥6.00

1

$$\text{PER（株価収益率）} = \frac{\text{株価}}{1\text{株あたり当期純利益（EPS）}}$$

$$\text{EPS} = \frac{\text{当期純利益}}{\text{発行済株式数}}$$

まず、EPS（1株あたり当期純利益）を計算。

R社のEPS＝40億円÷100,000千株＝40円

Q社のEPS＝12億円÷5,000千株＝240円

両社のPERを計算。

R社のPER＝1,400円÷40円＝35.00倍

Q社のPER＝12,000円÷240円＝50.00倍

2

$$\text{配当性向（\%）} = \frac{\text{年間配当総額}}{\text{当期純利益}} \times 100 \quad \text{より}$$

R社の配当性向＝20億円÷40億円×100＝50.00％

Q社の配当性向＝8億円÷12億円×100＝66.666…≒66.67％

3

$$\text{PBR（株価純資産倍率）} = \frac{\text{株価}}{1\text{株あたり純資産（BPS）}}$$

$$\text{BPS} = \frac{\text{純資産}}{\text{発行済株式数}}$$

まず、BPS（1株あたり純資産）を計算。

R社のBPS＝700億円÷100,000千株＝700円

Q社のBPS＝100億円÷5,000千株＝2,000円

両社のPBRを計算。

R社のPBR＝1,400円÷700円＝2.00倍

Q社のPBR＝12,000円÷2,000円＝6.00倍

4 P238-240

解答 ①税額控除 ②申告分離課税 ③申告分離課税 ④可能

上場株式の配当を受け取った場合、申告不要制度、申告分離課税、総合課税の中から選択することになる。この際、総合課税を選ぶことで、税額控除の1つである配当控除の適用を受けることができる。

国債等債券の譲渡益は申告分離課税の対象。また、上場株式やETF（上場投資信託）、J-REIT（不動産投資信託）、株式投信の譲渡損失と、債券の譲渡益や申告分離課税を選択した公社債の利子や公社債投信の分配金とは、損益通算できる。

外貨建て金融商品

------ ≪設例≫ ------

居住者である西さんは、現在、余剰資金の一部を日本の銀行の1年満期の外貨預金に預け入れている。

〈西さんの保有する外貨預金の内容〉
・米ドル建て預金｜為替予約（為替ヘッジ）を付けていない｜
・預入時の取引レート（TTS）：1ドル＝115円　（TTB）113円
・満期時の取引レート（TTS）：1ドル＝122円　（TTB）120円
・金　　利：1.5%
・預入期間：1年
・預入金額：10万ドル
※上記以外の条件は考慮せず、各問に従うこと

□□□ **5** 国内の銀行に預け入れた外貨預金に関する次の**1〜5**の記述のうち、適切なものには○を、不適切なものには×をつけなさい。

1 外貨預金は、満期時の取引レートが預入時の取引レートよりも円安になった場合、利息に加えて為替差益を得ることができる。
2 国内銀行の外貨預金の利子は、利子所得として20.315%（所得税15.315%、住民税5%）の税率による源泉分離課税の対象となる。
3 国内銀行の外貨預金は、万一、預入先の銀行が破綻しても、元本1,000万円までとその利息については預金保険制度による保護の対象となる。
4 外貨預金の為替差益については、為替予約（為替ヘッジ）のある場合には総合課税となり、為替予約のない場合には20%（復興税込みで20.315%）の源泉分離課税となる。
5 外貨預金の為替手数料は、通貨の種類や金融機関によって異なる。

5 ^{2級テキスト} P233-234　　　　　**解答** 1○　2○　3×　4×　5○

1 外貨預金は預入時よりも、満期時に円安になったときに為替差益が得られ円ベースの利回りは上昇する。

2 国内銀行の外貨預金の利子は20％（復興税込みで20.315％）の源泉分離課税。

3 外貨預金は預金保険制度の対象外。

4 為替予約のある場合には20％（復興税込みで20.315％）が雑所得として源泉徴収される。なお、為替予約のない場合には、雑所得として総合課税となる。

5 外貨預金の為替手数料は、ドルや豪ドルといった通貨の種類によっても異なり、また、金融機関によっても異なる。

外貨預金の特徴

	外貨定期預金
金利	海外金利をもとに決定 （通常、外貨ベースでは固定金利）
税金（利子）	利子に対して原則、20.315％（源泉分離課税）
税金 （為替差益）	・為替予約（為替ヘッジ）ありの場合 　雑所得として20.315％が源泉徴収される ・為替予約（為替ヘッジ）なしの場合 　雑所得（総合課税）
為替手数料	往復で2円～5円 （通貨の種類や金融機関によって異なる）
中途換金	・定期預金の場合は中途換金できない場合や換金にペナルティを伴う場合がある
預金保険 制度	対象外

□□□ **6** 西さんが、保有する外貨預金を1年後の満期時に払い戻した場合における、税引き後の円ベースでの実質利回りを求めなさい。なお、計算過程を示し、解答は％表示の小数点以下第3位を四捨五入すること。また、税金は米ドルベースで課税されるものとして計算する。※復興税は考慮しないこと

□□□ **7** 西さんがX投資信託を5回に分けて購入した場合、ドルコスト平均法による1万口あたりの平均購入価額を求めなさい。なお、手数料は考慮しない。※円未満は四捨五入すること

購入時期	投資金額	基準価額（1万口あたり）
① 5月10日	20万円	8,000円
② 6月15日	20万円	10,000円
③ 7月10日	20万円	12,500円
④ 8月20日	20万円	10,000円
⑤ 9月10日	20万円	8,000円

6 2級テキスト **P233-236**　　　　解答 5.6%

預入時に円をドルにする（円を売って、ドルを買う）ときの為替レートはTTSを用いるので、

・預入時の元本：10万ドル×115円（TTS）＝1,150万円

・満期時の米ドルでの元利合計：<u>10万ドル</u> ＋ （<u>10万ドル×1.5%</u>）×0.8＝10万1,200ドル

　　　　　　　　　　　　　　　元本　　　　　　利子　　　※20%所得税がかかるため

満期時にドルを円に戻す（ドルを売って、円を買う）ときの為替レートはTTBを用いるので、

・満期時の円換算での受取額：10万1,200ドル×120円（TTB）＝1,214万4,000円

満期時の受取額と預入金額の差額を預入金額で割ったのが利回りなので、

・実質利回り ＝ $\dfrac{1,214万4,000円 － 1,150万円}{1,150万円}$ ×100

　　　　　　＝5.6%（小数点以下第3位四捨五入）

なお、外貨預金が3か月満期の場合、満期時の米ドルでの元利合計額は以下の通り。

・元利合計額＝10万ドル ＋ （10万ドル×1.5%×$\dfrac{3}{12}$）×0.8＝10万300ドル

7 2級テキスト **P213**　　　　解答 9,434円

ドルコスト平均法は、そのときの基準価額や株価にかかわらず、毎回一定金額（このケースでは20万円）で積立投資を行う方法をいい、平均購入単価が安定する（平均購入単価が下がる）効果がある。

まず、各購入口数を求める。

①20万円 ÷ 8,000円／1万口＝25万口

②20万円 ÷10,000円／1万口＝20万口

③20万円 ÷12,500円／1万口＝16万口

④20万円 ÷10,000円／1万口＝20万口

⑤20万円 ÷ 8,000円／1万口＝25万口

　　　　　（購入口数の合計）106万口

投資金額の合計は20万円×5回＝100万円なので、

平均購入単価＝100万円÷106万口／1万口＝9,433.96円

　　　　　　　　　　　　　　　＝　9,434円（円未満四捨五入）

ポートフォリオ運用／金融派生商品（デリバティブ取引）

第5問 下記の各問**8**〜**9**に答えなさい。 　**FP協会**　**金財・個人**

□□□ **8** 下記の条件のX投資信託の①１年間の期待収益率および②シャープレシオを求めなさい。なお、安全資産（無リスク資産）の利子率は１％とする（小数点以下第２位まで記載）。※下記以外の条件は考慮しない

（X投信の概要）
・追加型株式投資信託（国内投信）：日本の高配当株中心に投資する
・基準価額：12,000円（１万口あたり）
・収益分配金（直近12期計）：700円
・過去５年間の平均リターン（平均収益率）：８％
・過去５年間の収益率の標準偏差（リスク）：15％
・購入時の手数料：無し
・信託報酬：1.08％（税込）
・信託財産留保額：基準価額の0.3％

【X投信の今後１年間の生起確率と予想収益率】

	生起確率	予想収益率
好況	50％	＋20％
変わらず	30％	＋５％
不況	20％	－12％

□□□ **9** 下記のオプション取引に関する記述について、適切なものには○を、不適切なものには×をつけなさい。

1 取引開始日から取引終了日までの間、いつでも権利行使できるオプションをヨーロピアンタイプという。
2 コール・オプションの買い手の損失は、支払ったプレミアムに限定される。
3 オプションの売り手は、権利行使するか、放棄するかを選択できる。
4 オプション取引では、オプションの売り手が買い手にプレミアムを支払う。

解答・解説

8 2級テキスト **P247-252** 　　　　**解答** ①9.1% ②0.46

①期待収益率は各生起確率×予想収益率で算出し、ポートフォリオの期待収益率＝（各シナリオの生起確率×各シナリオの予想収益率）の合計で算出する。したがって、各期待収益率は以下のようになる。

（好況）	20%×0.5 =	10%
（変わらず）	5%×0.3 =	1.5%
（不況）	−12%×0.2 =	−2.4%
	計	9.1%

②シャープレシオ＝（ポートフォリオの収益率−無リスク資産利子率）÷標準偏差で求める。

シャープレシオ＝（8% − 1%）÷15% = 0.4666 ≒ 0.46

なお、シャープレシオの値が大きいほど、低いリスクで大きなリターンをあげたことを意味しており、そのポートフォリオの評価は高くなる。

9 2級テキスト **P254-256** 　　　　**解答** 1 × 2 ○ 3 × 4 ×

1 いつでも権利行使可能なオプションをアメリカンタイプという。満期日のみ権利行使可能なオプションをヨーロピアンタイプといい、株式関連のオプションはヨーロピアンタイプが基本。

2 コール・オプションもプット・オプションもオプションの買い手の損失は、支払ったプレミアム（オプション料）に限定される。オプションの売り手の損失は無限定（大）。

3 権利行使をしたり、権利を放棄したりできるのは、オプションの買い手である。

4 オプション取引を行う場合、オプションの買い手が売り手にプレミアムを支払う。

□□□**10** 山田さんは外国為替証拠金取引（FX取引）の概要について、FPのAさんに質問した。以下のAさんの説明の中で、最も不適切な説明はどれか。

1 利益を得る方法として、差金決済による方法と2つの通貨間の金利差を利用して収益を得る方法がある。
2 ロスカット制度とは、担保と同額の損失が発生した時点で強制的に決済を行い、担保の額以上の損失が出ないようにする制度のことである。
3 外国為替証拠金取引は店頭取引のみであり、取引所に上場されてはいない。
4 外国為替証拠金取引では、証拠金にあらかじめ定められた倍率を乗じた金額まで売買可能であるが、倍率の上限は法令で定められている。

□□□**11** FPのAさんが山田さんに説明したポートフォリオ運用に関する次の記述のうち、最も適切なものはどれか。

1 シャープレシオの数値が大きいほど、ポートフォリオのパフォーマンス評価は低くなる。
2 A資産の期待収益率が2.5％、B資産の期待収益率が6.0％の場合、A資産を40％、B資産を60％の割合で組み入れたポートフォリオの期待収益率は4.6％となる。
3 一般的に、ポートフォリオの運用成果に与える影響は、資産クラスの配分比率よりも組入銘柄の選択や売買のタイミング等の方が大きいとされている。
4 株式のポートフォリオへの組入れ銘柄数を増やすほど、市場全体の動き（システマティック・リスク）の影響を軽減することができる。

1 外国為替証拠金取引で利益を得る方法として、買値と売値の差額のみを得る差金決済による方法と、金利の高い通貨を買って、金利の低い通貨を売ることによって、その金利差を得る（この金利差による収益のことをスワップポイントという）方法がある。

適切

2 ロスカット制度とは、外国為替証拠金取引において、差し入れた担保の額以上の損失が出ないようにする制度のことで、担保と同じ額の損失が発生した時点で金融機関が強制的に決済することで、損失を確定させる制度。

適切

3 外国為替証拠金取引は店頭取引以外に、東京金融取引所に上場されている「くりっく365」や大阪取引所に上場されているものなどがある。

不適切

4 外国為替証拠金取引にはレバレッジ効果があり、預けた証拠金の何倍もの金額の取引を行うことが可能だが、何倍まで取引できるか（倍率の上限）は法令で定められている。

適切

1 シャープレシオはポートフォリオがリスクに見合ったリターンが得られているかをみる指標で、数値が大きいほど、ポートフォリオのパフォーマンス評価は高くなる。

不適切

2 ポートフォリオの期待収益率＝（各資産の組入れ比率×各資産の期待収益率）の合計となる。

［資産A］　組入れ比率（40％）×期待収益率（2.5%）
＝0.4×0.025＝1.0%

［資産B］　組入れ比率（60％）×期待収益率（6.0%）
＝0.6×0.06＝3.6%

ポートフォリオの収益率＝1.0％＋3.6％＝4.6%

適切

3 一般的に、ポートフォリオ（投資信託）の運用成果に与える影響は、組入銘柄の選択や売買のタイミング等よりも、どの資産にどの程度配分するか（アセットクラスの配分比率＝アセット・アロケーションという）の方が大きいとされている。

不適切

4 組入れ銘柄数を一定数まで増やすことで、非市場リスク（アンシステマティック・リスク）の影響を軽減することができるが、市場全体のリスクであるシステマティック・リスクの影響は軽減できない。

不適切

経済・金融の基礎

第7問 下記の問⑫〜⑬に答えなさい。

□□□⑫ 各種経済指標について説明した下表の空欄（ア）、（イ）に入る適切な語句を語群の中から選び、その番号のみを解答欄に記入しなさい。

（　ア　）：経済活動での複数の重要な指標の動きを統合することによって、景気の現状把握や将来予測等に使用する結果を算出する指標で、景気拡張の動きの各経済部門への波及度合いを測定することを主な目的としたディフュージョン・インデックス（DI）と、景気変動の大きさやテンポ（量感）を測定することを主な目的としたコンポジット・インデックス（CI）がある。

（　イ　）：景気に敏感な職種の人々に対するインタビュー調査で、生活の実感を伴う景況感を把握するための指標で、一般的に街角景気ともいわれる。

―〈語句群〉―
1. マネーストック統計　　2. 日銀短観　　　　　3. 企業物価指数
4. 景気動向指数　　　　　5. 景気ウォッチャー調査　6. 国際収支統計

□□□⑬ 国内総生産（GDP）と経済成長率に関する次の記述のうち、適切なものに○、不適切なものには×をつけなさい。

1　支出面からみた国内総生産（GDP）を構成する需要項目のうち、最も高い割合を占めているのは、民間企業の設備投資である。
2　国内総生産（GDP）には名目値と実質値があり、経済環境が、物価が持続的に低下する状態（デフレーション）にある場合、一般に、名目GDPが実質GDPを下回る。
3　経済成長率は、前年や前四半期に対して国内総生産（GDP）がどれだけ変化したかを数値で表したものであり、内閣府が3か月ごとに公表している。

解答・解説

12 2級テキスト P186-190　　　　　　　　　　　**解答**（ア）4　（イ）5

代表的な経済指標

景気動向指数	内閣府が毎月公表する、景気に敏感な複数の指標動向をもとに算出した統合的な景気指数。景気の転換点の判断に有効なディフュージョン・インデックス（DI）と、景気動向の大きさやテンポなど量感を把握するコンポジットインデックス（CI）がある
景気ウォッチャー調査	生活実感としての景況感を調査するもの。タクシーの運転手、小売店の店長などの景気に敏感な職業の方を対象に肌で感じる景況感を調査するもの（街角景気ともいう）
マネーストック統計	個人や一般の事業会社などが保有している通貨量を示している（国や金融機関が保有する通貨量は含まない）
企業物価指数	企業間で取引されている商品価格の物価指数。消費者物価指数よりも早く変動する傾向があり、変動の幅も大きい
国際収支統計	居住者と非居住者の間で行われた、財やサービスおよび有価証券などの金融取引の国際的な取引を体系的に記録した統計

13 2級テキスト P186-187　　　　　　　　　　　**解答** 1× 2○ 3○

1 支出面からみた国内総生産（GDP）を構成する需要項目のうち、最も高い割合を占めているのは民間最終消費支出（家計が使ったお金の総額）で、50%以上を占めている。

2 名目GDPとは製品などが生産された数量にその製品の価格（物価）を掛けた総額のこと。実質GDPは製品価格（物価）が前年と変わらなかったと想定して、生産された数量に物価を掛けた総額のこと。したがって、物価が下がっている場合、名目GDPが実質GDPを下回る。

3 経済成長率は、前年や前四半期に対するGDPの伸び率のことで、内閣府が3か月（四半期）ごとに公表している。

有価証券の税制

□□□ ⑭ 北川さんは2024年4月に追加型株式投資信託の分配金を受け取った。この分配金の支払時に徴収される税額の合計額として、正しいものはどれか。下記の<資料>に基づき解答しなさい。※復興税は考慮しない

<資料>

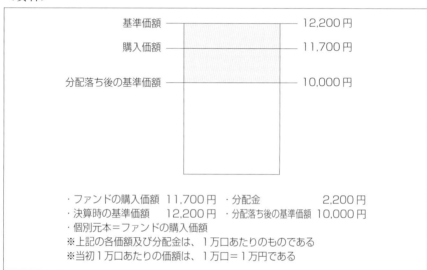

・ファンドの購入価額　11,700円　・分配金　　　　　　2,200円
・決算時の基準価額　　12,200円　・分配落ち後の基準価額　10,000円
・個別元本＝ファンドの購入価額
※上記の各価額及び分配金は、1万口あたりのものである
※当初1万口あたりの価額は、1万口＝1万円である

1　170円　　**2**　220円　　**3**　100円　　**4**　50円

□□□ ⑮ 北川さんが2024年中に特定口座（源泉徴収選択口座）において、A株を1,000株、1,000円で購入し、その後1,500円で1,000株売却したときの所得税（復興税を含む）および住民税の合計額はいくらか。※手数料等については考慮しない

解答・解説

14 2級テキスト P239-241　　　　　**解答** 3

分配落ち後の基準価額（分配金を受け取った後の投資信託の値段）は10,000円。北川さんの個別元本（購入価額）は11,700円。分配落ち後の基準価額が購入価額を下回っているので、元本払戻金（特別分配金）が発生している。

元本払戻金＝個別元本－分配落ち後の基準価額＝11,700円－10,000円＝1,700円

普通分配金＝分配金－元本払戻金なので、＝2,200円－1,700円＝500円

元本払戻金は非課税、普通分配金は20％（所得税15％、住民税5％、復興税込みで20.315％）の税率で課税されるので、

税額＝500円（普通分配金）×20％＝100円

なお、分配金を受け取った後の北川さんの個別元本は、元本払戻金があった場合はその分下回るので、

11,700円（購入価額）－1,700円（元本払戻金）＝10,000円となる。

分配落ち後の基準価額＜受益者の個別元本のとき、元本払戻金が発生する
⇩
元本払戻金＝個別元本－分配落ち後の基準価額

---

15 2級テキスト P238、285　　　　　**解答** 10万1,575円

株式等の譲渡所得金額は、　総収入金額－（取得費＋譲渡費用＋負債利子）　で算出する。
本問では手数料等は考慮しないので、総収入金額は

（1,500円×1,000株）－（1,000円×1,000株）＝50万円

株式の譲渡所得に対する税金は、20.315％（所得税15.315％、住民税5％）の申告分離課税。
したがって、

所得税＝50万円×15.315％＝7万6,575円

住民税＝50万円×5％＝2万5,000円

合計　10万1,575円

金融商品に関連する法律等

第9問 下記の各問⓰～⓲に答えなさい。

FP協会

□□□⓰ 下記＜資料＞は、2024年4月1日時点のAさん夫婦（Aさんと妻Bさん）のZ銀行（日本国内に本店のある普通銀行）における金融資産（時価）の一覧表である。この時点においてZ銀行が破綻した場合に、預金保険制度によって保護される金融資産の金額に関する次の記述の空欄（　①　）、（　②　）にあてはまる数値を解答欄に記入しなさい。

・Aさんの金融資産のうち、預金保険制度によって保護される金額は（　①　）万円である。
・妻Bさんの金融資産のうち、預金保険制度によって保護される金額は（　②　）万円である。

＜資料＞

名義		Aさん	妻Bさん
Z銀行 X支店	定期預金（変動金利）	500万円	
	普通預金	250万円	300万円
	外貨預金	300万円	100万円
	投資信託（公社債型）	200万円	
Z銀行 Y支店	定期預金（固定金利）	300万円	100万円
	財形貯蓄（定期預金）	120万円	
	国債		300万円
	投資信託（株式型）		200万円

※Aさんおよび妻Bさんはともに、Z銀行からの借入れはない。
※普通預金は決済用預金ではない。
※預金の利息については考慮しないこととする。

16 2級テキスト **P257**　　　　**解答** ①1,000万円　②400万円

預金保険制度とは、金融機関が破綻した場合に、1金融機関ごとに、預金者1人につき元本1,000万円とその利息を保護する制度。ただし、投資信託や国債などの有価証券および外貨預金は銀行で購入しても預金保険制度の保護の対象にならない。なお、「無利息・要求払い・決済サービスの提供」の3つの要件を満たす決済用預金は全額保護される。Aさんの場合、預金保険制度の保護の対象となるのは、以下の3つの預金。

・X支店の定期預金	500万円
・X支店の普通預金	250万円
・Y支店の定期預金	300万円
・Y支店の財形貯蓄	120万円
合計	1,170万円

預金保険制度は1,000万円が上限なので、このうち1,000万円が保護される。

妻Bさんの場合、預金保険制度の対象となるのは以下の2つの預金。

・X支店の普通預金	300万円
・Y支店の定期預金	100万円
合計	400万円

1,000万円を超えていないので、400万円全額が保護される。

3
章

金融資産運用■実技

□□□**⓱** ＦＰのMさんがAさんに預金保険制度と投資者保護基金制度について説明した以下の①〜③のうち、適切なものには○、不適切なものには×を記入しなさい。

①個人事業主の場合、同一金融機関で預金が事業用資金と事業用以外に分けて預けられている場合、事業用資金以外の資金のみが預金保険制度の保護の対象となる。
②破綻した金融機関に預金と借入金がある場合、金融機関が破綻したときに申請することで相殺することができる。
③証券会社で購入した投資信託は、原則として最大1,000万円までは投資者保護基金の対象になる。

□□□**⓲** ＦＰのMさんが説明した金融商品の販売等に関連した法律（金融商品取引法、金融サービス提供法、消費者契約法、犯罪収益移転防止法等）に関する説明のうち、適切なものに○、不適切なものに×を記入しなさい。

①金融商品の個人への販売において、金融サービス提供法と消費者契約法の両方の規定を適用することができる場合は、金融サービス提供法が優先して適用される。
②消費者契約法では、事業者の不適切な行為によって、消費者が誤認や困惑をし、それによって消費者契約の申込みまたはその承諾の意思表示をし、これによって損害が発生した場合、事業者は損害賠償責任を負うとされている。
③犯罪収益移転防止法では、本人確認時に使用する書類は、有効期限がないものについては３か月以内に作成されたものとされている。

17 2級テキスト **P258-260**　　　　　解答 ①× ②〇 ③〇

① 個人事業主の場合、同一金融機関で預金が事業用資金と事業用以外に分けて預けられていても、金融機関が破綻したときは名寄せにより、同一の預金とみなされ、1,000万円を超える金額は預金保険制度の保護の対象にならない。

② 金融機関が破綻した場合、その金融機関にローンがあれば、預金額が1,000万円をこえる部分については、申請することでローンの金額と相殺できる。

③ 証券会社で購入した投資信託は分別管理の対象になっているので、証券会社が破綻した場合でも、原則として時価で全額保護されるが、分別管理されていない場合は、1,000万円までが投資者保護基金の対象になる。なお、銀行で購入した投資信託は、投資者保護の対象にならない。

18 2級テキスト **P257-261**　　　　　解答 ①× ②× ③×

① 金融サービスの提供に関する法律（金融サービス提供法）と消費者契約法の両方の規定に抵触する場合、両方の規定が適用される。

② 消費者契約法では、事業者の不適切な行為によって、消費者が誤認や困惑をし、それによって消費者契約の申込みまたはその承諾の意思表示をした場合、消費者はこれを取り消すことができるとされている。事業者が損害賠償責任を負うとされているのは金融サービス提供法。

③ 犯罪収益移転防止法では、本人確認時に使用する書類は、有効期限がないものについては6か月以内に作成されたものとされている。

第2部 実技

 4章 タックスプランニング

所得の種類と内容

第1問 次の設例に基づいて、下記の各問**1**～**2**に答えなさい。

≪ 設 例 ≫

会社員であるAさん（53歳）は、2024年5月に住宅ローンを利用してマンションを取得し、2024年分の所得税より住宅ローン控除の適用を受ける予定である。
＜Aさんの2024年分の資料＞
①給与収入　　　　　　　　　　　　800万円（給与所得金額610万円）
②養老保険の満期保険金　　　　　　500万円（払込保険料420万円）
（保険料の支払い・保険金受取人Aさん）
＜取得したマンションおよび借入金＞
・建物の床面積　　　　　　　　　　80㎡
・銀行からの借入金残高（2024年末）　1,500万円
　※Aさんは住宅ローン控除の要件は満たしている。また、上記以外の条件は考慮しない

□□□ **1** Aさんが2024年分の所得税において、住宅ローン控除の適用を受けた場合の所得税の還付額を計算した下記の表の空欄①～④をうめなさい。

（a）総所得金額「給与所得の金額：610万円」 Aさんの一時所得金額（　①　）円	総所得金額 （　②　）円
（b）所得控除の合計額	292万5,000円
（c）課税所得金額	□□□円
（d）（c）に対する税額	□□□円
（e）住宅ローン控除の額	（　③　）円
（f）源泉徴収税額	22万円
（g）還付税額	△（　④　）円

【所得税の速算表（抜粋）】

課税所得金額	税率	控除額
195万超～330万円以下	10%	9.75万円
330万円超～695万円以下	20%	42.75万円
695万円超～900万円以下	23%	63.6万円
900万円超～1,800万円以下	33%	153.6万円

解答・解説

1 2級テキスト **P272-273、276-279、303-306**

解答 ①30万 ②625万 ③10万5,000 ④8万7,500

①Aさんの給与所得金額（610万円）は給与収入（800万円）から給与所得控除額（190万円）を差し引いた金額である。Aさんは養老保険の満期保険金を受け取っている。養老保険の満期保険金500万円は保険料の支払いも保険金の受取人もAさんなので、一時所得の対象。

一時所得金額＝満期保険金額－払込保険料総額－50万円（特別控除）

で算出するので、

○一時所得金額＝500万円－420万円－50万円
　　　　　　　＝30万円

②総所得金額は給与所得（610万円）に一時所得（30万円）を合算した金額だが、一時所得を他の所得と合算するときは、その2分の1の金額を合算するので、15万円が合算される。したがって、②の金額は610万円＋15万円＝625万円

（c）の課税所得金額は②の総所得金額（625万円）から所得控除の合計額を差し引いた金額なので、625万円－292万5,000円＝332万5,000円

（d）の税額は課税所得金額の332万5,000円に所得税率を乗じた金額となる。

332万5,000円×20％－42万7,500円＝23万7,500円（速算表より）

③住宅ローン控除率は年末の住宅ローン残高の0.7％なので、

（e）1,500万円×0.7％＝10万5,000円

住宅ローン控除は税額控除なので、（d）の所得税額から10万5,000円を差し引く。

税額控除後の所得税額＝23万7,500円－10万5,000円＝13万2,500円

④Aさんの所得税額は13万2,500円だが、すでに給与所得から22万円（f）が源泉徴収されており、納め過ぎとなっているので、確定申告することで差額分の還付を受けることができる。

還付される税額＝13万2,500円－22万円＝△8万7,500円（8万7,500円が還付される）

4章

タックスプランニング ■ 実技

□□□ **2** Aさんの退職金の額が5,000万円とした場合の退職所得の計算に関する下記の文章の空欄①〜③に入る適切な数値を記入しなさい。

> Aさんは、退職の時点において、勤続年数は35年2か月である。この場合、退職所得控除額は、
>
> 800万円 + 70万円 × {(①)年 − 20年} = (②)円
>
> したがって、退職所得金額は、(③)円となる。

第2問 次の設例に基づいて、下記の各問**3**〜**4**に答えなさい。

FP協会 **金財・個人** **金財・生保**

≪ 設 例 ≫

サラリーマンの南さんは、2024年中に以下の収入があった。
〈給与に関するもの〉
・給与等の収入金額：8,000千円
〈ゴルフ会員権の譲渡に関するもの〉
・ゴルフ会員権（預託金方式）の譲渡代金：1,000千円
・取得費　：600千円
・譲渡費用：30千円
・取得時期　2019年7月1日
・譲渡時期　2024年9月5日
・南さんは、生計を一にする母親と同居しているが、現在入院中である。
・南さんの息子は、長男21歳（大学生）、次男17歳（高校生）。
・全員、障害者および特別障害者ではない。
※上記以外の条件は考慮せず、各問に従うこと

□□□ **3** 所得税の譲渡所得に関する次の**1**〜**3**の記述のうち、適切なものには○を、不適切なものには×をつけなさい。

1 譲渡所得の計算上、取得費が不明の場合には譲渡収入金額の3％を取得費とすることができる。

2 ゴルフ会員権を譲渡し、譲渡損失があった場合でも他の所得と損益通算できない。

3 南さんのゴルフ会員権の譲渡は、長期譲渡所得に該当する。

2 📖 2級テキスト **P284-286**　　　解答 ①36　②1,920万　③1,540万

退職所得控除額は、勤務年数に1年未満の端数がある場合は1年で計算する。Aさんの場合は、勤続年数が35年2か月なので36年となる。
勤務年数が20年超の場合の退職所得控除額は、800万円＋70万円×（勤務年数−20年）で計算するので、
Aさんの退職所得控除額＝800万円＋70万円×（36年−20年）＝1,920万円
退職所得金額＝（退職金−退職所得控除額）×2分の1より、
Aさんの退職所得金額＝（5,000万円−1,920万円）×1／2＝1,540万円

3 📖 2級テキスト **P282-284**　　　解答 1×　2○　3○

1　取得費が不明な場合は、譲渡収入金額の5％を取得費とすることができる。
2　ゴルフ会員権やリゾート会員権および別荘などの生活に必要ではない資産の譲渡損失は、他の所得と損益通算できない。
3　土地・建物等以外の譲渡については、譲渡日において所有期間が5年以下の場合は短期譲渡所得、5年超の場合は長期譲渡所得になる。
　　このケースでは、取得時期が2019年7月1日、譲渡時期が2024年9月5日で、保有期間は実質5年超なので、長期譲渡所得となる。
　　なお、土地・建物の場合は、譲渡した年の1月1日において、所有期間が5年を超えているかどうかで判断するので、このケースでは短期譲渡所得になる。
　　短期譲渡所得に該当した場合は、税率が39.63％（復興税込み）、長期譲渡所得に該当した場合は、税率が20.315％（復興税込み）となる。

短期譲渡所得と長期譲渡所得の区分			
総合課税となる場合（ゴルフ会員権や金地金の譲渡等）		所有期間が5年以下	短期譲渡所得
		所有期間が5年超	長期譲渡所得
申告分離課税となる場合	土地・建物の場合	譲渡した年の1月1日において、保有期間が5年以下	短期譲渡所得
		譲渡した年の1月1日において、保有期間が5年超	長期譲渡所得
	株式等の場合	短期、長期の区分はない	

□□□ **4** 南さんの2024年分の所得税における扶養控除に関する次の文章の空欄①〜⑥に入る最も適切な数値を、〈数値群〉の中から選びなさい。なお、扶養親族は障害者ではない。※同じ数字を複数回使用することは可能

南さんは母親と同居しているので、母親の年齢が（　①　）歳以上（その年の12月31日現在）であれば同居老親として（　②　）万円の扶養控除の適用を受けられる。長男については21歳なので特定扶養親族として（　③　）万円、次男については、17歳なので（　④　）万円の扶養控除の適用が受けられる。

また、未婚の者で、生計を一にする合計所得金額が48万円以下の子がいる、合計所得金額が（　⑤　）万円以下であるなど、「ひとり親控除」の要件を満たした者は（　⑥　）万円の控除を受けることができる。

〈数値群〉

27	35	38	48	58	63	70	75	80	500	800

第3問 次の資料に基づいて、下記の問**5**に答えなさい。

□□□ **5** 東さんの総所得金額等の額が500万円のとき、下記の「2024年分医療費の明細書」をもとに、医療費控除額を計算しなさい。なお、妻・花子さん、子・洋子さんは東さんと生計を一にしており、医療費は東さんが支払っている。

2024 年分　医療費の明細書

この明細書は、申告書と一緒に提出してください。

住所　東京都港区虎ノ門○○－○
氏名　東　太郎

医療を受けた人	続柄	病院・薬局などの所在地・名称	控除の対象となる医療費の内訳 治療内容・医薬品名など	支払った医療費	左のうち生命保険や社会保険などで補塡される金額
東太郎	本人	横浜市○○病院	人間ドック（※）	250,000 円	85,000 円
東花子	妻	横浜市○○病院	＊＊＊＊＊	220,000 円	80,000 円
東洋子	子	横浜市○○病院	＊＊＊＊＊	150,000 円	45,000 円
合　　　計				A	B

※人間ドックの結果、病気が判明し、引き続き治療を行った。

4 **P299**　　解答 ①70 ②58 ③63 ④38 ⑤500 ⑥35

同居の母親の年齢がその年の12月31日時点で70歳以上の場合は、58万円の控除を受けられる。なお、生計を一にしているが同居でない場合は48万円の控除となる。
また、19歳以上23歳未満の者の場合、特定扶養親族に該当し、控除額は63万円、16歳以上19歳未満の者の控除額は38万円となる。※16歳未満の者は扶養控除の対象ではない

扶養控除の概要

対象となる扶養親族	控除額
16歳未満	なし
16歳以上19歳未満	38万円
19歳以上23歳未満（特定扶養親族）	63万円
23歳以上70歳未満	38万円
70歳以上（老人扶養親族）	同居でない場合　48万円 同居の場合　　　58万円

「ひとり親控除」は、婚姻をしていないことまたは配偶者の生死が明らかでない一定の者のうち、以下の3つの要件すべてに該当する者が対象で、35万円の控除を受けられる。
・その人と事実上婚姻関係と同様の関係にある者がいないこと
・生計を一にする総所得金額等が48万円以下の子がいること
・合計所得金額が500万円以下であること

5 P294-295　　解答 31万円

医療費控除は、納税者本人および納税者と生計を一にする親族の支払った医療費が対象で、医療費控除額＝（①支払った医療費の合計額－②保険金等で補てんされる金額）－（③「総所得金額等×5％」と「10万円」の低い方の金額）で算出する。
・生命保険や社会保険から補てんされる金額は差し引いて計算する
・人間ドックの費用は医療費控除の対象ではないが、人間ドックの結果、病気が見つかり、引き続き治療を行っているので、人間ドックの費用も医療費控除の対象となる

①支払った医療費の合計額＝25万円＋22万円＋15万円＝62万円
②保険金で補てんされる金額＝8万5,000円＋8万円＋4万5,000円＝21万円
③総所得金額の5％＝500万円×5％＝25万円>10万円なので、差し引くのは低い金額の10万円

よって、医療費控除額＝（62万円－21万円）－10万円＝31万円

所得税の申告と納付

□□□ **6** 下記の資料は、会社員である東太郎さんの2024年分の「給与所得の源泉徴収票」である。所得控除の額の合計額（ **①** ）に入る数値として正しいものはどれか。なお、扶養控除の対象となっている子の年齢は24歳。また、東さんも含めて全員、特別障害者に該当しない。その他の要件は考慮しないこと。

2024年分　**給与所得の源泉徴収票**

支払を受ける者	住所又は居所	東京都○○区△△1−1−1		（受給者番号）					
				（個人番号）1 2 3 4 5 6 7 8 9 0 1 2					
				（役職名）					
				氏名 （フリガナ）ヒガシ タロウ　東 太郎					

種別	支払金額	給与所得控除後の金額	所得控除の額の合計額	源泉徴収額
給与・賞与	内 11 750 000 円	9 800 000 円	（ ① ） 円	（ ※ 千 円）

（源泉）控除対象配偶者の有無等	配偶者（特別）控除の額	控除対象扶養親族の数（配偶者を除く。）						16歳未満扶養親族の数	障害者の数（本人を除く。）		非居住者である親族の数
		特定		老人		その他			特別	その他	
有 従有	老人 従 千 円	人	従人	人	従人	人	従人	人	内 人	人	人
○	130 000										

社会保険料等の金額	生命保険料の控除額	地震保険料の控除額	住宅借入金等特別控除額
内 828 715 円	千 円	50 000 円	千 円

（摘要）

生命保険料の金額の内訳	新生命保険料の金額 円	旧生命保険料の金額 200,000 円	介護医療保険料の金額 円	新個人年金保険料の金額 円	旧個人年金保険料の金額 120,000 円
住宅借入金等特別控除の額の内訳	住宅借入金等特別控除適用数	居住開始年月日（1回目） 年 月 日	住宅借入金等特別控除区分（1回目）	住宅借入金等年末残高（1回目） 円	
	住宅借入金等特別控除可能額 円	居住開始年月日（2回目） 年 月 日	住宅借入金等特別控除区分（2回目）	住宅借入金等年末残高（2回目） 円	

源泉・特別控除対象配偶者	（フリガナ）ヒガシ ハナコ 氏名 東 花子	区分	配偶者の合計所得 700,000	国民年金保険料等の金額 円	旧長期損害保険の金額 円
	個人番号 1 2 3 4 5 6 7 8 9 0 1 3				

控除対象扶養親族	1	（フリガナ）ヒガシ ヨウコ 氏名 東 洋子	区分		16歳未満扶養親族	1	（フリガナ） 氏名	区分	（備考）
		個人番号 1 2 3 4 5 6 7 8 9 0 1 4							
	2	（フリガナ） 氏名	区分			2	（フリガナ） 氏名	区分	
		個人番号							
	3	（フリガナ） 氏名	区分			3	（フリガナ） 氏名	区分	
		個人番号							
	4	（フリガナ） 氏名	区分			4	（フリガナ） 氏名	区分	
		個人番号							

未成年者	外国人	死亡退職	災害者	乙欄	本人が障害者		寡婦		寡夫	勤労学生	中途就・退職				受給者生年月日						
					特別	その他	一般	特別			就職	退職	年 月 日		明 大 昭 平	年 月 日					

支払者	個人番号又は法人番号	（右詰で記載してください。）
	住所（居所）又は所在地	
	氏名又は名称	（電話）

1 1,358,715

2 1,738,715

3 1,868,715

4 1,968,715

6 2級テキスト **P142–143、307–311**　　　　　　　　　　**解答** 4

所得控除の対象となるのは

・社会保険料控除（全額）	82万8,715円
・旧生命保険料控除	5万円
・旧個人年金保険料控除額	5万円
・地震保険料控除	5万円
・配偶者特別控除	13万円
・扶養控除（一般）	38万円
・基礎控除（合計所得が2,500万円以下）	48万円
合　計	196万8,715円

・納税者本人の合計所得（給与所得）が1,000万円以下の980万円で、配偶者（花子さん）の所得は70万円で48万円超95万円以下に該当するので、配偶者特別控除（13万円）の対象

・2011年12月31日までに契約した旧生命保険（保険料20万円）および旧個人年金保険料（保険料12万円）の所得税の控除額は、各5万円、合計10万円
　※2012年1月1日以後に契約した新契約の場合、新生命保険料控除（一般の生命保険）、新個人年金保険料控除、介護保険料控除は各4万円が上限

・地震保険料控除額は源泉徴収票の記載通り5万円

・扶養控除（一般）の対象者が1人いるので、控除額は38万円

・基礎控除の額は、東さんの所得金額が2,400万円以下なので、48万円

・なお、東さんの給与収入金額は850万円を超えているが、東さんも含めて特別障害者ではなく、また、扶養親族の年齢は23歳未満ではないので、所得金額調整控除は適用されない

配偶者特別控除（抜粋）

納税者の所得／配偶者の所得	900万円以下	900万円超950万円以下	950万円超1,000万円以下
48万円超95万円以下	38万円	26万円	13万円
95万円超100万円以下	36万円	24万円	12万円
100万円超105万円以下	31万円	21万円	11万円
105万円超110万円以下	26万円	18万円	9万円

4章

タックスプランニング■実技

□□□ **7** 東さんは確定申告を行うにあたり、FPのAさんに説明を受けた。所得税の取扱いについて述べた次の文章の空欄①〜⑤に入る適切な語句を下記の〈語句群〉の中から選びなさい。なお、同じ語句を何度選んでもよいこととする。

1 損失が発生した場合に他の所得と損益通算できるのは不動産所得、（ ① ）、（ ② ）、山林所得の４つの所得から生じた損失に限られる。

2 （ ② ）において（ ③ ）の売却等による損失は原則、他の所得と損益通算の対象とはならない。

3 同一所得内における赤字と黒字を相殺することを（ ④ ）という。

4 上場株式等の売却に際して損失が生じた場合、一定要件に該当すれば、その後は最長（ ⑤ ）年間の繰越控除が認められる。

┌─〈語句群〉─────────────────────
　事業所得　　　譲渡所得　　　配当所得　　　不動産所得　　　内部通算
　繰越控除　　　不動産や株式　　　損益通算　　　自己の居住用財産
　３　　　　５　　　　７　　　　９
└──────────────────────────

第5問 下記の問**8**に答えなさい。　　　　　**FP協会**　**金財・個人**　**金財・生保**

□□□ **8** 青色申告制度（個人事業主）について述べた下記の文章の空欄①〜⑧に入る適切な語句を下記の〈語句群〉の中から選びなさい。

1 青色申告ができるのは、（ ① ）、（ ② ）および（ ③ ）のある者に限られる。

2 青色申告の要件を満たし、事業的規模の（ ① ）や（ ② ）がある場合には、青色申告特別控除として原則、（ ④ ）、電子情報処理組織（e-Tax）により申告するなどの条件を満たした場合は（ ⑤ ）を控除できる。

3 青色申告特別控除の適用を受けるために期限内に提出した帳簿や添付書類は（ ⑥ ）間保存しなければならない。

4 青色申告の特典として、純損失の金額を翌年以後（ ⑦ ）間、繰越控除を受けられることや、生計を一にする15歳以上の親族で（ ⑧ ）を超える期間事業に従事している者に給与を支払っている場合、「青色事業専従者給与に関する届出書」を提出することで、原則、給与の全額が必要経費となる。

┌─〈語句群〉─────────────────────
　配当所得　　　事業所得　　　不動産所得　　　給与所得　　　山林所得　　　譲渡所得
　10万円　　　38万円　　　48万円　　　55万円　　　63万円　　　65万円
　３か月　　　６か月　　　１年　　　３年　　　５年　　　７年　　　９年
└──────────────────────────

7 📖 2級テキスト **P289-292**

> **解答** ①事業所得　②譲渡所得　③不動産や株式　④内部通算　⑤3

1 損益通算できる所得は不動産所得、事業所得、譲渡所得、山林所得。

2 譲渡所得の中で、不動産（自己の居住用財産は除く）と株式の譲渡については申告分離課税となっており、他の所得とは原則、損益通算はできない。ただし、上場株式等の譲渡損失は申告分離課税を選択した上場株式等の配当所得や特定公社債等の分配金等と損益通算ができる。

3 上場株式等や土地・建物等の不動産について譲渡損失がある場合は、原則として他の所得とは損益通算できないが、同じグループ内（A株の譲渡損失とB株の譲渡益）では通算できる。これを内部通算という。

4 上場株式等の譲渡損失について、損益通算しても損失が残る場合は、確定申告をすることで3年間にわたって繰越控除が認められる。なお、その際、毎年確定申告が必要。

8 📖 2級テキスト **P312-315**

> **解答** ①不動産所得　②事業所得　③山林所得　④55万円　⑤65万円　⑥7年
> ⑦3年　⑧6か月

● 青色申告の対象となる所得は、不動産所得・事業所得・山林所得の3つ。青色申告の要件として、青色申告をしようとする年の3月15日までに「青色申告承認申請書」を税務署に提出し、承認を受ける必要がある。ただし、その年の1月16日以後に事業を開始する場合は、事業開始後2か月以内となっている。なお、青色申告の際に添付する帳簿書類（損益計算書か貸借対照表など）は、7年間保存しなければならない。

● 青色申告の要件を満たし、事業的規模の不動産所得や事業所得がある場合は、「青色申告特別控除」として原則、55万円、電子情報処理組織（e-Tax）で申告する場合や帳簿を電子データで保存する場合は65万円、その他の場合（申告期限を過ぎてから申告した場合や、不動産所得が事業的規模でない場合など）は10万円を控除できる。

● 生計を一にする配偶者や、15歳以上の親族で6か月を超える期間、共に働き、給与を支払っている場合、「青色事業専従者給与に関する届出書」を税務署に提出することで、支払った給与（適正額であれば全額）が必要経費となる。

● 青色申告者に純損失が生じた場合、翌年以後3年間（法人の場合は10年間）繰越控除を受けることができる。なお、前年も青色申告をしていれば、前年の所得から繰戻還付を受けることもできる。

消費税

第6問 下記の問⑨に答えなさい。 　FP協会　金財・個人

□□□ **⑨** 法人における消費税に関して述べた次の文章の空欄①～⑤に入る適切な語句を下記の〈語句群〉の中から選びなさい。なお、同じ語句を何度選んでもよいこととする。なお、事業年度は2023年度とする。

1 消費税の免税事業者となるのは、原則として（　①　）の課税売上高が（　②　）万円以下の事業者である。

2 消費税免税事業者であっても、「消費税課税事業者選択届出書」を提出した場合は課税事業者となることができるが、原則（　③　）年間は免税事業者に戻れない。

3 事業年度終了日以後（　④　）以内に消費税の申告と納税を行う。

4 （　①　）の課税売上高が（　⑤　）万円以下の事業者は簡易課税制度を選択でき、課税売上高にみなし仕入率を掛けて仕入税額を算出する。

〈語句群〉
| 1 | 2 | 3 | 5 | 300 | 500 | 1,000 | 3,000 | 5,000 | 20,000 |

事業年度　　基準期間　　課税期間　　計算期間　　1か月　　2か月
3か月

解答・解説

9 **2級テキスト P338-343** **解答** ①基準期間 ②1,000 ③2 ④2か月 ⑤5,000

1 免税事業者になれる事業者は、課税期間に対する基準期間の課税売上高が1,000万円以下の者。なお、基準期間の課税売上高が1,000万円以下であっても、前事業年度の開始の日から6か月間（特定期間）の課税売上高が1,000万円を超え、かつ、その間の給与等の支払総額も1,000万円を超える場合には、課税事業者になる。なお、新設法人の場合、消費税の対象となる課税売上高を算出する基準となる基準期間がないので、原則として消費税は課税されない。ただし、新設法人であっても資本金の額が1,000万円以上の場合、消費税の課税事業者になる。

2 消費税免税事業者であっても「消費税課税事業者選択届出書」を提出すれば課税事業者となれるが、原則、2年間は免税事業者に戻れない。

3 法人の場合の消費税の申告は、事業年度終了日（決算日）以後、原則、2か月以内となっている（法人税の申告と同じ）。なお、個人事業者の場合は、翌年の1月1日から3月31日までとなっており、確定申告の期限より長くなっている。

4 基準期間の課税売上高が5,000万円以下の事業者は、簡易課税制度選択届出書を届け出ることで簡易課税制度の適用を受けることができる。なお、同期間の課税売上高が5,000万円超の事業者は、原則的課税制度になる。

事業者免税点制度の概要

	前々年 （基準期間）	前年の特定期間 （前年の事業開始日から6か月間）	本年 （課税期間）
課税売上高	1,000万円超	—	消費税は課税
	1,000万円以下	課税売上高・支払給与総額の両方が1,000万円超	消費税は課税
		課税売上高・支払給与総額のどちらかが1,000万円以下	消費税は免除

第2部 実技

📟 5章 不動産

不動産の登記

第1問 下記の各問**1**〜**2**に答えなさい。　　　**FP協会**　**金財・個人**

□□□ **1** 登記記録に関する次の記述の空欄①〜③にあてはまる適切な語句を下記の〈語句群〉から選びなさい。なお、同じ語句を何度使用してもよい。

> 現在のコンピュータ化された登記所では、従来の登記簿謄本や抄本に代わって登記事項証明書等の書面が交付される。登記記録は表題部と権利部に区分され、下表のように、権利部の甲区には（　①　）に関する事項が、また、乙区には（　①　）以外の権利に関する事項が記載されている。
> 登記事項証明書は、（　②　）登記所において手数料を支払えば請求することができる。なお、登記事項証明書は、オンライン請求が可能である。受け取る際は法務局の窓口か（　③　）により受け取る。

		記載されている内容
表題部		土地や建物の物理的概要
権利部	甲区	（　①　）に関する事項
	乙区	（　①　）以外の権利に関する事項

─〈語句群〉─
抵当権　　所有権　　代理権　　該当不動産の正当な権利を有する人のみ
宅地建物取引業者のみ　　誰でも　　借地権者のみ　　郵送　　宅配

□□□ **2** 不動産登記について述べた次の記述の中で、正しいものには○、誤っているものには×をつけなさい。

1 抵当権は権利部の乙区に記載されており、1つの不動産に複数の抵当権が設定されている場合がある。

2 登記記録の権利部には登記義務がないので、その土地に借地権設定の登記がなくても、借地権が設定されている場合がある。

3 表題部に記載されている土地・建物の地番・家屋番号は、実際の住居表示と必ず一致しているとは限らない。

4 所有権移転登記は、所有者の選択により権利部の乙区に表記することができる。

建蔽率や容積率の計算問題、居住用財産を譲渡した場合等の税制について、しっかり押さえておきましょう。また、4つの土地の価格、登記記録の内容、不動産広告の見方、借地借家法についても多く出題されています。その他、登記事項証明書などの図表の見方を問われる場合もあります。

解答・解説

1 📖2級テキスト P350-353

解答 ①所有権　②誰でも　③郵送

登記記録は表題部と権利部に区分され、権利部は所有権に関する事項を表記する甲区と、所有権以外の権利に関する事項を表記する乙区に分かれている。登記事項証明書は手数料を支払えば、誰でも請求できる。法務局（登記所）の登記事務はコンピュータ化されており、登記事項証明書は登記所に直接行かなくても、オンライン（インターネット）や郵送による請求が可能。ただし、登記事項証明書はインターネットからダウンロードできないため、法務局（登記所）の窓口または郵送で受け取る。

2 📖2級テキスト P350-353

解答 1○　2○　3○　4×

1 抵当権や賃借権などの所有権以外の権利は、権利部の乙区に記載されており、1つの不動産に複数の抵当権が設定されている場合がある。

2 登記記録の権利部には登記義務がないので、土地の所有者とその土地の建物の所有者が異なる場合などは、その土地に借地権設定の登記がなくても、借地権が設定されている場合がある。

3 表題部に記載されている土地・建物の地番・家屋番号は、実際の住居表示の住居番号と一致しているとは限らない。

4 所有権移転登記は権利部の甲区に表記される。

不動産の価格

□□□ 3 公的な土地評価に関する次の一覧表の空欄①〜⑥に入る適切な語句を下記の〈語句群〉の中から選びなさい。なお、同じ語句を何度選択してもよいこととする。

	公示価格	基準地標準価格	相続税評価額	固定資産税評価額
利用目的	一般の土地取引の指標	公示価格の補完的価格	相続・贈与税等課税のため	固定資産税等課税のため
評価の基準日	毎年（ ① ）	毎年（ ② ）	毎年1月1日	1月1日 （③ごとに評価替え）
評価水準	100%	公示価格の100%	公示価格の（ ④ ）程度	公示価格の（ ⑤ ）程度
所管	国土交通省	都道府県	国税庁	（ ⑥ ）

〈語句群〉
| 1月1日 | 4月1日 | 7月1日 | 12月31日 | 60% | 70% | 80% |
| 内閣府 | 都道府県 | 国土交通省 | 市区町村 | 1年 | 3年 | 5年 |

解答・解説

 3 **2級テキスト** P354

解答 ①1月1日 ②7月1日 ③3年 ④80% ⑤70% ⑥市区町村

不動産の4つの価格				
	公示価格	基準地標準価格	相続税評価額 （路線価）	固定資産税 評価額
利用目的	・一般の土地取引の指標	一般の土地取引の売買の目安（公示価格の補完的価格）	相続税、贈与税の算出の基準	固定資産税、都市計画税、不動産取得税等の算出の基準
評価の基準日	毎年の1月1日	毎年の7月1日	毎年の1月1日	1月1日（3年ごとに評価替え）
発表時期	3月下旬	9月下旬	7月上旬	4月上旬
評価水準	—	公示価格と同じ（100％）	公示価格の80％程度	公示価格の70％程度
所管（発表機関）	国土交通省	都道府県（知事）	国税庁	市区町村

【表の覚え方】

- ・毎年支払う固定資産税が高いと納税者は困るので、固定資産税評価額の評価水準は相続税評価額より低くなっている
- ・固定資産税は、市区町村が課税する地方税なので、市区町村が発表する
- ・相続税は国税なので、国税庁が発表する
- ・公示価格は最も基本となる価格なので、国土交通省が発表する

5章

不動産 ■ 実技

不動産の取引

第3問 次の設例に基づいて、下記の各問**4**～**5**に答えなさい。

FP協会　金財・個人

≪ 設 例 ≫

下記の<資料>は、中古マンション販売についてのインターネットのホームページ上の広告（抜粋）の例である。

<資料>
【物件名】○○パークマンション601号室
【物件概要】

所在地	：東京都□□区○○町1－25	現況	：現空
交通	：××線△△駅から徒歩3分	築年月	：2001年9月
用途地域	：準工業地域	総戸数	：45戸
販売価格	：5,980万円（消費税込み）	管理	：巡回
階／階建て	：6階／9階建て	管理費	：23,150円／月
専有面積	：78.55㎡	修繕積立金	：15,500円／月
バルコニー面積	：8.50㎡	敷地権利	：所有権
間取り	：3LDK	取引態様	：専属専任媒介
建物構造	：RC		

□□□ **4** この広告の内容に関する次の記述のうち、最も不適切なものはどれか。

1 表示されている販売価格は、建物部分と敷地の共有持分および、そのそれぞれにかかる消費税込みの価格の合計額である。
2 広告中の専有面積は、通常、壁の厚さの中心で測った壁芯面積を表している。
3 徒歩による所要時間は、道路距離80mを徒歩1分として計算して表示している。
4 広告中の専有面積には、バルコニーの面積は含まれていない。
5 この物件がある用途地域には、幼稚園や小学校、中学校を建築できる。

□□□ **5** 上記のマンションの販売価格のうち、土地（敷地の共有持分）の価格を計算しなさい。なお、消費税の金額は200万円とする。

4 📖²級テキスト **P361-364、374**　　　　　　　　　　**解答** 1

1 通常、マンションや一戸建の住宅の土地部分（敷地の共有持分）の価格については、消費税は非課税。したがって、設例文の消費税込みの表記は、建物部分のみに対する消費税となる。　**不適切**

2 マンション広告の専有面積は通常、壁芯面積（水平投影面積による）で表示されている。一方、登記記録の床面積は壁の内側で測った内法面積で表示されている。そのため、登記上の面積よりパンフレット上の面積の方が広くなる傾向がある。　**適切**

3 不動産広告では、徒歩による所要時間は80mを1分（1分未満の端数は1分に切上げ）として計算。ちなみに設例では、徒歩3分と広告に表示されているので、道路距離は80m×3分＝240m（160m〜240m）程度と考えられる。　**適切**

4 バルコニーやベランダは共用部分とみなされるので、専有面積に含まれない。　**適切**

5 準工業地域では、幼稚園や小学校、中学校、高等学校、大学等の学校の建築は可能。なお、工業地域、工業専用地域では幼稚園や小学校、中学校、高等学校、大学等の学校は建築できない。　**適切**

5章

不動産■実技

5 📖²級テキスト **P361**　　　　　　　　　　**解答** 3,780万円

居住用のマンションを購入する場合、建物には消費税が課税されるが、土地には課税されない。消費税は200万円となっているので、建物の価格×消費税(10%)＝200万円。
よって、

建物の価格＝200万円÷10%

＝2,000万円

したがって、販売価格から建物の価格と消費税の合計額を差し引いた値が土地の価格となる。

土地の価格＝5,980万円（販売価格）－2,000万円（建物の価格）－200万円（消費税）

＝3,780万円

借地借家法

第4問 下記の各問**6**～**7**に答えなさい。　**FP協会**　**金財・個人**

□□□**6** 定期借地権制度の概要についてまとめた次の表中の空欄①～⑤に入る適切な語句を下記の〈語句群〉の中から選びなさい。なお、同じ語句を何度選んでもよいこととする。

内容＼種類	一般定期借地権	建物譲渡特約付借地権	事業用定期借地権
存続期間	（　①　）	（　②　）	（　③　）
契約方式	書面で行う必要がある（電磁的記録による契約も可能）	定めなし	（　④　）で行う必要がある
建物の利用目的	制限なし	（　⑤　）	（　⑥　）
借地関係の更新	更新しない	更新しない	更新しない

―〈語句群〉――――――――――――――――――――――――――
30年以上　　50年以上　　50年以上60年以下　　10年以上50年未満
20年以上50年未満　　公正証書等の書面　　公正証書　　制限なし　　口頭
居住用に限る　　事業用に限る
―――――――――――――――――――――――――――――――――

□□□**7** 不動産取得税および固定資産税に関する次の記述のうち、正しいものに○、誤っているものに×をつけなさい。

1 不動産取得税では、原則として、床面積が50㎡以上240㎡以下の中古住宅を取得した場合、課税標準額から最高1,200万円控除される。
2 宅地に対する不動産取得税は、課税標準額が3分の1に軽減されている。
3 通常、固定資産税は都市計画税とあわせて納付する。

解答・解説

6 2級テキスト **P365**

解答 ①50年以上 ②30年以上 ③10年以上50年未満 ④公正証書 ⑤制限なし
⑥事業用に限る

定期借地権の種類と概要

名称	一般定期借地権	建物譲渡特約付借地権	事業用定期借地権
存続期間	50年以上	30年以上	10年以上50年未満
契約方式	書面（電磁的記録による契約も可能）（公正証書以外でもよい）	定めなし（書面の必要なし）	必ず公正証書
利用目的	利用用途は特に制限なし	利用用途は特に制限なし	事業用に限定（居住用は不可）

※事業用定期借地権の存続期間は、10年以上30年未満の事業用借地権と30年以上
50年未満の事業用定期借地権の2種類がある

7 2級テキスト **P389-394**　　　　　　　**解答** 1○ 2× 3○

1 中古住宅の不動産取得税は、床面積が50㎡以上240㎡以下などの条件を満たしていれば、築年数に応じて100万円から最高1,200万円が課税標準額から控除される。なお、新築住宅を取得した場合も、床面積が50㎡以上240㎡以下（賃貸アパートの場合、40㎡以上240㎡以下）の場合、最高1,200万円（長期優良住宅は1,300万円）が控除される。

2 宅地を取得した場合の不動産取得税は、課税標準額（固定資産税評価額）が2分の1になる。

3 通常、固定資産税は都市計画税とあわせて、年4回に分割して納付する。

建築基準法

☐☐☐ 8 建築基準法による規制に従い、下記の土地（甲土地）に耐火建築物を建てる場合、延べ床面積の上限を計算しなさい。なお、下記以外の条件は考慮しないものとする。

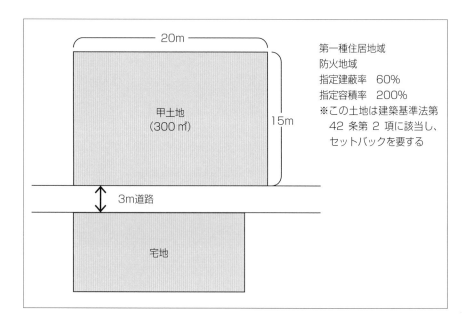

第一種住居地域
防火地域
指定建蔽率　60%
指定容積率　200%
※この土地は建築基準法第42条第2項に該当し、セットバックを要する

解答・解説

8 **2級 テキスト** **P373-381**　　　　　　　　　　　**解答** 464㎡

前面道路の幅員が12m未満の場合の容積率の計算は、「指定容積率」と「前面道路の幅員に一定の乗率（この場合、住居系用途地域のため10分の4）を掛けた値」を比べて少ない方の数値を用いる。

なお、本問では前面道路が3mのため、セットバックが必要になる。この場合、道路の中心線から両側に2m下がったところが敷地の境界線になり、道路の幅員は4mになる。
したがって、容積率は　$4\,\mathrm{m} \times \dfrac{4}{10} \times 100 = 160\%$　になる。
指定容積率の200%より少ないので、このケースでは160%を用いる。

セットバック部分は容積率を計算するうえで面積に含めないので、甲土地の縦の長さは14.5m（15m－0.5m）、面積は290㎡（14.5m×20m）になる。
延べ床面積＝敷地面積×容積率÷100で算出するので、
290㎡×160%÷100＝464㎡までの延べ床面積の建物を建てることができる。

【セットバック後のイメージ】

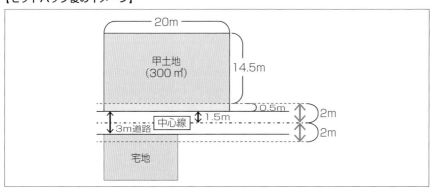

【反対側が河川やがけの場合】
反対側が河川やがけの場合、反対側にはセットバックできないので、甲土地側に1mセットバックし、道路の幅員は4m、甲土地の縦の長さは14mとなる。
甲土地の面積は280㎡（14m×20m）となり、280㎡×160%＝448㎡までの延床面積の建物が建築可能となる。

※なお、防火地域内に耐火建築物を建てても、容積率は緩和されない。

□□□ **9** 下記の土地は、準住居地域と商業地域にまたがる3,200㎡の土地で、特定行政庁が指定する角地にある。建築基準法による規制に従い、この土地に建物（耐火建築物）を建築する場合、建物の最大建築面積を計算しなさい。なお、計算結果は小数点以下を四捨五入することとする。また、その他の要件は考慮しないものとする。

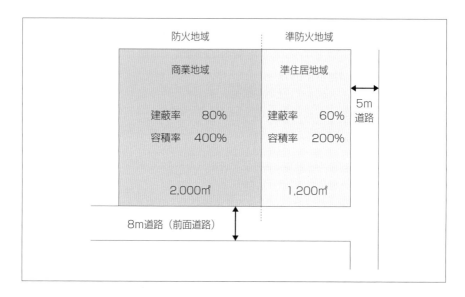

《準住居地域の建蔽率》
防火地域内に耐火建築物を立てる場合、または準防火地域内に耐火建築物・準耐火建築物を建てる場合、建蔽率は緩和され、10%が加算される。さらに、特定行政庁が指定する角地なので10%が加算され、合計20%が加算される。したがって、建蔽率は80%になる。

《商業地域の建蔽率》
建蔽率の制限が80%とされている地域内（商業地域や近隣商業地域）で、かつ、防火地域内に耐火建築物を建てる場合は、建蔽率の制限がなくなり100%になる。

敷地が、建蔽率の制限が異なる地域にわたる場合は、それぞれの用途地域に属している敷地の面積で按分（加重平均）して求める。

　《準住居地域》1,200㎡×80% = 960㎡

　《商業地域》2,000㎡×100% = 2,000㎡

　《最大建築面積》960㎡ + 2,000㎡ = 2,960㎡

【参考：このケースでの延べ床面積の上限は？】

延べ床面積の上限を計算する場合、前面道路の幅員が12m未満のときは、指定容積率と前面道路の幅員に住居系地域の場合は10分の4、それ以外の地域の場合は10分の6を乗じた数値を比較し、少ない数値が容積率となる。なお、前面道路の幅員が12m以上ある場合は指定容積率を用いる。

このケースは前面道路の幅員が8m（原則として幅が広い方が前面道路となる）なので下記のように計算する。

《商業地域》 $8m × \dfrac{6}{10} × 100 = 480\%$ で、指定容積率の400%の方が少ないので400%を用いる

《準住居地域》 $8m × \dfrac{4}{10} × 100 = 320\%$ で、指定容積率の200%の方が少ないので200%を用いる

《商業地域》2,000㎡×400% = 8,000㎡……①

《準住居地域》1,200㎡×200% = 2,400㎡……②

《最大延べ床面積》①＋②で、8,000㎡ + 2,400㎡ = 10,400㎡になる

□□□ ⓾ 建築基準法における用途地域内の建築物の用途制限に関する下表の空欄①～③について、特定行政庁の許可がなくても建てることができるものには○、建てることができないものには×をつけなさい。

用途地域 建物の用途	第一種低層住居専用地域	第二種低層住居専用地域	田園住居地域	第一種中高層住居専用地域	第二種中高層住居専用地域	第一種住居地域	第二種住居地域	準住居地域	近隣商業地域	商業地域	準工業地域	工業地域	工業専用地域
住宅、老人ホーム、図書館	○	○	○	○	○	○	○	○	○	○	○	①	×
神社、寺院、教会	②	○	○	○	○	○	○	○	○	○	○	○	○
病院	×	③	×	○	○	○	○	○	○	○	○	×	×

※○…建築可能　×…建築不可

用途地域の用途制限の例

○建築可能、×建築不可、△制限あり

用途地域 建物の用途	住居系								商業系		工業系		
	第一種低層住居専用地域	第二種低層住居専用地域	田園住居地域	第一種中高層住居専用地域	第二種中高層住居専用地域	第一種住居地域	第二種住居地域	準住居地域	近隣商業地域	商業地域	準工業地域	工業地域	工業専用地域
神社・教会・寺院・診療所・公衆浴場・保育所	○	○	○	○	○	○	○	○	○	○	○	○	○
住宅・老人ホーム・図書館	○	○	○	○	○	○	○	○	○	○	○	○	×
幼稚園・小学校・中学校・高等学校	○	○	○	○	○	○	○	○	○	○	○	×	×
大学・各種専門学校等・病院	×	×	×	○	○	○	○	○	○	○	○	×	×
カラオケボックス・パチンコ店	×	×	×	×	×	○	○	○	○	○	○	○	○
ナイトクラブ・キャバレー	×	×	×	×	×	×	×	×	○	○	○	×	×
ホテル・旅館	×	×	×	×	△	○	○	○	○	○	○	×	×

①住宅・老人ホーム・図書館は、工業専用地域のみ建築できない。

②神社・寺院・教会・診療所・公衆浴場・保育所は、すべての用途地域において建築可能。

③病院は、第一種低層住居専用地域、第二種低層住居専用地域、田園住居地域工業地域および工業専用地域では建築できない。

5章

不動産■実技

□□□ **11** 建築基準法に関する次の記述の中で適切なものには○、適切でないものには×をつけなさい。

1 建築物が２つ以上の用途地域にまたがる場合は、用途制限の厳しい方の規定が適用される。

2 特定行政庁が指定した、いわゆる２項道路では、原則として道路の中心線から水平距離で３ｍずつ両側に後退した線が道路の境界線とみなされる。

3 建蔽率や容積率が異なる地域にわたって建物を建てる場合、面積が過半を占める地域の規定を適用して建築する。

4 敷地が防火地域の内外にわたっている場合、敷地内の建物の全部が耐火建築物であるときは、その敷地はすべて防火地域内にあるものとして建蔽率が緩和される。

 ## 不動産譲渡時の税金

第8問 下記の問**12**に答えなさい。

□□□ **12** 南さんが現在住んでいる店舗兼居住用住宅（居住用部分は90％以上）を下記条件で譲渡（売却）した場合の所得税（復興税込み）と住民税の合計額を求めなさい。

（譲渡の条件）
・譲渡日　2024年１月15日　　・譲渡価格　7,560万円
・取得日　2006年６月10日　　・取得費　　不明
・媒介手数料　220万円
※居住用財産を譲渡した場合の3,000万円の特別控除の特例を受けるための他の要件は満たしている。媒介手数料以外の譲渡費用はない
※問題文にない条件は考慮しない

〈居住用財産の譲渡による軽減税率〉
・6,000万円以下の部分：所得税10.21％、住民税４％
・6,000万円超の部分：所得税15.315％、住民税５％

⑪  **P374-382**　　　　　　　　　**解答** 1× 2× 3× 4○

1 建築物が2つ以上の用途地域にまたがる場合は、面積が過半を占める用途地域の制限が適用される。

2 2項道路では、道路の中心線から水平距離で2mずつ両側に後退した線が道路の境界線とみなされる。なお、後退部分をセットバックといい、道路とみなされるため、建物を建てることができない。

3 建蔽率や容積率が異なる地域にわたって建物を建てる場合は、それぞれ加重平均して算出する。

4 敷地が防火地域の内外にわたっている場合、建築物の全部が耐火建築物であるときは、その敷地はすべて防火地域とみなされ、建蔽率が緩和される。なお、容積率が緩和されることはない。

解答・解説

---

⑫ 2級テキスト **P398-403**　　　　　　　　　**解答** 563万2円

「居住用財産を譲渡した場合の3,000万円の特別控除の特例」（以下、3,000万円特別控除）は居住用部分が90%以上あることが要件。譲渡したのは90%以上が居住用の店舗兼居住用住宅であり、南さんは3,000万円特別控除の適用が可能。
この場合、譲渡所得金額＝譲渡収入金額－（取得費＋譲渡費用）－3,000万円で算出する。
取得費が不明な場合は、譲渡収入金額×5%で算出するので、
　取得費＝7,560万円（譲渡価格）×5%＝378万円となる。
譲渡費用は媒介手数料の220万円のみ。したがって、
譲渡所得金額＝7,560万円－（378万円＋220万円）－3,000万円＝3,962万円

また、譲渡した年の1月1日に所有期間が10年を超えているので、3,000万円特別控除後の金額に対して、居住用財産の譲渡による軽減税率の適用をあわせて受けることができる。
6,000万円以下の部分に対する軽減税率は所得税10.21%、住民税4%。

したがって、《所得税》　3,962万円×10.21%＝404万5,202円
　　　　　　《住民税》　3,962万円×4%＝158万4,800円
　　　　　　《合　計》　563万2円

第9問　下記の各問⒔〜⒖に答えなさい。

田中さん（70歳）は、甲土地上の賃貸アパートを経営しているが、高齢になり管理が大変になってきたので建替えの必要性を認識している。そこで更地にして、土地の活用を検討中である。あわせて、現在更地になっている乙土地の活用も検討中である。甲土地および乙土地の概要は、以下のとおりである。
なお、田中さんはこのアパートには居住していないものとする。

〈甲土地の概要〉

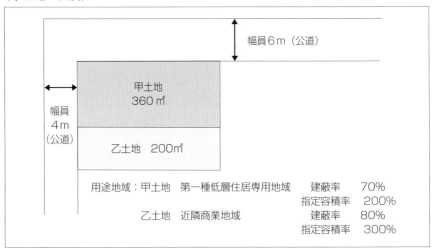

※上記土地は、特定行政庁が指定する角地にあり、防火地域内にある。
※上記以外の条件は考慮せず、各問に従うこと。

□□□ ⒔ 建築基準法に関する次の記述の中で適切なものには○、適切でないものには×をつけなさい。

1　田中さんが甲土地と乙土地を一体として、２つの地域にまたがって建物を建てる場合、甲土地の用途制限が適用される。
2　甲土地に新たに田中さんの住居を建てる場合、建築基準法上、建物の高さは10mまたは15mを超えて建築してはならない。
3　乙土地では、原則として、建築基準法上の日影規制が適用される。
4　田中さんが乙土地に建物を建てる場合、原則として、建築基準法上の北側斜線制限が適用される。

1 用途制限の異なる地域にわたり建物を建築する場合、面積が過半を占める（広い方）土地の方の用途制限を受けるので、この場合、面積の広い甲土地の用途制限が適用される。

2 甲土地は第一種低層住居専用地域であるが、第一種低層住居専用地域、第二種低層住居専用地域および田園住居地域では、原則、10mまたは12mのうち、都市計画で定められた高さを超えた建物を建てることはできない。

3 住居系用途地域、近隣商業地域、準工業地域内では、建物の日照時間を確保する目的で、中高層の建築物の高さに制限が設けられている。これを日影規制という。乙土地は近隣商業地域なので、日影規制が適用される。

4 北側斜線制限は、北側にある建物の日照を確保するため、建物の高さを制限する規制で、住居系の5つの地域（第一種低層住居専用地域、第二種低層住居専用地域、第一種中高層住居専用地域、第二種中高層住居専用地域および田園住居地域）に適用される。乙土地は近隣商業地域なので、北側斜線制限は適用されない。

5
章

不動産■実技

□□□ **⑭** 田中さんは、2024年中に甲土地に立っていたアパートを取り壊し、甲土地を更地にして売却することにした。この場合における所得税、復興特別所得税および住民税の合計額を、下記の〈甲土地を更地で売却する場合の資料〉を基に算出した〈計算の手順〉の空欄（1）〜（4）に入る適切な数値を解答しなさい。なお、記載のない事項等は考慮しないものとする。

〈甲土地を更地で売却する場合の資料〉
・譲渡価額は、8,500万円である。
・甲土地は10年前に父から相続したもので、土地の取得価額は不明である。
・田中さんが支払った費用は、次のとおりである。
　立退料：200万円
　建物の取壊し費用：300万円
　土地の売買媒介（仲介）手数料：175万円

〈計算の手順〉
1．土地の概算取得費：（　①　）円
2．譲渡費用　　　　：（　②　）円
3．譲渡益　　　　　：（　③　）円
4．税額（所得税、復興特別所得税および住民税の合計額）
　　　　　　　　　　：（　④　）円

解答 ①425万 ②675万 ③7,400万 ④1,503万3,100

土地や建物の譲渡所得は、譲渡した年の1月1日現在の所有期間が5年を超えると長期譲渡所得となり、課税長期譲渡所得＝譲渡収入金額－（取得費＋譲渡費用）－特別控除で計算する。

※このケースは、自分の居住用財産ではなく賃貸アパートを更地にしての譲渡なので「居住用財産を譲渡した場合の3,000万円の特別控除の特例」の適用がないため、上記の計算式の「特別控除」はない。

また、取得費が不明な場合には、概算取得費として譲渡価額の5％を取得費とすることが可能。
このケースでは、土地の売却価格は8,500万円なので、
　概算取得費＝8,500万円×5％＝425万円……①
　譲渡費用＝200万円（立退料）＋300万円（取壊し費用）＋175万円（仲介手数料）＝675万円……②
　譲渡益＝譲渡収入金額－（取得費＋譲渡費用）より、
　＝8,500万円－（425万円＋675万円）＝7,400万円……③
この土地は譲渡した年の1月1日に所有期間が5年を超えているので、長期譲渡所得に該当する長期譲渡所得の税率は所得税15％（復興税込みで15.315％）、住民税5％。

※このケースでは更地の譲渡なので、「居住用財産の譲渡による軽減税率の特例」の適用はない。

《所得税》7,400万円×15.315％＝1,133万3,100円
《住民税》7,400万円×5％＝370万円
《合計額》1,133万3,100円＋370万円＝1,503万3,100円……④

5
章

不動産■実技

□□□ **15** 田中さんが甲土地と乙土地を一体として耐火建築物を建てる場合、住宅の①最大建築面積および②最大延べ床面積を計算しなさい。

解答 ①最大建築面積 524㎡ ②最大延べ床面積 1,320㎡

①最大建築面積の計算
建蔽率の異なる地域にわたって建物を建てる場合、甲土地と乙土地の加重平均（按分計算）で求める。

《甲土地の建蔽率》
この建物は、特定行政庁が指定する角地にあるので建蔽率は10%加算され、さらに、防火地域内で耐火建築物を建てるので建蔽率は10%加算になる。合計20%加算され建蔽率は90%になる。
　　甲土地の建築面積 = 360㎡ × 90% = 324㎡……①
《乙土地の建蔽率》
防火地域内にある建蔽率80%の近隣商業地域で耐火建築物を建てる場合、建蔽率の制限はなく100%になる。乙土地はこの要件を満たしているので建蔽率は100%になる。
　　乙土地の建築面積 = 200㎡ × 100% = 200㎡……②

　　最大建築面積（① + ②）= 324㎡ + 200㎡ = 524㎡

②最大延べ床面積の計算
容積率の異なる地域にわたって建物を建てる場合、甲土地と乙土地の加重平均（按分計算）で求める。また、土地が2つの道路に面している場合、広い道路が前面道路となるので、このケースでは前面道路の幅員は6mとなる。なお、容積率は建蔽率と異なり、緩和（加算）されることはない。

《甲土地の容積率》
指定容積率の200%と前面道路の幅員×10分の4（住居地域のため）を比べて、少ない方の数値を用いて算出する。したがって、6m×10分の4×100 = 240%となるので、このケースでは指定容積率の200%で算出する。
　　甲土地の延べ床面積 = 360㎡ × 200% = 720㎡……③
《乙土地の容積率》
指定容積率の300%と前面道路の幅員×10分の6（住居地域以外の近隣商業地域のため）を比べて、少ない方の数値を用いて算出する。6m×10分の6×100 = 360%になるので、このケースでは指定容積率の300%で算出する。
　　乙土地の延べ床面積 = 200㎡ × 300% = 600㎡……④

　　最大延べ床面積（③ + ④）= 720㎡ + 600㎡ = 1,320㎡

5章

不動産■実技

第2部 実技

6章 相続・事業承継

贈与税の申告と納付

第1問 下記の問**1**に答えなさい。　　FP協会　金財・FP　金財・生保

□□□ **1** 北川さんは、今年の9月で結婚して満20年を迎える。これを機に妻に自宅の敷地と建物の一部を「配偶者への居住用財産の贈与の特例（贈与税の配偶者控除の特例）」を使って贈与しようと思っている。これに関する次の記述の空欄①〜⑤にあてはまる数値を答えなさい。

1 配偶者への居住用財産の贈与の特例における特別控除額は最大（　①　）万円である。

2 贈与税の基礎控除額とあわせると、合計で年間（　②　）万円以下であれば贈与税は非課税となる。

3 居住用財産が店舗併用住宅の場合は、居住用部分が（　③　）％以上あれば全部が居住用とみなされる。なお、贈与を受けた翌年（　④　）までに居住し、その後も引き続き居住する見込みがあることが要件となっている。

4 配偶者（妻）が居住用家屋とその敷地（相続税評価額1,800万円）と株式500万円の贈与を北川さんから受けた場合、贈与税が非課税となるのは（　⑤　）万円である。

> 親族関係図を用いて相続分を計算する問題は毎回出題されていますので、必ず解けるようにしておきましょう。それ以外にも各相続人の相続税を計算する問題や路線価方式による不動産の評価の計算問題、小規模宅地等の相続税の課税価格の特例の計算問題は解けるようにしておくことが重要です。また、3つの遺言の違いや相続時精算課税制度の概要、生命保険に対する非課税金額の適用と計算などもしっかり確認しておきましょう。

解答・解説

1  **P424‑427**

解答 ①2,000 ②2,110 ③90 ④3月15日 ⑤1,910万円

①、② 「贈与税の配偶者控除の特例」は、婚姻期間が20年以上ある夫婦間で居住用不動産やその敷地、または居住用不動産の購入資金の贈与があった場合に、暦年贈与の基礎控除額（110万円）とは別枠で最大2,000万円が控除される制度（合算で2,110万円まで非課税）。

③店舗併用住宅でも居住用部分が90％以上あれば適用可能。

④適用を受けるのは同一夫婦間では一生で一度のみであり、贈与を受けた翌年3月15日までに居住する必要がある。

⑤「贈与税の配偶者控除の特例」は、居住用不動産とその敷地などが対象で、株式は対象外。株式は暦年贈与の対象となり、110万円までは非課税。したがって、居住用家屋とその敷地1,800万円と、株式110万円の合計1,910万円までが非課税となる。

【配偶者への居住用財産の贈与のポイント】

- ・この適用を受けて7年以内に贈与者が死亡した場合でも、2,000万円までの居住用財産は相続税の生前贈与加算の対象にはならない
- ・贈与を受けた居住用不動産の価格が2,000万円以下であっても、残りの額を他の財産から控除することや翌年以降に繰り越すことはできない
- ・この適用を受けることで贈与税額がゼロになる場合でも申告は必要
- ・国内にある居住用財産またはその購入資金の贈与であること

6 章

相続・事業承継■実技

□□□**2** 相続時精算課税制度（住宅取得等資金にかかる相続時精算課税制度の特例を除く）に関する次の記述の空欄①～⑥に入る適切な語句を、下記の〈語句群〉の中から選びなさい。なお、同じ語句を何度選んでもよいこととする。

　相続時精算課税は、原則として、その年の（　①　）時点で、60歳以上の父母または祖父母から18歳以上の推定相続人である子（代襲相続人を含む）および、18歳以上の孫への贈与が対象となり、贈与財産の種類、金額、贈与回数には制限はない。相続時精算課税制度を選択した贈与財産の累計額が基礎控除の（　②　）を除いて（　③　）万円までは非課税となり、これを超えた場合は、超えた額について一律（　④　）％の贈与税がかかる。

　なお、贈与者に相続が発生した場合、相続財産に加算する際の贈与財産の価額は（　⑤　）の時価となる。ただし、毎年の110万円の基礎控除については、相続財産に加算されない。すでに納めた贈与税は相続税から控除されるが、相続税額から贈与税額を控除しきれない場合、その差額は（　⑥　）。なお、相続時精算課税制度を選択した場合、その贈与者について暦年課税制度とあわせて適用することや暦年課税制度への変更は（　⑦　）。

〈語句群〉

延納となる　　4月1日　　12月31日　　1月1日　　還付される
国庫金となる　　相続発生時　　贈与時　　2,000　　2,500　　3,500
10　　15　　20　　25　　できる　　できない　　100万円　　110万円
120万円

解答 ①1月1日　②110万円　③2,500　④20　⑤贈与時　⑥還付される
⑦できない

相続時精算課税の内容	
対象者	・贈与者は贈与があった年の1月1日現在、60歳以上の父母または祖父母 ・受贈者は贈与があった年の1月1日現在、18歳以上の子である推定相続人（代襲相続人を含む）と18歳以上の孫
手続きなど	・受贈者は、贈与を受けた翌年2月1日から3月15日までに、相続時精算課税選択届出書を提出する ・取消しや同じ贈与者に対して暦年課税の適用や変更は不可
対象財産	・贈与財産の種類や金額、贈与回数や贈与期間にも制限がない
基礎控除	2024年1月より110万円の基礎控除が新設され、毎年110万円までの贈与が非課税になり、申告も不要。また、生前贈与加算の対象とならないので、相続財産に加算されないため、相続税もかからない
税金の計算	・この制度を選択した贈与者からの贈与財産の価額のうち2,500万円（年110万円までの基礎控除額は除く）の非課税枠を超える金額に、一律20%の贈与税がかかる **ケース** 相続時精算課税制度を適用して、3,000万円の贈与を受けた場合の税額 （3,000万円 − 110万円 − 2,500万円）× 20% = 78万円 ・計算上、贈与税額がゼロになっても、この制度の適用を受けるためには申告が必要
相続発生時の対応	・受贈者は、贈与者からの贈与財産と相続財産を合算して算出した相続税額から、すでに納付した贈与税額を控除する ・相続財産と合算する贈与財産の価額は、原則、贈与時の価額（ただし、土地や建物が災害により被害を受けた場合は再計算される） ・相続税額よりすでに支払った贈与税額の方が多い場合、申告することで差額は還付される
暦年贈与との関係	暦年贈与の110万円の非課税とは別枠となるが、同一の贈与者については相続時精算課税と暦年贈与の適用を同時に受けることはできない

6章

相続・事業承継■実技

相続人と相続分

第3問 下記の問**3**に答えなさい。　**FP協会**　**金財・個人**　**金財・生保**

□□□ **3** 次の事例で、民法の規定に基づく相続人および相続分に関する下記の記述のうち、正しいものはどれか。

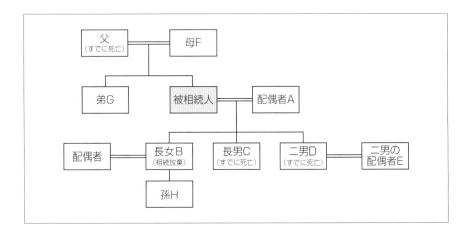

1　孫Hの相続分は2分の1である。
2　二男Dの配偶者Eの相続分は4分の1である。
3　弟Gの相続分は4分の1である。
4　配偶者Aの相続分は3分の2である。

第4問 下記の問**4**に答えなさい。　**FP協会**　**金財・個人**　**金財・生保**

□□□ **4** Aさんを契約者および被保険者とする生命保険の死亡保険金を、配偶者B、長男C、養子D、養子Eがそれぞれ1,000万円受け取った場合に関する下記の記述のうち、誤っているものはどれか。なお、長男Cは相続を放棄している。

1　Aさんの死亡保険金の非課税額を計算するうえで、法定相続人の数は4人となる。
2　長男Cが受け取った死亡保険金には、死亡保険の非課税制度の適用はない。
3　養子Eが受け取った死亡保険金には、死亡保険の非課税制度の適用がある。
4　配偶者Bが受け取った死亡保険金から控除できる非課税金額は500万円である。

解答・解説

3 P435-437

解答 4

1 長女Bは相続を放棄しているので、孫Hは代襲相続できず、相続分はない。 **誤り**

2 二男Dはすでに死亡しており、その配偶者は代襲相続人にはなれないので、配偶者Eには相続分はない。 **誤り**

3 第1順位の子は、すでに亡くなっていたり、相続放棄しているが、第2順位である被相続人の母Fがいるので、第3順位の弟Gには相続分はない。 **誤り**

4 配偶者Aと母Fが法定相続人となるので、配偶者の相続分は3分の2、母Fの相続分は3分の1となる。 **正しい**

法定相続分の例

配偶者	他の相続人		
2分の1	第1順位	子	2分の1
3分の2	第2順位	直系尊属	3分の1
4分の3	第3順位	兄弟姉妹	4分の1

4 P456-459

解答 1

1 生命保険の死亡保険金の非課税額を計算する場合、相続を放棄した者も法定相続人として数える。また、実子がいる場合、養子1人を法定相続人として数える。したがって、法定相続人は、配偶者B、長男C、および養子D、養子Eのどちらか1人の計3人。 **誤り**

2 相続を放棄していても死亡保険金は受け取れるが、非課税制度（500万円×法定相続人の数）は適用できない。 **正しい**

3 養子であっても法定相続人であれば、非課税制度を適用できる。 **正しい**

4 法定相続人は3人で、非課税額の総額は500万円×3人＝1,500万円。非課税の適用がある3人はそれぞれ1,000万円を受け取っているので、1人あたりの非課税金額は1,500万円の3分の1の500万円になる。 **正しい**

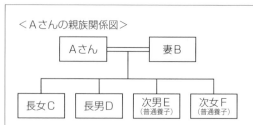

＜Aさんの親族関係図＞

＜Aさんの財産（相続税評価額）＞

預貯金	4,000万円
有価証券	5,000万円
自宅の家屋	1,000万円
自宅の敷地 （400㎡）	1億円

※長男DさんはAさんより2023年に賃貸マンションの建物の贈与を受けており、その際、暦年課税を適用している。賃貸マンションの価格は贈与時3,000万円、相続開始時5,000万円である。

※自宅の敷地（1億円）は「小規模宅地等の相続税の特例」適用前の価格（小規模宅地等の相続税の特例の適用可能）

※妻BさんはAさんが死亡した場合、死亡退職金3,000万円を受け取る

※次男Eさん、次女FさんはAさんの普通養子となっている

※上記以外の条件は考慮せず、各問に従うこと

□□□ **5** 2024年4月1日時点でAさんに相続が発生した場合について、相続税の総額を計算した下記の表の空欄に入る最も適切な数値を記入しなさい。

課税価格の合計額		（ ① ） 円
	遺産に係る基礎控除額	（ ② ） 万円
課税遺産総額		□□□万円
	相続税の総額の基となる税額	
	妻Bさんの税額	（ ③ ） 万円
	⋮	⋮
相続税の総額		（ ④ ） 万円

＜相続税の速算表＞

課税対象額	税　率	控除額
1,000万円以下	10%	―
1,000万円超　3,000万円以下	15%	50万円
3,000万円超　5,000万円以下	20%	200万円
5,000万円超　1億円以下	30%	700万円
1億円超　2億円以下	40%	1,700万円
2億円超　3億円以下	45%	2,700万円

5 📖 **2級テキスト P462-466**　　**解答** ①1億7,400　②5,400　③1,100　④1,850

①課税価格の合計額

・長男Dさんが暦年課税の適用を受けた財産（賃貸マンションの建物）は、原則、相続開始前7年以内の贈与（2024年4月に亡くなった場合は相続開始前3年以内）であっても、相続開始時に贈与時の価格（3,000万円）で相続財産に加算される。したがって、相続財産に加算されるのは3,000万円……①

・自宅の敷地（400㎡）は

小規模宅地等の特例を受けると、330㎡を上限に、評価額は80%減額となる。

《減額される金額》 1億円 × $\frac{330㎡}{400㎡}$ × 80% = 6,600万円

《相続税の評価額》 1億円 − 6,600万円 = 3,400万円……②

・妻Bさんが受け取った死亡退職金（3,000万円）については、「500万円×法定相続人の数」までは非課税となる。法定相続人は、妻Bさん、長女Cさん、長男Dさん、養子（次男Eさん、次女Fさん）2人のうちの1人（実子がいるため）で、計4人。非課税金額＝500万円×4人＝2,000万円。課税対象金額は3,000万円−2,000万円＝1,000万円……③

以上より、課税価格の合計額＝4,000万円（預貯金）＋5,000万円（有価証券）＋1,000万円（家屋）＋3,000万円①＋3,400万円②＋1,000万円③＝1億7,400万円

②相続税の基礎控除額＝3,000万円＋600万円×法定相続人の数で算出する。

基礎控除額＝3,000万円＋600万円×4人＝5,400万円

③妻Bさんの相続税額

法定相続人は妻Bさん、長女Cさんと長男Dさん、養子1人の4人なので、妻Bさん（配偶者）の相続分は2分の1、残り2分の1を3人で6分の1ずつ相続するとして計算する。

なお、課税遺産総額（課税価格の総額−基礎控除額）は1億7,400万円−5,400万円＝1億2,000万円なので、

・妻Bさんの相続分 ：1億2,000万円×2分の1＝6,000万円

《相続税額》6,000万円×30%−700万円＝1,100万円……Ⓐ（相続税の速算表より）

④相続税の総額

・長女Cさん、長男Dさん、養子1人分の相続分：1億2,000万円×6分の1＝2,000万円

《各自の相続税額》2,000万円×15%−50万円＝250万円……Ⓑ

・相続税の総額（Ⓐ＋Ⓑ×3人） 1,100万円＋250万円×3人＝1,850万円

遺言と遺留分

第6問 下記の各問**6**〜**7**に答えなさい。 　FP協会　金財・個人　金財・生保

□□□ **6** 次の表は、普通方式の遺言書の種類と特徴を表したものである。空欄
①〜⑥に入る適切な語句または数値を〈語句群〉の中から選びなさい。なお、同
じ語句を何度使用してもよいこととする。※なお、自筆証書遺言は自宅で保管さ
れている。

種類	自筆証書遺言	公正証書遺言	秘密証書遺言
作成方法	本人が本文、日付、氏名を原則、自書する	本人が口述し、公証人が筆記する	本人が作成し、署名・押印し、公証人が日付を記入する パソコン（　①　）
証人の立会い	不要	証人（　②　）人以上	証人（　③　）人以上
検認	原則、（　④　）	（　⑤　）	（　⑥　）

―〈語句群〉―――――――――――――――――――――――――――
　　　可　　不可　　1　　2　　3　　必要　　不要　　申請　　届出
―――――――――――――――――――――――――――――――――

□□□ **7** 遺留分に関する下記の記述のうち、誤っているものはどれか。

1　直系尊属だけが相続人である場合、遺留分割合は相続財産の3分の1である。
2　配偶者と子2人が相続人である場合、遺留分を算定するための財産の価額が
　　6億円の場合、子1人あたりの遺留分は7,500万円である。
3　配偶者と被相続人の兄が相続人で、相続財産が8,000万円である場合、配偶
　　者の遺留分は6,000万円である。
4　遺留分権利者が相続開始前に遺留分を放棄するためには、家庭裁判所の許可
　　を得なければならない。

6 2級テキスト P451　　　**解答** ①可　②2　③2　④必要　⑤不要　⑥必要

普通方式の遺言

種類	自筆証書遺言	公正証書遺言	秘密証書遺言
作成方法	・本人が本文、日付、氏名を原則、自書し、押印（氏名は原則、通称でも可能）	・本人が口述して公証人が筆記する	・本人が作成し署名・押印して封印し、公証人が日付を記入する ・パソコンでも可
証人の立会い	不要	証人2人以上の立会い	証人2人以上の立会い
検認	原則、必要	不要	必要

※自筆証書遺言が法務局で保管されている場合、家庭裁判所の検認は不要
※自筆証書遺言では、財産目録を別紙として添付する場合、財産目録についてはパソコンや代筆での作成が可能（本文は自書しなければならない）

7 2級テキスト P452-454　　　**解答** 3

1 直系尊属だけが相続人である場合、遺留分割合は相続財産の3分の1。　正しい
2 子や配偶者が相続人である場合、遺留分割合は相続財産の2分の1。したがって、遺留分を算定するための財産の価額は6億円×2分の1で3億円。各自の遺留分はこの価額に各自の法定相続分を乗じて算出するので、配偶者は3億円×2分の1＝1億5,000万円、子1人分は3億円×2分の1×2分の1で7,500万円　正しい
3 兄弟姉妹に遺留分はないので、配偶者のみが遺留分権利者となり、8,000万円の2分の1の4,000万円が遺留分となる。　誤り
4 家庭裁判所の許可を得れば、相続開始前に遺留分を放棄できる。なお、相続の放棄は相続開始前にはできない。　正しい

相続税の仕組み

下記の問8に答えなさい。　FP協会　金財・FP　金財・生保

□□□ **8** 東さんが保険料を負担している生命保険契約は、次のとおりである。東さんの相続が開始した場合、各相続人の生命保険金に適用される非課税金額の組合せとして正しいものはどれか。

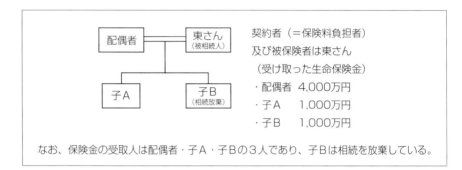

配偶者 ── 東さん（被相続人）

子A　　子B（相続放棄）

契約者（＝保険料負担者）及び被保険者は東さん

（受け取った生命保険金）
- 配偶者　4,000万円
- 子A　　1,000万円
- 子B　　1,000万円

なお、保険金の受取人は配偶者・子A・子Bの3人であり、子Bは相続を放棄している。

1	配偶者 1,200万円	子A 300万円	子B 0円
2	配偶者 800万円	子A 200万円	子B 0円
3	配偶者 800万円	子A 200万円	子B 100万円
4	配偶者 1,200万円	子A 150万円	子B 150万円

解答・解説

各相続人の生命保険金の非課税金額＝

$$(500万円×法定相続人の数)× \frac{その相続人が受け取った生命保険金の額}{すべての相続人が受け取った生命保険金の合計額^※}$$

※放棄者の分は除く

法定相続人の数は相続を放棄した者も含めるので、配偶者、子Ａ、子Ｂの３人となる。また、すべての相続人が受け取った保険金の合計額から、相続を放棄した子Ｂが受け取った生命保険金の1,000万円は除く。したがって、配偶者の受け取った4,000万円と子Ａが受け取った1,000万円の合計5,000万円が分母となる。

非課税金額の総額＝500万円×３人＝1,500万円

《配偶者の生命保険金の非課税金額》

$$1,500万円× \frac{配偶者が受け取った生命保険金の額}{配偶者が受け取った生命保険金の額＋子Ａが受け取った生命保険金の額}　より、$$

$$1,500万円× \frac{4,000万円}{4,000万円＋1,000万円} ＝1,200万円$$

《子Ａの生命保険金の非課税金額》

$$1,500万円× \frac{子Ａが受け取った生命保険金の額}{配偶者が受け取った生命保険金の額＋子Ａが受け取った生命保険金の額}　より、$$

$$1,500万円× \frac{1,000万円}{4,000万円＋1,000万円} ＝300万円$$

《子Ｂの生命保険金の非課税金額》

相続を放棄しているので、生命保険の死亡保険金は受け取れるが非課税の適用はない。

6
章

相続・事業承継■実技

相続財産の評価

第8問 次の設例に基づいて、下記の各問**9**〜**10**に答えなさい。

FP協会 金財・個人

≪ 設 例 ≫

西さんは不動産（土地）の資産割合が金融資産に比べて多く、相続税を心配している。そこで、FPのAさんに土地の評価についてアドバイスを受けた。

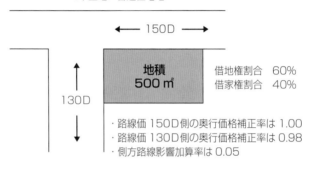

<甲土地>普通住宅地

150D

130D

地積
500㎡

借地権割合　60%
借家権割合　40%

・路線価150D側の奥行価格補正率は1.00
・路線価130D側の奥行価格補正率は0.98
・側方路線影響加算率は0.05

9 甲土地の①正面路線価と②相続税評価額を求めなさい。

10 甲土地の更地の相続税評価額を5,000万円と仮定して、次の文章の空欄①〜③に入る語句または数値を求めなさい。なお、アパートは満室とする。

1 西さんが、甲土地に賃貸アパートを建てて賃貸した場合、自用地としての評価から（　①　）の評価となり、相続税評価額は（　②　）万円となる。

2 アパートの固定資産税評価額が3,000万円であった場合、この建物（アパート）の相続税評価額は（　③　）万円となる。

解答・解説

9 📖2級テキスト **P471-473**　　　　**解答** ①150,000円　②7,818.5万円

①甲土地は2つの道路に面しているので、正面路線価は、路線価（1㎡あたりの土地評価額）に奥行価格補正率を掛けて計算した高い方の価格となる。また、150Dとは1㎡あたりの価格が150×1,000円（15万円）で、借地権割合が60%であることを表す（借地権割合は、Aは90%、Bは80%、Cは70%、Dは60%を表している）。

よって、150Dの道路＝15万円×1.00＝15万円

130Dの道路＝13万円×0.98＝12万7,400円

正面路線価は路線価15万円（150D）の方となる。

②角地で2つの道路に面している宅地の相続税評価額＝

（正面路線価×奥行価格補正率＋側方路線価×奥行価格補正率×側方路線影響加算率）×地積＝（15万円×1.00＋13万円×0.98×0.05）×500㎡＝7,818.5万円

10 📖2級テキスト **P473-475**　　　　**解答** ①貸家建付地　②3,800　③1,800

①自分の土地に賃貸アパートを建てて、他人に賃貸している状況は、貸家建付地（かしやたてつけち）の評価となる。

②貸家建付地の評価額は「自用地評価額×（1－借地権割合×借家権割合×賃貸割合）」で評価するので、

5,000万円×（1－0.6×0.4×1.00）＝3,800万円

なお、アパートは満室なので賃貸割合は1.00（100%）となる。

③アパートなどの貸家の相続税評価額は「固定資産税評価額×（1－借家権割合×賃貸割合）」で評価するので、

3,000万円×（1－0.4×1.00）＝1,800万円

6章

相続・事業承継▪実技

□□□**⑪** 被相続人の配偶者が自宅の家屋と宅地を全部を相続し、「小規模宅地等の相続税の課税価格の特例」の適用を受けた場合の評価減後の宅地の相続税の課税価格を求めなさい。宅地の相続税評価額は7,500万円、宅地の面積は500㎡とし、これ以外の条件は考慮しない。※2024年度中に適用を受けたものとする

□□□**⑫** 「小規模宅地等の相続税の課税価格の特例」に関する次の記述のうち、正しいものはどれか。

1　妻が夫から、贈与により取得した居住用家屋とその宅地についても、この特例の適用を受けることができる。

2　「小規模宅地等の相続税の課税価格の特例」の適用を受けることで、相続税額がゼロになる場合でも、相続税の申告は必要である。

3　貸付事業用宅地等については、400㎡までの部分について相続税評価額が50％減額される。

4　特定居住用宅地等と特定事業用宅地等の両方について、この特例を受ける場合、最大で530㎡までの宅地について適用を受けることができる。

11 📘2級 テキスト **P475-477**　　　　　　　　　　　　**解答** 3,540万円

相続税評価額が7,500万円（500㎡）の特定居住用宅地等について、小規模宅地等の相続税の課税価格の特例の適用を受けた場合、330㎡までの面積について、評価額の80％が減額される。

この場合の減額される金額は、「相続税評価額 $\times \dfrac{\text{分母のうち330㎡までの部分}}{\text{その宅地の総地積（面積）}} \times 80\%$」で計算する。したがって、

減額される額 $= 7,500万円 \times \dfrac{330㎡}{500㎡} \times 80\% = 3,960万円$

減額後の相続税の課税価格 $= 7,500万円 - 3,960万円 = 3,540万円$

区分	対象面積	減額割合
特定居住用宅地等	330㎡	80%
特定事業用宅地等	400㎡	80%
特定同族会社事業用宅地等	400㎡	80%
貸付事業用宅地等	200㎡	50%

12 📘2級 テキスト **P475-477**　　　　　　　　　　　　**解答** 2

1 贈与により取得した宅地は「小規模宅地等の特例」の適用を受けることはできない。　　誤り

2 「小規模宅地等の相続税の課税価格の特例」の適用を受けるには、相続税が結果的にゼロの場合でも申告が必要。　　正しい

3 貸付事業用宅地等については、200㎡までの部分について相続税評価額が50％減額される。　　誤り

4 特定居住用宅地等（対象面積330㎡まで）と特定事業用宅地等（対象面積400㎡まで）の合計730㎡まで、適用を受けることができる。　　誤り

【小規模宅地等の相続税の課税価格の特例のポイント】

・被相続人の居住用宅地を配偶者が取得した場合は、無条件で特定居住用宅地等とみなされる。なお、配偶者以外の親族が取得した場合は、相続税の申告期限まで保有している等の条件を満たしていれば、特定居住用宅地等の特例が適用される

金融資産等の財産の評価

□□□ ⓭ 上場株式の評価に関する次の設例において、1株あたりの評価額として正しいものを1つ選びなさい。

------------ ≪ 設 例 ≫ ------------

A社（東京証券取引所市場第1部上場）
相続開始時　令和＊＊年7月20日

課税時期（令和＊＊年7月20日）に取引がなく、最終価格がない
　　　　課税時期前の最も近い日（令和＊＊年7月19日）の最終価格1,500円
　　　　課税時期後の最も近い日（令和＊＊年7月22日）の最終価格1,550円
課税時期の属する月以前の各月の最終価格の月平均額
　　　　　　　令和＊＊年7月の終値の月平均額　　1,520円
　　　　　　　令和＊＊年6月の終値の月平均額　　1,480円
　　　　　　　令和＊＊年5月の終値の月平均額　　1,490円
　　　　　　　令和＊＊年4月の終値の月平均額　　1,450円

1　1,450円
2　1,480円
3　1,500円
4　1,550円

13 [2級テキスト] **P478-479** 　　　　　　　　　　　　　　　　　　　　　　　　　[解答] 2

上場株式の相続税評価額は、課税時期の終値（亡くなった日の最終価格）および課税時期以前3か月間の各月の終値の平均の中で最も低い価格で評価する。ただし、課税時期に土曜日、日曜日、祝日など取引所が休みで値段がない場合などに限り、課税時期に最も近い日（前後の日）の最終価格を課税時期の価格として比較する。この設例では7月19日の1,500円。

以上より1,500円、1,520円、1,480円、1,490円を比較して、6月の終値の月平均価格が最も低いので、1,480円が相続税の評価額となる。

なお、4月の終値（1,450円）は課税時期以前4か月前になり、課税時期以前3か月以内ではないので、対象外。

※ETF（上場投資信託）やJ-REIT（不動産投資法人）の相続税評価額は上場株式と同じ評価方法で評価する

【その他の金融資産等の相続税評価額の原則】

- ●ゴルフ会員権（取引相場のあるもの）
  - →課税時期の通常取引価額×70%
- ●預貯金（定期等）
  - →預貯金の預入高＋源泉徴収（復興税を含む）後の経過利子
- ●生命保険契約に関する権利の評価
  - →原則、課税時期の解約返戻金相当額
- ●個人年金保険の年金受給権の評価
  - **【保険金支払いの事由が発生していない場合】**
    - →課税時期の解約返戻金相当額
  - **【保険金支払いの事由が発生している場合】**
    - →以下の3つの中で最も高い金額
      - ①解約返戻金相当額
      - ②一時金で受け取れる場合は、一時金相当額
      - ③予定利率をもとに算出した金額

6
章

相続・事業承継■実技

第 3 部

模擬試験

試験時間は 学科：120 分 実技：90 分　です

学科 共通Ⅰ（問題）

問1 ファイナンシャル・プランナー（以下、ＦＰ）の業務および倫理等に関する次の記述のうち、最も不適切なものはどれか。

1. 税理士資格を有しないＦＰが、無償で顧客の税務関連書類の作成を行った。
2. 金融商品取引業者ではないＦＰが、顧客に対して、投資判断の前提となる一般的な投資情報の提供を行った。
3. 生命保険募集人の登録を受けていないＦＰが有償で生命保険の商品性を説明した。
4. 司法書士の資格を有しないＦＰが、成年後見制度における任意後見人になった。

問2 個人のバランスシートおよびキャッシュフロー表の内容に関する次の記述のうち、最も不適切なものはどれか。

1. ライフイベント表の額は現在価値で、キャッシュフロー表の額は将来価値で表記する。
2. 個人のバランスシートでは、不動産や金融資産などの変動資産については時価評価額で計上する必要がある。
3. 個人のバランスシートには、生命保険は契約した保険金額ベースで表記する。
4. キャッシュフロー表の年間収入には、通常、可処分所得の額を用いる。

問3 退職後の公的医療保険制度等に関する次の記述のうち、誤っているものはどれか。

1. 後期高齢者医療制度に加入した場合の保険料の自己負担割合は全被保険者一律1割負担である。
2. 任意継続被保険者となると、それまで加入していた健康保険に退職後も最長で2年間加入できる。
3. 健康保険の被扶養者となるには、原則、年収130万円未満で、同居している場合は被保険者の年収の2分の1未満であることが要件となっている。
4. 後期高齢者医療制度の保険料は原則、年金からの天引き（特別徴収）となるが、年金年額が18万円未満の場合は口座振替も可能である。

問4　労災保険制度に関する次の記述のうち、誤っているものはどれか。

1. 労働者が業務災害または通勤災害による負傷や疾病により仕事ができず、賃金を受けられない場合に、賃金を受けられなくなった日の第4日目から休業補償給付が支給される。
2. 労働者が業務上の負傷または疾病により労災指定病院で治療を受けた場合、療養補償給付として支払われる治療費については、労働者の自己負担は発生しない。
3. 労働者が業務災害により死亡した場合に、その労働者に生計を維持されていた一定の遺族がいた場合、遺族に遺族補償年金または一時金が支給される。
4. 業務災害により休業補償給付を受給し始めてから1年を経過しても一定の障害が残った場合、傷病補償給付が支給される。

問5　公的年金の保険料免除制度に関する次の記述のうち、誤っているものはどれか。

1. 厚生年金保険の適用事業所に常時使用される者のうち、65歳以上の者は、厚生年金保険の被保険者とならない。
2. 国民年金の保険料免除期間に係る保険料のうち、追納することができる保険料は、追納に係る厚生労働大臣の承認を受けた日の属する月前10年以内の期間に係るものに限られる。
3. 日本国籍を有するが日本国内に住所を有しない20歳以上65歳未満の者は、原則として、国民年金の任意加入被保険者となることができる。
4. 育児休業中の厚生年金保険料は、原則として被保険者負担分および事業主負担分も免除されるが、産休中の保険料についても、同様に免除される。

問6　Aさん（53歳）の公的年金加入歴が下記の図のとおりであった場合、老齢年金に関する次の記述のうち、誤っているものはどれか。

20歳	23歳	38歳	53歳	60歳
国民年金未加入	厚生年金加入	国民年金保険料全額免除期間	国民年金加入予定	

1. Aさんは国民年金の未加入期間が3年と国民年金保険料の全額免除期間が15年あるが、現時点で老齢基礎年金の受給資格期間の要件は満たしている。
2. Aさんが年金を請求し忘れた場合は、5年前までさかのぼって受給できる。
3. 特別支給の老齢厚生年金の受給要件は、老齢基礎年金の受給資格期間を満たしており、厚生年金の加入期間が10年以上あることである。
4. Aさんが国民年金保険料を全額免除されている期間において、2009年（平成21年）3月以前の期間については3分の1、2009年（平成21年）4月以後の期間については2分の1が国庫負担割合として年金額に反映される。

公的障害年金と公的遺族年金に関する次の記述のうち、正しいものはどれか。

1．障害基礎年金の1級に該当した場合、年金額は、原則として障害等級2級の額の1.25倍である。
2．障害厚生年金は、一定の受給要件を満たし、障害認定日に1級、2級の障害に該当していなければ、受給することができない。
3．遺族厚生年金の年金額の計算において、被保険者期間が480月に満たない場合は480月で計算する。
4．遺族厚生年金を受給している妻が再婚した場合、妻は継続して遺族厚生年金の受給権を持つ。

公的年金制度に関する次の記述のうち、誤っているものはどれか。

1．中高齢寡婦加算の受給要件の1つとして、夫が死亡したときに、妻が40歳以上65歳未満で子がいないこととなっている。
2．加給年金の受給権がある者が老齢厚生年金を繰下げ受給すると、加給年金も繰下げられるが、加給年金は増額にならない。
3．公的年金は、支給事由が生じた日の属する月の翌月から受給権が消滅した日の属する月まで毎月15日に支給される。
4．裁定請求しないまま受給権者が死亡した場合、3親等内の親族は当該年金を請求できる。

住宅ローンに関する次の記述のうち、最も不適切なものはどれか。

1．フラット35（買取型）の融資対象は、居住用の新築住宅の建設または購入資金および一定の条件を満たした中古住宅の購入資金等である。
2．フラット35の融資金利は、一般的に融資率が90％を超えると高くなる。
3．財形住宅融資を受けるためには、財形貯蓄を1年以上継続し、その残高が100万円以上必要である。
4．財形住宅融資の融資額は、財形貯蓄残高の10倍か4,000万円の少ない方の金額で、住宅購入価額の90％以内の金額となっている。

問10　融資残高2,000万円、残存期間20年、借入金5％の元利均等返済の住宅ローンの返済期間を短縮しないで、年利3％のローンに借り換えた場合、軽減される利子の総額は次のうちどれか。なお、これ以外の条件は考慮しない。

＜期間20年の資本回収係数＞

1 ％	2 ％	3 ％	4 ％	5 ％
0.05542	0.06116	0.06722	0.07358	0.08024

1．26万400円
2．38万1,600円
3．122万3,200円
4．520万8,000円

問11　保険契約者保護機構に関する次の記述のうち、最も不適切なものはどれか。

1．保険契約者保護機構には、外資系を含む日本国内で営業するすべての生命保険会社、損害保険会社が加入するが、共済業者や少額短期保険業者は対象外である。
2．高予定利率契約に該当する生命保険契約の場合、保険会社が破綻した場合の補償割合が、責任準備金の90％未満に引き下げられる場合がある。
3．個人契約の任意の自動車保険の場合、保険会社の破綻後3か月以内に発生した保険事故の場合は、保険金の100％が補償される。
4．自賠責保険・地震保険では、保険会社の破綻後の経過期間にかかわらず、保険事故が発生した場合、支払い保険金の90％が補償される。

問12　生命保険の契約手続き等に関する次の記述のうち、誤っているものはどれか。

1．生命保険契約の保険会社の責任開始日は、「申込書の提出」、「告知または診査」、「第1回保険料の支払い」のいずれかが完了したときである。
2．保険契約者に告知義務違反があった場合、保険会社は契約を解除する場合があり、その場合に支払った保険料は返還されないが、解約返戻金があった場合には返還される。
3．保険会社が保険契約者の告知義務違反を知った場合でも、その事実を知ってから1か月以内に保険契約を解除しない場合には、保険会社の解除権は消滅する。
4．生命保険の契約者配当金は、保険金と一緒に受け取る場合は一時所得として課税対象となる。

生命保険の契約手続き等に関する次の記述のうち、最も不適切なものはどれか。

1. 払済保険に変更した場合、変更後の保険金額は元契約よりも少なくなるとともに、原則として、元の契約の特約はすべて消滅する。
2. 契約者貸付制度とは、解約返戻金の範囲内（90%が上限）で保険会社から融資を受けることができる制度のことで、保険金の支払いや解約があった場合は、融資を受けた金額は支払い保険金や解約返戻金と相殺される。
3. 一時払いで保険料を支払い、契約を途中で解約した場合、その時点で未経過分の保険料があればその保険料部分は返還される。
4. 年払いの保険契約の場合の保険料支払いの猶予期間は、払込日の月の翌月の初日から翌々月の応当日までである。

個人向けの生命保険商品に関する次の記述のうち、最も不適切なものはどれか。

1. 定期保険特約付終身保険の特約部分の保険料の支払い方法には、全期型と更新型があるが、更新型の場合、主契約の保険料の払込みの終了までは、診査や告知の必要がなく、それまでと同一条件で自動更新されるが、保険料は更新のたびに再計算される。
2. 収入（生活）保障保険は、保険期間内に、死亡や高度障害になった場合に一定期間、保険金が年金形式で支払われる保険で、一般的に保険金額が同額の定期保険より保険料は割高である。
3. 定期保険には、保険期間の経過に応じて保険金額が順次増えていく逓増定期保険があるが、支払い保険料は保険期間中を通じて一定である。
4. 無選択型保険は告知や医師の診査なしで加入できるが、他の終身保険より保険料は割高である。

第三分野の保険商品に関する次の記述のうち、もっとも適切なものはどれか。

1. がん保険では、契約の翌月の検査により被保険者ががんと診断された場合、診断給付金は支払われない。
2. 医療保険では、病気やけがによる入院や手術に加えて、正常分娩や美容整形に伴う手術に対しても手術給付金が支払われる。
3. 先進医療特約では、保険の契約日において既に厚生労働省が承認していた先進医療のみが給付金の支払い対象となる。
4. 特定（三大）疾病保障定期保険では、被保険者ががん、急性心筋梗塞、脳卒中の三大生活習慣病と診断された場合やこれらの病気で死亡した場合に限り、死亡保険金が支払われる。

問16　総合福祉団体定期保険、Ｂグループ保険（団体定期保険）および団体信用生命保険に関する次の記述のうち、最も適切なものはどれか。

1. 総合福祉団体定期保険では、被保険者の同意を得ることなく、保険金の受取人を企業にすることが可能である。
2. 総合福祉団体定期保険のヒューマンバリュー特約とは、従業員の死亡に伴い企業が従業員を新たに採用したり、教育することで発生する費用を準備するための特約である。
3. 団体信用生命保険では、一般的に、住宅ローンの残高が減少しても、保険料は一定である。
4. Ｂグループ保険の保険料は、会社が全額負担する。

問17　個人年金保険商品に関する次の記述のうち、最も適切なものはどれか。

1. 終身年金は被保険者が生きている限り年金が支払われるが、一般的に年齢が同じであれば、女性より男性の方が保険料は高くなる。
2. 確定年金は、被保険者の生死にかかわらず、一定期間年金が支払われる保険で、被保険者が年金支払期間中に死亡した場合には、残りの期間については遺族に年金または死亡一時金が支払われる。
3. 変額個人年金保険は、資産の運用を一般勘定で行い、その運用実績により年金額が変動する年金保険である。
4. 外貨建て個人年金保険では、円換算特約（年金を円で受け取るための特約）を付加することで、円貨で受け取る場合の年金受取総額が既払込保険料相当額を下回ることがなくなる。

問18　生命保険契約における保険金の税務に関する次の記述のうち、最も適切なものはどれか。なお、契約者と保険料負担者は同一とする。

1. 個人が死亡保険金を受け取る場合において、生命保険の契約者と被保険者、保険金受取人がすべて異なる場合、その保険金は所得税の対象となる。
2. 個人が死亡保険金を受け取る場合において、生命保険の契約者と被保険者が同一で、保険金受取人が法定相続人以外の者である場合は、その保険金は相続税の対象となるが、生命保険の非課税枠の適用はない。
3. 個人が死亡保険金を受け取る場合において、生命保険の契約者と死亡保険金の受取人が同一で、被保険者が異なる場合の保険金については、相続税の課税対象となる。
4. 少額短期保険契約の生命保険の保険料は「一般の生命保険料控除」の対象となるが、海外の保険会社との国外契約の生命保険料は生命保険料控除の対象外である。

火災保険および地震保険に関する次の記述のうち、最も不適切なものはどれか。

1. 保険金額が保険価額を下回っている火災保険を、一部保険という。
2. 地震保険は単独で加入することはできず、火災保険に付帯して加入しなければならない。
3. 普通火災保険は、住宅のみに使用される建物を除く店舗や倉庫および工場とその動産が補償の対象である。
4. 地震保険では、補償内容が同じでも保険会社によって保険料は異なる。

問20 傷害保険および賠償責任保険に関する次の記述のうち、誤っているものはどれか。

1. 普通傷害保険は、国内外を問わず日常生活や職場で起こる事故に対応する損害保険であるが、地震、津波、噴火による場合、細菌性食中毒の場合、心臓発作等の内部疾患が原因の場合には補償の対象外である。
2. 家族傷害保険では、生計を一にする別居の未婚の子も補償の対象に含まれるが、国外での事故で傷害を負った場合には対象外である。
3. 生産物賠償責任保険（ＰＬ保険）では、リコールに伴う費用や欠陥品の修理費用は補償の対象外であるが、特約を付加することで補償される。
4. 施設所有（管理）者賠償責任保険は、デパートや映画館などの施設の所有者や管理者が、その構造上の欠陥や管理不備等を原因として発生する損害賠償金を補償する保険である。

問21 経済指標に関する次の記述のうち、最も不適切なものはどれか。

1. 国内総生産（ＧＤＰ）とは、一定期間に国内で作り出された付加価値の総額であり、一国の経済規模を表している。
2. 経済成長率には名目成長率と実質成長率があり、物価の変動によっては、名目経済成長率が上昇していても、実質経済成長率は下落することがある。
3. 景気動向指数とは、景気全体の動向を知るために、複数の景気指標を使って算出したもので、ＤＩ（ディフュージョン・インデックス）とＣＩ（コンポジット・インデックス）の２種類があり、ＣＩは景気変動の強弱やテンポ（量感）の把握に適している。
4. 消費者物価指数（ＣＰＩ）は総務省から毎月発表されるが、消費者物価指数は景気動向指数の先行指数に該当する。

問22 経済指標や金融市場に関する次の記述のうち、最も不適切なものはどれか。

1. 景気動向指数のDIの一致指数が、50%未満から50%超になった場合、景気の拡大期への転換点と判断される。
2. コール市場とは、金融機関が相互に1年未満の資金調達を行う場であり、主に無担保コール翌日物が取引されている。
3. 国内総生産（GDP）を構成する最も大きな項目は民間企業の設備投資であり、GDPの50%以上を占めている。
4. 通常、外国為替が円高傾向になると海外からの輸入物価が低下し、市場金利は低下傾向となる。

問23 預貯金および債券に関する次の記述のうち、最も不適切なものはどれか。

1. 期日指定定期預金は、1年の据置期間経過後は、3年までの任意の日を満期日として指定することで、ペナルティーなしで解約できる。
2. スーパー定期預金は、満期までの期間が3年以上の場合、単利型と複利型の選択制となっているが、半年複利型は個人のみ適用可能である。
3. デュアルカレンシー債は購入代金が外貨で、利払いと償還金が円で支払われる。
4. 転換社債型新株予約権付社債（CB）は、普通社債同様、満期まで保有することで額面で償還になる。

問24 債券の仕組みと特徴に関する次の記述のうち、最も不適切なものはどれか。

1. 一般的に市場金利が上昇すると債券価格も上昇し、市場金利が低下すると債券価格も下落する傾向がある。
2. アンダーパーで発行された債券を償還まで所有した場合、満期時には購入価格と償還価格との差額が償還差益となる。
3. 一般的に他の条件が同じであれば、格付けが高い債券は格付けが低い債券より最終利回りは低くなる。
4. 国債のイールドカーブが逆イールドのとき、残存期間が短い国債の方が残存期間の長い国債より利回りが高い。

次の文章の空欄①、②にあてはまる数値の組合せとして、正しいものはどれか。なお、税金・手数料等は考慮しないものとし、計算により算出された利回りについては、％表示単位の小数点以下第3位を四捨五入すること。

> クーポンレート（利率）1.2％で償還期限が10年の新発債券が102円で発行された場合、応募者利回りは（　①　）％、直接利回りは（　②　）％である。

1. ①　0.98　②　1.18
2. ①　0.98　②　1.20
3. ①　1.00　②　1.18
4. ①　1.37　②　1.20

問26　わが国の株式取引に関する次の記述のうち、最も不適切なものはどれか。

1. 株式の売買注文において、売りの指値注文では、売りたい値段の下限価格を指定して注文を行う。
2. 株式の売買注文において、成行注文とは価格を指定せずに注文を出す方法であり、指値注文に優先して取引が成立する。
3. 株式を売買した場合の決済日（売買代金の受渡日）は、原則として約定日から起算して2営業日目である。
4. 株式ミニ投資とは、通常の株式の取引単位の10分の1の売買単位（最大で10分の9まで）で取引を行うもので、指値注文は行えない。

問27　株式の信用取引に関する次の記述のうち、誤っているものはどれか。

1. 信用取引の委託保証金は、原則、現金以外に株券や債券等の有価証券での差入れも可能である。
2. 信用取引の決済方法には、反対売買による差金決済と、現引き・現渡しによる受渡し決済がある。
3. 差し入れた担保の価値が約定代金の30％を下回った場合、原則、担保不足となり、担保を追加して差し入れなければならない。
4. 制度信用取引で借り入れた資金や株券の弁済期限は、原則として約定日から最長6か月以内である。

問28　投資信託に関する次の記述のうち、最も不適切なものはどれか。

1. オープン・エンド型の株式投資信託において、安定した運用をするために一定期間解約できない期間のことをクローズド期間という。
2. ファンド・オブ・ファンズとは、他の投資信託や投資法人に分散投資するもので、個別の株式や債券は組み入れられていない。
3. 投資法人は基本的にオープン・エンド型になっており、取引所に上場されて売買される。
4. 「ベア型」の投資信託は、ベンチマークが下落すると基準価額が上昇するよう設計されている。

問29　個人（居住者）が国内で行う外貨建て金融商品等の取引に関する次の記述のうち、最も不適切なものはどれか。

1. 外貨預金では、円貨を外貨に替えて預け入れたときより、預け入れた外貨を円貨に戻した時点で円安になっている場合に、為替差益が発生する。
2. 外貨建てMMFを解約することにより生じる為替差益については、申告分離課税の対象である。
3. 海外の市場に上場している外国株を国内店頭取引で売買するにあたっては、外国証券取引口座を開設しなければならない。
4. 外貨建てMMFを解約するときには、信託財産留保額が差し引かれる。

問30　居住者である個人にかかる金融商品の課税関係に関する次の記述のうち、誤っているものはどれか。

1. 上場不動産投資法人（J-REIT）の配当金については、総合課税を選択しても配当控除の適用を受けることはできない。
2. 国債等の国内公社債を譲渡した場合の譲渡益については、雑所得で総合課税の対象となる。
3. 公社債投資信託の収益分配金については利子所得となるが、課税方法は申告不要または申告分離課税の選択制となっている。
4. 追加型株式投資信託の分配金には、元本払戻金（特別分配金）と普通分配金があり、元本払戻金は投資元本の払戻しとみなされ非課税となっている。

問31 所得税の納税義務者と非課税財産に関する次の記述のうち、最も不適切なものはどれか。

1. 居住者のうち非永住者を除く永住者については、原則として、国内外すべての所得が課税対象となる。
2. 火災により焼失した家屋について契約者（＝保険料負担者かつ家屋の所有者である個人）が受け取った火災保険の保険金は、一時所得となる。
3. 雇用保険の失業等給付や健康保険の給付金は非課税となっている。
4. 社会通念上、妥当な範囲であれば離婚に伴い受け取る慰謝料は非課税である。

問32 国内の居住者である個人が受け取る配当所得に関する次の記述のうち、誤っているものはどれか。

1. 配当所得の金額は、「収入金額－元本取得のための負債利子」によって計算される。
2. 配当所得に対する課税は、総合課税、申告不要制度および申告分離課税の中から選択する。
3. 上場株式の配当金については、申告分離課税を選択することで、配当控除の適用を受けることができる。
4. 発行済み株式総数の3％超を保有する株主がその株式から受け取った配当金については、総合課税となり、申告不要制度や申告分離課税制度を選択できない。

問33 Yさんは加入していた期間15年の養老保険（保険契約者および満期保険金受取人すべてYさん）の満期保険金500万円を保険会社より受け取った。Yさんの一時所得として総所得金額に算入される金額は次のうちどれか。なお、Yさんにはこれ以外に一時所得はないものとする。

・満期保険金　　500万円
・既払込保険料　280万円

1. 85万円
2. 110万円
3. 170万円
4. 220万円

問34　譲渡所得に関する次の記述のうち、誤っているものはどれか。

1. 土地・建物を譲渡した場合に、短期譲渡所得に対する税率は所得税30.63%、住民税9%、計39.63%となっている。
2. 上場株式の場合を除き、申告分離課税の対象となる不動産の譲渡所得については、譲渡した日において譲渡した資産の所有期間が5年を超えていれば、長期譲渡所得に該当する。
3. 譲渡所得の計算において、相続により資産を取得した場合、原則として資産の取得日は、被相続人が取得した日となる。
4. 給与所得者が金地金を売却したことによる所得は譲渡所得となり、総合課税の対象となる。

問35　所得税に関する次の記述のうち、誤っているものはどれか。

1. 事業所得の金額は、「総収入金額－必要経費」で算出され、総合課税の対象となる。
2. 事業用固定資産を譲渡した場合の所得は、事業所得となる。
3. 給与所得者である会社員が会社から支給される通勤手当は、月15万円までであれば、給与所得には含まず非課税となっている。
4. 不動産の貸付業から生じる所得は、その貸付の規模が事業的規模であっても不動産所得となる。

問36　所得税の計算上、他の所得金額と損益通算ができるのは、次のうちどれか。

1. 居住用の建物の譲渡損失
2. 生活に必要でない一定資産の譲渡損失
3. 一時所得に該当する所得の損失
4. 不動産所得の損失のうち、土地の取得に要した負債利子

所得税の配偶者控除等の所得控除に関する次の記述のうち、誤っているものはどれか（2024年中の所得とする）。

1．配偶者控除および配偶者特別控除の適用を受けるためには、納税者本人の合計所得金額が1,000万円以下であることが要件となっている。
2．配偶者控除は、納税者の所得金額に応じて3段階に分けて控除され、控除額の上限は38万円である。
3．青色事業専従者給与の支払いの対象となっている配偶者であっても、給与の額が一定額以下であれば、配偶者控除の適用を受けることができる。
4．老人控除対象配偶者に該当する場合、所得要件を満たしていれば最高48万円が控除される。

問38　2024年中のYさんの上場株式等からの配当金額（総合課税選択分）およびYさんの課税所得金額が以下の状況であった場合、Yさんが確定申告をすることで受けられる所得税の配当控除額は次のうちどれか。下記以外の収入等はないものとする。

Yさんの課税総所得金額：1,100万円
上記の金額に含まれる配当所得の金額：300万円

1．15万円
2．20万円
3．25万円
4．30万円

問39　個人住民税に関する次の記述のうち、最も不適切なものはどれか。
1．2024年分の個人住民税の納付先は、2023年1月2日以後の住所地にかかわらず、原則として、2024年1月1日に住所地であった市区町村および都道府県となる。
2．個人住民税の納付方法が普通徴収の場合、納税者は税額を12等分して毎月1回納付する。
3．個人住民税の税額計算は、原則として均等割と所得割に分けられるが、均等割は所得金額にかかわらず原則、定額で課税される。
4．個人住民税の所得割の標準税率は、納税者の前年の所得金額をもとに計算されるが、所得金額にかかわらず、税率は一律10％である。

問40　会社・役員間の取引等に関する次の記述のうち、誤っているものはどれか。

1. 会社が役員に対して会社の住宅を適正な賃料よりも低い賃料で、社宅として賃貸した場合、その差額分については役員の給与となり、所得税が課される。
2. 役員が会社に金銭の貸付を行い、利息を受け取った場合、役員が受け取った利息は利子所得となり、源泉分離課税の対象となる。
3. 役員の資産を会社に低額譲渡した場合、会社は時価で取得したとみなされ、時価との差額を受贈益として計上する。
4. 会社の資産を役員に高額譲渡した場合、時価との差額は役員が会社に寄付したものとみなされる。

問41　不動産の登記等に関する次の記述のうち、誤っているものはどれか。

1. 不動産登記には表題部になされる登記と権利部になされる登記があり、抵当権は権利部の乙区に表記される。
2. 法務局（登記所）において閲覧できる不動産の調査資料として、地図や公図および地積測量図などがある。
3. 地積測量図は土地の形状や面積の測量結果を示した図面で、すべての土地について法務局（登記所）に備え付けられているわけではない。
4. 不動産登記には公信力があるので、登記記録を信用して真の所有者でない者と取引した者であっても、法的に保護される。

問42　不動産の鑑定評価および投資分析手法に関する次の記述のうち、誤っているものはどれか。

1. 不動産の投資分析手法の1つであるNPV法とは、投資期間中の収益の現在価値の合計から投資額の現在価値の合計額を差し引いて投資判断する方法であり、この差額がプラスであれば投資価値がある。
2. 不動産の投資分析手法の1つであるIRR法とは、不動産の内部収益率と投資家の期待収益率を比較して投資判断する方法であり、内部収益率が期待収益率より高い場合には効果的な投資となる。
3. 取引事例比較法とは、取引事例を収集し、投機的な物件は除外し、売り急いだ物件は補正等を加えて算出し、地域要因および個別要因の比較を行うことによって求められた価格と比較考慮し、対象不動産の価格を求める手法である。
4. 原価法は通常、既成の市街地の土地等の価格を鑑定するには有効であるが、造成住宅や建物の鑑定には適用できない場合が多い。

不動産の売買契約に関する次の記述のうち、最も不適切なものはどれか。

1. 売買契約において、解約手付が交付された場合、売主が売買契約の履行に着手していなければ、買主は手付金を放棄して売買契約を解除することができる。
2. 解約手付が交付された場合、買主が契約の履行に着手する前であれば、売主は受け取った手付金を買主に返還することで契約を解除できる。
3. 宅地建物取引業者は、手付金を貸し付けて契約を誘引することはできない。
4. 宅地建物取引業者が売主の場合で、買主が宅地建物取引業者以外の場合には、宅地建物取引業者は売買代金の2割を超える手付金を受け取ることはできない。

問44 **不動産の売買契約に関する次の記述のうち、誤っているものはどれか。**

1. 専任媒介契約の有効期間は、3か月を超えることができず、これより長い期間を定めたときは、有効期間は3か月となる。
2. 宅地建物取引業者は、自ら売主となる宅地・建物の売買契約を締結したときは、当該買主に、遅滞なく、宅地建物取引士をして、宅地建物取引業法に規定する重要事項を記載した書面を交付して説明をさせなければならない。
3. 宅地建物取引業者自ら売主として土地・建物の売買契約を締結する場合は、宅地建物取引業者は仲介手数料を受領できない。
4. 不動産の売買契約後、建物の引渡しまでの期間に天災などの不可効力で建物が損壊した場合、買主は売主に対して建物代金の支払いを拒むことができる。

問45 **借地借家法に基づく建物の賃貸借に関する次の記述のうち、誤っているものはどれか。**

1. 通常、賃借人は借家権を登記しなくても、建物の引渡しを受けていれば、建物の賃借権を第三者に対抗することができる。
2. 定期借家契約は、公正証書などの書面で行う必要があり、契約期間は制限がなく1年未満の契約も可能である。
3. 定期借家契約では、契約期間中に賃借人が中途解約することは一切認められない。
4. 普通借家契約では、賃借人は賃貸人の同意を得て建物に取り付けたエアコン等の造作物については、原則として期間満了時に賃貸人に時価で買い取るよう請求することができる。

問46 都市計画法に関する次の記述のうち、誤っているものはどれか。

1. 都市計画区域内で開発行為を行う場合であっても、土地区画整理事業として行う場合は都道府県知事の許可は不要である。
2. 市街化調整区域において、農業や林業用の施設を建築する場合や農林漁業に従事する者の住居を建築する場合は、都道府県知事の許可は不要である。
3. 都市計画区域内で、都道府県知事の開発許可を受けた土地に建物を建築する場合には、建築基準法の建築確認は不要である。
4. 市街化区域内において、1,000㎡以上（3大都市圏の既成市街地等は500㎡以上）の開発行為を行う場合には、事前に都道府県知事の許可が必要である。

問47 次の記述のうち、建築基準法において建築できるものはどれか。

1. 工業専用地域内に住宅を建築する。
2. 第一種低層住居専用地域内に病院を建築する。
3. 第二種低層住居専用地域内に大学を建築する。
4. 工業専用地域に保育所を建築する。

問48 下記の300㎡の土地に建築物を建築する場合、建蔽率や容積率等の建築基準法に関する記述のうち、誤っているものはどれか。下記の条件以外は考慮しないものとする。

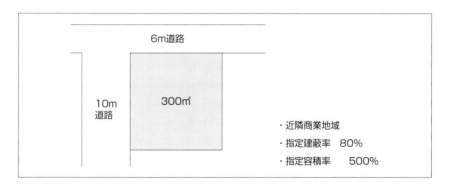

1. 上記の土地が防火地域内であって、耐火建築物を建てる場合は建蔽率は100%となり制限が実質なくなる。
2. 上記の土地が特定行政庁の指定する角地にある場合は、容積率は10%加算される。
3. 都市計画区域内において、建築物の敷地は原則として、幅員4ｍ以上の道路に2ｍ以上接していなければならない。
4. 上記の土地に建物を建築する場合の容積率の上限は500%である。

問49 不動産の取得および譲渡に関する次の記述のうち、誤っているものはどれか。

1. 相続人が相続により土地を取得した場合には、その土地の取得については不動産取得税は課税されない。
2. 固定資産税の納税義務者は、年の途中にその対象となる不動産を売却したとしても、その年の固定資産税を納めなければならない。
3. 居住用財産を譲渡した場合の3,000万円の特別控除において、店舗併用住宅の場合、居住用部分が2分の1以上であれば、全体を居住用とみなして適用を受けることができる。
4. 居住用財産を譲渡した場合の3,000万円の特別控除の適用において、過去に居住していた家屋等の譲渡である場合には、居住しなくなってから3年を経過した年の12月31日までの譲渡であれば、居住していた期間や保有期間にかかわらず適用を受けることができる。

問50 土地の有効活用の手法の一般的な特徴についてまとめた下表の空欄（ア）～（ウ）にあてはまる語句の組み合わせとして、最も適切なものはどれか。※Aさんは地主

有効活用の手法	土地の所有権移転の有無	事業推進主体	建設資金のAさんの負担の要否
等価交換方式	有	デベロッパー	（ ア ）
事業受託方式	無	デベロッパー	必要
定期借地権方式	無	（ イ ）	不要
建設協力金方式	（ ウ ）	Aさん	不要（全部または一部）

1. （ア）必要　（イ）Aさん　　　　（ウ）無
2. （ア）不要　（イ）デベロッパー　（ウ）無
3. （ア）必要　（イ）デベロッパー　（ウ）有
4. （ア）不要　（イ）Aさん　　　　（ウ）有

問51 贈与に関する次の記述のうち、誤っているものはどれか。

1. 定期贈与契約は、贈与者か受贈者のどちらか一方が死亡した場合に契約の効力はなくなる。
2. 贈与者が贈与の目的物に瑕疵があることを知らずに贈与した場合（負担付贈与は除く）でも、贈与者はその瑕疵について責任を負わなければならない。
3. 夫婦間の贈与契約は原則、婚姻期間中であれば、書面による贈与の場合でも、どちらか一方から取り消すことができる。
4. 贈与税については、金銭で一括納付できない場合は延納することができるが、物

納は認められない。

問52 贈与税に関する次の記述のうち、誤っているものはどれか。

1．離婚に伴い夫から妻に支払われる慰謝料は、原則として非課税である。
2．債務の免除を受けたことによる経済的利益は贈与税の対象となる。
3．子が親から地代を払わず土地を無償で借りてマンションなどを建てた場合（いわゆる使用貸借）、親から子への実質的な土地の贈与があったとみなされ贈与税が課される。
4．相続や遺贈により財産を取得した者が、その被相続人から相続の開始年に贈与を受けていた場合、その財産については相続税の課税対象となる。

問53 相続時精算課税制度に関する次の記述のうち、正しいものはどれか。

1．相続時精算課税制度を選択しても、その対象となる贈与者の相続が発生する前であればいつでも取消しや暦年課税への変更は可能である。
2．相続時精算課税制度の適用を受けた財産の価額が2,000万円を超える場合、超えた価額に20%の贈与税が課される。
3．相続時精算課税制度を選択した者は、相続や遺贈により財産を取得しなくても、相続税の納税義務者となる。
4．相続発生時には受贈者は、原則として贈与者から受けた贈与財産と相続財産を合算して相続税を計算するが、相続財産と合算する贈与財産の価額は、相続時の時価である。

問54 民法に規定する相続に関する次の記述のうち、誤っているものはどれか。

1．代襲相続人の法定相続分は、本来の相続人の2分の1である。
2．特別養子縁組により養子となった者は、実親に対する相続権はなくなり、養親に対してのみ相続権が発生する。
3．兄弟姉妹の場合は、その者の子までしか代襲相続できないが、子の場合は限りなく下へ代襲相続が可能である。
4．相続の廃除とは、被相続人を虐待や侮辱していた者を、被相続人が家庭裁判所に申し立てて、相続権を喪失させることをいう。

問55　下記の親族関係図において、民法上の法定相続人と法定相続分の組合せとして、正しいものはどれか。なお、子Bは被相続人の相続開始前に死亡している。

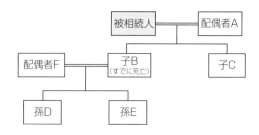

1．配偶者A＝2分の1、子C＝4分の1、孫D＝8分の1、孫E＝8分の1
2．配偶者A＝2分の1、子C＝6分の1、孫D＝6分の1、孫E＝6分の1
3．配偶者A＝2分の1、子C＝2分の1
4．配偶者A＝2分の1、子C＝4分の1、配偶者F＝4分の1

問56　成年後見制度および遺産分割に関する次の記述のうち、最も不適切なものはどれか。

1．法定後見制度には、後見・保佐・補助の3つがあり、家庭裁判所が成年後見人や保佐人および補助人を選任する。
2．遺産分割が終わっていない場合でも、法定相続分で遺産分割があったものとして、相続開始のときから10か月以内に相続税の申告・納付を行わなければならない。
3．代償分割とは、特定の相続人が財産を取得して、代わりに自分の固有財産を他の相続人に支払う方法をいい、代償財産は贈与税の対象となる。
4．代償分割を行った場合は、その旨を遺産分割協議書に明記する必要がある。

問57　被相続人の親族関係は次のようになっている。この場合の相続税の基礎控除額として正しいものはどれか。

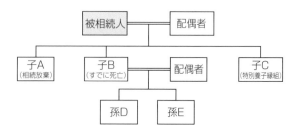

1．5,400万円　　2．6,000万円　　3．9,000万円　　4．1億円

問58　相続税の課税価格を計算する際の債務控除や葬儀費用に関する次の記述のうち、誤っているものはどれか。なお、被相続人および相続人等の住所は全員、日本国内にあるものとする。

1．被相続人の不動産等の購入代金の未払金や未払医療費を相続人が支払った場合には、債務控除できる。
2．遺言執行費用や税理士に依頼した相続税申告費用等は、債務控除の対象となる。
3．相続人がお寺にお布施や戒名料を支払った場合、債務控除の対象になる。
4．香典返しの費用や法要費用は、相続財産から控除はできない。

問59　被相続人のYさんは下記の土地と建物を所有していた。Yさんの配偶者が相続により取得した下記の土地について、「小規模宅地等の相続税の課税価格の特例」の適用を受けた場合、適用後の評価額として正しいものはどれか。その他の適用要件はすべて満たしているものとする。

> ・土地（500㎡）　相続税評価額　8,000万円
> ・建物（Yさん夫婦の居住用の建物）
> ・Yさんが亡くなった後、Yさんの配偶者が相続

1．$8,000万円 - 8,000万円 \times \dfrac{200㎡}{500㎡} \times 80\% = 5,440万円$

2．$8,000万円 - 8,000万円 \times \dfrac{240㎡}{500㎡} \times 50\% = 6,080万円$

3．$8,000万円 - 8,000万円 \times \dfrac{330㎡}{500㎡} \times 80\% = 3,776万円$

4．$8,000万円 - 8,000万円 \times \dfrac{400㎡}{500㎡} \times 80\% = 4,800万円$

問60　取引相場のない株式の相続税評価に関する次の記述のうち、誤っているものはどれか。

1．同族株主等が取得する株式は原則的評価方式、同族株主等以外の株主が取得する株式は特例的評価方式で評価するが、原則的評価方式には類似業種比準方式、純資産価額方式、併用方式があり、特例的評価方式には配当還元方式がある。
2．株式保有特定会社であっても、同族株主以外の株主が取得する場合は、配当還元方式で評価する。
3．類似業種比準方式とは、事業内容が類似する上場会社の株価をベースに類似業種の連結決算に基づいた「1株あたりの配当金額」、「1株あたりの利益金額」、「1株あたりの負債額」の3つの要素を対象企業と比較して自社株を評価する方法である。
4．配当還元方式とは、会社の規模に関係なく、過去2年間の平均配当金を基本に株価を評価する方法である。

問1　1

1．不適切　税理士資格を有していないFPが顧客の税務関連書類の作成を行うことは、有償・無償を問わず不適切である。

2．適切　金融商品取引業者でないFPが具体的な有価証券投資の助言を行うことは、金融商品取引法に触れる可能性があるが、投資判断の前提となる一般的な投資情報の提供等は可能。

3．適切　生命保険募集人の登録を受けていないFPであっても有償・無償問わず、保険商品の商品性を説明することは可能（保険の募集等は不可）。

4．適切　任意後見人（任意後見受任者）になるのに資格は不要で、原則として、誰であっても任意後見人になれる。

問2　3

1．適切　ライフイベント表の額は現在価値で、キャッシュフロー表の額は将来価値で表記されている。

2．適切　バランスシートに記載する不動産や金融資産の金額は、購入価格ではなく、作成時点の時価評価の額（時価額）。

3．不適切　生命保険は解約返戻金の額をバランスシートに表記する。

4．適切　キャッシュフロー表に記載する年間収入の額は可処分所得の金額を用いる。

問3　1

1．誤り　保険料の自己負担割合は原則、1割負担。ただし、現役並み所得者は3割負担。また、単身世帯では年収200万円以上、75歳以上の者が2人以上の複数世帯では年収合計が320万円以上の場合、自己負担割合は2割。

2．正しい　任意継続被保険者の加入期間は、最長で2年間。途中で脱退して、国民健康保険等に加入することは可能。

3．正しい　問題文の通り。別居の場合は、仕送りの額より年収が少ないことが要件。なお、60歳以上の者や障害者の場合は年金を含めた年収が180万円未満であることが要件。

4．正しい　年金年額が18万円未満の場合は口座振替（普通徴収）で支払うことも可能。

問4　4

1．正しい　休業補償給付は原則、平均賃金の60％相当分が賃金を受けられなくなった第4日目から支給される（別途、特別支給金が平均賃金の20％支給される）。

2．正しい　労災保険の療養補償給付を受ける場合、労災保険指定医療機関での治

療費は全額労災保険から支払われる。

3．正しい　業務災害または通勤災害で死亡した者に生計を維持されていた一定の遺族には、遺族補償年金（または一時金）が支給される。

4．誤り　療養を始めてから１年６か月を経過しても一定の障害（傷病等級１級〜３級）が残った場合に傷病補償年金（傷害補償給付）が支給される。

問5　1

1．不適切　厚生年金保険の被保険者は、厚生年金の適用事業所に使用される70歳未満の者。したがって、65歳以降も働いている者も厚生年金保険の被保険者となる。

2．適切　国民年金の保険料を免除された場合、過去10年までさかのぼって追納できる。なお、保険料が未納の場合の追納期間は２年。

3．適切　日本国籍がある海外に居住する20歳以上65歳未満の者や国民年金の受給資格要件を満たしていない者などは国民年金に任意加入できる。

4．適切　育児休業中および産休中の厚生年金保険料や健康保険料は、原則として被保険者負担分と事業主負担分ともに免除される。

問6　3

1．正しい　老齢基礎年金の受給要件は、受給資格期間（＝保険料納付済期間＋保険料免除期間＋合算対象期間（カラ期間））が原則10年以上あること。Aさんは厚生年金の被保険者期間が15年（国民年金の第２号被保険者として加入）、全額免除期間が15年あり、受給要件は満たしている。

2．正しい　請求し忘れた年金は、裁定請求により５年前までさかのぼって受給できる。

3．誤り　特別支給の老齢厚生年金の受給要件は、老齢基礎年金の受給資格期間（10年）を満たし、厚生年金の加入期間が１年以上あること。

4．正しい　問題文の通り。国民年金保険料を全額免除されている期間については、受給資格期間に反映されるうえに、国が税金等から負担する部分（国庫負担割合）については、年金額に反映される。

問7　1

1．正しい　障害基礎年金の１級に該当した場合の年金額は、障害等級２級の年金額の1.25倍。

2．誤り　障害認定日に障害等級１級、２級、３級のいずれかの障害に該当していれば、障害厚生年金が支払われる。

3．誤り　遺族厚生年金の年金額の計算においては、被保険者期間が300月に満たない場合には300月で計算する。

4．誤り　遺族厚生年金は再婚すると受給できなくなる。

問8　3

1．正しい　中高齢寡婦加算の受給要件の１つは、厚生年金の加入期間が20年以上ある夫が死亡したときに妻が40歳以上65歳未満で子がないこと、また

は妻は40歳以上65歳未満で、子が18歳の年度末を過ぎていること。

2．正しい　老齢厚生年金を繰下げ受給すると、加給年金も繰下げられるが、加給年金は増額にならない。

3．誤り　公的年金は偶数月に前2か月分がまとめて支給される（たとえば、8月分と9月分が10月に支給される）。

4．正しい　死亡した受給権者が受け取っていない年金は、3親等内の親族であれば請求できる。

問9　3

1．適切　問題文の通り。なお、融資額は100万円以上で、8,000万円（購入価額の100％以内）が上限。

2．適切　フラット35は融資率（借入額÷購入価額）が90％を超えると、一般的に金利が高くなる。

3．不適切　財形住宅融資を受けるためには財形貯蓄（種類は問わない）を1年以上継続し、残高が50万円以上あることが必要。

4．適切　融資額は財形貯蓄残高の10倍か最高4,000万円までで、購入価額（またはリフォーム費）の90％以内。

問10　4

2,000万円に対する毎年の返済額（金利5％）を求める場合には、2,000万円に5％の資本回収係数の0.08024を掛ける。

（毎年の返済額）2,000万円×0.08024＝160万4,800円

（20年間の総返済額）160万4,800円×20年＝3,209万6,000円

年利率3％の場合の毎年の返済額は、3％の資本回収係数の0.06722を掛ける。

（毎年の返済額）2,000万円×0.06722＝134万4,400円

（20年間の総返済額）134万4,400円×20年＝2,688万8,000円

（軽減される利子総額）3,209万6,000円－2,688万8,000円＝520万8,000円

問11　4

1．適切　JA共済等の共済業者や少額短期保険業者および再保険は対象外。

2．適切　高予定利率契約の保険の場合、保険会社が破綻したときは、補償割合が責任準備金の90％未満に引き下げられる場合もある。

3．適切　自動車保険や一定の火災保険等については、保険会社の破綻後3か月以内に発生した保険事故の場合、保険金の100％が補償される。

4．不適切　自賠責保険や地震保険は、保険会社の破綻後の経過期間にかかわらず、保険事故が発生した場合、保険金の100％が補償される。

問12　1

1．誤り　生命保険の責任開始日とは、保険会社が保険契約の責任を負う日であり、保険会社の承諾を前提として「申込書の提出」、「告知または診査」、「第1回保険料の支払い」のすべてが完了した日のこと。

2．正しい　告知義務違反があった場合に保険会社が契約を解除すると、それまで
に支払った保険料は返還されないが、解約返戻金があった場合には返
還される。

3．正しい　保険会社が告知義務違反があったことを知ってから1か月以内に解除
しない場合には、解除権は消滅する。

4．正しい　生命保険の契約者配当金は、保険金と一緒に受け取る場合は一時所得
として課税対象となる。生命保険の契約期間中に受け取る場合には、
非課税となる。

問13　3

1．適切　払済保険に変更すると、保険期間は同じで、保険金額は元契約の保険
より少なくなり、元の契約の特約はすべて消滅する。

2．適切　問題文の通り。なお、契約者貸付制度により貸付を受けた場合、所定
の利息がかかる。

3．不適切　一時払いをした保険契約を途中で解約した場合、未経過分の保険料は
払い戻されない。前納払いの場合は、払込時期が来ていない分に対応
する保険料は払い戻される。

4．適切　半年払い、年払いの場合の保険料払込みの猶予期間は、払込日の翌月
の初日から翌々月の応当日まで。

問14　2

1．適切　更新型の場合、保険料は、更新のたびに年齢やそのときの保険料率で
再計算される。

2．不適切　収入（生活）保障保険の保険料は保険金額が同額の定期保険より、通
常、保険料は割安。なお、収入保障保険は被保険者が亡くなったとき
に遺族に支払われるものであり、所得補償保険は病気等で働けなく
なったときに被保険者本人に支払われるもの。

3．適切　逓増定期保険や逓減定期保険では、保険金額が変動しても保険料は保
険期間を通じて一定。長期平準定期保険の保険料も一定。

4．適切　問題文の通り。なお、無選択型保険は契約後、一定期間内に疾病によ
り死亡した場合、保険金額はそれまでの払込保険料相当額となる。

問15　1

1．適切　がん保険には90日間程度の免責期間があるので、この間にがんと診
断されても診断給付金は支払われない。

2．不適切　正常分娩や美容整形に伴う手術や入院については、給付金は支払われ
ないのが一般的。

3．不適切　先進医療特約は契約日ではなく、治療を受けた時点で承認されていれ
ば対象となる。

4．不適切　特定（三大）疾病保障定期保険では、がん、急性心筋梗塞、脳卒中以

外の病気等で死亡した場合も同額の死亡保険金が支払われる。

問16　2

1. 不適切　総合福祉団体定期保険では、被保険者の同意を得ることによって、保険金・給付金の受取人を企業とすることができる。

2. 適切　ヒューマンバリュー特約とは、従業員の死亡に伴い企業が従業員を新たに採用・教育するための費用を準備するための特約。

3. 不適切　団体信用生命保険は、ローン残高に応じて保険金額が減少し、保険料も減少していく。

4. 不適切　Bグループ保険の保険料は、通常、給与天引きにより従業員や役員が全額負担する。

問17　2

1. 不適切　終身年金では、同じ年齢であれば女性の方が平均余命が長く、長期間年金が受け取れる分、保険料は高くなる。

2. 適切　確定年金では、被保険者が亡くなっても、残りの期間は遺族に年金または死亡一時金の支払いがある。

3. 不適切　変額個人年金保険は、有価証券を中心に特別勘定で資産の運用を行う。

4. 不適切　円換算特約を付加しても、為替変動による損失を回避することはできず、既に払い込んだ保険料相当額を下回ることもある。

問18　2

1. 不適切　生命保険契約で、契約者、被保険者、保険金受取人がすべて異なる場合、受け取った死亡保険金は贈与税の対象。

2. 適切　生命保険契約において、生命保険の契約者と被保険者が同一人で、保険金受取人が法定相続人以外の場合であっても、死亡保険金は相続税の対象になる。しかし、生命保険金に対する非課税（500万円×法定相続人の数）の適用はない。

3. 不適切　生命保険契約において、契約者と死亡保険金の受取人が同一で、被保険者が異なる場合、死亡保険金は所得税（一時所得）の対象。

4. 不適切　少額短期保険契約や海外の保険会社との国外契約の保険は、生命保険料控除の対象とならない。

問19　4

1. 適切　問題文の通り。なお、保険金額が保険価額を上回っている保険を、超過保険という。

2. 適切　問題文の通り。なお、すでに加入している火災保険に付帯することも可能。

3. 適切　普通火災保険は、住宅のみに使用される建物を除く店舗や倉庫、工場とその動産が補償の対象となっている。

4. 不適切　地震保険の保険料は、原則として補償内容が同じであれば保険会社が

異なっても保険料は同じ。

問20 2
1．正しい　問題文の通り。なお、普通傷害保険の保険料は年齢、性別による違いはないが、職業により異なる。
2．誤り　家族傷害保険は、国内外を問わず日常生活で起こる事故に対応する保険で、生計を一にする別居の未婚の子を含む家族全員を対象とする保険。
3．正しい　PL保険は製品の欠陥などにより損害賠償事故が発生した場合に対応する保険で、リコールに伴う費用や欠陥品の修理費用などは補償の対象外。しかし、特約を付加することで補償される。
4．正しい　施設所有（管理）者賠償保険は、施設の構造上の欠陥などで発生する損害賠償金を補償する保険。

問21 4
1．適切　GDPとは、一定期間内に国内の経済活動で生み出された付加価値の合計であり、その国の経済の規模を表している。
2．適切　名目成長率が伸びていても、物価の影響により実質成長率はマイナスになることもある。
3．適切　問題文の通り。なお、DIは景気の現状や転換点（景気の山や谷）をとらえるのに適している。
4．不適切　消費者物価指数（CPI）は景気の動きに遅れて変動する「遅行指数」に該当する。

問22 3
1．適切　問題文の通り。なお、一致指数が50%を下回った場合は、景気の後退期への転換点と判断される。
2．適切　コール市場は金融機関が相互に1年未満の資金調達を行う市場で、主に無担保コール翌日物が取引されている。
3．不適切　国内総生産（GDP）を構成する最も大きな項目は民間最終消費支出（家計が使うお金）であり、GDPの50%以上を占めている。
4．適切　円高により輸入物価が下落すると、通常、市場金利も物価に連動して低下傾向になる。

問23 3
1．適切　なお、期日指定定期預金は1年複利の固定金利商品。
2．適切　なお、スーパー定期預金は、中途解約すると中途解約利率が適用される。
3．不適切　デュアルカレンシー債は購入代金と利払いが円で、償還金が外貨で支払われる債券。
4．適切　転換社債型新株予約権付社債（CB）は、普通社債同様、購入価格がいくらであっても満期まで保有することで額面（100円）で償還になる。

問24 1

1．不適切　市場金利と債券価格の動きは逆になり、市場金利が上昇すると債券価格は下落し、市場金利が下落すると債券価格は上昇する。

2．適切　債券は100円で償還になるので、100円未満（アンダーパー）で発行された債券は発行価格と100円との差額が償還差益になる。

3．適切　一般的に、格付けが高い債券の方が、信用があり価格が高くなるので、最終利回りは低くなる。

4．適切　逆イールドとは、長期債よりも短期債の方が利回り（最終利回り）が高くなっている状況をいう。

問25　1

$$●応募者利回り（\%）＝\cfrac{利率＋\cfrac{償還価格－発行価格}{償還期限}}{発行価格}×100　より$$

$$＝\cfrac{1.2＋\cfrac{100円－102円}{10年}}{102円}×100＝0.980\cdots≒0.98\%$$

$$●直接利回り（\%）＝\cfrac{利率}{購入価格}×100　より$$

$$＝\cfrac{1.2}{102}×100＝1.176\cdots≒1.18\%$$

問26　3

1．適切　指値注文の場合、売り注文は下限価格（最も低い価格）を、買い注文は上限価格を指定して注文を行う。

2．適切　成行注文とは値段を指定せずに注文を出す方法で、指値注文に優先して取引が成立する。

3．不適切　株式を売買した場合の決済日（受渡日）は、約定日から起算して（約定日を入れて）3営業日目。

4．適切　株式ミニ投資では、約定価格は注文日の翌営業日の最初の価格に基づいて決定されるので、指値注文はできない。

問27　3

1．正しい　委託保証金は現金が原則だが、有価証券でも代用できる。なお、非上場株は委託保証金にならない。

2．正しい　信用取引の決済方法には差金決済と受渡決済がある。

3．誤り　差し入れた担保の価値が約定代金の20%を下回った場合、担保不足となり、20%に戻るまで追加保証金の差入れが必要。

4．正しい　問題文の通り。なお、一般信用取引の場合、最長弁済期限は証券会社ごとに異なる。

問28　3

1．適切　オープン・エンド型の投資信託はいつでも解約できるが、オープン・

エンド型の投資信託でも、安定した運用をするために一定期間解約できないクローズド期間を設けている場合がある。

2. 適切　他の投資信託や投資法人に分散投資をする投資信託をファンド・オブ・ファンズという。

3. 不適切　投資法人は基本的にクローズド・エンド型になっており、取引所に上場され、証券会社を通じて売買されている。

4. 適切　「ベア型」の投資信託は、対象となる指数（ベンチマーク）が下落すると、その下落率より大きく基準価額が上昇するよう設計されている。一方、「ブル型」の投資信託は、対象となる指数（ベンチマーク）が上昇すると、その上昇率より大きく基準価額が上昇するよう設計されている。

問29　4

1. 適切　外貨預金では、通常、預け入れた時点より満期時点が円安の場合には、為替差益（円高の場合には為替差損）が発生する。

2. 適切　外貨建てMMFの為替差益は譲渡所得に含まれており、申告分離課税の対象。

3. 適切　外国株式など外国証券の取引には事前に外国証券取引口座の開設が必要。

4. 不適切　外貨建てMMFを解約する場合、信託財産留保額は差し引かれない。

問30　2

1. 正しい　不動産投資法人（J-REIT）や外国株式の配当金については、配当控除の適用はない。

2. 誤り　申告分離課税の対象で税率は20.315%。

3. 正しい　公社債投資信託の収益分配金は申告不要または申告分離課税の選択制。

4. 正しい　問題文の通り。なお、普通分配金については、申告不要制度、申告分離課税、総合課税の選択制となっている。

問31　2

1. 適切　永住者は国内外すべての所得が所得税の課税対象となる。

2. 不適切　火災により受け取った火災保険の保険金は非課税。

3. 適切　雇用保険の失業等給付、健康保険の給付金、障害者や遺族が受け取る公的年金（障害年金、遺族年金）などは非課税。

4. 適切　問題文の通り。その他、宝くじの当選金などが所得税の課税対象外。

問32　3

1. 正しい　配当所得＝収入金額−元本取得のための負債利子

2. 正しい　問題文の通り。なお、申告分離課税を選択すると、上場株式等の譲渡損失との損益通算が可能になる。

3. 誤り　上場株式の配当金について、配当控除の適用を受けるためには、総合課税を選択しなければならない。

4．正しい　発行済み株式総数の３％超を保有する株主が受け取った配当金は、総合課税の対象。

問33　1

一時所得金額＝総収入金額－収入を得るために支出した金額－50万円

$$＝500万円－280万円－50万円＝170万円$$

他の所得と合算する場合は、一時所得金額の２分の１の金額が合算されるので、170万円×１／２＝85万円が他の所得と合算される。

問34　2

1．正しい　土地・建物を譲渡した場合、譲渡した年の１月１日における所有期間が５年以下であれば、短期譲渡所得となり、税率は39.63％（所得税30.63％、住民税９％）となっている。

2．誤り　不動産を譲渡した場合、申告分離課税の対象となり、譲渡した年の１月１日現在の所有期間が５年を超えている場合、長期譲渡所得になる。なお、同じ申告分離課税の対象であっても上場株式の譲渡所得については短期譲渡所得と長期譲渡所得の区分はない。

3．正しい　相続や贈与により取得した資産は原則として、被相続人や贈与者が取得した日がそのまま資産の取得日となる。

4．正しい　金地金を売却した場合、譲渡所得となり総合課税の対象。

問35　2

1．正しい　問題文の通り。事業所得とは、農業、製造業など継続的に行う事業から生じる所得。

2．誤り　機械装置や車両など事業用固定資産を譲渡した場合の所得は譲渡所得。

3．正しい　会社員の通勤手当のうち、月15万円までであれば非課税。

4．正しい　不動産貸付業から生じる所得は、その規模が事業的規模かどうかに関わらず、不動産所得となる。

問36　1

損益通算の対象となる所得は、不動産所得（土地の取得に要した借入金の利子は除く）、事業所得、山林所得、譲渡所得。譲渡所得の中で株式等の譲渡損失や、一定の居住用財産を除く土地・建物の譲渡損失は他の所得とは損益通算できないが、個人の居住用財産の譲渡損失は、他の所得と損益通算できる。

問37　3

1．正しい　配偶者控除および配偶者特別控除は、納税者本人の合計所得金額が1,000万円以下の場合に適用される。

2．正しい　納税者の所得金額に応じて、配偶者控除の額は38万円、26万円、13万円の３段階となっている。

3．誤り　青色事業専従者給与の支払い対象となっている配偶者は、配偶者控除や配偶者特別控除の適用を受けることはできない。

4．正しい　70歳以上の老人控除対象配偶者の場合、最高48万円が控除される。

問38　3

・課税総所得金額が1,000万円以下の場合の配当控除額：配当金額×10％

・課税総所得金額が1,000万円超の場合の配当控除額：

1,000万円超の部分に含まれる配当金額×5％

1,000万円以下の部分に含まれる配当金額×10％

Yさんの配当所得以外の所得は1,100万円－300万円＝800万円

1,000万円

配当所得以外の所得 800万円	配当金 200万円	配当金 100万円

配当金300万円

1,000万円以下の部分に含まれる配当金額は1,000万円－800万円＝200万円となり、配当控除額は200万円×10％＝20万円…①

1,000万円超の部分に含まれる配当金額は300万円－200万円＝100万円となり、配当控除額は100万円×5％＝5万円…②

①＋②＝25万円

問39　2

1．適切　問題文の通り。なお、前年中に亡くなったり海外へ移住したりして1月1日に住所を国内に有しない者は、その年の住民税は課税されない。

2．不適切　普通徴収を選択した場合、納税者は税額を4等分して原則、年4回（6月、8月、10月、翌年1月）納付する。

3．適切　均等割は所得金額にかかわらず原則、定額で課税される。

4．適切　所得割の標準税率は、所得金額にかかわらず一律10％（道府県（都）民税が4％、市町村（特別区）民税が6％）。

問40　2

1．正しい　会社が役員に適正価格より低い賃料で社宅を貸し付けた場合、原則、その差額分は役員給与とされ、課税される。

2．誤り　会社から受け取った貸付金の利息は雑所得となる。なお、無利息の貸付の場合は、役員に課税処理は発生しない。

3．正しい　問題文の通り。なお、時価の2分の1未満の譲渡の場合、役員は時価で譲渡したものとみなされ、時価額が譲渡収入となる。時価の2分の1以上で譲渡した場合、役員は譲渡価額が収入となる。

4．正しい　問題文の通り。なお、会社は時価との差額を受贈益として計上する。

問41　4

1．正しい　権利部の乙区には、抵当権、地上権などの所有権以外の権利が表記されている。なお、権利部の甲区には所有権に関する事項が表記される。

389

2．正しい　問題文の通り。なお、固定資産課税台帳、都市計画図は市区町村役場
　　　　　　　にある。

3．正しい　地積測量図は土地の表示登記、地積の変更の登記などの場合に使用す
　　　　　　　るので、すべての土地には備え付けられてはいない。

4．誤り　　不動産登記には公信力がなく、実際の権利を反映しない登記を信用し、
　　　　　　　真の所有者でない者と取引した者は法的には保護されない。

問42　4

1．正しい　問題文の通り。なお、ＮＰＶ法（正味現在価値法）は、ＤＣＦ法の中
　　　　　　　の１つ。

2．正しい　問題文の通り。なお、ＩＲＲ法（内部収益率法）は、ＤＣＦ法の中の
　　　　　　　１つ。

3．正しい　取引事例比較法とは、評価すべき不動産と条件の近い物件の取引事例
　　　　　　　を収集し、それとの比較によって評価する方法で、投機的な物件は除
　　　　　　　外し、売り急いだ物件は補正を加えて算出している。

4．誤り　　原価法は通常、造成住宅や建物の鑑定評価に適用し、既成の市街地の
　　　　　　　土地等では、再調達原価が算定困難なため、適用できないことが多く
　　　　　　　なっている。

問43　2

1．適切　　不動産の売買契約において、売り主が契約の履行に着手するまでは、
　　　　　　　買主は手付金を放棄することで売買契約を解除できる。

2．不適切　不動産の売買契約において、買主が契約の履行に着手するまでは、売
　　　　　　　主は手付金の倍額を買主に返還することで契約を解除できる。

3．適切　　宅地建物取引業者は、手付金を貸し付けて契約を誘引したり、手付金
　　　　　　　を分割払いにして契約を勧誘することはできない。

4．適切　　宅地建物取引業者が売主で、買主が宅地建物取引業者以外の場合には、
　　　　　　　売買代金の２割を超える手付金を受け取れない。

問44　2

1．正しい　専任媒介契約および専属専任媒介契約の有効期間は、３か月を超える
　　　　　　　ことができず、これより長い期間を定めたときは、有効期間は３か月
　　　　　　　となる。契約は無効にはならない。

2．誤り　　宅地建物取引士は売買契約が成立する前に、買主に対して、宅地建物
　　　　　　　取引士証を提示した上で重要事項説明書を交付して説明する義務があ
　　　　　　　る。

3．正しい　宅地建物取引業者が不動産物件の売主になる場合は、仲介手数料は受
　　　　　　　領できない。

4．正しい　自然災害のように売主側にも買主側にも責任がない場合、特約がなく
　　　　　　　ても、買主は売主に対して建物代金の支払いを拒むことができる。

問45　3
1．正しい　賃借人は建物の引渡しを受けていれば、借家権を登記していなくても賃借権を第三者に対抗できる（建物を第三者に明け渡す必要はない）。
2．正しい　定期借家契約は公正証書などの書面（公正証書でなくてもよい。また、電子書面でも可能）で行い、契約期間については制限はなく自由で、1年未満の契約も可能。
3．誤り　床面積が200㎡未満であるなどの条件を満たし、やむを得ない事情があれば賃借人からも中途解約できる。
4．正しい　このような権利を造作買取請求権という。

問46　3
1．正しい　都市計画区域内で開発行為を行う場合であっても、土地区画整理事業として行う場合は都道府県知事の許可は不要である。
2．正しい　市街化調整区域において農業・林業・漁業用の施設や、農林漁業を営む者の住居を建築するための開発行為は都道府県知事の許可は不要。
3．誤り　都道府県知事の開発許可を受けた土地であっても、建築物を建てる場合には建築基準法の建築確認は必要。
4．正しい　市街化区域内で1,000㎡以上（3大都市圏の既成市街地等は500㎡以上）の開発行為を行う場合は事前に都道府県知事の許可が必要。

問47　4
1．できない　住宅は、工業専用地域以外のすべての用途地域には建築可能。
2．できない　病院は、第一種低層住居専用地域、第二種低層住居専用地域、工業地域、工業専用地域には建築できない。
3．できない　大学は、第一種低層住居専用地域、第二種低層住居専用地域、工業地域、工業専用地域には建築できない。
4．できる　保育所や診療所および公衆浴場などはすべての用途地域で建築可能。

問48　2
1．正しい　近隣商業地域などの建蔽率が80％の地域で、防火地域内に耐火建築物を建てる場合には、建蔽率の制限がなくなり100％となる。
2．誤り　特定行政庁が指定する角地にある建築物の場合でも、容積率が加算されることはない。なお、建蔽率は10％加算される。
3．正しい　建築物の敷地は、原則として幅員4m以上の道路（自動車専用道路は除く）に2m以上接していなければならない（接道義務という）。
4．正しい　前面道路の幅員が12m未満である場合、容積率は用途地域ごとに定められている指定容積率と前面道路の幅員に法定乗率（住居系用途地域の場合は$\frac{4}{10}$、住居系用途地域以外の場合は$\frac{6}{10}$）を掛けた数値の少ない方を用いる。前面道路は原則、広い方の道路なので10m。近隣商業

地域なので、$10\mathrm{m} \times \dfrac{6}{10} \times 100 = 600\%$ となり、指定容積率の方が少ないので、500％が容積率の上限となる。

問49　3

1．正しい　相続や遺贈および法人の合併等により不動産を取得した場合は不動産取得税は課税されない（贈与により取得した場合は課税される）。

2．正しい　固定資産税の納税義務者は、原則として、毎年1月1日現在、固定資産課税台帳に登録されている者なので、年の途中で不動産を売却しても固定資産税を納めなければならない。

3．誤り　居住用財産を譲渡した場合の3,000万円の特別控除は、店舗併用住宅の場合、居住用部分が90％以上であれば全体が居住用とみなされて適用を受けることができる。

4．正しい　居住用財産を譲渡した場合の3,000万円の特別控除は、過去に居住していた家屋の場合、居住期間などにかかわらず居住しなくなってから3年を経過した年の12月31日までに譲渡したものが対象。

問50　2

（ア）等価交換方式は、土地の所有者が、土地の権利の一部または全部を譲渡し、デベロッパーが建物を建て、負担した金額の割合に応じて建物を取得する方法。土地保有者は自己資金の負担無しで建物を取得できる。

（イ）定期借地権方式は、土地に定期借地権を設定し、第三者に土地を貸すことで有効活用する方法。土地の所有者は土地を貸すだけで、開発事業の推進は主にデベロッパーが行う。

（ウ）建設協力金方式は、土地所有者が建物を建設し、その建物のテナント等からの建設協力金を得て、建設資金の全部または一部にする方式。土地の所有者は所有権を持ったまま資金負担無しまたは一部のみの負担で事業を行えるが、建物はテナントのニーズに応じて建築する。開発事業の推進は土地所有者本人が行う。

問51　2

1．正しい　定期贈与契約は、贈与者または受贈者のどちらか一方が死亡した場合、契約の効力は消滅する。

2．誤り　贈与者は負担付贈与を除いて、贈与した物に瑕疵（欠陥など）があることを知らなかった場合は、受贈者に対して責任を負わない。

3．正しい　夫婦間の贈与契約は原則、婚姻期間中であれば、書面による贈与の場合でも、第三者の権利を侵害しなければ、どちらか一方から取り消せる。

4．正しい　贈与税は納付期限までに金銭で一括納付できない場合は、延納することができるが、物納は認められていない。

問52　3

1．正しい　離婚に伴い夫から妻に支払われる慰謝料は原則、非課税。

2．正しい　債務（借金）の免除を受けたことによる利益は贈与税の対象となる。

3．誤り　使用貸借による土地の使用権の価額はゼロとして取り扱われるので、借り手側に贈与税は課されない。

4．正しい　相続や遺贈により財産を取得した者が、その被相続人から相続の開始年に贈与を受けていた場合、その財産については贈与税ではなく相続税の課税対象となる。

問53　3

1．誤り　相続時精算課税制度を選択した場合、取消しや暦年課税贈与への変更はできない。

2．誤り　基礎控除の110万円を除いて、累計の贈与額が2,500万円を超える額に20％の贈与税が課される。

3．正しい　相続時精算課税制度を選択した者は、相続財産を取得しなくても、相続税の納税義務者となる。

4．誤り　相続財産と合算する贈与財産の価額は、贈与時の時価に基づく。

問54　1

1．誤り　代襲相続人と本来の相続人の法定相続分は同じ。

2．正しい　問題文の通り。なお、普通養子縁組の場合は、実親と養親の両方の相続権がある。

3．正しい　子の場合は限りなく下（孫、曾孫……）へ代襲相続が可能。

4．正しい　廃除とは、被相続人を虐待・侮辱していた者を被相続人が家庭裁判所に申し立て、相続権を喪失させることをいう。

問55　1

配偶者と子が相続人となるので、配偶者の相続分は1／2。本来、残りの1／2を子Bと子Cが相続するので、子Cは1／2×1／2＝1／4。子Bはすでに死亡しているので、その1／4を代襲相続人である孫Dと孫Eで均等相続する。したがって1／4×1／2＝1／8が孫Dと孫Eそれぞれの相続分となる。

問56　3

1．適切　問題文の通り。なお、成年後見制度の中に法定後見制度と任意後見制度の2つがある。

2．適切　遺産分割が終わっていない場合でも、法定相続分で遺産分割があったものとして、相続開始のときから10か月以内に相続税の申告・納付を行う。

3．不適切　代償財産として支払った財産は、贈与税でなく相続税の対象。

4．適切　代償分割を行った場合は、その旨を遺産分割協議書に明記する必要がある。

問57　2

基礎控除額は3,000万円＋600万円×法定相続人の数で算出し、相続放棄した

者も法定相続人に数える。また、代襲相続人も法定相続人として数える。なお、特別養子縁組の場合は実子として扱う。したがって、法定相続人は配偶者、子A、孫D、孫E、子Cの5人となり、基礎控除額は3,000万円＋600万円×5人＝6,000万円。

問58　2

1.　正しい　被相続人の生前の債務を相続人が支払った場合、原則、債務控除の対象。
2.　誤り　遺言執行費用や税理士に依頼した相続税申告費用等は、被相続人の死亡後発生した費用とみなされ、債務控除できない。
3.　正しい　相続人がお寺にお布施や戒名料を支払った場合や通夜、仮葬儀、本葬儀、埋葬に要した費用は債務控除の対象になる。
4.　正しい　香典返しの費用および初七日や四十九日の法要費用は相続財産から控除できない。

問59　3

被相続人の居住用宅地等を配偶者が取得した場合は特定居住用宅地等となり、「小規模宅地等の相続税の課税価格の特例」として330㎡までの部分について相続税評価額が80％減額となる。

問60　3

1.　正しい　同族株主等が保有する非上場株式は、原則的評価方式、同族株主等以外が保有する株式は特例的評価方式（配当還元方式）で評価する。
2.　正しい　株式保有特定会社や土地保有特定会社は、通常、純資産価額方式で評価するが、同族株主以外の株主が取得する場合は、配当還元方式で評価する。
3.　誤り　類似業種比準方式は、類似業種の連結決算をもとにした「1株あたりの配当金額」、「1株あたりの利益金額」、「1株あたりの純資産価額」の3つの要素（評価割合は1：1：1）を対象企業と比較して自社株を評価する。
4.　正しい　なお、配当還元方式による株式の価額は、過去2年間の平均の1株当たりの年配当金額を10％で還元した金額によって評価する。

問1　主なローンとカードに関する次の記述のうち、誤っているものはどれか。

1．クレジットカードの紛失などにより不正使用された場合、カードの署名欄にサインしていない場合、原則、カード会社により損失額の全額が補償されない。
2．デビットカードは金融機関のキャッシュカードに支払い機能を持たせたもので、手数料なしで口座より代金決済できる。
3．クレジットカードを紛失した場合、すみやかにカード会社等に届け出れば、届出日より60日前以降のカードの利用代金の支払いが免除される。
4．貸金業法において、消費者金融から個人が無担保で借入れできる金額は、原則、年収の2分の1までとなっている。

問2　中小企業の資金計画に関する次の記述のうち、最も不適切なものはどれか。

1．中小企業の資金調達の1つとしてインパクトローンがあるが、これは金融機関からの外貨による貸付のことで、使用目的が制限されている。
2．私募債とは、特定の取引先や金融機関に債券を引き受けてもらう方法で、少人数私募とプロ私募がある。
3．ファクタリングとは、売掛金などを金融機関に期限前に買い取ってもらうことをいい、企業はキャッシュフローの改善を図ることができる。
4．第三者割当増資とは、取引先などの特定の第三者だけに新株引受権を与えることで、資金を調達する方法である。

問3　健康保険制度および労働者災害補償保険（労災保険）に関する次の記述のうち、最も不適切なものはどれか。

1．健康保険の傷病手当金は、けがなどにより、仕事を連続して3日以上休み、給料が支給されない場合に、標準報酬日額の3分の2が休業4日目から給付される。
2．健康保険の被保険者またはその配偶者が産科医療補償制度加入の病院で出産した場合、一時金として被保険者に対して、1児につき原則として50万円が給付される。
3．健康保険の被保険者が受け取る出産手当金は、標準報酬日額の3分の2相当額が、原則、出産日以前42日間、出産日の翌日以後56日間（合計最長98日間）支給される。
4．労災保険では、保険料は全額事業主負担となるが、保険料率は業種に関係なく一律である。

問4　雇用保険に関する次の記述のうち、最も不適切なものはどれか。

1．パートタイム労働者が雇用保険の被保険者となる適用基準は、31日以上の雇用見込みがあり、かつ1週間の所定労働時間が20時間以上あることとなっている。
2．育児休業給付は、原則満1歳未満の子どもを養育するために育児休業をとり、給料が支払われない場合に男女を問わず支給される。
3．配偶者の父母を介護するために休業する場合は、介護休業給付の対象にならない。
4．介護休業給付の支給額は、原則、休業前の賃金の67％相当額で、3か月間（最長で93日間）支給される。

問5　下記の図は、夫が厚生年金保険に加入している会社員、妻が被用者年金加入歴のない専業主婦である世帯の年金受給のイメージ図である。図中の空欄（　ア　）、（　イ　）、（　ウ　）にあてはまる語句の組合せとして、最も適切なものはどれか。なお、妻の生年月日は1966年（昭和41年）4月1日以前とする。

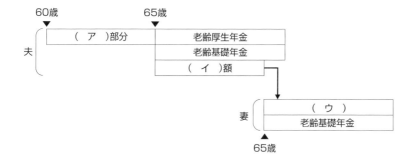

1．ア　報酬比例　　イ　加給年金　　ウ　振替加算
2．ア　定額　　　　イ　加給年金　　ウ　振替加算
3．ア　報酬比例　　イ　経過的加算　ウ　加給年金額
4．ア　定額　　　　イ　経過的加算　ウ　加給年金額

問6　下記の図は、2024年6月15日に65歳になるYさん（女性）の公的年金の加入状況である。Yさんが65歳から受給する老齢基礎年金の計算式として、正しいものはどれか。なお、振替加算は考慮しないものとする。

1．$81万6,000円 \times \dfrac{19年 \times 12か月}{40年 \times 12か月}$

2．$81万6,000円 \times \dfrac{27年 \times 12か月}{40年 \times 12か月}$

3．$81万6,000円 \times \dfrac{34年 \times 12か月}{40年 \times 12か月}$

4．$81万6,000円 \times \dfrac{40年 \times 12か月}{40年 \times 12か月}$

問7　在職老齢年金等について述べた次の文章のうち、最も適切なものはどれか。

1．60歳代前半で厚生年金被保険者として在職する場合、年金の基本月額と総報酬月額相当額の合計額が48万円を超えると48万円を超える金額の2分の1相当額の厚生年金が支給停止になる。

2．厚生年金加入者が60歳で退職して個人事業主となり、毎月の収入が100万円を超えている場合、60歳代の厚生年金は在職老齢年金により調整される。

3．65歳以上の者が厚生年金被保険者として在職する場合、年金の基本月額と総報酬月額相当額の合計額が50万円を超えると50万円を超えた金額分の厚生年金の全額が支給停止になる。

4．厚生年金の在職定時改定とは、65歳以上の在職中の老齢厚生年金受給者の年金額を毎年9月に再計算し、それまでに納めた保険料を毎年、年金額に反映する制度である。

問8　厚生年金保険の保険料に関する次の記述のうち、最も不適切なものはどれか。

1. 老齢厚生年金を受給しながら厚生年金の適用事業所で働く70歳以上の者は、厚生年金保険料を納める必要はない。
2. 賞与から徴収される保険料額は、被保険者の標準賞与額を用いて算出され、標準賞与額の上限は、1回の支払いにつき120万円である。
3. 育児休業中の被保険者にかかる保険料は、所定の手続きにより、事業主負担分、被保険者負担分とも免除される。
4. 月々の保険料額は、被保険者の標準報酬月額を用いて算出されるが、標準報酬月額の上限は65万円である。

問9　中小企業退職金共済制度および小規模企業共済制度についてまとめた下表の空欄（ア）～（エ）にあてはまる語句の組合せとして、最も適切なものはどれか。

制度		中小企業退職金共済	小規模企業共済
対象となる者		中小企業の従業員	小規模企業の事業主・役員
掛金	月額	5,000円以上30,000円以内で定められた金額の中から選択（短時間等労働者以外）	1,000円以上500円単位で選択（70,000円上限）
	負担者	（ア）	事業主・役員
	税法上の取扱い	（イ）とすることができる	全額を所得控除（小規模企業共済等掛金控除）することができる
	国の助成	あり	（ウ）
加入者本人の受取り時の所得区分		退職金を分割して受け取る場合は雑所得、一時金として受け取る場合は（エ）	共済金を分割して受け取る場合は雑所得、一時金として受け取る場合は（エ）

1. ア 事業主　イ 全額を損金または必要経費　ウ なし　エ 退職所得
2. ア 事業主　イ 全額を所得控除　ウ あり　エ 一時所得
3. ア 従業員　イ 全額を損金または必要経費　ウ あり　エ 退職所得
4. ア 従業員　イ 全額を所得控除　ウ なし　エ 一時所得

問10　確定拠出年金に関する次の記述のうち、最も不適切なものはどれか。

1. 個人型確定拠出年金（ｉＤｅＣｏ）において従業員が拠出する掛金は、年単位での一括払いも可能である。
2. 個人型確定拠出年金（ｉＤｅＣｏ）の掛金は、拠出限度額の範囲内で加入者が任意に設定し、拠出するが、国民年金の第1号被保険者の場合、国民年金の保険料を免除されている者は加入できない。
3. 確定拠出年金の老齢給付は原則として60歳から受取りを開始することができ、遅くとも75歳までには受取りを開始する必要がある。
4. 企業型年金の実施事業所に使用される厚生年金保険の被保険者は、全員が自動的に企業型年金の加入者となる。

問11　保険契約者保護制度の補償対象である保険契約の補償割合に関する次の記述のうち、最も不適切なものはどれか。

1. 生命保険の定期保険契約は、原則として、保険会社破綻時点の責任準備金等の80％が補償される。
2. 医療保険契約は、原則として、保険会社破綻時点の責任準備金等の90％が補償される。
3. 地震保険契約は、保険会社破綻後の経過期間にかかわらず、保険事故が発生した場合、支払われるべき保険金の全額が補償される。
4. 個人契約の火災保険契約は、保険会社破綻後3か月以内に保険事故が発生した場合、支払われるべき保険金の全額が補償される。

問12　個人契約の保険の税務に関する次の記述のうち、最も適切なものはどれか。

1. 保険会社の自動振替貸付制度により保険料を支払っている場合は、生命保険料控除の対象とならない。
2. 一時払いの生命保険料は毎年、生命保険料控除の対象となり、（全期）前納払いの場合は、保険料を支払った年のみ控除の対象となる。
3. 個人年金保険料控除の要件として、保険料の払込期間が5年以上であることとなっている。
4. 保険料を支払っている期間中に受け取った生命保険等の配当金には課税されない。

問13 特定（三大）疾病保障保険およびリビングニーズ特約に関する次の記述のうち、誤っているものはどれか。

1. 特定（三大）疾病保障保険は、がん、急性心筋梗塞または脳卒中以外の病気や災害で死亡した場合は、死亡保険金は支払われない。
2. 特定（三大）疾病保障保険は、生前に特定疾病保険金の支払いを受けた後、その病気を原因として死亡した場合には、死亡保険金は支払われない。
3. リビングニーズ特約は、それを付加するための特約保険料は不要である。
4. リビングニーズ特約では、本人ではなく、家族が保険金等を受け取る指定代理請求制度がある。

問14 傷害保険等の第三分野の保険に関する次の記述のうち、誤っているものはどれか。なお、契約は主契約のみであり、特約は付帯していないものとする。

1. 普通傷害保険においては、国内外を問わず急激・偶然・外来の要件を満たす事故による損害に対して保険金が支払われるが、細菌性食中毒の場合は保険金支払いの対象とはならない。
2. 交通事故傷害保険においては、国内外を問わず交通事故および乗り物の火災等によってけがをし、そのけがによって入院したり、後遺障害が生じたり、死亡した場合に、保険金が支払われる。
3. 海外旅行傷害保険においては、海外旅行中にけがにより医師の治療を受けた場合、傷害保険金として、治療に要した実費が支払われる。
4. 所得補償保険においては、けがや病気で就業不能になった場合に、保険金が支払われるが、入院ではなく、通院している場合は、保険金は支払われない。

問15 自動車損害賠償責任保険（以下「自賠責保険」という）および任意の自動車保険に関する次の記述のうち、最も不適切なものはどれか。

1. 自賠責保険の対象となる自動車事故は、対人賠償事故および対物賠償事故である。
2. 車両保険では、特約を付けることで、地震・噴火または津波による車の損害も補償される。
3. 任意保険のノンフリート等級別料率制度は、契約者の前契約の有無や事故歴に応じて1等級から20等級に区分し、等級ごとに保険料の割増・割引を行う制度である。
4. 人身傷害補償保険は、自動車事故で傷害を受けた場合、自己の過失の有無にかかわらず、また、示談を待たずに自己の保険会社から保険金が支払われる。

問16 賠償責任保険等の損害保険について述べた次の記述のうち、誤っているものはどれか。

1. 個人賠償責任保険は、日常生活や業務上の偶然の事故で他人または他人の財産に損害を与え、賠償責任を負ったときに保険金が支払われる。
2. 機械保険では、火災による建物内の生産用機械設備等の損害は補償されない。
3. 店舗休業保険は、サービス業を営む者などが火災等により休業となった場合に、その間の利益減少を補償するための保険である。
4. 所得補償保険は、所得が不動産の賃貸収入や株式等の配当収入のみの者は補償の対象とならない。

問17 損害保険による家計のリスク管理に関する次の記述のうち、最も不適切なものはどれか。

1. 子どもが誤ってデパートの陳列商品を破損させた場合に負担する損害賠償のリスクに備えて個人賠償責任保険に加入した。
2. 所有している住宅が地震による火災で焼失するリスクに備えて、火災保険に地震保険を付帯した。
3. 自宅を新築したのを機に、床上浸水などの水害にも備えるため、住宅火災保険に加入した。
4. 飼い犬が散歩中に他人にかみついた場合の法律上の賠償責任を負担するリスクに備えて、個人賠償責任保険に加入した。

問18 法人が契約者（＝保険料負担者）である生命保険の税務処理に関する次の記述のうち、最も不適切なものはどれか。

1. 保険金受取人を法人とする終身保険を解約した場合、受け取った解約返戻金の額と資産計上している積立金との差額を、雑収入または雑損失として計上する。
2. 被保険者が役員・従業員全員で、死亡保険金受取人が被保険者の遺族であり、満期保険金の受取人が法人である養老保険は、通常、支払う保険料の2分の1を保険料積立金として資産に計上し、残りの2分の1を福利厚生費として損金に算入することができる。
3. 死亡保険金の受取人が役員・従業員の遺族、年金受取人が法人である個人年金保険の場合、通常、法人の支払った保険料の10分の9が資産計上され、10分の1が損金算入となる。
4. 法人が入院給付金を受け取った後、その全額を被保険者である役員・従業員に見舞金として支払った場合は、経理処理は必要ない。

法人および個人事業主が契約者（＝保険料負担者）である損害保険の税務処理に関する記述のうち、最も不適切なものはどれか。

1．個人事業主が業務用の自動車の事故で受け取った車両保険金をすべて車の修理費に充当した場合、保険金は事業収入とし、修理費用は必要経費に算入する。
2．業務中のけがの補償のために加入した、個人事業主を被保険者とする傷害保険の保険料は、必要経費とならない。
3．積立火災保険が満期になった場合、満期返戻金と契約者配当金は益金に算入し、資産計上していた積立保険料は取り崩して損金算入する。
4．法人が業務用自動車の事故により受け取った車両保険金で新たに車両を購入した場合、圧縮記帳の適用は認められない。

問20 契約者（＝保険料負担者）および死亡保険金受取人が法人、被保険者が全従業員である生命保険契約において、法人が入院給付金10万円を受け取った場合の経理処理を示した次の仕訳の空欄（ア）、（イ）にあてはまる語句の組合せとして、正しいものはどれか。

借方		貸方	
（　ア　）	100,000円	（　イ　）	100,000円

1．ア　現金・預金　　イ　福利厚生費
2．ア　現金・預金　　イ　雑収入
3．ア　保険料積立金　イ　雑収入
4．ア　保険料積立金　イ　福利厚生費

問21 わが国における対米ドルの為替相場において、一般的な円高要因として、最も不適切なものはどれか。なお、各選択肢に示した以外の条件は考慮しないものとする。

1．米国金利の継続的な下落
2．日本の失業率の改善
3．日本からの米国国債投資の減少
4．日本の対米貿易収支の黒字の減少

問22　金利の変動要因について述べた次の記述のうち、最も不適切なものはどれか。

1. 日本の投資家によるＡ国通貨建て金融商品への投資額が増加した場合、円とＡ国通貨の為替相場において、円安要因となる。
2. 一般的に円安傾向になると、海外からの対日投資が増加し、国債価格が上昇し、金利が低下傾向となる。
3. 一般的に景気が拡大（上昇）している状況では金利は上昇傾向となる。
4. 日本銀行（日銀）の金融引締め政策が行われると、市場金利は上昇する。

問23　債券のリスクおよび格付けに関する次の記述のうち、最も不適切なものはどれか。

1. 債券を発行している国の政治や経済情勢の変化などによって発生するリスクを、カントリー・リスクといい、一般的に新興国ほど大きい。
2. 債券の利子や元金の一部または全部が支払い不能等となるリスクを、デフォルト・リスク（信用リスク）という。
3. 一般的に、格付けがＢＢ以下の債券を投資不適格債またはハイ・イールド・ボンドと呼ぶ。
4. 他の条件が同一であれば、残存期間の短い債券より残存期間の長い債券の方が、金利の変動に対する価格の変動幅は小さい。

問24　債券に関する次の記述のうち、最も不適切なものはどれか。

1. 利付債の表面利率とは、債券の購入金額に対する年間の利子の合計額の割合のことである。
2. 特定公社債の利子については、申告不要制度と申告分離課税の選択制となっている。
3. 債券の取引は、その大半が店頭取引により行われている。
4. 不景気で国内物価が下落している局面では、債券価格は上昇する傾向がある。

問25 　新NISAに関する次の記述のうち、最も適切なものはどれか。

1．新NISA口座の成長投資枠で株式投資信託等を購入する場合、購入手数料を含めて年間240万円までが非課税枠の上限となっている。
2．新NISA口座の成長投資枠で保有する上場株式等の譲渡損失については、申告分離課税を選択した他の口座の上場株式等の配当金等と損益通算することができる。
3．従来のNISA（一般NISAとつみたてNISA）に投資している場合に、非課税期間が満了した場合、新NISAにロールオーバー（移管）することはできず、通常、課税口座に移管される。
4．新NISAの口座内で、上場株式等の配当金を非課税で受け取るには、登録配当金受領口座方式を選択する必要がある。

問26 　下表の同業種であるＡ社、Ｂ社の株式指標に関する次の記述のうち、誤っているものはどれか。

	A社	B社
株価	2,400円	1,000円
1株あたり配当金	30円	40円
1株あたり純資産	1,200円	800円
1株あたり純利益	60円	50円

※1株あたり自己資本は1株あたり純資産と同額とする

1．ＰＢＲでみると、Ｂ社の方が割高である。
2．Ａ社のＲＯＥは5％である。
3．Ｂ社の配当性向は80％である。
4．ＰＥＲでみると、Ａ社の方が割高である。

問27 　ドルコスト平均法により、1回あたり1万円の投資金額でＡ社株式を以下のとおり買い付けたときの平均取得単価（株価）として、正しいものはどれか。なお、取引手数料等は考慮しないこと。

	第1回	第2回	第3回	第4回
株価	2,500円	5,000円	2,500円	1,000円

1．2,000円
2．2,750円
3．2,820円
4．3,000円

問28 公募型証券投資信託にかかるコストに関する次の記述のうち、最も不適切なものはどれか。

1. 受益者が支払う募集販売手数料の料率は、同じ投資信託商品を同じ口数購入する場合、販売会社によって差が生じることはない。
2. 受益者が負担する信託報酬は、運用・管理の報酬として信託財産の中から毎日、一定割合が差し引かれるものである。
3. 同じ投資信託であれば、販売会社が異なっても原則、信託報酬と信託財産留保額は同じである。
4. 信託財産留保額は、受益者が信託期間の途中で解約する場合に、解約せずに保有している受益者との公平を保つため、かかる費用の一部を解約代金から差し引くものである。

問29 株式型の投資信託の運用手法等に関する次の記述のうち、最も不適切なものはどれか。

1. マーケット・ニュートラル運用とは、割安な銘柄の買いと割高な銘柄の売りを同金額行う取引で、相場全体の値動きに影響を受けずに運用することを目的としている。
2. ボトムアップ・アプローチとは、銘柄選択を重視し、各銘柄の投資指標の分析や、企業訪問などにより銘柄を選択し、その積上げによってポートフォリオを構築する手法である。
3. グロース投資とは、将来の成長性が期待できる銘柄への投資を行う運用スタイルのことである。
4. バリュー投資とは、ＰＥＲやＰＢＲなどの指標から、企業価値が株式市場で高く評価され、今後も企業価値が上昇していくと判断した銘柄へ投資を行う運用スタイルのことである。

問30 一般的な先物取引およびオプション取引に関する次の記述のうち、最も不適切なものはどれか。

1. 債券先物取引（長期国債先物取引）は、利率と償還期限を常に一定とする標準物を取引の対象としている。
2. オプション取引を権利行使のタイミングによって分類した場合に、取引開始日から取引最終日までいつでも権利行使可能なものをアメリカンタイプという。
3. コール・オプションとは、原商品を買う権利、プット・オプションとは、原商品を売る権利のことをいう。
4. オプション取引では、買手の利益は限定されているが、買手の損失は無限大（定）である。

問31 わが国の税の種類と分類に関する下記の表の空欄（ ア ）〜（ エ ）にあてはまる語句の組合せとして、最も適切なものはどれか。

税の種類	課税主体	課税対象	直接税／間接税
所得税	（ ア ）	所得	（ イ ）
法人税	国	（ ウ ）	直接税
消費税 （含む地方消費税）	国および 地方公共団体	消費	（ エ ）

1．ア 国　　　　　　イ 直接税　　ウ 所得　　　エ 間接税
2．ア 国　　　　　　イ 直接税　　ウ 資本金　　エ 直接税
3．ア 地方公共団体　イ 間接税　　ウ 所得　　　エ 直接税
4．ア 地方公共団体　イ 間接税　　ウ 資本金　　エ 間接税

問32 所得税の原則的な仕組みに関する次の記述のうち、最も不適切なものはどれか。

1．所得税法では、所得を10種類に分類し、それぞれの所得ごとに定められた計算方法により所得の金額を計算する。
2．所得税は、個人（個人事業主を含む）の1月1日から12月31日までの期間に生じた所得に対して課税される。
3．所得税は国税であり、原則として賦課課税方式を採用している。
4．給与所得者の場合、原則、年末調整で精算できるが、年間の給与収入金額が2,000万円を超える者は、確定申告が必要である。

問33 所得税において、次の場合における損益通算後の総所得金額として、最も適切なものはどれか。なお、解答にあたっては、記載のない条件については一切考慮しないものとする。

給与所得	7,800千円
譲渡所得	▲500千円（別荘の譲渡）
不動産所得	▲800千円（土地の取得にかかる負債利子300千円を含む）

※▲は、当該所得に損失が発生していることを意味する

1．6,500千円　　2．7,000千円　　3．7,300千円　　4．7,800千円

問34 次の控除のうち、合計所得金額から差し引く所得控除に該当するものはいくつあるか。

医療費控除	配当控除	扶養控除
社会保険料控除	給与所得控除	外国税額控除
生命保険料控除	住宅ローン控除	退職所得控除

1. 2つ
2. 3つ
3. 4つ
4. 5つ

問35 納税義務者が支出した次の医療費等のうち、医療費控除の対象とならないものはどれか。

1. 人間ドックの診断結果で重大な疾病が発見されたため、その診断にもとづいて医療機関で治療を行った場合の当該人間ドックの費用
2. 妊娠と診断されてからの定期検診の費用
3. 風邪をひいたため、薬局で購入した市販の風邪薬の購入代金
4. 自家用車で病院に行ったときの駐車場料金

問36 所得税の青色申告に関する次の記述のうち、誤っているものはどれか。

1. 青色申告書を申告の期限後に提出した場合、正規の簿記の原則に従い記帳していても、青色申告特別控除額は10万円が限度となる。
2. 青色事業専従者とは、生計を一にする配偶者や18歳以上の親族で、6か月を超える期間事業に従事し、青色事業専従者給与に関する届出書を提出している者である。
3. 配偶者が青色事業専従者給与の対象となっている場合、当該配偶者については配偶者控除、配偶者特別控除の対象とならない。
4. 青色申告書を提出した年分の所得の計算において純損失の金額が発生した場合、一定の要件を満たせば、前年分の所得に対する税額から繰戻還付を受けることができる。

A社が当期（2024年4月1日から2025年3月31日）に取得し事業の用に供した減価償却資産の減価償却費およびA社の財務諸表に関する次の記述のうち、最も不適切なものはどれか。なお、A社は資本金3,000万円（株主はすべて個人）で、当期に取得し事業の用に供した減価償却資産の取得価額の合計額は300万円未満であり、青色申告書を提出している。

1．取得価額20万円の減価償却資産については、その資産の使用可能期間にかかわらず、選択により取得価額の全額を当期の損金に算入することができる。
2．取得価額5万円の減価償却資産については、その資産の使用可能期間にかかわらず、選択により取得価額の全額を当期の損金に算入することができる。
3．販売費及び一般管理費は、販売業務や管理業務に関して発生した費用であり、役員報酬や従業員給与はここに含まれる。
4．当期純利益は、税引前当期純利益から法人税等を差し引いた後の最終利益であり、利益効率を示す指標であるROEは、売上高に対する当期純利益の割合である。

問38 下記＜資料＞をもとに、Y社の法人税の計算における交際費等の損金算入額として正しいものは、次のうちどれか。

＜資料＞

事業年度	2023年4月1日〜2024年3月31日
期末資本金	1億5,000万円
交際費等のうち、飲食のための支出金額	800万円

1．0円　2．400万円　3．540万円　4．800万円

問39 法人税における役員等に対する給与の取扱いに関する次の記述のうち、最も不適切なものはどれか。

1．所定の時期に確定額を支給する取決めに基づいて役員に支給する給与は、損金算入されない。
2．役員に対して支給する臨時的な給与であっても、事前に所定の届出書を提出しているなど、一定の要件を満たしている場合は損金算入となる。
3．役員報酬のうち不相当に高額な部分として、法人税法上、損金の額に算入されなかった部分についても、その役員の所得税・住民税の計算上は給与所得として課税される。
4．使用人兼務役員の使用人としての職務に対する賞与は、法人税法上、原則として損金となる。

問40 消費税に関する次の記述のうち、最も不適切なものはどれか。

1. 消費税は、事業者が国内において対価を得て行う商品等の販売やサービスの提供に対して課税されるが、原則として、土地の譲渡や貸付などは非課税となる。
2. 基準期間の課税売上高が1,000万円以下の事業者であっても、特定期間の課税売上高が1,000万円を超え、かつ、その間の支払給与総額も1,000万円を超えている場合は、消費税の免税事業者にはなれない。
3. 簡易課税制度を選択した事業者は、原則として、最低2年間は簡易課税制度の適用を継続しなければならない。
4. 法人の消費税の申告と納税は、事業年度終了の日から3か月以内に行う。

問41 不動産登記等に関する次の記述のうち、最も不適切なものはどれか。

1. 1つの不動産に複数の抵当権を設定することはできる。
2. 不動産登記において、表題部に記録されている地番や家屋番号は、市区町村が定める住居表示と一致しているとは限らない。
3. 不動産の登記事項証明書の交付を請求することができるのは、当該不動産に利害関係を有する者に限られる。
4. 借地上の建物の登記を行うことで、借地権についても対抗力が発生する。

問42 不動産の価格に関する次の記述のうち、最も不適切なものはどれか。

1. 公示価格とは、一般の土地取引の指標となる価格で、毎年の1月1日を基準日として、各都道府県が発表する。
2. 基準地標準価格は、毎年の7月1日を基準日として、都道府県から9月下旬に発表される。
3. 固定資産税評価額は、固定資産税や不動産取得税、都市計画税などの基準となる価格で、公示価格の70%程度であり、市区町村から発表される。
4. 不動産の相続税評価額は、公示価格の80%程度であり、国税庁から発表される。

不動産関係の調査資料の設置場所に関する次の記述のうち、最も不適切なものはどれか。

1．公図は、市区町村役場に設置されている。
2．登記事項証明書は、登記所（法務局）に設置されている。
3．固定資産課税台帳は、市区町村役場に設置されている。
4．都市計画図は、市区町村役場に設置されている。

不動産の売買契約における留意点に関する次の記述のうち、最も不適切なものはどれか。

1．マンションなどの区分所有建物の場合、パンフレットに記載されている床面積は壁芯面積で表示されている。
2．買主が売主に解約手付金を交付し、その後に買主が売買代金を支払った後では、売主は、手付金の倍額を買主に返還しても売買契約を解除することはできない。
3．建物の引渡しまでの間に、天災などの不可抗力で目的物が損壊した場合、民法では契約は有効とされ、買主は売買代金を支払う必要がある。
4．宅地建物取引業者が、宅地・建物の賃貸借の媒介を行う場合に、貸主・借主の双方から受け取ることのできる報酬の合計額の上限は、賃料の1か月分＋消費税に相当する額である。

借地借家法に関する次の記述のうち、最も不適切なものはどれか。

1．普通借地契約では、期間満了により更新しない場合は、借地人は地主に対して宅地上の建物の買取を請求する権利がある。
2．普通借地契約を更新する場合、最初の更新は20年以上の単位、2回目以後の更新は10年以上の単位である。
3．定期借家契約は、契約期間が1年以上の場合、期間満了の1年から6か月前までに「期間満了により契約が終了する」旨の通知を賃貸人が行う必要がある。
4．定期借家契約では、賃貸人があらかじめ造作買取請求権を放棄する旨の特約を付けて契約を結ぶことはできない。

問46 借地借家法の規定に関する次の記述のうち、最も適切なものはどれか。

1. 事業用定期借地権では、利用目的は事業用だけでなく、特約を結ぶことで居住用も可能である。
2. 普通借地権の契約においては、30年より短い契約期間を結んだ場合、その契約は無効となる。
3. 建物譲渡特約付借地権では、存続期間は50年以上で、契約は書面による必要はない。
4. 存続期間50年以上の一般定期借地権の契約においては、存続期間が満了した場合に借地権者は地主に対して建物の買取を請求しないという旨の特約は有効である。

問47 都市計画法上の規制に関する次の記述のうち、誤っているものはどれか。

1. 都市計画区域とは、健全で秩序ある都市として総合的に整備や開発などを行う必要がある区域として、都道府県が指定する区域のことである。
2. 開発行為とは、主に建築物または特定工作物を建設する目的で土地の区画形質の変更を行うことをいう。
3. 開発許可を受けた開発区域内の土地に建築物を建築する場合であっても、建築基準法の建築確認は必要である。
4. 開発許可を受けた開発区域内の土地においては、開発行為に関する工事完了の公告がなくても、原則として、建築物を建築することができる。

問48 建築基準法の規定に関する次の記述のうち、正しいものはどれか。

1. 第一種低層住居専用地域、第二種低層住居専用地域内、および田園住居地域内では、原則として12mまたは15mのうち都市計画で定めた高さを超えて建物を建築してはならない。
2. 防火地域内に耐火建築物を建築する場合、容積率の制限について緩和を受けることができる。
3. 建築物の敷地が2つの異なる用途地域にまたがる場合は、属する面積の大きい用途地域の容積率の制限が、その敷地の全部について適用される。
4. 建築物が防火地域と準防火地域にわたる場合においては、建物のすべてが耐火建築物である場合は原則として、その建築物のすべてに防火地域内の建築物に関する規定が適用される。

建物の区分所有等に関する法律について述べた次の記述のうち、正しいものはどれか。

1. 敷地利用権は、原則として専有部分と切り離して、別々に処分することが認められる。
2. 管理者は、最低でも1年に1回は集会を招集しなければならない。
3. 共用部分に対する区分所有者の共有持分は、原則として、各区分所有者が所有する専有部分の戸数の総戸数に占める割合による。
4. 規約の設定、変更・廃止については、集会において区分所有者の数および議決権の各5分の4以上の賛成による決議がなければできない。

問50 不動産にかかる都市計画税および固定資産税に関する次の記述のうち、最も不適切なものはどれか。

1. 固定資産税は、1月1日現在、固定資産課税台帳に登録されている者に市区町村が課税する。
2. 固定資産税は住宅一戸あたり200㎡以下の用地の部分については、課税標準である固定資産税評価額が6分の1に軽減される。
3. 都市計画税は市街化区域内の不動産の所有者が固定資産税とあわせて納付する。
4. 都市計画税の税率について、市区町村の財政状態によっては条例により0.3％を超える率に定めることも可能である。

問51 相続の承認と放棄に関する次の記述のうち、正しいものはどれか。

1. 相続の開始があったことを知ったときから原則として4か月以内に限定承認または放棄の手続きをしなかった場合には、単純承認をしたものとみなされる。
2. 単純承認をしたときは、相続によって取得した財産を限度として、被相続人の債務を承継する。
3. 相続人が複数いる場合において、限定承認をするには、共同相続人全員で家庭裁判所へその旨を申述しなければならない。
4. 相続人が複数いる場合において、相続の放棄をするには、共同相続人全員が共同で家庭裁判所に申述書を提出しなければならない。

問52　遺産の分割に関する次の記述のうち、最も不適切なものはどれか。

1．遺産の分割は、通常、指定分割が優先されるが、共同相続人全員の協議による合意があるときは、指定分割と異なる分割も可能である。
2．代償分割とは、特定の相続人が財産を取得して、代わりに自分の固有財産を他の相続人に支払うことをいう。
3．相続税の申告・納付期限までに遺産分割が終了していない場合は、家庭裁判所に申請して、納付期限を延長することができる。
4．遺産分割協議書は、民法に定められた形式はなく、相続人全員の自署による記名、押印、印鑑証明書等の要件を満たしていれば有効である。

問53　下記の親族関係図における被相続人の相続にかかる民法上の相続人と法定相続分として、正しいものはどれか。なお、子Aは相続の放棄をしている。

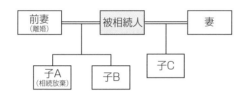

1．妻2分の1、　前妻6分の1、　子B6分の1、　子C6分の1
2．妻2分の1、　子A6分の1、　子B6分の1、　子C6分の1
3．妻2分の1、　子B6分の1、　子C3分の1
4．妻2分の1、　子B4分の1、　子C4分の1

問54　下記は2024年4月に死亡したAさんの親族関係図（実子Dは相続放棄をしている）である。Aさんの相続にかかる相続税の課税価格の合計額が9,000万円である場合における課税遺産総額として、正しいものはどれか。

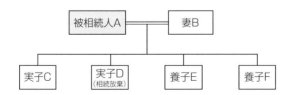

1．　　　　0円
2．3,600万円
3．4,200万円
4．9,000万円

問55 小規模宅地等の減額特例に関する次の記述のうち、正しいものはどれか。なお、2024年中の相続または遺贈により取得したものとする。

1. 被相続人の居住の用に供されていた宅地を、被相続人と同居していた親族が取得し相続税の申告期限まで所有し、かつ自己の居住の用に供している場合には、その宅地の400㎡までの部分について通常の評価額から80%相当額が減額される。
2. 小規模宅地等の相続税の課税価格の特例を適用することで、納税額がゼロになる場合でも、相続税の申告は必要である。
3. 被相続人の居住の用に供されていた宅地等を、被相続人の配偶者および被相続人と同居していない子がそれぞれ2分の1の共有持分割合で相続した場合、配偶者および子の両方が、通常の評価額から80%相当額が減額される。
4. 被相続人の賃貸アパートの用であった宅地を、被相続人の配偶者が取得し、相続税の申告期限まで所有し、かつその事業を承継して営んでいる場合には、その宅地の240㎡までの部分について通常の評価額から50%相当額が減額される。

問56 国内にある金融資産等の相続税評価に関する次の記述のうち、正しいものはどれか。

1. 普通預金の価額は、経過利子の額が少ない場合は、課税時期の預入高によって評価する。
2. 金融商品取引所に上場されている利付公社債の価額は、発行価額に経過利子の額（源泉徴収額と復興税控除後）を加えた金額で評価する。
3. 上場株式の価額は、課税時期の終値および課税時期の属する月以前4か月間の毎日の終値の各月ごとの月平均額のうち、最も低い価額により評価する。
4. 取引相場のあるゴルフ会員権の価額は、原則として通常の取引価額の80%相当額により評価する。

問57　ＸＹＺ社の社長であるＡさんは、自身が100％保有するＸＹＺ社株式をすべて長男Ｂに相続させるつもりである。以下の（ア）、（イ）の生命保険を活用した相続税の納税資金対策等に関する次の記述のうち、最も不適切なものはどれか。なお、Ａさんの推定相続人は、長男Ｂと長女Ｃの２人のみである。

	保険種類	契約者 （＝保険料負担者）	被保険者	死亡保険金 受取人
（ ア ）	終身保険	Ａさん	Ａさん	長男Ｂ
（ イ ）	終身保険	ＸＹＺ社	Ａさん	ＸＹＺ社

1．（ア）の保険契約に基づき支払われる死亡保険金は、死亡保険金の非課税額（500万円×法定相続人の数）の対象となる。
2．（ア）の保険契約は、ＸＹＺ社株式を相続する長男Ｂから長女Ｃへの代償分割にかかる代償財産の準備として活用できる。
3．（イ）の保険契約は、Ａさんの相続が発生して長男Ｂが取得するＸＹＺ社株式をＸＹＺ社が買い取るための資金の準備として、活用することができない。
4．（イ）の保険契約に基づき、ＸＹＺ社が受け取った死亡保険金を、Ａさんの死亡退職金としてＡさんの遺族に支給した場合、その死亡退職金は、相続税にかかる退職手当金の非課税金額（500万円×法定相続人の数）の対象となる。

問58　遺言に関する記述のうち、最も適切なものはどれか。

1．遺言は未成年であっても行うことは可能であるが、20歳になるまでは法定代理人の同意が必要である。
2．公正証書遺言は、遺言者が所有するすべての財産について受贈者を指定しなければならない。
3．法務局以外で保管されている自筆証書遺言では、家庭裁判所の検認を受ける前に相続人が遺言書を開封した場合、その遺言書は無効となる。
4．公正証書遺言の内容を後から自筆証書遺言で撤回することができる。

問59 相続税に関する次の記述のうち、最も不適切なものはどれか。

1. 相続税の申告および納税は、原則として相続の開始があったことを知った日の翌日から10か月以内に行わなければならない。
2. 未成年者が相続人となる場合、18歳に達するまでの年数1年につき10万円が相続税から控除される。
3. 申告額より相続税額が増える場合には、更正の請求を行う。
4. 共有財産であっても、共有者全員が持分の全部を物納申請する場合は、物納することができる。

問60 贈与税に関する次の記述のうち、最も不適切なものはどれか。

1. 受贈者が贈与税を納付しないとき、贈与者は贈与した財産額を限度として連帯して贈与税を納付する義務を負う。
2. 暦年課税贈与を適用した結果、贈与税額がゼロになる場合でも、確定申告は必要である。
3. 贈与税を延納する場合、贈与税額が10万円を超えていることが要件となる。
4. 「配偶者への居住用財産の贈与の特例」の対象となるのは、国内にある居住用財産の贈与だけでなく、居住用財産を取得するための金銭も対象となる。

問1　4

1．正しい　署名欄にサインしていない場合、原則、そのカードを不正使用されたことによる損失額は補償されない。

2．正しい　デビットカードの決済は即時決済。ただし、キャッシング機能はない。

3．正しい　クレジットカードを紛失した場合、すみやかにカード会社等に届け出れば、届出日より遡って60日以内のカードの利用代金の支払いが免除される。

4．誤り　貸金業法において、個人が無担保で借入れできる金額は、クレジットカードのキャッシングを含めて原則、年収の3分の1までとなっている。なお、銀行等の住宅や車のローンなどは含まない。

問2　1

1．不適切　インパクトローンとは、使用目的に制限のない外貨による貸付のこと。

2．適切　50名未満の特定の取引先等に引き受けてもらう場合を少人数私募、金融機関のみに引き受けてもらう場合をプロ私募（適格機関投資家私募）という。

3．適切　ファクタリングとは、企業の売掛金などを金融機関に期限前に買い取ってもらうことをいう。

4．適切　問題文の通り。なお、株主割当増資は、既存の株主に新株引受権を与えて資金を調達する方法。

問3　4

1．適切　問題文の通り。なお、傷病手当金は支給開始日から最長で通算1年6か月給付される。

2．適切　健康保険より、出産育児一時金等として、原則、50万円の給付が行われる。産科医療補償制度未加入の医療機関での出産の場合、給付額は48万8,000円。

3．適切　出産手当金は、標準報酬日額の3分の2相当額が、原則、出産日以前42日間（双子等の場合は98日間）、出産日の翌日以後56日間（通常、合計で98日間）支給される。

4．不適切　労災保険の保険料は全額事業主負担であるが、保険料率は業種により異なる。

問4　3

1．適切　雇用保険の適用基準は、31日以上の雇用の見込みがあり、1週間の所定労働時間が20時間以上あること。

2．適切　問題文の通り。なお、父母ともに育児休業をする（パパ・ママ育休プラス制度）場合は1歳2か月、保育所などが見つからない場合は最大

2歳になるまで給付の対象。

3．不適切　配偶者の父母を介護するために休業する場合も、介護休業給付の対象となる。

4．適切　問題文の通り。なお、休業期間中に休業前の賃金の80％以上が会社から支払われている場合は、支給されない。

問5 1

厚生年金の加入期間が原則20年以上ある者に扶養している妻がいるなど、一定の条件を満たせば、老齢厚生年金の他に加給年金が加算される。配偶者が65歳に達すると加給年金が支給されなくなり、配偶者は自身の老齢基礎年金を受給することになるが、それまで夫に支給されていた加給年金額の代わりに1966年（昭和41年）4月1日以前生まれの配偶者については、生年月日に応じて定められた振替加算が、老齢基礎年金に加算される。

問6 2

2024年度の新規裁定者の老齢基礎年金の満額支給額は81万6,000円となっている。Yさんの場合、基礎年金加入期間が27年（厚生年金加入期間の6年と第3号被保険者期間の21の合計）。なお、13年間の合算対象期間（カラ期間）については、年金の受給額の計算には反映されないが、受給資格期間には反映される。Yさんの加入可能月数は40年×12か月＝480月。以上より、Yさんの2024年度の老齢基礎年金の受給額の計算式は、

$$81万6,000円 \times \frac{27年 \times 12か月}{40年 \times 12か月}$$

問7 4

1．不適切　在職老齢年金では老齢厚生年金の基本月額と総報酬月額相当額の合計額が50万円超の場合に年金額が調整され、50万円を超える金額の2分の1相当額の厚生年金が支給停止になる。50万円以下の場合は、全額支給される。

2．不適切　在職老齢年金は、原則60歳以後に厚生年金適用事業所で働きながら、厚生年金を受給している者が対象なので、個人事業主は月収にかかわらず年金額は調整されない。

3．不適切　在職老齢年金については、老齢厚生年金の基本月額と総報酬月額相当額の合計額が50万円を超える場合は、原則、50万円を超える金額の2分の1相当額の老齢厚生年金が支給停止となる。なお、老齢基礎年金は支給停止の対象にならない。

4．適切　在職定時改定とは、65歳以上の在職中の老齢厚生年金受給者の年金額を毎年9月に再計算し、それまでに納めた保険料を毎年、年金額に反映する制度。毎年、10月に年金額が増額になる。

問8　2

1. 適切　厚生年金の被保険者は70歳未満の者なので、厚生年金を受給している70歳以上の者が、厚生年金適用事業所で働いていても、保険料を納める必要はない（70歳未満は強制加入）。

2. 不適切　厚生年金保険料を算定する場合の賞与1回あたりの上限額は150万円で、年3回までの賞与が対象（150万円×保険料率）。

3. 適切　育児休業中の厚生年金保険料や健康保険料等の社会保険料は事業主負担分、被保険者負担分とも免除。なお、産休中の保険料も同様に免除される。

4. 適切　厚生年金保険料は、標準報酬月額を第1等級（8万8,000円）から第32等級（上限65万円）に区分して算出される。

問9　1

（ア）中小企業退職金共済制度の掛金は全額事業主負担。

（イ）掛金の拠出が法人の場合は全額損金算入、事業主の場合は必要経費になる。

（ウ）小規模企業共済制度では国からの補助金などの助成はない。

（エ）一時金として受け取る場合には退職所得扱いとなる。

問10　4

1. 適切　個人型の掛金は月単位の支払いや、年単位での払いも可能。

2. 適切　国民年金保険料を免除されている者や保険料が未納の者は、個人型確定拠出年金には加入できない。

3. 適切　企業型および個人型の確定拠出年金は原則として60歳から受取りを開始することができ、遅くとも75歳までには受取りを開始する必要がある。ただし、60歳から受給する場合、加入期間が10年以上必要。

4. 不適切　事業主は、年金規約の中で「勤続年数が何年以上」等、企業型年金の加入者となるための一定の加入資格を定めることができ、全員が自動的に加入するわけではない。

問11　1

1. 不適切　生命保険会社が破綻した場合の保護の範囲は、高予定利率契約の場合を除いて生命保険契約は、責任準備金等の90％が補償される。

2. 適切　医療保険契約については、生命保険同様、責任準備金等の90％が補償される。

3. 適切　地震保険と自賠責保険は、保険会社が破綻した後の経過期間にかかわらず、支払われるべき保険金の全額（100％）が補償される。

4. 適切　問題文の通り。なお、保険会社が破綻してから3か月経過後の保険事故については、保険金の80％が補償される。

問12　4

1. 不適切　自動振替貸付制度により保険料を支払っていても、その年の生命保険

　　　　　　　料控除の対象。

2．不適切　一時払い保険料は支払った年度のみ生命保険料控除の対象となり、
　　　　　　　（全期）前納払いの場合は、毎年控除できる。

3．不適切　①保険料払込期間が10年以上であること、②年金受取人が契約者ま
　　　　　　　たはその配偶者で、被保険者と同一人であること、③年金の種類が終
　　　　　　　身年金か年金受取り開始時の被保険者の年齢が60歳以上で、かつ受
　　　　　　　取り期間が10年以上である確定年金・有期年金であることが要件。

4．適切　　保険料を支払っている期間中に受け取った配当金は、非課税。保険金
　　　　　　　と一緒に受け取ると一時所得となる。

問13　1

1．誤り　　特定（三大）疾病保障保険は、保険期間中に特定三大疾病以外で死亡
　　　　　　　した場合も同額の死亡保険金が支払われる。

2．正しい　特定（三大）疾病保障保険は、一度保険金が支払われると保険契約は
　　　　　　　終了し、その後、死亡しても死亡保険金は支払われない。

3．正しい　リビングニーズ特約は特約保険料は必要ない。また、リビングニーズ
　　　　　　　特約により受け取った保険金は非課税。

4．正しい　指定代理請求制度とは、被保険者が病状などにより保険金を請求でき
　　　　　　　ない場合に、被保険者以外の家族などが代わりに請求できる制度。

問14　4

1．正しい　普通傷害保険では、細菌性食中毒による場合やその他戦争、地震・噴
　　　　　　　火・津波によるもの、内部疾患（心臓発作等）が原因の場合、熱中症
　　　　　　　や日焼け、靴ずれによる通院の場合等は対象外。

2．正しい　問題文の通り。なお、交通事故傷害保険の保険料は、職業に関係なく
　　　　　　　一律。

3．正しい　海外旅行傷害保険では、けが等をした場合、支払われる保険金は定額
　　　　　　　ではなく、治療に要した実費。

4．誤り　　所得補償保険は、国内外を問わず、けがや病気で仕事ができない場合、
　　　　　　　その間の所得を補償する保険。仕事ができない状態であればよく、通
　　　　　　　院・入院の別は関係なく、保険金が支払われる。

問15　1

1．不適切　自賠責保険は対人賠償事故に対して保険金が支払われる。他人の物へ
　　　　　　　の損害や自損事故などの対物賠償事故は対象外となる。

2．適切　　車両保険は、事故や火災、洪水および盗難等による損害が対象。また、
　　　　　　　特約を付けると、地震・噴火・津波による車の損害も補償される。

3．適切　　ノンフリート契約では、保険料の割増・割引率は前年の事故件数や事
　　　　　　　故の内容等に応じて1等級から20等級に区分され、保険料が決定する。

4．適切　　人身傷害補償保険は、自分の過失の有無にかかわらず、示談の成立を

待たずに、自己側の保険会社から保険金が支払われる。

問16　1

1．誤り　個人賠償責任保険は、業務上の賠償事故や自動車事故等は対象外。

2．正しい　火災による機械設備の損害は、普通火災保険で補償される。なお、機械保険は火災以外による機械装置の故障費用を補償する保険。

3．正しい　火災保険では補償されない休業中の利益の減少を補償する保険。

4．正しい　所得補償保険は、所得が不労所得（不動産の賃貸収入や配当収入など）のみの場合は補償の対象にならない。

問17　3

1．適切　個人賠償責任保険は、その他マンションのベランダから物を落としてしまい通行人をけがさせた場合など、偶然の事故で他人の財産や身体を傷つけた場合の法律上の賠償責任を補償する。

2．適切　火災保険では、地震・噴火・津波による損害およびそれらを原因とする火災による損害は補償されないので、地震保険で補償する必要がある。なお、地震保険は単独では加入できず、火災保険に付帯する必要がある。

3．不適切　住宅火災保険では、洪水・床上浸水などの水災や給排水設備による水漏れなどは補償の対象外。水災や水漏れに備えるには、住宅総合保険に加入する必要がある。

4．適切　ペットが他人にかみついてけがをさせた場合は個人賠償責任保険の支払いの対象。

問18　4

1．適切　法人が終身保険の解約返戻金を受け取った場合、受け取った保険金額が資産計上されている積立金より多ければ、差額は雑収入として益金算入し、受け取った保険金の方が少なければ、差額は雑損失として損金算入する。

2．適切　このような養老保険のプランをハーフタックス・プランという。

3．適切　死亡保険金（給付金）受取人が役員・従業員の遺族、年金受取人が法人である個人年金保険では、法人の支払った保険料の10分の9が資産計上、10分の1が福利厚生費として損金算入される。

4．不適切　入院給付金が直接、被保険者である役員や従業員に支払われた場合は、原則、法人の経理処理は不要だが、一度法人が給付金を受け取って、全額被保険者に見舞金として支払った場合は、受け取った給付金は益金算入し、見舞金として支払った金額を損金算入する。

問19　4

1．適切　車両保険金をすべて修理費に充てた場合、修理費用は必要経費に算入し、保険金は事業収入に算入する。

2．適切　個人事業主を被保険者とする傷害保険や生命保険の保険料は必要経費とならない（個人契約と同じ扱いとなる）。

3．適切　受け取った満期保険金と契約者配当金は全額益金に算入し、積立保険料は損金算入する。

4．不適切　法人が保険金で新たに車両や建物を取得した場合、原則として圧縮記帳は適用できる（個人事業主の場合は圧縮記帳は適用不可）。

問20　2

契約者（＝保険料負担者）および死亡保険金受取人が法人、被保険者が全従業員である生命保険で、法人が受け取った入院給付金の10万円は、借方に現金・預金として、貸方に雑収入として計上する。

問21　4

1．適切　米国金利が継続的に下落することで、相対的に資金が日本に流れるようになり、円高要因になる。

2．適切　日本の失業率の改善は、今後の日本の景気回復につながることから、日本円が買われるので円高要因になる。

3．適切　日本から米国国債投資を行う場合、円を売ってドルにしてから米国債を購入することになるので、円安要因になる。この流れが減少することは結果的に円高要因になる。

4．不適切　対米貿易収支の黒字が減少すると、米国から受け取るドルが減るので、日本国内では受け取ったドルを売って円にする（円を買う）金額が減ることになり、円高圧力は低下傾向になる。

問22　2

1．適切　A国通貨建て金融商品の購入が増えると、日本の投資家は円を売ってA国通貨を買うことになるため、結果的に円が売られて円安傾向になる。

2．不適切　一般的に円安傾向になるときは、為替差益等をねらって日本から海外への投資が増加傾向になり、日本の国債も売られて国債価格が下落し、金利は上昇傾向になる。問題文は円高傾向の場合の説明。

3．適切　一般的に景気拡大状況では、資金需要が増え、金利は上昇傾向になる。

4．適切　日本銀行の金融引締め政策は、通常、市場金利を上昇させる政策。

問23　4

1．適切　その国の経済情勢等の変化により、その国の信用度等の低下から発生するリスクをカントリー・リスクといい、通常、新興国ほど大きい。

2．適切　なお、デフォルト・リスク（信用リスク）は通常、格付けが低い債券ほど大きくなる。

3．適切　格付けがＢＢＢ以上の債券を投資適格債、ＢＢ以下の債券を投資不適格債（ジャンク債またはハイ・イールド・ボンド）という。

4．不適切　通常、残存期間の短い債券より残存期間の長い債券の方が、金利の変動に対する価格の変動幅は大きくなる。

問24　1

1．不適切　表面利率とは、債券の額面に対する1年間に受け取る利子の合計額の割合のこと。

2．適切　特定公社債（国債や地方債など）の利子は、申告不要制度と申告分離課税の選択制である。

3．適切　債券の取引は取引所取引と店頭取引が行われているが、取引の大半は店頭取引により行われている。

4．適切　不景気で国内物価が下落している局面では、国内金利が下落するので、債券価格は上昇する。

問25　3

1．不適切　購入手数料は非課税枠に含めず、年間240万円まで投資可能。

2．不適切　一般のNISA口座での譲渡損失は、一般口座や特定口座内で申告分離を選択しても上場株式等の配当金等や譲渡益との損益通算はできない。

3．適切　従来のNISA（一般NISAとつみたてNISA）に投資している者の非課税期間が満了した場合、新NISA口座にロールオーバー（移管）することはできず、原則、特定口座や一般口座に移管されるか、解約することになる。

4．不適切　新NISA口座で配当金を非課税で受け取るには、株式数比例配分方式を選択しなければならない。

問26　1

1．誤り　株価純資産率（PBR）＝ $\dfrac{\text{株価}}{\text{1株あたり純資産}}$ より、

・A社のPBR ＝ $\dfrac{2,400円}{1,200円}$ ＝ 2倍

・B社のPBR ＝ $\dfrac{1,000円}{800円}$ ＝ 1.25倍

一般的にPBRが1倍を上回るほど株価は割高と判断されるので、A社の方が割高といえる。

2．正しい　ROE（自己資本利益率）＝ $\dfrac{\text{当期純利益}}{\text{自己資本}}$ ×100

自己資本の額と純資産額は同じとなっているので、

A社のROE ＝ $\dfrac{60円}{1,200円}$ ×100 ＝ 5％

3．正しい　配当性向 ＝ $\dfrac{\text{1株あたりの配当金}}{\text{1株あたり純利益}}$ ×100

$$B社の配当性向 = \frac{40円}{50円} \times 100 = 80\%$$

4．正しい　ＰＥＲ（株価収益率）$= \dfrac{株価}{1株あたり純利益}$

・A社のＰＥＲ $= \dfrac{2,400円}{60円} = 40倍$

・B社のＰＥＲ $= \dfrac{1,000円}{50円} = 20倍$

一般的に、ＰＥＲが大きいほど株価は割高と判断されるので、A社の方が割高といえる。

問27　1

ドルコスト平均法では、総投資金額を総購入株数の合計で除して、平均取得単価を計算する。

・第1回目の取得株数　　　1万円÷2,500円＝4株
・第2回目の取得株数　　　1万円÷5,000円＝2株
・第3回目の取得株数　　　1万円÷2,500円＝4株
・第4回目の取得株数　　　1万円÷1,000円＝10株

総投資金額は4万円（1万円×4回）、取得株数の合計は20株なので、
平均取得単価＝4万円÷20株＝2,000円

問28　1

1．不適切　投資信託の募集販売手数料は信託約款により決められた上限以下であれば販売会社が自由に設定できるので、同じ種類の投資信託でも、販売会社によって募集・販売手数料は異なる。

2．適切　　信託報酬は、運用・管理の報酬として投資信託を保有している間は、信託財産の中から毎日一定割合が控除される。

3．適切　　信託報酬と信託財産留保額は、原則、販売会社がどこであっても同じ。

4．適切　　信託財産留保額は、投資信託の解約時にかかる費用。商品によってはかからないものもある。また、投資信託が償還になったときにはかからない。

問29　4

1．適切　　マーケット・ニュートラル運用とは、割安株の買いと割高株の売りを同じ金額ずつ行うことで、相場全体の値動きに影響を受けずに利益を上げる運用方法。

2．適切　　ボトムアップ・アプローチとは、個別銘柄の選択を重視し、個別企業に対する調査分析を積み重ねて、その結果に基づいて組入れ対象となる個別銘柄を1つ1つ選択していく方法。

3．適切　　グロース投資とは、将来の成長性が期待できる銘柄に投資する方法。

4．不適切　バリュー投資とは、株価収益率（ＰＥＲ）や株価純資産倍率（ＰＢＲ）などの指標を用いて、実際の企業収益や企業価値に比べて株価が割安と判断される銘柄に投資する方法。

問30　4

1．適切　債券先物取引は架空の債券である標準物を取引の対象としている。

2．適切　なお、通常、満期日のみ権利行使が可能なオプションのことをヨーロピアンタイプという。

3．適切　コール・オプションは原商品を一定の価格で買うことができる権利（買う権利）、プット・オプションは原商品を一定の価格で売ることができる権利（売る権利）のこと。

4．不適切　プット・オプションでもコール・オプションでも買手の損失は支払ったプレミアムに限定され、利益は無限大になる。なお、売手の場合、利益は限定、損失は無限大になる。

問31　1

（ア）所得税の課税主体は国。

（イ）所得税は、税金を納付する者と実際に税金を負担する者が同じである直接税。

（ウ）法人税は年度ごとの法人の所得に対して課税される。

（エ）消費税は、納税義務者と担税者が異なる間接税。

問32　3

1．適切　問題文の通り。なお、所得税は、所得が高いほど税率が高くなる超過累進税率制度（方式）となっている。

2．適切　所得税は、個人が1年間（1月1日から12月31日）に得た所得に課税される。個人事業主も同じ。

3．不適切　所得税は、原則、納税者自ら税額を計算したうえで直接申告し、税金を払う申告納税方式（確定申告して税金を支払う）。

4．適切　給与所得者であっても、年間給与収入の額が2,000万円を超えている者は確定申告が必要。

問33　3

別荘の譲渡による損失は損益通算の対象にならない。不動産所得の損失は損益通算の対象であるが、土地の取得にかかる負債利子（▲300千円）は損益通算の対象にならないので、損益通算できる不動産所得は▲500千円となる。したがって、総所得金額＝7,800千円－500千円＝7,300千円

問34　3

所得控除に該当するものは、医療費控除、扶養控除、社会保険料控除、生命保険料控除の4つ。配当控除、外国税額控除、住宅ローン控除は、税額控除に該当。また、給与所得控除と退職所得控除はその所得を計算する際に該当する収入から控除するものであり、合計所得金額から差し引くものではない。

問35　4

自家用車で病院に行ったときの駐車料金やガソリン代は原則、医療費控除の対象外。それ以外のケースは控除の対象。なお、人間ドックの健診の結果、異常がなかった場合の人間ドックの費用は医療費控除の対象外。

問36　2

1. 正しい　青色申告特別控除の要件は①正規の簿記の原則に従って記帳、②帳簿種類に基づいて作成された貸借対照表や損益計算書等の帳簿書類を確定申告書に添付し、確定申告の期限内に提出。青色申告書を申告の期限後に提出した場合、控除額は10万円。期限内であれば原則、55万円。上記の55万円の青色申告特別控除の要件を満たした者が、電子情報処理組織（e-Tax）を利用して申告する場合や帳簿を電子データで保存するなどの条件を満たしている場合は65万円。

2. 誤り　青色事業専従者とは、生計を一にする配偶者や15歳以上の親族で、6か月を超える期間事業に従事する者で、「青色事業専従者給与に関する届出書」を提出している者。

3. 正しい　青色事業専従者給与の対象となっている配偶者や親族は、配偶者控除、配偶者特別控除、扶養控除の対象とならない。

4. 正しい　青色申告者に純損失が発生した場合、前年も青色申告を行っていれば、前年の所得と通算して繰戻還付を受けられる。また、純損失の金額については翌年以降3年間（法人は10年間）の利益と繰越控除を受けることもできる。

問37　4

1. 適切　資本金1億円以下（中小企業）の青色申告法人が、取得した30万円未満の減価償却資産については、少額減価償却資産の特例により、その取得価額の合計額のうち300万円に達するまでの金額を事業の用に供した年に損金算入できる。

2. 適切　少額減価償却資産（取得価額が10万円未満または使用可能期間が1年未満）については、取得時に損金経理することで全額損金算入できる。

3. 適切　販売費及び一般管理費の、販売費には広告宣伝費などが、一般管理費には人件費（役員報酬や給料）、通信費、光熱費などが含まれる。

4. 不適切　ROE（自己資本利益率）は、自己資本（期首と期末の平均額）に対する当期純利益の割合である。

問38　2

Y社の場合、資本金が1億円以上で中小法人ではないので、支出した交際費のうち、飲食のための支出費用の50％が損金算入となる。したがって400万円となる。

問39　1

1．不適切　所定の時期に確定額を支給する取決めに基づいて支給する役員給与
（事前確定届出給与）は、損金算入される。

2．適切　　役員に対して臨時的に支給する給与であっても、事前に所定の届出を
している場合には、事前確定届出給与として損金算入できる。

3．適切　　役員に支給された報酬については、法人税法上の取扱いに関係なく役
員の給与所得とされ、所得税、住民税が課される。

4．適切　　役員給与のうち、使用人兼務役員の使用人としての給与や賞与につい
ては原則、法人税法上、損金算入される。

問40　4

1．適切　　土地等の譲渡、貸付等については、原則として消費税は課されない。
ただし、短期間の一時的な貸付や駐車場等の施設利用を伴う場合は課
税される。

2．適切　　前年度（個人事業主は前年）の上半期（6か月間：特定期間という）
の課税売上高もその間の支払給与総額も1,000万円を超えるときなど
は、基準期間の課税売上高が年間1,000万円以下であっても免税事業
者になれない。

3．適切　　簡易課税制度の適用を受けると、2年間は原則的課税制度に戻れない。

4．不適切　法人の消費税の申告と納税は、事業年度終了の日から2か月以内に行
う。

問41　3

1．適切　　1つの不動産に対して、複数の抵当権を設定できる。

2．適切　　表題部になされる土地登記の地番、建物登記の家屋番号は、市区町村
が定める居住表示と一致しているとは限らない。

3．不適切　不動産の登記事項証明書は、手数料を支払えば誰でも自由に請求でき
る。

4．適切　　借地上の建物の登記を行えば、借地権についても対抗力が与えられる。

問42　1

1．不適切　公示価格は国土交通省から発表される。

2．適切　　基準地標準価格は公示価格の補完的な価格で、都道府県が発表。

3．適切　　なお、固定資産税評価額は3年に一度、評価額が見直しになる。

4．適切　　相続税評価額は相続税や贈与税の基準となるもので、公示価格の80%
程度である。発表機関は国税庁。

問43　1

公図、登記事項証明書、地積測量図等は登記所（法務局）に、固定資産税台
帳、都市計画図は市区町村役場（都市計画課）に設置されている。

問44　3

1．適切　　パンフレットの床面積は壁芯面積（水平投影面積による）で表示。一

方、登記記録は内法面積で表示されているので、パンフレットの面積の方が広い。

2．適切　相手方が契約の履行に着手する前であれば、買主は手付金を放棄することで、売主はその倍額を買主に払うことで契約解除できるが、買主が代金を支払った場合は契約の履行に着手したことになり、売主は手付金の倍額を買主に払っても契約解除できない。

3．不適切　売主側に責任がない場合であっても、買主が目的を達成できない場合には、特約がなくても買主は契約を解除できるようになった。結果的に建物等を引き渡すまでの間に、自然災害等により、建物が損壊したケースでは、売主の危険負担（売主が責任を負う）となる。

4．適切　宅地建物取引業者が、宅地・建物の賃貸借の媒介を行う場合に、貸主・借主の双方から受け取ることのできる報酬の合計額の上限は、賃料の1か月分＋消費税が上限額である。

問45　4

1．適切　借地人は、契約を更新しない場合には地主に対して宅地上の建物を買い取るよう請求する権利（建物買取請求権）がある。

2．適切　最初の更新は20年以上、2回目からは10年以上の単位で行う。

3．適切　問題文の通り。なお、賃貸人（貸主）がこの通知を怠った場合、賃借人（借主）は現在の借家条件で建物を使用し続けることが可能。

4．不適切　定期借家契約や普通借家契約では、契約時に賃貸人（貸主）が賃借人（借主）に造作買取請求権を放棄させる旨の特約を結ぶことは可能。

問46　4

1．不適切　事業用定期借地権では、利用目的は事業用に限定されている。

2．不適切　普通借地権の存続期間は通常30年以上であり、期間を定めなかったり、30年より短い期間を定めたりした場合の存続期間は30年になる。

3．不適切　建物譲渡特約付借地権の存続期間は30年以上で、契約方式は特に定められていない。

4．適切　一般定期借地権では、契約期間が終了した場合に借地権者が地主に対して建物買取請求をしない旨の特約を付けて契約できる。

問47　4

1．正しい　問題文の通り。なお、都市計画区域が2つ以上の都道府県にわたる場合は国土交通大臣が指定する。

2．正しい　開発行為とは、建築物や特定工作物（野球場など）を建設する目的で土地を整理したり、造成することをいう。

3．正しい　開発許可はあくまでも開発行為（土地の区画の変更をもたらす行為）に対する許可なので、開発許可を受けた開発区域内の土地に建物を建築する場合でも、建築基準法上の建築確認は必要。

4．誤り　開発許可を受けた開発区域内の土地において、開発行為に関する工事完了の公告があるまでは、原則として、建築物を建てられない。

問48　4

1．誤り　これらの用途地域では、原則として、10mまたは12mのうち都市計画で定めた高さを超えて建築してはならない。これを「絶対高さ制限」という。

2．誤り　防火地域内で耐火建築物を建てる場合、建蔽率の制限について緩和を受けることはできるが、容積率は緩和されない。

3．誤り　建物の敷地が容積率の異なる用途地域にわたっている場合には、それぞれの面積に応じて加重平均（按分計算）して求める。

4．正しい　建築物が防火地域と準防火地域にわたっている場合、原則としてその建築物に対する規定は、防火地域内にある建築物の規定が適用される。

問49　2

1．誤り　敷地利用権は、原則として専有部分と切り離して別々に処分できない（分離処分の禁止）。

2．正しい　管理者は、少なくとも年1回以上は集会を招集しなければならない。

3．誤り　区分所有者の共用部分についての権利の持分は、原則として各区分所有者が所有している専有部分の床面積の割合による。

4．誤り　規約の設定や変更・廃止をする場合や共用部分を大きく変更する場合は、区分所有者の数と議決権の4分の3以上で決定される。

問50　4

1．適切　問題文の通り。なお、固定資産税の標準税率は1.4%で、原則、都市計画税とあわせて納付する。

2．適切　小規模住宅用地（住宅一戸あたり200㎡以下の部分）の場合は、課税標準である固定資産税評価額が6分の1に、200㎡超の部分は3分の1に軽減される。

3．適切　都市計画税は1月1日現在の市街化区域内の不動産の所有者が固定資産税とあわせて納付する。市街化調整区域の土地建物の所有者には課税されない。

4．不適切　都市計画税の課税標準は固定資産税評価額で、税率は0.3%が上限で、0.3%を超える税率は定められない。

問51　3

1．誤り　相続人が相続の開始（被相続人の死亡）があったことを知った日から3か月間何の手続きも相続放棄もしなければ単純承認したことになる。

2．誤り　問題文は限定承認の説明。単純承認とは、被相続人の財産上のすべての権利・義務（積極財産と消極財産）を受け継ぐ方法。

3．正しい　限定承認する場合は、相続の開始を知った日から3か月以内に、相続人

が全員で共同して家庭裁判所へ限定承認申述書を提出することが必要。

4．誤り　相続放棄は、限定承認のように相続人が全員で共同して家庭裁判所へ申述書を提出する必要はなく、単独で放棄できる。

問52　3

1．適切　共同相続人全員の協議による合意があるときは、指定分割（遺言による分割）と異なる分割をすることも可能。

2．適切　代償分割は特定の相続人が財産を取得して、代わりに自身の固有財産を他の相続人に渡す方法である。

3．不適切　相続税の申告・納付期限までに遺産分割が終わっていない場合でも、一旦、法定相続分で遺産分割があったものとして、相続開始時から10か月以内に相続税の申告・納付を行わなければならない。

4．適切　遺産分割協議書には民法で定められた形式や書式はない。

問53　4

妻は常に相続人となるが、正式な婚姻関係がある者のみで、離婚した妻（前妻）には相続分はない。したがって、妻と子が相続人なので、妻の相続分は2分の1。子A、子Bは前妻との間の子だが、正式な婚姻関係の下に生まれた子であり、子Cと同じ相続分となる。ただし、子Aは相続を放棄しているので相続分はない。したがって残り1／2を子Bと子Cが均分相続するので、それぞれ1／2×1／2で1／4となる。

問54　2

課税遺産総額は相続税の課税価格から相続税の基礎控除額を差し引いた額（基礎控除額＝3,000万円＋600万円×法定相続人の数）。法定相続人の数は相続を放棄している者も含めて数えるので、法定相続人は妻B、実子C、実子D、養子E（養子は実子がいる場合には1人までを法定相続人として数えるので養子Fは数えない）の4人。

基礎控除額＝3,000万円＋600万円×4人＝5,400万円

課税遺産総額＝9,000万円－5,400万円＝3,600万円

問55　2

1．誤り　被相続人の居住用の宅地を同居親族が取得した場合で、申告期限まで宅地を所有し、居住を継続している場合には、特定居住用宅地等として330㎡までの部分について80%評価額を減額できる。なお、配偶者が宅地を取得した場合は、無条件で特定居住用宅地等と見なされる。

2．正しい　小規模宅地等の相続税の課税価格の特例を適用することで、納税額がゼロになる場合であっても、相続税の申告をしないと特例の適用はない。

3．誤り　一定の宅地について共同相続した場合は取得した者ごとに適用要件を判定する。配偶者が取得した宅地は特定居住用宅地等となり、通常の

評価額から80%減額されるが、同居していない子が取得した部分については、適用要件を満たしていないので、小規模宅地等の課税価格の特例の適用はない。

4．誤り　賃貸アパートなどの貸付事業用の宅地等については、200㎡までの部分について通常の評価額から50%相当額が減額される。

問56　1

1．正しい　普通預金等で経過利子が少ないものは、課税時期の預入高で評価。

2．誤り　利付債（上場債）の場合は「課税時期の最終価額＋経過利子－源泉徴収額（復興税込み）」で評価。

3．誤り　上場株式（上場投資信託、ETF、J-REITを含む）については、課税時期の終値および課税時期以前3か月間の各月の終値の平均の中で最も低い価格で評価。

4．誤り　取引相場のあるゴルフ会員権は、「課税時期の通常取引価額×70%」で評価。

問57　3

1．適切　契約者（＝保険料負担者）と被保険者が同じAさんで、死亡保険金受取人が相続人である長男Bなので、死亡保険金の非課税額の適用がある。

2．適切　長男Bが受け取った死亡保険金はみなし相続財産となる。みなし相続財産は受け取った相続人の固有財産とされるので、代償分割の交付金として活用できる。

3．不適切　（イ）の終身保険では死亡保険金の受取人が法人となっているので、長男Bが相続税の納付資金を捻出するために、ＸＹＺ社が長男Bから株式を買い取る場合などに、その保険金は活用できる。

4．適切　死亡退職金の非課税額（500万円×法定相続人の数）を適用できる。

問58　4

1．不適切　遺言は原則、満15歳以上（意思能力を有する者）であれば、法定代理人の同意がなくても行える。

2．不適切　公正証書遺言は一部の財産のみ受贈者を指定することもできる。

3．不適切　検認を受ける前に開封された遺言書であっても遺言自体は有効。なお、自筆証書遺言を法務局で保管することが可能になっており、この場合、家庭裁判所の検認は不要。

4．適切　遺言を撤回する場合、同じ方式で撤回する必要はなく、公正証書遺言を自筆証書遺言で撤回できる。

問59　3

1．適切　問題文の通り。なお、相続税の申告書は被相続人の死亡時の住所地を管轄する税務署長に提出する。

2．適切　未成年控除額＝（18歳－相続時の年齢）×10万円

3. 不適切　申告額より相続税額が増える場合には、修正申告を行う。なお、申告
　　　　　　額より相続税額が減る場合には、更正の請求を行う。

4. 適切　　相続税において、共有財産は原則、物納できないが、共有者全員が自
　　　　　　分の持分の全部を物納する場合には認められる。

問60　2

1. 適切　　贈与者は受贈者（贈与された者）が贈与税を納めない場合、連帯して
　　　　　　納付する義務を負う。

2. 不適切　暦年課税贈与（年110万円までの贈与は非課税）では、贈与税額がゼ
　　　　　　ロになる場合には申告は不要。

3. 適切　　問題文の通り。なお、延納は納付期限（最長5年）までに金銭による
　　　　　　一括納付ができないことが前提条件。

4. 適切　　国内にある居住用財産の贈与だけでなく、その購入資金も対象になる。

実技 【金財】個人資産相談業務（問題）

【第1問】 次の設例に基づいて、問1～問3について解答しなさい。

----- ≪ 設 例 ≫ -----

　会社員のAさんは、2024年10月15日に58歳で病死した。Aさんには、妻Bさん（52歳）、長男Cさん（24歳）および長女Dさん（21歳）の3人の家族がいた。妻Bさんは、現在のところ無職であり、今後は長男Cさんおよび長女Dさんと3人で暮らす予定である。妻Bさんは、公的年金制度からの遺族給付等について理解を深めたいと考えている。そこで、妻Bさんは、ファイナンシャル・プランナーのMさんに相談することにした。Aさんおよびその家族に関する資料は、以下のとおりである。なお、Aさんは新規裁定者に該当する。

〈Aさんおよびその家族に関する資料〉
（1）Aさん（会社員）
厚生年金保険、全国健康保険協会管掌健康保険、雇用保険に加入していた。

［公的年金の加入歴］

	2004年4月		2024年10月
国民年金 未加入 36月	厚生年金保険 420月		
	174月		246月
	平均標準報酬月額 300,000円		平均標準報酬額 380,000円

20歳　　23歳　　　　　　　　　　　　　　　　　　58歳

（2）妻Bさん（専業主婦）
高校卒業後から25歳でAさんと結婚するまでは厚生年金保険に加入（7年間）。結婚後はAさんの被扶養配偶者として国民年金に加入していた。

（3）長男Cさん（会社員）
厚生年金保険、全国健康保険協会管掌健康保険、雇用保険に加入。

（4）長女Dさん（大学生）
※妻Bさん、長男Cさんおよび長女Dさんは、Aさんと同一生計であった
※妻Bさん、長男Cさんおよび長女Dさんは、現在および将来においても公的年金制度における障害等級に該当する障害の状態にないものとする
※上記以外の条件は考慮せず、各問に従うこと

問1 ファイナンシャル・プランナー（ＦＰ）のＭさんは、妻Ｂさんに対して、Ａさんの死亡後の公的年金制度および公的医療保険制度について説明した。Ｍさんが説明した以下の文章の空欄①〜④に入る最も適切な語句を、下記の〈語句群〉のイ〜ヌの中から選びなさい。

Ｉ）「Ｂさんは、原則として、今後は国民年金の（　①　）被保険者として、国民年金の保険料をＡさんの亡くなった月の翌月末までに納付することになります」

Ⅱ）「Ｂさんは、今後、ご自身の年間収入が（　②　）未満かつ長男Ｃさんの年間収入の（　③　）未満で、長男Ｃさんにより生計を維持される場合、原則として、長男Ｃさんが加入する健康保険の被扶養者となることができます。なお、Ｂさんが年金受給者である場合、健康保険の被扶養者となるための要件である年間収入に公的年金制度から支給される遺族年金による収入は（　④　）」

<語句群>
イ．第１号　　ロ．第２号　　ハ．第３号　　ニ．130万円　　ホ．180万円
ヘ．240万円　ト．含まれます　チ．含まれません　リ．2分の1　ヌ．3分の1

問2 遺族給付についてファイナンシャル・プランナー（ＦＰ）のＭさんが妻Ｂさんに対して説明した次の記述１〜３について、適切なものには○印を、不適切なものには×印を記入しなさい。

1. Ａさんは老齢基礎年金を受給しないまま亡くなったので、妻のＢさんには、国民年金から寡婦年金が支給される。
2. 遺族厚生年金は、Ａさんの老齢厚生年金の報酬比例部分の額の４分の３相当額が支給されるが、仮に被保険者期間が300月に満たない場合は、300月で計算する。
3. Ｂさんは、65歳以後、Ｂさん自身の老齢基礎年金および老齢厚生年金が支給されるが、遺族厚生年金については、妻Ｂさんの老齢厚生年金と65歳までの遺族厚生年金の差額が、遺族厚生年金としてＢさんの老齢厚生年金に加算される。

問3 妻Ｂさんに支給される遺族厚生年金の年金額を求めなさい。なお、年金額は2024年度価額に基づくものとし、計算にあたっては、《設例》および下記の〈資料〉を利用すること。また、計算過程および年金額は円未満四捨五入すること。

〈資料〉
遺族厚生年金の計算式（2024年度価額）
遺族厚生年金の年金額＝基本額＋中高齢寡婦加算額

Ⅰ）基本額＝（　　（1）　　＋　　（2）　　）×△／□
　　（1）2003年3月以前の期間分（円未満四捨五入）
　　平均標準報酬月額×（7.125／1,000）×2003年3月以前の被保険者期間の月数

　　（2）2003年4月以後の期間分（円未満四捨五入）
　　平均標準報酬額×（5.481／1,000）×2003年4月以後の被保険者期間の月数

Ⅱ）中高齢寡婦加算額 61万2,000円（要件を満たしている場合のみ加算すること）

※問題の性質上、明らかにできない部分は「△」、「□」で示してある

【第２問】 次の設例に基づいて、問４～問６について解答しなさい。

---------------------------- ≪ 設 例 ≫ ----------------------------

　会社員のＡさん（50歳）は、現在、３年前に購入したＸ投資信託を特定口座の源泉徴収選択口座で200万口保有しているが、先日、証券会社の担当者から新たにＹ投資信託の購入の提案を受けた。また、新NISA（つみたて投資枠および成長投資枠）についても、その活用を勧められている。そこで、Ａさんは、ファイナンシャル・プランナー（ＦＰ）のＭさんに相談することにした。なお、Ａさんには長男Ｂさん（14歳）がいる。Ｘ投資信託およびＹ投資信託に関する資料等は、以下のとおりである。

〈Ｘ投資信託に関する資料〉
・公募株式投資信託
・追加型／国内／株式
・主な投資対象　　：高配当の国内株式
・信託期間　　　　：無期限
・決算日　　　　　：毎年６月15日
・購入時手数料　　：なし
・信託財産留保額：解約時の基準価額に対して0.2%
・Ａさんの購入時の基準価額：8,780円（１万口あたり）

〈Ｙ投資信託に関する資料〉
・公募株式投資信託
・追加型／海外／株式　為替ヘッジなし
・主な投資対象　　：日本を除く新興国各国の株式
・信託期間　　　　：2030年７月20日まで
・決算日　　　　　：毎年１月16日および７月16日
・購入時手数料　　：購入価額の3.24%（税込）
・信託財産留保額：解約時の基準価額に対して0.3%

〈Ｘ投資信託とＹ投資信託の過去５年間の運用パフォーマンスに関する資料〉

	Ｘ投資信託	Ｙ投資信託
過去５年間の収益率の平均値（リターン）	5.5%	10.5%
過去５年間の収益率の標準偏差（リスク）	8.0%	22.0%
無リスク資産利子率（安全資産利子率）	0.05%	

※上記以外の条件は考慮せず、各問に従うこと

問4 ファイナンシャル・プランナー（ＦＰ）のＭさんがＡさんに説明した新NISAに関する①〜④の説明のうち、適切なものに○、不適切なものには×を記入しなさい。

① 「新NISAの成長投資枠での損失の金額は、確定申告することで、翌年以後３年間にわたり繰り越すことができます」

② 「特定口座等の他の口座で保有している上場株式等を新NISA口座に移管することはできません」

③ 「つみたて投資枠のみに投資する場合、生涯投資枠は1,800万円まで投資できます」

④ 「特定口座で保有する上場株式を売却することで生じた譲渡損失があった場合、新NISA口座の上場株式の配当金の受取方法として株式数比例配分方式を選択していれば、新NISA口座の口座で保有する上場株式の配当金の金額と損益通算することができます」

問5 ファイナンシャル・プランナー（ＦＰ）のＭさんは、Ａさんに対して、Ｘ投資信託およびＹ投資信託の特徴等について説明した。Ｍさんが説明した次の記述①〜③について、適切なものには○印を、不適切なものには×印を記入しなさい。

① 「Ｘ投資信託とＹ投資信託の過去５年間の運用パフォーマンスをシャープレシオで比較した場合、Ｙ投資信託のほうが効率的に運用されていたと評価することができます」

② 「Ｙ投資信託は為替ヘッジを行っていませんので、購入後に投資対象国通貨に対して円安となった場合、為替ヘッジを行った場合と比較して、基準価額の値下りは大きくなります」

③ 「信託財産留保額は、投資信託を解約等した受益者と引き続き保有する受益者との公平性を確保するために投資信託に設定されているものであり、商品によっては信託財産留保額がないものもあります」

問6　Aさんが、2024年中に、特定口座の源泉徴収選択口座で保有するX投資信託を基準価額10,000円（1万口あたり）ですべて解約した場合に徴収される所得税（復興特別所得税を含む）および住民税の合計額を計算した次の〈計算式〉の空欄①〜③に入る最も適切な数値を記入しなさい。なお、Aさんにはこれ以外にこの年における株式等の取引はなく、X投資信託からの元本払戻金（特別分配金）は購入後一度も受け取っていないものとする。また、《設例》に挙げられているもの以外の費用については考慮しないものとする。また、問題の性質上、明らかにできない部分は「□□□」で示してある。

〈計算式〉
・譲渡所得の金額

　　　（□□□円 − 8,780円）× 2,000,000口 ÷ 10,000口 = （　①　）円

・所得税（復興特別所得税を含む）および住民税の合計額

　　　所得税（復興特別所得税を含む）

　　　（　①　）円 × □□□% = □□□円

　　　住民税

　　　（　①　）円 × （　②　）% = □□□円

　　　合計額　　□□□円 + □□□円 = （　③　）円

【第3問】次の設例に基づいて、下記の問7〜問9について解答しなさい。

≪ 設 例 ≫

　小売業を営む個人事業主のAさん（60歳）は、妻Bさん（55歳）、長男Cさん（32歳）、長男Cさんの妻Dさん（30歳）、父Eさん（83歳）との5人暮らしである。Aさんは最近体力が衰えてきたこともあり、事業を2024年10月に長男Cさんに引き継ぐ予定である。Aさんの2024年分の収入等に関する資料等は、以下のとおりである。

〈Aさんの家族構成〉
・Aさん　　　：個人事業主（青色申告者）
・妻Bさん　　：Aさんの青色事業専従者
・長男Cさん：Aさんの青色事業専従者
・長男Cさんの妻Dさん：会社員。2024年中に給与収入500万円を得ている。
・父Eさん：2024年中の公的年金の受給額は80万円（これ以外の所得はない）

〈Aさんの2024年分の収入等に関する資料〉
・事業所得の金額：900万円（青色申告特別控除後の金額）
・居住用賃貸アパートの不動産所得に係る損失の金額：90万円
上記の損失の金額のうち、当該不動産所得を生ずべき土地の取得に要した負債の利子30万円を必要経費に算入している。

※妻Bさん、長男Cさん、長男Cさんの妻Dさんおよび父Eさんは、Aさんと同居し、生計を一にしている
※家族は、障害者および特別障害者には該当しない
※家族の年齢は、2024年12月31日現在のものである
※上記以外の条件は考慮せず、各問に従うこと

問7　個人事業主の所得税の青色申告に関する以下の文章の空欄①〜⑤に入る最も適切な語句を、下記の〈語句群〉のイ〜ヲの中から選びなさい。

ⅰ）長男Cさんが2024年1月にAさんの事業を引き継ぎ、その年分以後の所得税について青色申告書により確定申告書を提出するためには、その業務を開始した日から（　①　）以内に、所定の事項を記載した青色申告承認申請書を納税地の所轄税務署長に提出して承認を受けなければならない。

ii）青色申告の承認を受けることによる税務上の特典としては、青色申告特別控除や青色事業専従者給与の必要経費算入、最長で（　②　）にわたる純損失の繰越控除などがある。このうち、青色申告特別控除については、長男Ｃさんが引き継いだ事業に係る取引の内容を正規の簿記の原則により記帳し、それに基づいて作成した貸借対照表等を添付した確定申告書を法定申告期限内に提出した場合、原則、（　③　）を所得金額から控除することができる。Ａさんが、それら申告書類を電子情報処理組織（e-Tax）を利用して申告する場合や帳簿を電子データで保存するなどの条件を満たしている場合、青色申告特別控除額は（　④　）となる。また、親族に支払った給与は、青色事業専従者給与となり、原則、その（　⑤　）が必要経費となる。

```
┌─＜語句群＞─────────────────────────────────────┐
│  イ．2カ月     ロ．3カ月    ハ．4カ月    ニ．3年間    ホ．7年間    │
│  ヘ．9年間     ト．10万円   チ．55万円   リ．65万円   ヌ．103万円  │
│  ル．3分の1    ヲ．全額     ワ．2分の1   カ．63万円              │
└──────────────────────────────────────────┘
```

問8　Ａさん家族の2024年分の所得税に関する次の記述①〜③について、適切なものには○印を、不適切なものには×印を記入しなさい。

① Ａさんが妻Ｂさんを従業員とし、青色事業専従者給与の払い対象とした場合、妻Ｂさんはａさんの配偶者控除の対象とはならない。

② 長男Ｃさんが青色申告する際に提出した貸借対照表等の帳簿書類は、7年間保存しなければならない。

③ 青色事業専従者は18歳以上の親族で、6か月を超える期間事業に従事する者が対象となる。

問9　Aさんの2024年分の所得税の算出税額を計算した下記の表の空欄①〜④に入る最も適切な数値を記入しなさい。なお、問題の性質上、明らかにできない部分は「□□□」で示してある。また、Aさんは父Eさんについて扶養控除の適用を受けるものとする。

（a）	総所得金額	（　①　）円
	社会保険料控除	□□□円
	生命保険料控除	□□□円
	扶養控除	（　②　）円
	基礎控除	（　③　）円
（b）	所得控除の額の合計額	1,900,000円
（c）	課税総所得金額	□□□円
（d）	算出税額（（c）に対する所得税額）	（　④　）円
（e）	復興特別所得税額（円未満切捨て）	□□□円
（f）	所得税および復興特別所得税の額	□□□円

〈所得税の速算表〉

課税所得金額		税率	控除額
万円超	万円以下	％	
	〜　　195	5	―
195	〜　　330	10	97,500円
330	〜　　695	20	427,500円
695	〜　　900	23	636,000円
900	〜　1,800	33	1,536,000円
1,800	〜　4,000	40	2,796,000円
4,000	〜	45	4,796,000円

〈公的年金等の控除額の速算表（抜粋）〉

※65歳以上で、公的年金等に係る雑所得以外の合計所得金額が1,000万円以下の場合

公的年金等の収入金額	控除額
330万円未満	110万円
330万円以上、410万円未満	収入金額×25％＋27万5,000円
410万円以上、770万円未満	収入金額×15％＋68万5,000円

【第４問】 次の設例に基づいて、問10〜問12について解答しなさい。

≪ 設 例 ≫

西田さん（55歳）は、現在、郊外の分譲マンションに妻と子の３人で暮らしている。2024年２月に西田さんの母親が死亡し、西田さんは母親の自宅およびその敷地（甲土地）を相続により取得した。西田さんは、甲土地の隣地である乙土地に賃貸アパートを所有しているが、２年以内に現在の賃貸アパートと母親の自宅を取り壊して、甲土地と乙土地との一体利用により、賃貸アパートを建て替えたいと考えている。甲土地および乙土地に関する資料は、以下のとおりである。

〈甲土地および乙土地に関する資料〉

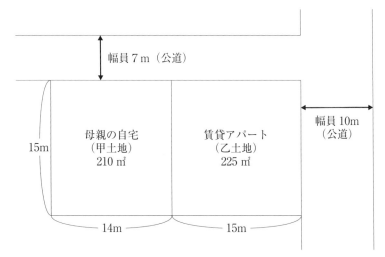

○甲土地
・用途地域　　　：第一種住居地域
・指定建蔽率：60%
・指定容積率　：200%
・前面道路幅員による容積率の制限：前面道路幅員×４/10
・防火規制　　　：準防火地域

○乙土地
・用途地域　　　：近隣商業地域
・指定建蔽率：80%
・指定容積率　：300%
・前面道路幅員による容積率の制限：前面道路幅員×６/10

・防火規制　　：防火地域

※乙土地、および甲土地と乙土地の一体地は、ともに建蔽率の緩和について特定
　行政庁が指定する角地である
※上記以外の条件は考慮せず、各問に従うこと

問10　西田さんが取壊しを検討している賃貸アパートの賃貸借契約に関する次の記述
①〜③について、適切なものには○印を、不適切なものには×印を記入しなさい。

①　賃貸人からの普通借家契約の更新拒絶は、正当の事由がある場合でなければする
　ことができない。
②　普通借家契約において1年未満の賃貸借期間を定めた場合、期間の定めがない建
　物の賃貸借として取り扱われる。
③　定期借家契約を締結するためには、賃貸人は、あらかじめ、賃借人に対して、契
　約の更新がなく期間満了により賃貸借が終了する旨を記載した書面等を交付して
　説明する必要がある。

問11　西田さんが取得した甲土地および建築する賃貸アパートに係る税金に関する次
の記述①〜③について、適切なものには○印を、不適切なものには×印を記入しなさ
い。

①　母親の死亡により、西田さんが甲土地を取得した場合には、不動産取得税が課さ
　れる。
②　西田さんが建築する賃貸アパートについて所有権の保存登記を受ける場合、西田
　さんには登録免許税が課される。
③　西田さんが建築する賃貸アパートについて「不動産取得税の課税標準の特例」の
　適用を受けるためには、建築する賃貸アパートの各部屋の1戸の床面積が50㎡以
　上240㎡以下でなくてはならない。

西田さんが、甲土地および乙土地を一体利用して耐火建築物を建築する場合の最大建築面積と最大延べ（床）面積を求める次の〈計算式〉の空欄①～④に入る最も適切な数値を記入しなさい。なお、問題の性質上、明らかにできない部分は「□□□」で示してある。

〈計算式〉

1．最大建築面積

・甲土地：15m×14m×（　①　）％＝□□□㎡

・乙土地：15m×15m×□□□％＝（　②　）㎡

∴□□□㎡＋□□□㎡＝□□□㎡

2．最大延べ（床）面積

（ア）容積率の判定

・甲土地

指定容積率：200％ 前面道路幅員による容積率の制限：（　③　）％

∴□□□％

・乙土地

指定容積率：300％ 前面道路幅員による容積率の制限：□□□％

∴□□□％

（イ）最大延べ（床）面積

・甲土地：15m×14m×□□□％＝□□□㎡

・乙土地：15m×15m×□□□％＝□□□㎡

∴□□□㎡＋□□□㎡＝（　④　）㎡

【第5問】 次の設例に基づいて、問13〜問15について解答しなさい。

------- ≪ 設 例 ≫ -------

　Aさんは2024年４月に75歳で死亡した。Aさんの法定相続人は、妻Bさん（70歳）、長男Cさん（45歳）、長女Dさん（42歳）および養子Eさん（35歳）の４人である。Aさんは、遺言書を作成していなかったので遺産分割については相続人で協議を行う予定であるが、妻BさんはAさんの自宅および賃貸アパートを相続したいと考えている。また、長男Cさんおよび孫Fさん（18歳）は、Aさんから生前に現金の贈与を受けている。

　Aさんの親族関係図および主な財産の状況等は、以下のとおりである。

〈Aさんの親族関係図〉

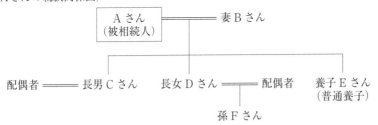

〈Aさんの主な財産の状況（相続税評価額）〉
・預貯金　　：5,000万円
・有価証券：3,000万円
・自宅の敷地（340㎡）：1億200万円
（「小規模宅地等についての相続税の課税価格の計算の特例」適用前）
・自宅の建物：2,000万円
・賃貸アパートの敷地（350㎡）：8,750万円
（「小規模宅地等についての相続税の課税価格の計算の特例」適用前）
・賃貸アパートの建物：2,500万円

〈Aさんが生前に行った贈与の内容〉
（1）長男Cさんに対して、2022年９月に飲食店の開業資金として現金1,500万円を贈与した。長男Cさんは、この贈与について相続時精算課税制度の適用を受けている。
（2）孫Fさん（18歳）に対して、2022年４月に「直系尊属から教育資金の一括贈与を受けた場合の贈与税の非課税」の特例の適用を受けて、現金500万円を贈与した。Aさんの死亡日における非課税拠出額から教育資金支出額を控除した残額は200万円である。

※上記以外の条件は考慮せず、各問に従うこと。

問13 遺言に関する以下の文章の空欄①〜⑥に入る最も適切な語句を、下記の〈語句群〉のイ〜カの中から選び、その記号を記入しなさい。

（1）自筆証書遺言は、遺言者がその遺言の本文、日付および氏名を自書し（財産目録は自書以外でも可能）、これに押印して作成するものであり、相続開始後においては（　①　）による検認が必要である。ただし、自筆証書遺言を（　②　）で保管している場合は（　①　）による検認は不要。一方、公正証書遺言は、証人（　③　）以上の立会いのもと、遺言者が遺言の趣旨を公証人に口授し、公証人がこれを筆記して作成されるものであり、相続開始後に検認の必要はない。

（2）遺言者は遺言により法定相続分とは異なった相続分を定めることができるが、遺言の作成にあたっては、その内容が遺留分権利者の遺留分を侵害しないように留意する必要がある。Aさんの相続の場合、遺留分権利者は、遺留分算定の基礎となる財産に（　④　）を乗じた額に各人の法定相続分を乗じた額を遺留分として有することになる。

（3）Aさんが遺言を作成した後、遺言の対象となった財産の一部を譲渡するなど生前処分し、遺言の内容と抵触した場合、遺言と（　⑤　）を撤回したものとみなされる。

（4）なお、遺言は原則、満（　⑥　）以上であれば、法定代理人の同意がなくても行うことができる。

＜語句群＞

イ．法務局　　ロ．公証役場　　ハ．家庭裁判所　　ニ．1人　　ホ．2人

ヘ．3人　　ト．4分の1　　チ．3分の1　　リ．2分の1　　ヌ．すべて

ル．抵触する部分　　ヲ．一定額　　ワ．15歳　　カ．18歳

問14 　Aさんの相続に関する次の記述①〜③について、適切なものには○印を、不適切なものには×印を記入しなさい。

① 　妻Bさんが相続によりAさんの自宅の敷地を取得し、「小規模宅地等についての相続税の課税価格の計算の特例」の適用を受けた場合、400㎡を限度面積として、評価額の80%を減額することができる。

② 　長男CさんがAさんから相続または遺贈により財産を取得しなかった場合、長男CさんがAさんから贈与によって取得した現金1,500万円は、相続税の課税価格に加算されない。

③ 　孫FさんがAさんから贈与された現金については、Aさんの死亡日における非課税拠出額から教育資金支出額を控除した残額200万円が、相続税の課税価格に加算される。

問15 　Aさんの相続における課税遺産総額（「課税価格の合計額－遺産に係る基礎控除額」）が、1億5,000万円であった場合の相続税の総額を計算した下記の表の空欄①〜④に入る最も適切な数値を求めなさい。なお、問題の性質上、明らかにできない部分は「□□□」で示してある。

課税価格の合計額		□□□万円
	遺産に係る基礎控除額	（ ① ） 万円
課税遺産総額		1億5,000万円
	相続税の基となる税額	
	妻Bさん	（ ② ） 万円
	長男Cさん	（ ③ ） 万円
	長女Dさん	□□□万円
	養子Eさん	□□□万円
相続税の総額		（ ④ ） 万円

〈相続税の速算表（一部抜粋）〉

法定相続分に応ずる取得金額		税率	控除額
	1,000万円以下	10%	―
1,000万円超	3,000万円以下	15%	50万円
3,000万円超	5,000万円以下	20%	200万円
5,000万円超	1億円以下	30%	700万円
1億円超	2億円以下	40%	1,700万円
2億円超	3億円以下	45%	2,700万円

実技 【金財】個人資産相談業務（解答・解説）

問1　①イ　　②ニ　　③リ　　④ト

①　国民年金の第3号被保険者であった者は、第2号であった配偶者が亡くなったり、個人事業主になった場合、原則として自ら第1号被保険者となり、翌月末までに国民年金保険料を納付しなければならない。

②③ Bさんは52歳なので、Bさんの年間収入が130万円未満で、長男Cさんの年間収入の2分の1未満の場合、長男Cさんの加入する健康保険の被扶養者となることができる。なお、Bさんが60歳以上の場合や障害者に該当する場合は年間収入が180万円未満であることが条件となる。

④　遺族年金は被扶養者となる者の要件である年間収入に含める。

問2　1．×　　2．○　　3．○

1.　寡婦年金は第1号被保険者としての保険料納付済期間が10年以上ある夫が、老齢基礎年金や障害基礎年金を受給しないで亡くなった場合に、婚姻期間が10年以上ある妻に60歳から65歳まで支給される。Aさんは第1号被保険者期間が10年以上ないので、妻Bさんには寡婦年金は支給されない。

2.　遺族厚生年金は、Aさんの死亡した時点で算出した老齢厚生年金の報酬比例部分の額の4分の3相当額が支給される。なお、仮に被保険者期間が300月に満たない場合は300月で計算する。

3.　遺族厚生年金の受給権者であるBさんが65歳になって、自身の老齢厚生年金を受給する場合は、原則として、これまで支給されていた遺族厚生年金と老齢厚生年金の差額が遺族厚生年金として支給される。結果的にそれまで支給されていた遺族厚生年金のうち、老齢厚生年金部分が支給停止になる。

問3　127万5,217円

遺族厚生年金の支給額は、死亡した人の老齢厚生年金の報酬比例部分の4分の3。また、Aさんは厚生年金の加入期間が406月であるため、老齢厚生年金の受給資格期間（25年＝300月）を満たしている。

1.　遺族厚生年金の基本額 ＝ $(① + ②) \times \dfrac{3}{4}$ より、

　　① ＝ $30万円 \times \dfrac{7.125}{1,000} \times 174月 = 371,925円$

　　② ＝ $38万円 \times \dfrac{5.481}{1,000} \times 246月 = 512,364円$（円未満四捨五入）

　　　　$(37万1,925円 + 51万2,364円) \times \dfrac{3}{4} = 66万3,217円$（円未満四捨五入）

2.　夫の死亡時に40歳以上で子（18歳の年度末日までの子）がいない妻には、遺族基礎年金が支給されないので、代わりに遺族厚生年金に中高齢寡婦加算61万2,000円が加算される（妻BさんはAさんが亡くなった時点で52歳、子供は2

人とも18歳の年度末を超えているので、中高齢寡婦加算は支給される）。

3.　遺族厚生年金額＝66万3,217円＋61万2,000円＝127万5,217円

※中高齢寡婦加算は妻が40歳から65歳になるまでの間、遺族厚生年金に加算され、妻が65歳になり自分の老齢基礎年金が受け取ると、中高齢寡婦加算はなくなる。

問4　①×　②○　③○　④×

① 新NISA口座での損失は、翌年以後3年間にわたり繰り越すことはできない。

② 特定口座や一般口座などの課税口座で保有している上場株式等の有価証券を新NISA口座に移管することはできない。

③ つみたて投資枠のみに投資する場合、生涯投資枠は1,800万円まで投資可能。成長投資枠の場合は1,200万円が上限。

④ 特定口座での譲渡損失は、新NISA口座内の上場株式等の譲渡益や配当金と損益通算できない。新NISA口座で上場株式の配当金を非課税で受け取るためには、株式数比例配分方式にしなければならないが、株式数比例配分方式を選択していても損益通算はできない。

問5　①×　②×　③○

① シャープレシオ＝〔ポートフォリオの収益率－無リスク資産利子率（預金金利）〕÷標準偏差で計算する。この数値が大きいほどポートフォリオの評価は高くなる。

X投信のシャープレシオ＝（5.5％－0.05％）÷8.0％＝0.68125％≒0.681％

Y投信のシャープレシオ＝（10.5％－0.05％）÷22.0％＝0.475％

以上より、X投信の方がシャープレシオは大きいので、Y投信より効率的に運用されている（小さいリスクで大きなリターンを上げた）とみなされる。

② 為替ヘッジしない場合、為替の変動の影響を直接受けることになり、購入当初より円安になれば、円換算で評価した場合利益（為替差益）が発生するので、その分基準価額の値上がりは大きくなる。

③ 投資信託によっては、信託財産留保額のないものもある。

問6　①240,000　②5　③48,756

投資信託の解約価額＝基準価額－信託財産留保額で算出する。X投信の解約時の基準価額10,000円で、信託財産留保額は解約時の基準価額の0.2％なので、

信託財産留保額＝10,000円×0.2％＝20円

解約価額＝10,000円－20円＝9,980円

取得価額は、購入価額（個別元本）に販売手数料などを加えた投資金額になるが、この設問の場合、「購入時手数料はなし」で、元本払戻金は一度も受取っていないので取得価額はそのまま8,780円となる。

以上より、AさんのX投信200万口の譲渡益＝（9,980円－8,780円）×200万口÷1万口＝24万円……①

株式投資信託等の譲渡所得に対する税率（申告分離課税）は、20.315％（所得

税15.315%・住民税 5 %……②）なので、

所得税：24万円×15.315％＝ 3 万6,756円（復興税込み）

住民税：24万円× 5 ％＝ 1 万2,000円

（合計額） 3 万6,756円＋ 1 万2,000円＝ 4 万8,756円……③

問7 ①イ ②ニ ③チ ④リ ⑤ヲ

① 青色申告の要件は、 1 月16日以後に事業を開始する場合は、業務を開始した日から 2 か月以内に、青色申告承認申請書を納税地の所轄税務署に提出して承認を受けなければならない。

② 個人事業主の場合、純損失の金額を翌年以降 3 年間繰越控除が可能。

③ 青色申告の要件を満たし、事業的規模の不動産所得や事業所得がある場合、青色申告特別控除として55万円が控除される。

④ 55万円の青色申告特別控除の要件を満たした者が、電子情報処理組織（e-Tax）を利用して申告する場合や帳簿を電子データで保存するなどの条件を満たしている場合、青色申告特別控除額は65万円となる。

⑤ 青色事業専従者給与として支払われた給与の全額（適正な範囲まで）が必要経費となる。

問8 ①○ ②○ ③×

① 配偶者が青色事業専従者給与の対象となる場合、配偶者控除や配偶者特別控除の適用を受けることはできない。

② 青色申告する際に提出した帳簿書類は、 7 年間保存しなければならない。

③ 青色事業専従者は生計を一にする配偶者や15歳以上の親族で、 6 か月を超える期間事業に従事する者が対象。

問9 ①8,400,000 ②580,000 ③480,000 ④872,500

① Ａさんの総所得金額

Ａさんの収入は、事業所得（900万円）と不動産所得の損失（▲90万円）の 2 つ。事業所得と不動産所得に損失がある場合、給与所得等と損益通算可能。ただし、不動産所得の損失の中の土地取得に要した負債の利子（30万円）は、他の所得と損益通算できないので、不動所得の損失は▲60万円となる。

以上より、Ａさんの総所得金額＝事業所得（900万円）＋不動産所得（▲60万円）＝840万円

② Ａさんの扶養控除の合計額

妻Ｂさんと長男Ｃさんは、青色事業専従者となっているので、配偶者控除や配偶者特別控除および扶養控除の適用はない。父Ｅさん（83歳）は、合計所得金額（年金収入のみ）が80万円で、公的年金控除額は110万円あるので、所得はゼロとなり、同居の老人扶養親族として58万円が控除される。その他に扶養控除の対象者はいない。したがって、②は、58万円

③ 基礎控除額は、合計所得金額が2,400万円以下であれば、48万円控除される。

なお、合計所得金額が2,500万円を超えると基礎控除は適用されない。

④ 課税総所得金額＝総所得金額等（840万円）－所得控除合計（190万円）＝650万円
　税額＝650万円×20%－42万7,500円＝87万2,500円

問10 ①○　②○　③○

① 普通借家契約では、賃貸人（大家）が更新の契約を拒絶するためには、期間の満了の1年から6か月前までに賃借人（借主）に対して、正当な拒絶事由を持って通知することが必要。

② 普通借家契約では、1年未満の期間を定めると期間の定めのない契約とみなされ、更新がない契約となる。

③ 定期借家契約では、賃貸人（大家）は賃借人（借主）に対し、契約の更新がなく期間満了により賃貸借が終了することを、あらかじめ書面等を交付して説明しなければならない。

問11 ①×　②○　③×

① 相続や遺贈により不動産を取得した場合、不動産取得税は課税されない（贈与により取得した場合は課税される）。

② 登録免許税は、不動産の登記（所有権の保存登記や移転登記、抵当権の設定登記等）するときに課税される。

③ 不動産取得税の課税標準の特例の適用要件は、新築の賃貸アパートの場合、床面積が40㎡以上240㎡以下（賃貸アパート以外の場合、50㎡以上240㎡以下）であれば、固定資産税評価額から最大1,200万円（長期優良住宅の場合は1,300万円）が控除される。

問12 ①80　②225　③400　④1,095

① 甲土地（準防火地域）の指定建蔽率は60%となっているが、乙土地（防火地域）と一体として建物を建築する場合は、厳しい方の規制が適用される。この場合は防火地域の規制が適用される。さらに、防火地域内の特定行政庁が指定する角地に耐火建築物を建てる場合、建蔽率が20%緩和されるので、この土地の建蔽率は80%になる。

② 乙土地は近隣商業地域にある。近隣商業地域等の建蔽率が80%の地域の防火地域内に耐火建築物を建てる場合、建蔽率は100%となる。したがって、乙土地の最大建築面積は、15m×15m×100%＝225㎡になる。

③ 前面道路の幅が12m未満の場合、容積率は以下の数値と指定容積率を比べて小さい方になる。

・住居系用途地域の場合……前面道路幅 $\times \dfrac{4}{10}$

・住居系以外の用途地域の場合…前面道路幅 $\times \dfrac{6}{10}$

なお、本問では幅員の異なる2つの道路があるが、この場合は道路幅が広い方

が前面道路になる。したがって、幅員10mの道路が前面道路となる。甲土地は住居系用途地域なので、

$10\text{m} \times \dfrac{4}{10} \times 100 = 400\%$ が前面道路幅員による容積率の制限。甲土地の指定容積率は200%なので、小さい方の200%が容積率となる。

④ 最大延べ（床）面積は、

《甲土地》$15\text{m} \times 14\text{m} \times 200\% = 420\text{㎡}$……A

《乙土地》容積率は、近隣商業地域なので、前面道路の幅員（10m）に10分の6を乗じた値（$10\text{m} \times \dfrac{6}{10} \times 100 = 600\%$）と指定容積率300%を比べて、小さい方の300%を用いる。

$15\text{m} \times 15\text{m} \times 300\% = 675\text{㎡}$……B

以上より、最大延べ面積は、$\text{A} + \text{B} = 420\text{㎡} + 675\text{㎡} = 1{,}095\text{㎡}$

問13 ①ハ　②イ　③ホ　④リ　⑤ル　⑥ワ

① 自筆証書遺言や秘密証書遺言は家庭裁判所の検認が必要。なお、公正証書遺言は不要。

② 自筆証書遺言を法務局で保管している場合、家庭裁判所の検認は不要。

③ 公正証書遺言は証人2人以上の立会いが必要。

④ 遺留分割合は、直系尊属の場合は3分の1、その他の配偶者や子の場合は2分の1。このケースでは遺留分権利者が配偶者と子なので遺留分割合は2分の1になる。

⑤ 遺言の作成後、遺言者が遺言内容と異なる財産の処分等を行った場合、その抵触する部分の遺言は撤回したとみなされる。

⑥ 遺言は満15歳以上で意思能力を有する者であれば、法定代理人の同意がなくても行うことができる。

問14 ①×　②×　③×

① 配偶者が居住用宅地を相続した場合、自動的に特定居住用宅地等とみなされ、330㎡までの評価額が80%減額される。

② 長男Cさんは相続時精算課税の適用を受けている。相続時精算課税の適用を受けると、相続や遺贈により財産を取得しない場合（相続放棄を含む）でも、贈与された財産は贈与時の価額に、相続税が課税される。

③ 教育資金の一括贈与に係る非課税の適用を受けた場合には、相続開始前3年以内に贈与された財産であっても、孫Fさんが23歳未満なので原則として、相続税の課税価格に加算されない。

問15 ①5,400　②1,550　③325　④2,525

① 「相続税の基礎控除額＝3,000万円＋600万円×法定相続人の数」で算出する。法定相続人は妻Bさん、長男Cさん、長女Dさん、養子Eさんの4人。した

がって、基礎控除額は、3,000万円＋600万円×４人＝5,400万円

② 配偶者と子３人が相続人なので、妻Ｂさんの法定相続分は２分の１。したがっ
て、課税遺産総額1億5,000万円×２分の１＝7,500万円が妻Ｂさんの法定相続分
となる。

妻Ｂさんの相続税額は、7,500万円×30%－700万円＝1,550万円

③ 長男Ｃさん、長女Ｄさん、養子Ｅさんの法定相続分は３人とも同じなので、1
億5,000万円×２分の１×３分の１＝各2,500万円。長男Ｃさんの相続税額は、
2,500万円×15%－50万円＝325万円。

なお、長女Ｄさん、養子Ｅさんも325万円。

④ 相続税の総額は、1,550万円＋325万円＋325万円＋325万円＝2,525万円

実技 【FP協会】資産設計提案業務（問題）

【第1問】 下記の問1について解答しなさい。

問1 ファイナンシャル・プランナー（以下、ＦＰ）が、ファイナンシャル・プランニング業務を行ううえで、遵守すべき行為について述べた次の記述について、適切なものには○、不適切なものには×を解答欄に記入しなさい。

1. 社会保険労務士資格を有していないＦＰが、顧客の依頼により公的年金の受給予定額の計算を行うこと。
2. 弁護士資格を有していないＦＰが、無償で遺産分割に関わる具体的な法律事務を行うこと。
3. 社会保険労務士でないＦＰが、報酬を得て老齢基礎年金の繰上げ請求のための書類を作成し、請求を行うこと。
4. 司法書士資格を有していないFPが顧客からの依頼により不動産登記に関する資料の作成を行うこと。

【第2問】下記の問2～問4について解答しなさい。

問2　下記<資料>は西田さんが同一の特定口座内で行ったＡＢＣ株式会社の株式取引にかかる明細である。西田さんが保有するＡＢＣ株式会社の株式について、2024年6月末時点における譲渡所得の取得費の計算の基礎となる1株あたりの取得価額として、正しいものはどれか。なお、計算結果については円未満の端数を切り上げることとする。

<資料>

取引日	売買の別	約定単価	株数
2024年1月6日	買付	1,800円	300株
2024年2月15日	買付	1,550円	500株
2024年3月11日	買付	1,750円	200株

※売買手数料や消費税については考慮しないこととする
※この他、記載のない条件については一切考慮しないこととする

1．1,550円　　2．1,665円　　3．1,680円　　4．1,700円

問3 下記＜資料＞の西田さんが保有している投資信託に関する次の記述の空欄
（　ア　）、（　イ　）にあてはまる数値の組合せとして、正しいものはどれか。

＜資料＞

投資信託の種類	：追加型株式投資信託／バランス型
決算と収益分配	：毎月15日に決算を行い、分配金額を決定
申込価格	：1口あたり1円
申込単位	：1万口以上1口単位
基準価額	：当ファンドにおいては、1万口あたりの価額で表示
購入手数料（税込み）	：1,000万口未満　3.24%　1,000万口以上　2.16%
信託報酬（税込み）	：純資産総額に対し年2.16%
信託財産留保額	：1口につき解約請求日の翌営業日の基準価額に0.20%の率を掛けて得た額

・新規募集において、1,000万口購入した場合に支払う購入手数料（税込み）は（　ア　）円である。

・1,000万口を1年間保有した後に解約をする場合、仮に、解約請求日の翌営業日の基準価額が12,500円であるとき、差し引かれる信託財産留保額は（　イ　）円である。

1．ア　324,000　　イ　20,000
2．ア　324,000　　イ　25,000
3．ア　216,000　　イ　2,500
4．ア　216,000　　イ　25,000

問4　個人事業主である西田さん（68歳）の2024年分の収入等が以下のとおりである。西田さんの2024年分の総所得金額を計算しなさい。他の条件は一切に考慮しない。

＜西田さんの2024年分の収入等＞

内容	金額
老齢厚生年金・企業年金の老齢給付	320万円
事業収入	250万円
事業収入に係る必要経費	110万円

※西田さんは青色申告者であるが、正規の簿記の原則にしたがって、記帳していない

＜65歳以上の公的年金控除の速算表：一部のみ抜粋＞

公的年金等の収入金額	控除額
330万円未満	110万円
330万円以上410万円未満	収入金額×25％＋27万5,000円

※上記の速算表は、公的年金等以外の所得が1,000万円以下の場合

【第3問】 次の設例に基づいて、問5、問6について解答しなさい。

≪ 設 例 ≫

満60歳で定年退職を迎える東田さんは、再雇用制度を利用して現在の勤務先のX社にそのまま勤務する予定である。しかし、東田さんは、再雇用後の社会保険制度や公的年金制度についてあまり知識がないため、ファイナンシャル・プランナーであるAさんに相談することにした。

なお、東田さんおよび家族に関する資料は以下のとおりであり、東田さんおよび妻恵子さんは、現在および将来において障害の状態になく、また、資料の年金加入歴（見込みを含む）以外に公的年金に加入したことはない。

<東田さんおよび家族に関する資料>

> 東田さん　：　昭和○○年12月2日生まれ満59歳
> 　　　　　　　昭和○○年4月1日X社入社
> 　　　　　　　（健康保険、厚生年金保険、雇用保険に加入中）
> 　　　　　　　2024年12月2日X社定年退職
> 　　　　　　　その後、空白期間を置かずに再雇用の予定
> 　　　　　　　定年退職時の予定：60歳到達時の賃金月額449,800円（予定額）
> 　　　　　　　　　　　　　　　　　標準報酬月額440,000円
> 　　　　　　　再雇用後の予定　：賃金月額240,000円
> 　　　　　　　　　　　　　　　　　標準報酬月額240,000円
> 　　　　　　　年金加入歴（見込みを含む）：X社に入社後、厚生年金に加入
> 妻　恵子さん：昭和○○年4月25日生まれ満55歳
> 　　　　　　　現在および将来も、東田さんと生計維持関係にある
> 　　　　　　　年金加入歴（見込みを含む）
> 　　　　　　　・1976年（昭和51年）から昭和55年まで厚生年金
> 　　　　　　　・1981年（昭和56年）から国民年金の第3号被保険者
> 長男　正さん：平成○○年3月10日生まれ満26歳　会社員（同居）
>
> ※上記以外の条件は考慮せず、各問に従うこと

問5 Ａさんによる東田さんへの定年時のアドバイスとして、次の①〜③の記述のうち、適切なものには○、不適切なものには×を記入しなさい。

① 東田さんが再雇用制度を利用した場合、退職時に加入していた公的医療保険制度に加入できるが、加入要件として、健康保険の被保険者期間が継続して2年以上必要である。

② 定年退職時に東田さんは65歳未満であるため、東田さんが定年退職後、再雇用された場合（厚生年金に加入）には、恵子さんは継続して国民年金の第3号被保険者となる。

③ 東田さんが60歳で定年退職した後に、健康保険について同居の長男の正さんの被扶養者となるためには、原則として収入が180万円未満で、かつ、被保険者である正さんの収入の2分の1未満であることが要件となる。

問6 Ａさんは、東田さんに対して雇用保険からの給付について説明をした。次の文章の空欄①〜③に入る最も適切な数値を＜数値群＞の中から選びなさい。

東田さんは、60歳到達時の予定賃金月額の（　①　）％未満の賃金月額で空白期間を置かずにＸ社に再雇用された場合、所定の手続きにより、原則として雇用保険の「高年齢雇用継続基本給付金」を受給することができる。東田さんの再雇用後の賃金月額は240,000円であり、これは、60歳到達時の予定賃金月額449,800円の53％程度であるため、原則的な算定方法によれば、東田さんには「高年齢雇用継続基本給付金」として、「240,000円×（　②　）％」が支給されることになる。なお、雇用保険による給付と60歳代前半の在職老齢年金を同時に受けられる者の場合、在職老齢年金の一部が支給停止となることがある。高年齢雇用継続給付金を受給している間は、在職老齢年金が標準報酬月額の（　③　）％を限度に支給停止となる。

―＜数値群＞――――――――――――――――――――――――――――――

　　　　　6　　　　10　　　　15　　　　20　　　　60　　　　75

【第4問】 次の設例に基づいて、下記の問7について解答しなさい。

------------------------------ ≪ 設 例 ≫ ------------------------------

　北田さんは、妻と2人暮らしであり、年金による収入で生活をしている。北田さんは、公的介護保険や後期高齢者医療制度についてよくわからなかったので、ファイナンシャル・プランナーに相談した。なお、北田さんおよび家族の資料は、以下のとおりである。

＜北田さんおよび家族の資料＞

・北田さん 　　（満74歳）：国民健康保険に加入中
・妻智子さん （満73歳）：国民健康保険に加入中、現在および将来も北田さんと同居し、生計維持関係にある
※北田さん夫婦の年金収入は年間200万円とする
※上記以外の条件は考慮せず、各問に従うこと

問7　**公的介護保険に関する次の記述のうち、適切なものには○、不適切なものには×を記入しなさい。**

1．第1号被保険者の保険料は、医療保険の保険料とあわせて徴収される。
2．第2号被保険者は、老化を原因とする特定の疾病により、要介護状態や要支援状態になった場合に給付が受けられる。
3．要介護認定を受けた者が手すりの取付けなどの住宅改修工事を行った場合、工事費用の20万円を上限に、居宅介護住宅改修費が支給される。
4．介護支援事業者へ依頼したケアプランの作成費用については、公的介護保険からの給付はなく、全額自己負担である。

【第5問】下記の係数早見表を使用し、下記の問8〜問10について計算しなさい。なお、税金は一切考慮しないこととする。また、解答にあたっては、円単位未満を四捨五入することとする。

＜係数早見表（年利2.0％）＞

	終価係数	現価係数	減債基金係数	資本回収係数	年金終価係数	年金現価係数
1年	1.020	0.980	1.000	1.020	1.000	0.980
2年	1.040	0.961	0.495	0.515	2.020	1.942
3年	1.061	0.942	0.327	0.347	3.060	2.884
4年	1.082	0.924	0.243	0.263	4.122	3.808
5年	1.104	0.906	0.192	0.212	5.204	4.713
6年	1.126	0.888	0.159	0.179	6.308	5.601
7年	1.149	0.871	0.135	0.155	7.434	6.472
8年	1.172	0.854	0.117	0.137	8.583	7.325
9年	1.195	0.837	0.103	0.123	9.755	8.162
10年	1.219	0.820	0.091	0.111	10.950	8.983
15年	1.346	0.743	0.058	0.078	17.293	12.849
20年	1.486	0.673	0.041	0.061	24.287	16.351

問8 　東さんは住宅購入資金として1,500万円を借り入れた。20年間、年利2.0％で毎年年末に元利均等返済をする場合、毎年の返済額はいくらになるか。

問9 　西さんは退職金の一部を20年間にわたり、毎年年末に120万円ずつ取り崩していきたいと考えている。年利2.0％で複利運用するとした場合、初年度にそのための資金としていくらあればよいか。

問10 　南さんは、現在2,000万円の現金を金庫に保管している。インフレ率（物価上昇率）が年平均2.0％とした場合、10年後にこの現金の価値はいくらになるか。

【第6問】 下記の問11について解答しなさい。

問11 下記＜契約①〜③＞は、北山さん（40歳）が、契約者（保険料負担者）および被保険者として加入している生命保険の保障内容に関するものである。これに関する次の記述の空欄（A）（B）に入る金額を解答欄に記入しなさい。なお、保険契約は有効に継続、かつ各特約（更新型）も自動更新しているものとする。また、北山さんはこれまでに下記の保険から保険金および給付金を一度も受け取っていないものとする。

＜契約①＞
◇定期保険特約付終身保険
（契約年齢：32歳）
・特定疾病保障定期保険特約
（10年更新）　　　　　700万円
・定期保険特約
（10年更新）　　　　2,400万円
・終身保険（主契約）　　500万円

＜契約②＞
◇終身医療保険（契約年齢：35歳）
・成人病入院特約　日額5,000円
・入院給付金（主契約）
日額10,000円
（入院特約および入院給付金）
・1回あたり入院限度日数：120日
・入院5日目から支給

＜契約③＞	
◇がん保険：終身型（契約年齢：35歳）	（入院給付金）
・がん以外の原因による死亡給付金　10万円	・1回あたり入院限度日数：無制限
・がんによる死亡給付金　　　　　150万円	・入院1日目から支給
・がん診断給付金　　　　　　　　150万円	
・がん入院給付金　（主契約）日額10,000円	

・北山さんが40歳時点で交通事故で死亡（即死）した場合、保険金・給付金は合計で（　A　）万円支払われる。

・北山さんが50歳時点で初めてがん（悪性新生物）と診断され18日間入院した場合、保険金・給付金は合計で（　B　）万円支払われる（手術給付金は考慮しないものとする）。

【第7問】 下記の問12、問13について解答しなさい。

問12 地震保険に関する次の記述の空欄（ア）～（ウ）にあてはまる数値の組合せとして、正しいものはどれか。

・火災保険の保険金額が居住用建物3,000万円、家財1,000万円である場合、地震保険の保険金額として、居住用建物（　ア　）万円、家財（　イ　）万円の範囲内で契約することができる。
・地震保険の年間保険料75,000円、火災保険の年間保険料6万円を支払った場合（地震保険料控除の経過措置適用の対象となる長期損害保険契約等はない）、所得税における地震保険料控除額は（　ウ　）円である。

1．ア　600～　900　　イ　200～300　　ウ　75,000
2．ア　900～1,500　　イ　300～500　　ウ　50,000
3．ア　900～1,500　　イ　300～500　　ウ　75,000
4．ア　600～　900　　イ　200～300　　ウ　50,000

下記の生命保険契約について、保険金・給付金が支払われた場合の税金に関する次の記述の空欄（ア）〜（ウ）に入る適切な語句を＜語句群＞の中から選びなさい。なお、同じ語句を何度選んでもよいこととする。

＜生命保険の加入状況＞

	保険種類	支払方法	契約者 （保険料負担者）	被保険者	死亡保険金受取人	満期保険金受取人
契約A	終身保険	月払い	夫	夫	妻	―
契約B	医療保険	月払い	夫	夫	妻	―
契約C	養老保険	年払い	夫	夫	子	夫

※契約Cの養老保険の満期までの期間は10年とする

- 契約Aについて、妻が受け取った死亡保険金は、（　ア　）となる。
- 契約Bについて、夫が受け取った入院給付金は、（　イ　）となる。
- 契約Cについて、夫が受け取った満期保険金は、（　ウ　）となる。

―＜語句群＞―
1．相続税の課税対象　　　　2．贈与税の課税対象
3．所得税(雑所得)の課税対象　4．所得税(一時所得)の課税対象　5．非課税

【第8問】 下記の問14、問15について解答しなさい。

問14 「金融サービスの提供に関する法律（以下、「金融サービス提供法」という）」、「金融商品取引法」および「消費者契約法」に関する次の①～④の記述について、適切なものには○、不適切なものには×を記入しなさい。

① 「金融サービス提供法」において、販売業者が金融商品の販売に際して重要事項を説明しなかったことにより顧客に損害が生じた場合、顧客は契約の取消しができる。

② 「金融商品取引法」では、株や債券等の有価証券だけでなく、外貨建ての保険や変額年金保険などの商品を対象に広告規制や事前の説明義務を課している。

③ 金融商品の販売において、顧客が個人の消費者であれば金融サービス提供法と消費者契約法の両方の規定に抵触する場合には、金融サービス提供法が優先して適用される。

④ 金融サービス提供法では、顧客から重要事項の説明は不要であるとの申し出があった場合でも、業者は重要事項の説明を省くことができない。

問15 新NISAに関する説明のうち、適切なものには○、不適切なものには×を解答欄に記入しなさい。

① 新NISA口座の成長投資枠で購入できる対象商品は、上場株式（上場投資信託を含む）や公募株式投資信託、公募公社債投資信託などで、国債は対象外である。

② 新NISAでは、成長投資枠のみに投資する場合、生涯投資枠の1,800万円まで投資可能である。

③ 特定口座や一般口座で保有している上場株式等を新NISA口座に移管することはできない。

④ 新NISA口座ではその年に余った非課税枠を翌年以降に繰り越すことができる。

【第9問】 次の設例に基づいて、問16、問17について解答しなさい。

≪ 設 例 ≫

株式会社ＸＹＺ社の社員である西山さんは、ＸＹＺ社における年末調整の結果、下記の2024年分の給与所得の源泉徴収票を受け取った。また、西山さんは、2024年中に契約者（＝保険料負担者）および被保険者を西山さんとする、20年満期の養老保険の満期保険金を受け取った。なお、満期保険金から正味払込済保険料を差し引いた金額は48万円であった。

令和6年分　給与所得の源泉徴収票（例）

支払を受ける者	住所又は居所	東京都杉並区○○○			

（受給者番号）
（個人番号）×｜×｜×｜×｜×｜×｜×｜×｜×｜×｜×｜×
（役職名）
（フリガナ）氏名　西山 ○○○

種別	支払金額	給与所得控除後の金額	所得控除の額の合計額	源泉徴収税額
給料・賞与	内 6 800 000	5 020 000	×｜×｜×｜×	×｜×｜×

（源泉）控除対象配偶者の有無等		配偶者（特別）控除の額	控除対象扶養親族の数（配偶者を除く。）				16歳未満扶養親族の数	障害者の数（本人を除く。）		非居住者である親族の数
有	老人		特定		老人	その他		特別	その他	
○	従有	380 000	1 従人	内 人 従人	人	1 従人 人	人	内 人	人	人

社会保険料等の金額	生命保険料の控除額	地震保険料の控除額	住宅借入金等特別控除額
内 826 150	□□ □□□	50 000	

（摘要）

生命保険料の金額の内訳	新生命保険料の金額	150,000	旧生命保険料の金額	介護医療保険料の金額	新個人年金保険料の金額	旧個人年金保険料の金額 120,000

住宅借入金等特別控除の額の内訳	住宅借入金等特別控除適用数	居住開始年月日（1回目）年　月　日	住宅借入金等特別控除区分（1回目）	住宅借入金等年末残高（1回目）
	住宅借入金等特別控除可能額	居住開始年月日（2回目）年　月　日	住宅借入金等特別控除区分（2回目）	住宅借入金等年末残高（2回目）

（源泉・特別）控除対象配偶者	（フリガナ）氏名　西山○○	区分	配偶者の合計所得 300,000	国民年金保険料等の金額	旧長期損害保険料の金額
	個人番号 1 2 3 4 5 6 7 8 9 0 1 3				

控除対象扶養親族	1	（フリガナ）氏名　西山○○	区分	16歳未満扶養親族	1	（フリガナ）氏名	区分	（備考）
		個人番号 1 2 3 4 5 6 7 8 9 0 1 4			2	（フリガナ）氏名	区分	
	2	（フリガナ）氏名　西山△△	区分		3	（フリガナ）氏名	区分	
	3	（フリガナ）氏名 個人番号	区分		4	（フリガナ）氏名	区分	
	4	（フリガナ）氏名 個人番号	区分					

未成年者	外国人	死亡退職	災害者	乙欄	本人が障害者		寡婦		寡夫	勤労学生	中途就・退職					受給者生年月日					
					特別	その他	一般	特別			就職	退職	年	月	日	明 大 昭 平	年	月	日		

支払者	個人番号又は法人番号			（右詰で記載してください。）
	住所（居所）又は所在地			
	氏名又は名称		（電話）	

※上記以外の条件は考慮せず、各問に従うこと

466

西山さんの2024年分の所得税に関する以下の文章の空欄①～③に入る最も適切な数値を記入しなさい。※復興税は考慮しない

<所得税の速算表>

課税される所得金額			税率	控除額
	～	195万円以下	5%	0円
195万円超	～	330万円以下	10%	97,500円
330万円超	～	695万円以下	20%	427,500円
695万円超	～	900万円以下	23%	636,000円
900万円超	～	1,800万円以下	33%	1,536,000円
1,800万円超	～	4,000万円以下	40%	2,796,000円
4,000万円超			45%	4,796,000円

【基礎控除額】

合計所得金額	控除額
2,400万円以下	48万円
2,400万円超2,450万円以下	32万円
2,450万円超2,500万円以下	16万円
2,500万円超	―

西山さんの源泉徴収票における「所得控除の額の合計額」は（ ① ）円であり、「源泉徴収額」は（ ② ）円である。また、西山さんが受け取った満期保険金にかかる所得のうち、総所得金額に算入される一時所得の金額は（ ③ ）円である。

問17　西山さんが2024年に住宅を購入し、住宅借入金等特別控除（住宅ローン控除）の適用を受ける場合に関する次の①〜④の記述について、適切なものには○、不適切なものには×を記入しなさい。西山さんは住宅ローン控除に関するその他の要件は満たしているものとする。

① 西山さんが住宅借入金等特別控除の適用を受けるためには、必ず初年度は確定申告しなければならない。

② 西山さんが2025年以後に転勤等やむを得ない事由により、住宅借入金等特別控除の適用を受けられなくなった後、その家屋に再入居した場合において、一定の要件を満たすときは、残存期間内について再度適用を受けることができる。

③ 西山さんが、勤務先からの借入金で住宅を購入している場合は、借入金の条件にかかわらず、住宅借入金等特別控除の適用を受けることはできない。

④ 西山さんが購入するマンションの床面積が45㎡の場合、住宅借入金等特別控除の適用を受けることができない。

【第10問】 下記の問18について解答しなさい。

問18 会社員である東田さん、西田さん、南田さん、北田さんに関して、2024年分の所得税の確定申告が必要な人については○、確定申告が必要でない人については×を解答欄に記入しなさい。なお、下記のデータに基づいて解答することとし、データに記載のない条件は一切考慮しないこととする。

＜4人に関するデータ（年収は2024年12月31日までの見込み額）＞

氏名	給与収入 （年収）	備考
東田	500万円	2023年中にマンションを取得・居住し、かつ住宅ローン控除の適用を受けている。
西田	1,200万円	勤務先の給与収入以外に上場株式等の譲渡所得（110万円）がある。特定口座ではない一般口座で取引をしている。
南田	800万円	勤務先の給与収入以外に原稿の執筆料が18万円ある。
北田	1,800万円	勤務先の給与収入以外に、知人の会社の役員として年末調整を受けない従たる給与収入（350万円）がある。

※4人とも勤務先の年末調整を受けることとする

【第11問】 下記の問19〜問22について解答しなさい。

<u>問19</u>　建築基準法の規制に従い、下記＜資料＞の土地（防火地域内にあり、かつ、特定行政庁が指定する角地である）に耐火建築物を建てる場合の、建築面積の最高限度（①）と、延べ床面積の最高限度（②）の組合せとして、正しいものはどれか。なお、＜資料＞に記載のない条件については、一切考慮しないこととする。

＜資料＞

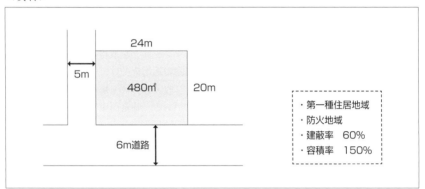

1．① 384㎡　② 720㎡
2．① 288㎡　② 1,152㎡
3．① 288㎡　② 720㎡
4．① 384㎡　② 1,152㎡

問20　下記<資料>は、新築のワンルームマンションの概要である。これをもとに計算した不動産の純利回り（ＮＯＩ利回り）として、正しいものはどれか。なお、<資料>に記載されたもの以外の収入や支出はないものとし、計算結果については小数点以下第3位を四捨五入するものとする。また、減価償却前とし、所得税・住民税は考慮しない。

<資料>

・購入価格	：3,000万円（消費税、諸費用含む）
・予定賃料	：13万5,000円（月あたり）
・借入金	：なし
・経費	：65万円（年あたり）

1．2.31%
2．3.23%
3．3.92%
4．5.40%

問21 15年前に購入し、その後も継続して居住している自宅を、居住用財産の譲渡の特例を適用して譲渡した場合、下記の空欄（ア）〜（エ）にあてはまる数値の組合せとして、正しいものはどれか。なお、各特例の適用を受ける条件は満たしており、所得控除については考慮しないこととする。

＜課税譲渡所得金額の計算＞

総収入金額－（取得費＋譲渡費用）－特別控除（　ア　）万円

＜税額の計算・軽減税率＞

	所得税	住民税
課税長期譲渡所得金額が6,000万円以下の部分	（イ）　％	（エ）　％
課税長期譲渡所得金額が6,000万円超の部分	（ウ）　％	5％

1．ア 2,000　イ 10.21　ウ 20.315　エ 5
2．ア 3,000　イ 10.21　ウ 15.315　エ 4
3．ア 2,000　イ 15.315　ウ 15.315　エ 5
4．ア 3,000　イ 15.315　ウ 20.315　エ 4

問22 下記＜資料＞に基づき、土地（居住用ではない）を譲渡した場合の譲渡所得にかかる所得税および住民税の合計額を計算しなさい。なお、この譲渡は国や地方公共団体等へのものではなく、収用交換によるものでもない。また、＜資料＞に記載のない条件については一切考慮しないこと。

＜資料＞

・購入日　　　　　　：2019年1月15日
・売却日　　　　　　：2024年1月20日
・課税譲渡所得金額：700万円

【第12問】下記の問23について解答しなさい。

問23　下記＜資料＞は、植田太郎さんが2024年中に支払う予定の生命保険料等を示したものである。植田さんの2024年分の所得税の一般の生命保険料控除額（ア）と個人年金保険料控除額（イ）の組合せとして、正しいものはどれか。なお、保険契約はすべて2012年1月1日以後に締結したものである。

＜資料＞

┌───┐
○ 定期保険（保険期間10年、無配当）
契約者　：植田　太郎　　　　被保険者：植田　太郎
死亡保険金受取人：植田　裕子（妻）　　　2023年の払込保険料：68,000円
○ 個人年金保険（10年確定年金、税制適格特約付）
契約者　：植田　太郎　　　　被保険者：植田　太郎
年金受取人：植田　太郎　　　2023年の払込保険料：92,000円
2023年の配当金：なし
○介護医療保険料の支払いはない
└───┘

＜一般の生命保険料控除、個人年金保険料控除、介護医療保険料控除額表＞
■2011年12月31日以前に締結した保険契約について

	年間正味払込保険料		控除額
所得税		25,000円以下	その金額
	25,000円超	50,000円以下	支払金額×1/2+12,500円
	50,000円超	100,000円以下	支払金額×1/4+25,000円
	100,000円超		50,000円

■2012年1月1日以後に締結した保険契約について

	年間正味払込保険料		控除額
所得税		20,000円以下	その金額
	20,000円超	40,000円以下	支払金額×1/2+10,000円
	40,000円超	80,000円以下	支払金額×1/4+20,000円
	80,000円超		40,000円

1．ア　37,000円　　　イ　40,000円
2．ア　37,000円　　　イ　50,000円
3．ア　35,500円　　　イ　40,000円
4．ア　35,500円　　　イ　50,000円

【第13問】 下記の問24について解答しなさい。

問24 下記＜資料＞の宅地（貸家建付地）について、路線価方式の相続税評価額として、正しいものはどれか。なお、借家権割合は40%、賃貸割合は100%とする。

＜資料＞

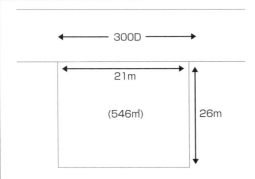

記号	借地権割合
A	90%
B	80%
C	70%
D	60%
E	50%
F	40%
G	30%

300D

21m

(546㎡)

26m

注１：奥行価格補正率 0.99
注２：その他の記載のない条件は考慮しないものとする

1．　97,297,200円
2．123,243,120円
3．134,316,000円
4．162,162,000円

【第14問】 次の設例に基づいて、下記の問25〜問28について解答しなさい。

------------------- ≪ 設 例 ≫ -------------------

　ＤＣ社のオーナー社長である藤山さん（74歳）は、長男Ａ（45歳）への事業承継を含めた相続のことを考えている。藤山さんの推定相続人には、長男Ａと長女Ｂの２人がおり、後継者である長男ＡにはＤＣ社株式のすべてを相続させたいが、藤山さんの財産において同社株式の比重がかなり高く、長女Ｂの相続財産と相当の差が生じてしまうため、遺言書の作成や生前贈与等を含めた相続対策を検討することにした。なお、藤山さんの妻はすでに亡くなっている。

問25　藤山さんは、公正証書遺言を作成し、長男Ａ、長女Ｂへの相続のことだけでなく、長年にわたり藤山さんを支えてくれた弟Ｃへの遺贈のことも記載するつもりである。民法上、公正証書遺言に関する次の①〜③の記述について、適切なものには○、不適切なものには×を記入しなさい。

① 公正証書遺言は、証人２人以上の立会いのもと、藤山さんが遺言の趣旨を本人が口述し、公証人がそれを筆記する。
② 公正証書遺言の作成において、長男Ａおよび長女Ｂは証人になることはできないが、弟Ｃは、藤山さんの推定相続人ではないので、証人になることができる。
③ 公正証書遺言を作成し、その後に藤山さんの相続が開始した場合、相続人である長男Ａおよび長女Ｂは家庭裁判所に当該遺言書を提出し、検認の請求をする必要がある。

問26　取引相場のない株式の相続税評価等に関する次の記述のうち、最も不適切なものはどれか。

1．大会社の株式の原則的評価方式は「類似業種比準方式」であるが、この価額よりも純資産価額方式で算出した価額の方が低い場合には、「純資産価額方式」で評価する。
2．開業前または休業中の会社の株式は、「配当還元方式」で評価する。
3．議決権総数の50％超を有する中心的な同族株主が取得した株式の価額は、原則的評価方式により評価する。
4．株式保有特定会社の株式の価額は、原則として純資産価額方式で評価する。

問27 藤山さんの相続財産の総額が７億円（遺留分算定の基礎となる財産も同じ）であり、長男Ａに６億円、長女Ｂに１億円を相続させる内容の遺言書が藤山さんにより作成されていた場合の、遺留分に関する次の文章の空欄①〜③に入る最も適切な数値を＜数値群＞の中から選び、解答欄に記入しなさい。なお、藤山さんはこれまでに生前贈与した財産はない。解答にあたり、同じ数値を何度選んでもよいこととする。なお、これ以外の条件は考慮しない。

　藤山さんの相続が開始し、当該遺言書に従って長男Ａと長女Ｂが相続した場合、長女Ｂの遺留分の金額は（　①　）千円であるため、長女Ｂの遺留分は侵害されている。この場合、遺留分権利者である長女Ｂは、藤山さんの相続の開始および減殺すべき贈与または遺贈があったことを知ったときから（　②　）以内に遺留分侵害額請求権を行使することができるが、その期間内にこれを行使しないとき、または相続の開始や遺贈があったことを知らなかった場合でも、相続が開始したときから（　③　）を経過したときには、その権利は消滅する。

＜数値群＞

| 175,000 | 350,000 | 150,000 | ３カ月 | 10カ月 | １年 | ３年 | 10年 |

問28 藤山さんは長男Ａへの生前贈与を考えており、当該贈与において、長男Ａは相続時精算課税制度を選択すると仮定する。2024年12月に、ＤＣ社株式45,000千円（贈与税の評価額）の贈与が行われた場合の、この時点で長男Ａに課される贈与税額として正しいものを選びなさい。（答は千円単位とすること）。なお、長男Ａは、相続時精算課税制度の選択は今回が初めてであり、これまでも贈与を受けたことはない。

1．300万円
2．378万円
3．380万円
4．400万円

【第15問】 次の設例に基づいて、下記の問29〜問31について解答しなさい。

------------------------------ ≪ 設 例 ≫ ------------------------------

2024年5月に死亡した（業務上の死亡ではない）甲社の代表取締役である木村さんの親族関係は、以下のとおりである。長女Cは2010年にすでに死亡しており、二男Dは木村さんの相続を放棄している。なお、木村さんおよび相続人は日本国籍で、かつ日本国内に住所を有し、財産はすべて日本国内にあるものとする。

＜親族関係図＞

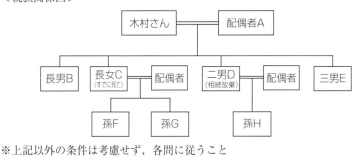

※上記以外の条件は考慮せず、各問に従うこと

問29 木村さんの相続にかかる相続人およびその法定相続分に関する次の記述の空欄①〜③に入る最も適切な数値を＜数値群＞の中から選び、解答欄に記入しなさい。

木村さんの相続にかかる民法上の相続人の数は（ ① ）人であり、その中で孫Gの民法上の法定相続分（代襲相続）は（ ② ）である。また、木村さんの相続にかかる相続税の計算上、遺産にかかる基礎控除額を計算する際の法定相続人の数は（ ③ ）人となる。

┌─＜数値群＞─────────────────────────────────
│　　　4　　　5　　　6　　　7　　　1／8　　　1／10　　　1／12　　　1／16
└───────────────────────────────────────

問30　木村さんの死亡により、2024年６月に甲社から配偶者Ａに対して、弔慰金および役員退職金規程に基づく死亡退職金が、所定の手続きを経て下記のとおり支給された。この場合の①、②の金額を計算しなさい。

・弔慰金　　　　20,000千円（退職手当金、功労金等に準ずる給与ではない）
・死亡退職金　80,000千円
なお、木村さんが甲社から支給を受けていた死亡直前の普通給与の額は、月額1,500千円である。

---

① 弔慰金のうち課税される金額
② 課税価格に算入される死亡退職金と弔慰金の金額の合計

問31　下記の木村さんの義理の妹（愛さん）の親族関係図において、民法の規定に基づく法定相続分に関する次の空欄①～③に入る適切な数値を＜数値群＞の中から選び、解答欄に記入しなさい。なお、同じ数値を何度選んでもよいこととする。

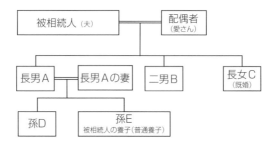

・長男Ａの妻の法定相続分は（　　①　　）
・二男Ｂ・長女Ｃの法定相続分はそれぞれ（　　②　　）
・孫Ｅの法定相続分は（　　③　　）

＜数値群＞
1／2　1／3　1／4　1／6　1／8　1／12　3／16　1／16　1／18　0

【第16問】下記の問32について解答しなさい。

問32　西田さんは60歳で定年退職を迎えるが、65歳までは再雇用制度を利用して働く予定である。下記の資料を基に西田さんが受け取れる老齢厚生年金の額として正しいのはどれか。

<西田さんに関する資料>
　・60歳以後の給与（標準報酬月額）　　　　：40万円
　・60歳以後の賞与（標準賞与額）　　　　　：年間合計96万円
　・年金（基本月額）　　　　　　　　　　　：20万円
　※西田さんは雇用保険の高年齢雇用継続給付は受けない予定

《在職老齢年金の支給停止額》
　・「総報酬月額相当額＋基本月額」が50万円以下の場合
　　年金は全額支給される
　・「総報酬月額相当額＋基本月額」が50万円超の場合
　　（基本月額＋総報酬月額相当額－50万円）×2分の1で算出した額が支給停止になる

1.　　　0円
2.　110,000円
3.　180,000円
4.　200,000円

【第17問】 下記の問33、問34について解答しなさい。

問33　北田さんは、2024年6月に追加型株式投資信託の収益分配金を初めて受け取った。次の記述の空欄（ア）〜（エ）にあてはまる語句または数値の組合せとして、正しいものはどれか。また、解答にあたっては、下記＜資料＞に基づき解答すること。
※分配金に対する税率は20％で計算する（復興税は考慮しない）

＜資料＞

［北田さんの保有する追加型株式投資信託の状況］
個別元本：10,300円
収益分配前の基準価額：11,000円
収益分配金：1,000円

　北田さんが受け取った収益分配金のうち、「収益分配前の基準価額－個別元本」に相当する金額を（ ア ）といい、所得税・住民税が課される。一方、北田さんが受け取った収益分配金のうち、（ ア ）以外の部分を（ イ ）といい、非課税となる。

　なお、元本払戻金（特別分配金）が支払われた場合、北田さんの保有する投資信託の分配落ち後の個別元本は、（ ウ ）円となる。北田さんの分配金の手取り額（1口あたり）は（ エ ）円となる。

1．（ア）普通分配金　　（イ）元本払戻金　　（ウ）10,000　　（エ）860
2．（ア）普通分配金　　（イ）元本払戻金　　（ウ）10,250　　（エ）940
3．（ア）元本払戻金　　（イ）普通分配金　　（ウ）10,000　　（エ）860
4．（ア）元本払戻金　　（イ）普通分配金　　（ウ）10,250　　（エ）940

問34 下記の外貨定期預金について、次の問の空欄①、②を求め、解答欄に記入しなさい。なお、この米ドル建て外貨定期預金の明細は以下のとおりであり、解答にあたっては、解答欄に記載されている単位に従うこととする。※復興税は考慮しない

<留意点>
・為替差益・為替差損に対する税金については考慮しないこと。
・利子に対する税金の計算に際しては、便宜上、米ドル建ての利子額から所得税・住民税相当額を米ドル建てで控除し、税引後利子額（米ドル）を円に転換すること。

<外貨預金の条件>
預入金額：20,000米ドル
預入期間：2023年3月15日～2024年3月14日（1年間）
利　　率：3.00%（年）
為替レート：（1米ドル）

	預入時	満期時
ＴＴＳ	122.50円	125.00円
ＴＴＢ	120.50円	123.00円

1. 円ベースの税引後手取額は（　①　）円である。
2. 円ベースでの実質利回りは（　②　）%である（小数点第4位以下切捨て）。

【第18問】 下記の問35について解答しなさい。

<u>問35</u> 北さんの家族（＜資料２＞参照）に関する①〜④の記述について、下記＜資料１＞の保険により保険金が支払われるものとして、正しいものには○、誤っているものには×を解答欄に記入しなさい。

＜資料１：北さんの保険契約内容＞（一部抜粋）

証券番号	：＊＊＊＊＊＊＊＊＊
保険種類	：自家用自動車総合保険（SAP）
保険期間	：2024年○月○日から2025年○月○日まで
車名	：＊＊＊
補償の対象となる運転者：35歳以上補償：本人・配偶者に限定	
［補償内容］	
対人賠償	：無制限
対物賠償	：無制限（免責金額なし）
無保険車傷害	：３億円
搭乗者傷害	：2,000万円
車両	：一般車両　400万円
特約	：代車費用　弁護士費用（免責金額なし）その他特約あり

＜資料２：北さんの家族構成＞

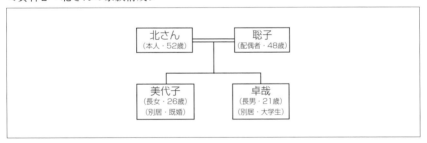

① 聡子さんの運転中に自損事故により同乗者である美代子さんが右足を骨折し、入院した。
② 卓哉さんが、高速道路を走行中に急に後輪がパンクし、タイヤの修理費が発生した。
③ 北さんが、車庫入れを誤り、誘導していた聡子さんを負傷させた。
④ 聡子さんが、運転中に運送業者の営業車に追突し、営業車の車両に損害が発生した。

【第19問】 下記の問36、問37について解答しなさい。

問36 法人が火災保険金を受け取り、その保険金で代替資産を購入した場合の圧縮記帳に関する次の文章のうち、適切なものには○、不適切なものには×を記入しなさい。

① 圧縮記帳をすると、代替資産の帳簿価額が圧縮（減額）され、その圧縮額が圧縮損として損金算入される。
② 火災保険金より受け取った保険金額が、破損した建物の帳簿価額を上回る場合は、圧縮記帳が可能である。
③ 商品等の棚卸資産が火災により焼失した場合に受け取った火災保険金は、その保険金で商品等の棚卸資産を再度取得すれば、圧縮記帳の対象となる。
④ 個人事業主が受け取る固定資産に対する保険金については、圧縮記帳の適用はない。

問37 下記＜資料＞に基づき、次の記述の空欄（ア）～（ウ）にあてはまる数値の組合せとして、正しいものはどれか。

＜資料＞

	A株式会社
ＰＢＲ（倍）	2.0
1株あたり純資産（円）	（ ア ）
1株あたり配当（円）	6
1株あたり当期利益（円）	120
株価（円）	600

・A社の株価を600円とすると、1株あたり純資産は（ ア ）円である。
・A社の1株あたり配当が年20円になった場合、配当利回りが2.0％（税引前）となるには株価は（ イ ）円であることが必要となる。
・A社の株価収益率（PER）は（ ウ ）となる。

1．（ア） 100 （イ） 100 （ウ） 2倍
2．（ア） 100 （イ） 500 （ウ） 5倍
3．（ア） 300 （イ） 1,000 （ウ） 2倍
4．（ア） 300 （イ） 1,000 （ウ） 5倍

【第20問】下記の問38〜問40について解答しなさい。

問38 西山さんは、民間企業に勤務する会社員である。西山さんと妻の順子さんは、西山さんが万一死亡した場合の生活が不安である。そこでＦＰのＡさんに、公的年金の遺族給付について相談をした。仮に、西山さんが2024年の7月に38歳で死亡した場合、西山さんの死亡時点において順子さんに支給される公的年金の遺族給付の額として、正しいものはどれか。なお、遺族給付の額は下記＜資料＞のとおりとし、記載以外の遺族給付の受給要件はすべて満たしているものとする。また、西山さんは、大学を卒業してから死亡時まで厚生年金保険に加入しているものとする。

＜家族構成＞

西山さん	（本人）	38歳	会社員
順子さん	（妻）	38歳	専業主婦
里奈ちゃん	（長女）	8歳	小学2年生
大樹くん	（長男）	5歳	幼稚園児

＜資料＞

遺族基礎年金の額	81万6,000円（2024年度額）
遺族基礎年金の子の加算額	第1子・第2子まで23万4,800円
（1人あたり）	第3子以降7万8,300円
遺族厚生年金の額	45万100円（2024年度額）
遺族厚生年金の中高齢寡婦加算額	61万2,000円（2024年度額）

1．112万9,100円
2．136万3,900円
3．173万5,700円
4．234万7,700円

問39 西山さんは損害保険についても質問し、ＦＰのＡさんから説明を受けた。損害保険の補償内容に関する次の記述のうち、最も適切なものはどれか。なお、特約はないものとする。

1. 海外旅行中に旅行前から治療中の病気が悪化し、海外で医者の治療を受けた場合、海外旅行傷害保険の支払い対象となる。
2. デパートで就労中、誤って陳列されている商品を破損させた場合、個人賠償責任保険の支払い対象となる。
3. 自宅（居住のみに使用）が火事で半焼になった場合、普通火災保険の支払いの対象となる。
4. 通勤途中にけがをした場合、普通傷害保険の支払いの対象となる。

問40 順子さんは２人の子どもの将来の教育費のことが心配になり、ＦＰのＡさんから説明を受けた。Ａさんが説明した次の記述のうち、不適切なものはどれか。

1. 学資保険では、契約期間中に契約者である親に万一のことがあった場合、それ以後の保険料の払込みが免除されるのが一般的である。
2. 国（日本政策金融公庫）が行う教育一般貸付と日本学生支援機構の奨学金制度を同時に利用することはできる。
3. 公的な教育ローンとして、国（日本政策金融公庫）が行う教育一般貸付があるが、子どもの人数に応じて世帯ごとの年収制限がある。
4. 教育一般貸付の融資限度額は、原則、学生１人あたり350万円（一定の海外留学資金の場合は450万円）以内であるが、入学金や授業料が融資の対象であり、１人暮らしのための敷金などの住宅関連費用は融資の対象とならない。

実技　【FP協会】資産設計提案業務（解答・解説）

問1 1．○　　2．×　　3．×　　4．×

1．社会保険労務士資格を有していないFPであっても、顧客の依頼により公的年金の受給予定額等の一般的な計算を行うことは可能。

2．弁護士資格等を有していない者は、有償、無償にかかわらず、遺産分割にかかる具体的な法律事務を行うことはできない。

3．社会保険労務士資格を有しない者が、有償、無償にかかわらず公的年金に関する書類の作成や請求を行うことはできない。

4．司法書士などの資格を有していない者が、有償・無償を問わず不動産登記にかかる書類の作成や申請の代理業務を行うことはできない。

問2 2

同一銘柄を複数回にわたって購入した場合の取得価額は、売買高加重平均法により求める。売買高加重平均法とは、その銘柄の売買代金の合計額を売買株数の合計で除して計算する方法。

（売買代金の合計額）

1,800円×300株＋1,550円×500株＋1,750円×200株＝166万5,000円

（売買株数）300株＋500株＋200株＝1,000株

（売買高加重平均価格）166万5,000円÷1,000株＝1,665円

問3 4

（ア）資料より、購入手数料は1,000万口以上の場合は2.16％となっているので、1,000万口×2.16％＝216,000円。

（イ）信託財産留保額は1万口につき解約請求日の翌営業日の基準価額の0.20％なので、12,500円×0.20％×1,000万口÷1万口＝25,000円。

問4 340万円

老齢給付により受け取った公的年金額が330万円未満でそれ以外の所得が1,000万円以下なので、公的年金等控除額は110万円。

課税所得金額＝320万円－110万円＝210万円

事業所得＝250万円－110万円＝140万円

西田さんは青色申告者だが、正規の簿記の原則で記帳していないので、青色申告特別控除は10万円。したがって、事業所得の金額は140万円－10万円＝130万円。以上より、西田さんの総所得金額＝210万円＋130万円＝340万円。

問5 ①×　　②○　　③○

① 被保険者期間が継続して2か月以上あれば、任意継続被保険者として勤めていた会社の健康保険に2年間加入できる。

② 第3号被保険者とは、第2号被保険者（60歳以上65歳未満の者も含む）に扶養される20歳以上60歳未満の者なので、恵子さん（東田さんの定年時56歳）は

第3号に該当する。

③ 問題文の通り。なお、長男の正さんと同居でない場合は、収入が正さんからの援助の額（仕送り額）より少ないことが要件になる。

問6 ①75 ②15 ③6

※60歳時点の賃金の61％以下に低下した場合、「60歳以降の賃金額×15％」が支給される

問7 1．× 2．○ 3．○ 4．×

1．問題文は第2号被保険者の場合。第1号被保険者の保険料は、年金額が年18万円以上の被保険者の場合は年金から天引き（特別徴収）、それ以外の場合は口座振替による個別徴収（普通徴収）となっている。

2．第2号被保険者は老化を原因とする特定の疾病による場合に、第1号被保険者は原因を問わず、介護保険の給付が受けられる。

3．居宅介護住宅改修費は20万円が上限。なお、かかった費用の1割（所得が多い者は所得に応じて2割または3割）は自己負担となる。

4．ケアプラン作成費は無料。自分で作成することも可能。

問8 915,000円

毎年の返済額がいくらになるかを計算する場合、**資本回収係数**を用いる。1,500万円に20年の資本回収係数0.061を掛け、1,500万円×0.061＝91万5,000円

問9 19,621,200円

毎年一定額を受け取るために必要な元本を求めるためには**年金現価係数**を用いる。120万円に20年の年金現価係数16.351を掛け、120万円×16.351＝1,962万1,200円。

問10 16,400,000円

インフレの場合に、現在の元金が一定期間後にいくらの価値になるかを求めるには現価係数を用いる。2,000万円に10年の現価係数0.820を掛け、2,000万円×0.820＝1,640万円。

問11 （A）3,610 （B）889

（A）契約① 終身保険（主契約） 500万円
　　契約① 定期保険特約 2,400万円
　　契約① 特定疾病保障定期保険特約※ 700万円
　　契約③ がん以外の原因による死亡給付金 10万円

合計3,610万円

※特定疾病保障定期保険特約は、特定疾病以外で死亡した場合も同額の保険金が支払われる

（B）契約②の入院給付金および成人病入院特約は、入院後4日間は支給されない。契約③の入院給付金は入院1日目から支給される。また、特定疾病保障定期保険特約は、がんや急性心筋梗塞、脳卒中の所定の状態と診断された場合、死亡

保険金と同額の保険金が支払われる。

契約①	特定疾病保障定期保険特約	700万円
契約②	入院給付金	10,000円×(18-4)日=14万円
契約②	成人病入院特約	5,000円×(18-4)日=7万円
契約③	がん診断給付金	150万円
契約③	がん入院給付金	10,000円×18日=18万円
		合計889万円

問12 ②

地震保険の保険金額は火災保険の30%〜50%以内で、建物は5,000万円、家財は1,000万円が上限。したがって、（ア）居住用建物は3,000万円×0.3＝900万円から3,000万円×0.5＝1,500万円、（イ）家財は1,000万円×30％＝300万円から1,000万円×50％＝500万円の間での保険金額となる。（ウ）地震保険料控除（所得税）は、原則、支払い保険料の全額が、保険料総額が5万円超の場合は最高5万円が控除できる。したがって、この場合の地震保険料控除額は5万円となる。なお、火災保険料は地震保険料控除の対象ではない。

問13 （ア）1　（イ）5　（ウ）4

（ア）契約者（＝保険料負担者）および被保険者が夫、死亡保険金の受取人が妻なので、妻が受け取る死亡保険金は相続税の課税対象となる。

（イ）医療保険からの入院給付金で、受取人が被保険者かその配偶者や直系血族である場合には、受け取った入院給付金は非課税。

（ウ）契約者（＝保険料負担者）と満期保険金の受取人が同じ夫なので、一時所得として所得税の課税対象となる。

問14 ①×　②○　③×　④×

① 金融サービス提供法では、重要事項の説明義務違反があり、顧客に損失が発生した場合には、顧客は元本割れの金額について**損害賠償**を請求できる。

② 金融商品取引法では、**外貨建ての保険や変額年金保険**も規制の対象である。

③ 金融サービス提供法と消費者契約法の両方が適用される。

④ 顧客から申し出があった場合は、重要事項の説明を省くことができる。

問15 ①×　②×　③○　④×

① **公募公社債投資信託や国債**は対象外である。

② つみたて投資枠のみに投資する場合、生涯投資枠の1,800万円まで投資可能である。成長投資枠の上限額は1,800万円のうち、1,200万円までとなっている。

③ 特定口座や一般口座で保有している有価証券は新NISA口座に移管できない。

④ 使い切らなかった非課税枠を翌年以降に繰り越すことはできない。

問16 ①2,836,150　②120,800　③0

① 配偶者控除38万円（西山さんの所得が900万円以下で、配偶者の所得が38万円以下なので配偶者控除の対象）、特定扶養控除63万円、扶養控除38万円、社会

保険料控除（社会保険料全額）82万6,150円、新生命保険料控除4万円、旧個人年金保険料控除5万円、地震保険料控除5万円、基礎控除額の表より基礎控除は48万円

所得控除の合計額＝283万6,150円

※西山さんの給与総額は680万円なので、所得金額調整控除の適用はない。

② 源泉徴収額は、給与所得控除後の所得金額から所得控除額の総額を差し引いて所得税を掛けた金額となる（所得税の速算表参照）。

（502万円－283万6,150円）×10％－97,500円＝12万885円

※源泉徴収額は原則、100円未満は切捨てとなり、12万800円となる

③ 一時所得＝総収入金額－収入を得るために支出した金額－特別控除額（50万円）

さらに、一時所得の場合、上記金額の2分の1の金額が他の所得と合算される。

よって、（48万円－50万円）×1／2＝▲1万円。一時所得がマイナスになると、一時所得はないものとされる。

問17　①○　②○　③×　④×

① 問題文の通り。なお、会社員の場合、2年目以後は年末調整で適用可能。

② 適用期間内に再入居した場合、一定の条件（借入れ期間が10年より長いなど）を満たしていれば、残りの期間については適用可能。

③ 勤務先からの借入であっても、実質金利が0.2％以上などの一定の条件を満たしている場合には対象となる。

④ 合計所得金額が1,000万円以下であれば、床面積が40㎡以上50㎡未満の物件でも住宅借入金等特別控除の適用を受けることはできる。西山さんの合計所得金額は1,000万円以下なので適用可能。

問18　東田さん×　　西田さん○　　南田さん×　　北田さん○

・東田さんは会社員であるため、住宅ローン控除の適用を受ける場合に、2年目以後は年末調整で適用可能なため、確定申告は不要。

・西田さんは、上場株式等の売買を一般口座で行っているので、年間の株式等の譲渡所得の計算を自身が行い、確定申告して納付する必要がある。

・南田さんの給与所得（800万円）は2,000万円を超えておらず、給与所得および退職所得以外の所得である原稿の執筆料（雑所得）が18万円で20万円を超えていないので、確定申告は不要。

・北田さんは2か所以上から給与等を受けているので確定申告が必要。

問19　1

① 建築物の敷地が特定行政庁の指定する角地にある場合、建蔽率が10％加算される。また、その敷地が防火地域内にあり、耐火建築物を建築する場合、さらに10％加算されるので、合計20％加算され、この敷地の建蔽率は80％となる。よって、建築面積の限度は、480㎡×80％＝384㎡となる。

② 前面道路の幅員が12m未満の場合、指定容積率の数値（150％）と前面道路の

幅員に法定乗数を掛けて計算した数値の少ない方が容積率となる。

・住居系用途地域の場合……前面道路の幅員×10分の4

・上記用途地域以外の場合…前面道路の幅員×10分の6

住居地域なので、前面道路（広い方の6m道路）の幅員に10分の4を掛けて6m × 4 ／10×100＝240％。150％の方が少ないので、延べ床面積は、480㎡× 150％＝720㎡となる。

問20 2

$$\text{NOI利回り（純利回り）} = \frac{\text{年間収入の合計額} - \text{諸経費}}{\text{購入金額（総投資金額）}} \times 100$$

収入の合計額＝（予定賃料）13万5,000円×12か月＝162万円

諸経費＝65万円

$$\frac{162万円 - 65万円}{3,000万円} \times 100 = 3.2333\cdots ≒ 3.23\%$$

問21 2

個人が居住していた一定要件を満たす居住用財産を譲渡した場合は、その譲渡益から最高3,000万円を控除できる。さらに、個人が居住していた一定要件の居住用財産を譲渡した場合で、その所有期間が（譲渡した年の1月1日で）10年を超えているときは3,000万円の特別控除後の金額に、長期譲渡所得として以下の軽減税率が適用される。

＜課税長期譲渡所得の税率＞　※復興税込みの税率

課税長期譲渡所得	税率
6,000万円以下の部分	所得税10.21％、住民税4％
6,000万円超の部分	所得税15.315％、住民税5％

問22 277万4,100円

土地・建物を譲渡した場合の譲渡所得は、譲渡した年の1月1日における所有期間が5年超であれば長期譲渡所得、5年以下なら短期譲渡所得。

この問題の場合、売却した年の1月1日における所有期間は5年以下なので短期譲渡所得に該当し、税率は所得税30.63％、住民税9％の計39.63％となる。

700万円×30.63％（所得税）＝214万4,100円

700万円×9％（住民税）＝63万円　　　合計277万4,100円

問23 1

2011年（平成23年）12月31日以前に契約し、2012年（平成24年）1月1日以後に契約内容に変更（更新や特約の付加など）がない一般の生命保険、個人年金保険料の所得税の控除額は、従来どおり、各5万円（合計10万円）が上限。なお、2012年（平成24年）1月1日以後は介護医療保険料控除が加わり、所得税の控除額の上限は3つの合計で12万円となっている。

（一般の生命保険料控除額）

68,000円×1／4 ＋20,000円＝37,000円

（個人年金保険料控除額）

払込保険料が80,000円超なので、40,000円

問24 2

前面道路の300Ｄとは正面路線価が１㎡あたり30万円で借地権割合が60％であることを表している。「１つの道路のみに面している宅地の評価額＝路線価×奥行価格補正率×地積（面積）」より、自用地評価額は、

30万円×0.99×546㎡＝１億6,216万2,000円。

貸家建付地の相続税評価額

＝自用地評価額×（１－借地権割合×借家権割合×賃貸割合）

＝１億6,216万2,000円×（１－60％×40％×100％）＝１億2,324万3,120円

問25 ①○　　②×　　③×

① 公正証書遺言は、遺言者本人が口述して公証人がそれを筆記する。その際、証人２人以上の立会いが必要。

② 推定相続人（相続人になると思われる者）、受遺者（遺贈を受ける者）およびその配偶者ならびに直系血族、未成年者は、遺言の証人または立会人になることができない。弟Ｃは遺贈により財産を取得する予定であるので、証人になることはできない。

③ 公正証書遺言では公証人役場に遺言書が保管されており、偽造や変造のリスクなどがないため、検認は不要。なお、自筆証書遺言を法務局で保管している場合も検認は不要。

問26 2

1. 適切　　大会社の原則的評価方式は類似業種比準方式。ただし、純資産価額方式で算出した金額の方が低い場合は、純資産価額方式で評価する。

2. 不適切　開業前・休業中の会社の株式の評価は、純資産価額方式で評価。

3. 適切　　なお、同族株主等以外の株主が取得する株式は特例的評価方式（配当還元方式）で評価する。

4. 適切　　株式保有特定会社や土地保有特定会社の株式の評価方法は、原則として純資産価額方式による。

問27 ①175,000　　②１年　　③10年

子のみが相続人なので、相続財産の７億円の２分の１に長女Ａの相続分（２分の１）を掛けた金額が遺留分の額となる。

７億円×１／２×１／２＝１億7,500万円＝175,000千円。

なお、相続開始より10年以上前に生前贈与された財産は、遺留分侵害額請求権の対象に含まれない。

問28 ②378万円

相続時精算課税制度では、基礎控除の110万円を除いて、累計2,500万円までの贈与であれば非課税、2,500万円を超える部分には20%の税率で贈与税が課される。したがって、4,500万円の贈与があった場合の贈与税額は、（4,500万円 − 110万円 − 2,500万円）× 20% = 378万円

問29 ①5　　②1／12　　③6

① 民法上の法定相続人の数は、配偶者A、長男B、三男E、長女Cの代襲相続人である孫Fと孫Gの5人。

② 配偶者と子が相続人なので、配偶者Aが2分の1、残りの2分の1を本来、長男B、長女C、三男Eが相続する（二男Dは相続放棄しているので相続分はなく、孫Hにも代襲相続はない）。各自の相続分は1／2×1／3で1／6だが、長女Cはすでに死亡しており、孫Fと孫Gがその分を代襲相続するので、1／6×1／2 = 1／12となる。

③ 相続税の基礎控除額を算出する場合、法定相続人の数には相続を放棄した者も含まれる。よって、配偶者A、長男B、三男E、孫F、孫Gおよび二男Dの6人。

問30 ①11,000千円　　②61,000千円

① 被相続人の死亡により、被相続人の勤務先から相続人が受け取る弔慰金については、一定額が非課税となっている。非課税金額を超える部分については退職手当金として課税される。木村さんの場合、業務外の死亡なので、死亡時の給与（賞与を除く）× 6か月分が非課税となるので、150万円 × 6か月 = 900万円までは非課税。したがって、弔慰金のうち課税される金額は2,000万円 − 900万円 = 1,100万円（11,000千円）。

② 死亡退職金については、500万円×法定相続人の数（相続を放棄している者を含む）までが非課税となる。非課税金額の対象となる法定相続人の数は6人なので、8,000万円のうち、500万円 × 6人 = 3,000万円までは非課税。したがって、1,100万円（弔慰金の課税対象額）＋（8,000万円 − 3,000万円）= 6,100万円（61,000千円）が課税価格に算入される。

問31 ①0　　②1／8　　③1／8

長男Aの妻には相続分はない。配偶者（愛さん）の相続分は2分の1、残りの2分の1を長男A、二男B、長女Cおよび孫Eの4人が相続する。孫Eは被相続人の養子となっているので、相続分は実子と同じ。したがって、1／2 × 1／4 = 1／8となり、孫Eの相続分も1／8。

問32 2

西田さんの年金の基本月額は20万円、総報酬月額相当額は「標準報酬月額 ＋（標準賞与額÷12）」なので、40万円 ＋（96万円÷12）= 48万円。支給停止額は「（総報酬月額相当額 ＋ 基本月額 − 50万円）× 2分の1」で算出する。よって、年金の支給停止額 ＝（48万円 ＋ 20万円 − 50万円）× 2分の1 = 9万円

老齢厚生年金支給額＝20万円－9万円＝11万円

問33 1
- （ア）追加型株式投資信託の収益分配金のうち、収益分配前の基準価額（11,000円）－個別元本（10,300円）＝700円に相当する金額は、普通分配金となる（値上がり益相当額）。普通分配金には税金が課税される。
- （イ）受け取った収益分配金のうち、普通分配金以外の部分は元本払戻金（特別分配金）となる。特別分配金は元本の払戻しとみなされ、非課税。この場合は収益分配金（1,000円）－普通分配金（700円）＝300円が特別分配金となる。
- （ウ）元本払戻金（特別分配金）を受け取るとその金額分、個別元本が下がる。したがって、新たな個別元本は、10,300円－300円＝10,000円。
- （エ）分配金1,000円のうち、700円は普通分配金なので、20％課税される。よって、普通分配金の手取額は「700円×20％（税率）＝140円」を差し引いた560円。元本払戻金（特別分配金）の300円は非課税なので、収益分配金の手取り額の合計（1口あたり）は、560円＋300円＝860円。

問34 ①2,519,040 ②2.817
① 円換算での預入金額＝20,000米ドル×122.50円（TTS）＝245万円
米ドルでの税引き後利息額＝20,000米ドル×3％（利率）×0.8＝480米ドル
満期時の米ドルでの元利合計＝20,000米ドル＋480米ドル＝20,480米ドル
満期時の円換算受取金額＝20,480米ドル×123.00円（TTB）＝251万9,040円
② 円ベースでの利回り

$$\frac{251万9,040円－245万円}{245万円} \times 100 = 2.8179 \cdots \fallingdotseq 2.817\%$$

問35 ①○　②×　③×　④○
北さんが入っている自家用自動車総合保険（SAP）は、自家用自動車を対象とした自動車保険で、対人賠償保険、自損事故保険、無保険車傷害保険、対物賠償保険、搭乗者傷害保険、車両保険がセット。人身傷害補償保険については、任意で加入できる。
① 搭乗者傷害保険がセットになっているので、同乗者である美代子さん（生計は別）が骨折し、入院した場合には保険金が支払われる。
② この保険の補償の対象となる運転者は35歳以上で、本人・配偶者に限定されているので、長男が起こした事故については対象外。
③ 対人賠償保険では、家族が被害者の場合は、保険金の支払いの対象外。
④ 配偶者である聡子さんが第三者の車両に損害を与えた場合には、対物賠償保険より保険金が支払われる。

問36 ①○　②○　③×　④○
① 圧縮記帳とは、新しく購入した建物等代替資産の帳簿価額を圧縮（減額）することにより圧縮損を出し（損金算入する）、受け取った保険金により発生した

益金と相殺して、その時点での税額を軽減すること。

② 火災保険より受け取った保険金が破損した建物などの帳簿価額を上回る場合には、その差額は益金（保険差益）となり課税される。しかし、一定期間内に代替資産を取得する場合には圧縮記帳が可能。

③ 圧縮記帳の対象となるのは、建物などの固定資産の場合であり、商品や製品などの棚卸資産には適用はない。

④ 圧縮記帳の適用は法人だけに認められており、個人事業主が受け取る固定資産に対する保険金については認められない。なお、個人事業主が固定資産の損失により火災保険から受け取った保険金は、原則非課税。

問37 4

（ア）A社の株価純資産倍率（PBR）は2倍、株価は600円。

$$PBR = \frac{株価}{1株あたりの純資産} \ なので、 \ 2倍 = \frac{600円}{X} より、 \ X = 300円$$

（イ）配当利回り $= \dfrac{1株あたりの年間配当金額}{株価} \times 100$ より、

$$2\% = \frac{20円}{X} \times 100 \qquad X = 1,000円$$

（ウ）株価収益率（PER）$= \dfrac{株価}{1株あたり当期純利益}$ より、

$$= \frac{600円}{120円} = 5倍$$

問38 3

順子さんが遺族給付として受け取れるのは、遺族基礎年金と子の加算（2人分）および遺族厚生年金。遺族基礎年金の額は81万6,000円、子に該当する者が2人いるので、遺族基礎年金の子の加算額として2人目までは23万4,800円。したがって23万4,800円×2＝46万9,600円、遺族厚生年金の45万100円の合計173万5,700円を受け取れる。なお、西山さんの死亡時点において順子さんには18歳に達する年度末までの子（8歳と5歳の子）がいるので、中高齢寡婦加算を受け取ることはできない。

問39 4

1. 不適切 海外旅行傷害保険は、旅行で家を出発してから家に帰るまでの間に被ったけがによる通院や死亡、後遺症について保険料が支払われるので、旅行前から治療を受けていたものについては、保険金は支払われない。

2. 不適切 個人賠償責任保険は業務上（就労中）の賠償事故、預かっている物を壊した場合、同居の家族の物を壊した場合、自動車事故などによる賠償は対象外。

3．不適切　普通火災保険は、住居のみに使用される建物を除く店舗や倉庫、工場とその動産の火災による損害が対象。

4．適切　普通傷害保険は、国内外を問わず、家庭内・職場・通勤途中などの日常生活で起こる事故に対応する保険。

問40　4

1．適切　こども保険（学資保険）では、契約期間中に親に万一のことがあった場合や高度障害になった場合、それ以後の保険料の支払いは免除される。

2．適切　条件を満たしていれば、教育一般貸付と日本学生支援機構の奨学金制度を同時に利用可能である。

3．適切　国（日本政策金融公庫）が行う教育一般貸付は、融資の条件として子どもの人数に応じて親に対する年収制限がある。

4．不適切　教育一般貸付の融資限度額は学生1人あたり350万円（1年以上の海外留学資金の場合は450万円）以内で、入学金、授業料以外の受験料や住居関連費用（敷金など）、交通費なども融資の対象。

■■ 編者紹介

フィナンシャル バンク インスティチュート 株式会社

日本唯一の金融・証券関連ノウハウ・コンサルティング集団。全国の証券会社・金融機関において、金融商品販売研修および金融関連資格取得研修（証券外務員およびFP）なども行う。合格に必要な知識をわかりやすく、ポイントをついた講義には定評があり、高い合格率を誇る。「難しいことをわかりやすく、わかりやすいことをより楽しく、楽しいことをより深く伝える」ことをモットーに活動中。
http://www.f-bank.co.jp/

うかる！FP2級・AFP 王道問題集 2024−2025年版

2024年5月24日　1刷

編　者	フィナンシャル バンク インスティチュート株式会社
	ⓒ Financial Bank Institute, 2024
発行者	中川ヒロミ
発　行	株式会社日経BP
	日本経済新聞出版
発　売	株式会社日経BPマーケティング
	〒105-8308 東京都港区虎ノ門4-3-12
装　幀	斉藤よしのぶ
ＤＴＰ	マーリンクレイン
印刷・製本	シナノ印刷

ISBN978-4-296-12007-9

Printed in Japan